PERSPEKTIVEN NEUER MUSIK

PERSPEKTIVEN NEUER MUSIK

Material und didaktische Information

Herausgegeben von
Dieter Zimmerschied

Mit Beiträgen von
Roderich Fuhrmann,
Wilfried Gruhn,
Karl-Josef Müller,
Dieter Zimmerschied

B. Schott's Söhne · Mainz

Edition Schott 6421

Printed in Germany · BSS 43 593
Umschlaggestaltung: Günther Stiller, Taunusstein

ISBN 3-7957-2951-3

Inhalt

Vorwort

Die steigende Anzahl wissenschaftlicher und didaktischer Publikationen im Bereich Neuer Musik steht im diametralen Gegensatz zu der Bereitschaft, diese Musik angemessen zu hören. Oft möchte man glauben, daß so mancher Komponist heute mehr Kommentare, Analysen und Erläuterungen verfaßt, „Texte" also, die nicht selten eher eine Einführung in sein Wesen als in sein Werk darstellen, als daß er komponiert.

Daß eine Aura hoher „Kunst" in den Beiträgen nachdrücklich vermieden wird, liegt im didaktischen Konzept begründet: Es sollen Informationen, Materialien und nicht zuletzt das Werk selbst vorgestellt und dadurch sachimmanente Motivationen geweckt werden, aus denen wohl die Ahnung eines Kunstwerkes erwachsen kann, aber nicht muß.

Was hier ermöglicht werden soll, ist in den Curriculum-Entwürfen deutscher Bundesländer festgehalten und zielt sowohl auf eine „Aneignung kritisch-intellektueller Neugier auf dem Gebiet musikalischer Produktion" (Rheinland-Pfalz) wie auf die „Einsicht in die verschiedenen Möglichkeiten, Musik zu strukturieren" (Schleswig-Holstein) und könnte schließlich hinführen zu einem „offenen, bewußten und kritischen Verhalten gegenüber allen Erscheinungsformen und Wirkweisen der Musik" (Hessen) und nicht zuletzt „zur aktiven und kritischen Teilhabe am öffentlichen (Musik-)Leben" und könnte „Möglichkeiten der Gestaltung des persönlichen Lebensbereichs eröffnen" (Niedersachsen).

Der vorliegende Band versteht sich als Arbeits- und Verstehenshilfe für alle die, welche sich als Interessenten, Lernende oder Lehrende ernsthaft mit der Neuen Musik befassen wollen. Insofern beschränkt sich die Funktion dieser Hilfen nicht auf die Arbeit in der Schule, wenn auch hier der wesentliche Ansatz zu suchen ist; darüber hinaus jedoch können die einzelnen Beiträge jedem ernsthaft bemühten Hörer neue Verstehens- und Erlebnisbereiche öffnen.

Damit gehören diese Hilfen sowohl in die Hand des Lehrers wie des Schülers, in den Besitz der „Kenner und Liebhaber" von Musik, wie Carl Philipp Emanuel Bach sie einst nannte, aber auch in die Bibliothek der Erwachsenenbildung, die ja gerade im Feld der Neuen Musik noch wichtige Aufgaben zu erfüllen hätte.

Das bedeutet wiederum, daß die Beiträge *nicht für ein einziges Arbeitsniveau angeboten werden,* sondern daß, je nach gewählter Qualität und Qantität, auf unterschiedlichen Alters- und Erfahrungsstufen damit gearbeitet werden kann.

Alle Beiträge sind so abgefaßt, daß sie in der Regel mit nur einer Partitur für die Hand des Lehrenden zu verwenden sind. Selbstverständlich kann im Einzelfall die Hinzuziehung von weiteren Partituren die Arbeit am Werk intensivieren.

Der Grundgedanke der Arbeits- und Verstehenshilfe (Material und didaktische Information) verlangt eine von Grund auf sachliche und pragmatische Darstellung und Gliederung ohne den Absolutheitsanspruch wissenschaftlicher Vollständigkeit. So findet der Benutzer stets zunächst notwendige Kurzinformationen über das Werk und, soweit nötig, über den Komponisten. Es folgt die Analyse, meist der Mittelpunkt des Beitrages. Der jeweils dritte Teil, das Kapitel „Material“, soll dem Leser das Sammeln von Sekundärliteratur ersparen und im wesentlichen Gesichtspunkte darlegen, die im Zusammenhang mit dem Komponisten, dem Einzel- oder Gesamtwerk oder auch mit dem angewandten Kompositionsverfahren notwendige Ergänzungen und Erklärungen bieten. Dieses „Material“ kann unterschiedlich genutzt werden: Es kann zum Selbststudium dienen und damit die eigene Verstehensbasis über die Werkanalyse hinaus erweitern, es kann vertiefende Gespräche und Diskussionen anregen [1], und es können ausgewählte Abschnitte als textliche Basis für erweiternde mündliche wie schriftliche Arbeiten verwendet werden.

Der didaktische Teil zielt zwar in erster Linie auf die Arbeit in der Schule, kann aber auch für das Selbststudium zu Klärung und Kontrolle beitragen, so unter der Frage: Welche Momente unter den vielen angebotenen sind von primärer Gültigkeit?

Die Theorie des Curriculums fordert als oberstes Lehrziel die Vermittlung von Qualifikationen, worunter wiederum „Verhaltensdispositionen“ (Doris Knab, Saul B. Robinsohn) verstanden werden. Voraussetzung für eine solche Vermittlung ist die Aufstellung einer Situationsanalyse unter Bewußtmachung relevanter Normen sowie eine Analyse des Lernprozesses.

Motivationen zur Beschäftigung mit dem jeweiligen Werk können in der Regel nicht aus dem Werk selbst erwartet werden; dem stehen — von Fall zu Fall verschieden — wesentliche sozio-kulturelle Phänomene entgegen:

— Die Macht und Wirkung der Massenkommunikationsmittel,

— die generelle Ausrichtung Jugendlicher auf Popmusik,

— das daraus resultierende Bedürfnis nach ausschließlich emotionaler Rezeption und die Abneigung gegenüber sachlicher Differenzierung,

— die nicht in das gewohnte Hörschema passenden akustischen Erscheinungen musikalischer Avantgarde,

— die mögliche Kenntnis avantgardistischer Musik nach 1950 und damit ein festgeprägtes Bild von „moderner“ Musik, vor der etwa neoklassizistische Musik und u. U. auch Werke der Wiener Schule als „traditionell“ abqualifiziert werden,

— eine häufig zu findende Reserve gegenüber geistlicher (kirchlicher) Musik, insbesondere, wenn sie traditionelle Züge erkennen läßt und darüber hinaus noch intellektuelle Ansprüche stellt,

— Vorbehalte gegenüber dem als unzeitgemäß („systemstabilisierend“) empfundenen Kultur- und Konzertbetrieb.

[1] Die Hinweise GESPRÄCH bzw. DISKUSSION sollen eine Auswahl erleichtern.

Insofern wird der Lernprozeß unter vier Aspekten ablaufen können:

1. Der (situations-)analytische Aspekt.
   Die sozio-kulturelle Situation ist durch Gespräch, Stoffsammlung und Diskussion bewußt zu machen, wobei als „Ergebnis" eine Kontroverse von gleichem Wert sein kann wie ein Konsens.

2. Der kognitive Aspekt.
   Die durch die vorwiegend werkimmanenten Lernziele angegebenen Qualifikationen sind anzustreben.

3. Der kritisch-historische Aspekt.
   Die gelernten Fakten sind auf ihre grundsätzliche Bedeutung, ihren Stellenwert im Hinblick auf die Geschichtlichkeit einerseits und die Kontinuität musikalisch-kreativer Entwicklung andererseits zu befragen.

4. Der individuell-affektive Aspekt.
   Bei Wahrung der individuellen Position kann auch dieser Aspekt im austauschenden Gespräch bewußt gemacht werden.

Welches sind nun die über die Lernziele angestrebten allgemeinen Qualifikationen bzw. Verhaltensdispositionen? Verhaltensdisposition bedeutet soviel wie Möglichkeit, ein bestimmtes Verhalten zu zeigen, keinesfalls jedoch ein auf Grund der erworbenen Qualifikation notwendigerweise vorliegendes Verhalten selbst.

So wird die oberste Bildungsbemühung, nämlich ein aus irgendwelchen normabhängigen Gründen als wünschenswert angesehenes Verhalten bei dem Adepten zu erreichen, nur bis in den Vorhof ihres Ziels vorstoßen können, eben bis zur „Disposition", und dann der freien Persönlichkeit die Wahl lassen müssen, diese durch Fremdhilfe erreichte Disposition in dem angestrebten Sinne zu gebrauchen oder nicht zu gebrauchen.
So gesehen, würden sich die hier anvisierten Verhaltensdispositionen folgendermaßen darstellen: Der Lernende soll

— über eine sachgebundene Grundkenntnis musikalischer Erscheinungen der Neuen Musik verfügen,

— mit Hilfe dieser Grundkenntnis sich in der Lage fühlen, auch andere, ihm nicht bekannte Musikwerke seiner Zeit in ihrer Geschichtlichkeit zu erkennen,

— fähig sein, mit Hilfe gewonnener Erfahrung und Kriterien eine individuelle ästhetische Position zu beziehen,

— die Erfahrung gewonnen haben, daß kognitiver Zugewinn affektive Rezeption erleichtert,

— die sozio-kulturelle Situation so weit durchschauen, daß eventuelle Barrieren zwischen ihm selbst und der Musik als solche erkannt und auf ihre sachliche Notwendigkeit überprüft werden können.

Die jedem Beitrag angefügte Bibliographie soll eine Intensivierung der einmal begonnenen Arbeit erleichtern. Es ist selbstverständlich, daß, besonders bei Komponisten, die in der Literatur allgemein reichhaltig vertreten sind, die Angaben keinen Anspruch auf Vollständigkeit erheben. Die jeweils neueste und die sog. Standardliteratur werden bevorzugt, ebenso die, welche sich speziell mit der vorgestellten Komposition beschäftigt.

Es stellt sich nun die Frage, auf welche Weise die bereitgestellten Materialien und Informationen in einem Curriculum zum Tragen kommen können. Dabei ist natürlich immer die Arbeit möglich, die direkt auf das Verständnis dieses einen Werkes zielt und damit gleichzeitig die Betrachtung typischer Aspekte des jeweiligen Personalstils im historischen Kontext erlaubt.

Aber es wird didaktische Situationen geben, die eine werkübergreifende Arbeit mit weiteren (nicht-historischen) Bezugslinien und Querverbindungen verlangen oder die gewisse Motivationen ausnützen müssen, damit mehr erreicht werden kann als eine isolierte Informationspartikel.

Mit Hilfe des Stichwortverzeichnisses bieten sich eine Reihe unterschiedlicher Sinnbereiche bzw. „Kurse" an, in denen die einzelnen Beiträge zu wichtigen Arbeitsunterlagen werden können. Hier einige Beispiele:

KURSE	BEITRÄGE
„Form in Neuer Musik" (→ Formproblematik)	Varèse, Cage, Penderecki (Anaklasis)
„Neue Musik und Tradition" (→ Tradition, Bindung an die —)	Webern, Strawinsky, Bartók, Hindemith, Boulez, Penderecki (beide Beiträge), Henze; (Beziehung zu J. S. Bach u. Mozart:) Berg, Schönberg, Ligeti.
„Warum komponieren die Komponisten?" (→ Komposition, Anlaß zur —)	Varèse, Schönberg, Boulez, Cage, Stockhausen
„Sprache in der Musik" (→ Sprache)	Strawinsky, Schönberg, Berio, Penderecki (Psalmen Davids)
„Musik und Politik" (→ Politik)	Schönberg, Henze, Stockhausen
„Tonale und atonale Musik im 20. Jahrhundert" (→ Tonalität — Atonalität)	Webern, Strawinsky, Berg, Bartók, Schönberg, Hindemith
„Neue Kompositionsverfahren"	
(→ Aleatorik)	Cage
(→ Zwölftonkomposition)	Berg, Bartók, Schönberg, Boulez
(→ Serialismus)	Schönberg, Boulez, Cage, Berio
(→ elektron. Kompositionsverfahren)	Stockhausen, (Vorbereitung:) Varèse (Einflüsse aus —:) Penderecki
(→ Klangflächenkomposition, Klangfläche)	Varèse, Penderecki

Ein wesentliches Element zeitgemäßer Didaktik wird die Arbeit unter interdisziplinären Aspekten sein, d. h. die Grenzen der Fächer werden bis zu einem gewissen Punkt durchlässig werden, so daß zentrale Fragen nicht mehr nur deswegen ohne befriedigende Antwort bleiben müssen, weil sie zufällig in mehr als einem „Fach" beheimatet sind.

Es liegt in der Natur dieser Fragen, daß sie, von der Musik aus gestellt, benachbarte Bereiche unterschiedlich stark tangieren.

Besonders interessante Ausblicke ergeben Kombinationen von musikalischer Erfahrung und Information mit sprachlich reflektierender Arbeit, etwa an dem englischen Text von Schönbergs „Ein Überlebender aus Warschau", den Basistexten von Joyce und Cummings zur „Sequenza III" Berios oder auch an neuer deutscher Lyrik (vgl. etwa „konkrete poesie", hg. v. eugen gomringer, stuttgart 1972).

Ohne eine enge Zusammenarbeit mit der Philosophie könnte der Beitrag zu Zimmermanns „Photoptosis" auf nur geringes Verständnis rechnen; und die Collagentechnik, die im gleichen Beitrag angesprochen wird, reizt zu gemeinsamer Arbeit mit den Fächern Deutsch und Bildende Kunst.

Gerade die Bildende Kunst als die von Ministerialbürokratien häufig angesehene Alternative zum Fach Musik kann Fragestellungen in den einzelnen Beiträgen immer wieder fruchtbar erweitern, sei es im Bereich der Zahlensymbolik (Berg), der „Farbe" (Varèse, Penderecki), bestimmter räumlich-farblicher Assoziationen (Ligeti) oder des „gelenkten Zufalls" (Cage — dazu etwa die Problematik der „Werk"-Bestimmung in der „ars multiplicata" eines Hans Arp o. ä.). Sogar der Versuch, die musikimmanenten Vorstellungen eines Komponisten (Hindemith, Schönberg . . .) in die Sphäre der Bildenden Kunst zu transferieren, könnte gewagt werden.

Aber auch Geschichte (Schönberg), Sozialkunde (Hindemith), Religion (Strawinsky, Schönberg, Penderecki/Psalmen Davids) und Ethnologie (Bartók, Stockhausen) sind aus der interdisziplinären Arbeit mit den Beiträgen nicht auszuschließen.

Auf dieser Basis kann ein „wissenschaftsorientierter Fachunterricht" aufgebaut werden, wie er vom Deutschen Bildungsrat gefordert wird[2]. In dieser Weise kann man „Lernprozesse so organisieren, daß die Schüler sich als interessierte Mitarbeiter verstehen"[3], so daß dem Lernenden die Kenntnisse, Erfahrungen und Fähigkeiten vermittelt werden können, „die . . . für die Kommunikation in dieser Welt notwendig sind."[4]

Dieter Zimmerschied

[2] Strukturplan für das Bildungswesen, hg. v. Deutschen Bildungsrat als Empfehlungen der Bildungskommission, Stuttgart 1. Aufl. 1970
[3] a. a. O., S. 148
[4] a. a. O., S. 171

Wilfried Gruhn

Anton von Webern (1883—1945)
Fünf Stücke für Orchester op. 10 (1911/1913)

1. INFORMATION

1.1 Daten zum Werk

— Titel: Fünf Stücke für Orchester op. 10

I Sehr ruhig und zart („Urbild“)	12 T.	ca. 35″
II Lebhaft und zart bewegt („Verwandlung“)	14 T.	ca. 25″
III Sehr langsam und äußerst ruhig („Rückkehr“)	11 T.	ca. 1′32″
IV Fließend, äußerst zart („Erinnerung“)	6 T.	ca. 27″
V Sehr fließend („Seele“)	32 T.	ca. 50″

— Partitur: UE Wien 1923, Schallplatten: Elec 1 C 063-28368/71 Phi 839 264 DSY
— Dauer: ca. 4—5 Minuten
— Besetzung: Im Orchesterapparat stehen insgesamt 26 Instrumente zur Verfügung, aus denen für die einzelnen Sätze eine jeweils begrenzte, individuelle und klangspezifische Auswahl getroffen ist:

	I.	II.	III.	IV.	V.	Stück
Picc.		×				
Fl.	×				×	
Ob.		×			×	
Klar. Es		×			×	
Klar. B	×	×	×	×		
BKlar.					×	
Hr.		×	×		×	
Trp.	×	×		×	×	
Posa.	×	×	×	×		
Harm.		×	×		×	
Mand.			×	×	×	
Git.			×		×	
Cel.	×	×	×	×	×	
Hrf.	×	×	×	×	×	

	I.	II.	III.	IV.	V.	Stück
Glsp.	×	×			×	
Xyl.					×	
Glck.			×			
Hdglck.			×			
Trgl.		×				
Bck.		×			×	
gr. Tr.			×		×	
kl. Tr.			×	×	×	
Solo-Vl.	×	×	×	×	×	
Solo-Va.	×	×	×	×	×	
Solo-Vc.	×	×	×		×	
Solo-Kb.		×			×	

— Uraufführung: 22. Juni 1926, IGNM-Fest in Zürich (unter Weberns Leitung)

1.2 Zur Entstehungszeit

Die 5 Orchesterstücke sind „wahrscheinlich nur nach aufführungstechnischen Gesichtspunkten und aus spieltechnischen Gründen anläßlich der Uraufführung aus den insgesamt 10 Orchesterstücken, die Webern 1913/14 komponiert hat, ausgewählt worden.“ (nach

Moldenhauer, bei Stroh, S. 100). Sie fallen in die Zeit der Stilwende der neuen Musik, als die Bindung an die Prinzipien der Tonalität bereits aufgegeben waren, das neue Zwölftongesetz aber noch nicht formuliert und konsequent angewandt war. Die Jahre zwischen 1908 und 1922, zwischen Schönbergs Klavierstücken op. 11 und einzelnen Sätzen der Klaviersuite op. 25, bezeichnet Webern als ein „Interregnum" (WV S. 47). Im Hinblick auf die aphoristische Kürze, das Fehlen größerer thematischer Bildungen und die strukturelle Inanspruchnahme der Klangfarbe stehen Weberns Orchesterstücke musikalisch Schönbergs Klavierstücken op. 11 (1909) und den 5 Orchesterstücken op. 16 (1909) nahe.[1] Vor allem zum 3. Satz aus op. 16 („Akkordfärbungen", später „Farben" benannt) haben Weberns Stücke eine besondere Affinität aufgrund der zentralen Bedeutung der Klangfarbe, die sich dort im Sinne der Schönbergschen Harmonielehre als „Klangfarbenmelodie"[2] darstellt. Aber auch auf eine äußere Parallele sei verwiesen: die beiderseitige Verwendung inhaltsbezogener Untertitel für die einzelnen Sätze; in beiden Fällen handelt es sich aber um nachträglich hinzugefügte Titel (bei Schönberg aus verlagstechnischen Gründen, bei Webern für eine Wiener Aufführung; s. MATERIAL 3.1), die mehr verhüllen als aufdecken, also nicht programmatisch zu verstehen sind.

1.3 Werkübersicht — Fragen der Periodisierung

op. 1 Passacaglia; op. 2 Doppelkanon „Entflieht auf leichten Kähnen"; op. 3 Fünf Lieder aus „Der siebente Ring" v. St. George; op. 4 Fünf Lieder nach St. George; op. 5 Fünf Sätze für StrQu.; op. 6 Sechs Stücke für gr. Orch.; op. 7 Vier Stücke für Vl. und Kl.; op. 8 Zwei Lieder nach Rilke; op. 9 Sechs Bagatellen für StrQu.; op. 10 Fünf Stücke für Orch.; op. 11 Drei kleine Stücke für Vc. und Kl.; op. 12 Vier Lieder; op. 13 Vier Lieder für Gesang und Instrument; op. 14 Sechs Lieder nach G. Trakl; op. 15 Fünf Geistliche Lieder; op. 16 Fünf Kanons nach lat. Texten; op. 17 Drei Volkstexte; op. 18 Drei Lieder; op. 19 Zwei Lieder aus Goethes „Chinesisch-Deutsche Jahres- und Tageszeiten"; op. 20 Streichtrio; op. 21 Symphonie für kl. Orch.; op. 22 Quartett für Vl., Klar., TenSax., Kl.; op. 23 Drei Gesänge aus „Viae inviae" v. H. Jone; op. 24 Konzert für 9 Instrumente; op. 25 Drei Lieder nach H. Jone; op. 26 „Das Augenlicht"; op. 27 Variationen für Kl.; op. 28 StrQu.; op. 29 I. Kantate; op. 30 Variationen für Orch.; op. 31 II. Kantate.
(ausführliche Werkverzeichnisse bei Karkoschka, S. 189; Wildgans, S. 119; in: Die Reihe 2, S. 12; in der Monographie: Webern, hg. von W. Reich, S. 12.)
Über die Hälfte von Weberns Schaffen machen Vokalkompositionen aus (Lieder mit Klavier oder mit anderen Instrumenten, Chöre, Kantaten). Unter den 31 Werken mit Opuszahlen sind nur 14 reine Instrumentalstücke, davon 5 Orchesterwerke, wobei die Orchesterstücke op. 10 und Symphonie op. 21 aufgrund ihrer kleinen, z. T. solistischen Besetzung durchaus kammermuskalische Züge tragen.[3]

[1] zum Verhältnis Weberns zu Schönberg s. MATERIAL 3.6.
[2] zur Bedeutung der Klangfarbe in op. 16,3 s. MATERIAL 3.3.
[3] Bei aller formalen Reduktion, wie sie bei Webern festzustellen ist, verwendet dieser für seine Werke doch traditionelle Form- und Gattungsbezeichnungen wie Passacaglia, Symphonie, Konzert, Kantate, Trio, Quartett, Variation, worin sich in gewisser Weise der Versuch einer historischen Legitimation ausdrückt. Allerdings gerade im Frühwerk, das durch formale Reduktion in besonderem Maße ausgewiesen ist, dominieren Bezeichnungen wie Bagatellen, Sätze, Stücke.

F. Döhl (S. 189 ff.) unterscheidet insgesamt vier Werkgruppen:

— *die Jugendwerke v o r op. 1*
  Lieder (nach Texten von Avenarius, Claudius, Dehmel, Falke, Goethe, Greif, Liliencron, Nietzsche, Weigand)
  Sinfonische Dichtungen (Im Sommerwind 1904)
  Instrumentalsätze (z. B. Streichquartett 1905, Klavierquintett 1907)

— *unvollendete Werke und Skizzen*

— *Bearbeitungen*
  z. B. als wichtigste:
  Instrumentation der Fuga a 6 voci (Ricercata) aus J. S. Bachs „Musikalischem Opfer"
  Orchesterbesetzung seiner 5 Sätze für Streichquartett op. 5
  Klavierfassung von Schönbergs op. 16 (f. 2 Klaviere)
  Bearbeitung von Schönbergs Kammersymphonie op. 9 für Klar. (Va.), Vl., Vc. und Kl.
  Orchesterfassung von Schuberts Deutschen Tänzen
  mehrere Opern-Klavierauszüge (die ihm aber bittere ‚Fron-Arbeit' bedeuteten).

— die wichtigste Gruppe der *31 Werke mit Opuszahlen* wird in der Literatur in wesentlichen Zügen übereinstimmend in drei bis vier Perioden eingeteilt. (Auf eine Gegenüberstellung der differierenden Einteilungen kann hier verzichtet werden.) Nach Döhl (S. 196 f.) reicht die

1. Periode	bis op. 2	Auseinandersetzung mit den Vorbildern	
2. Periode	op. 3 — op. 11	Auflösung der traditionellen Formkategorien	Frühwerk
3. Periode	op. 12 — op. 19	„Ausformung des Webernschen Motivstils" (Eimert, R2, S. 36)	
4. Periode	ab op. 20/21	Ausprägung der eigenen Konzeption der Zwölftonreihentechnik	Spätwerk

1.4 Voraussetzungen, die eine intensive Behandlung erleichtern

Da die Orchesterstücke op. 10 an einem musikhistorisch markanten Wendepunkt von der Tonalität zur Zwölftonreihentechnik stehen, ist für das vertiefte Verständnis des sich hier artikulierenden kompositorischen Bewußtseins eine elementare Kenntnis der historischen Entwicklungslinien etwa von Wagners Alterationschromatik zu Schönbergs Ausbruch aus der Tonalität (2. Streichquartett, George-Lieder) wünschenswert, da sich die im musikalischen Entwicklungsprozeß hervortretenden Probleme ästhetisch in der Struktur des Werkes niederschlagen. Voraussetzung für das ästhetische Erfassen und Verstehen der äußerst kurzen pp-Sätze ist eine intensive Einhörphase mit mehrmaligem Hören (mit und ohne Partitur).

Im einzelnen könnten die intensive analytische Beschäftigung erleichtern

— die Kenntnis einzelner klangverändernder Spielarten (con sord., trem., Flatterzunge u. ä.);

— die Fähigkeit der Intervallbestimmung und Kenntnis von Umkehrungs- und Krebsformen;

— eine elementare Kenntnis und definitorische Abgrenzung musikalischer Phänomene wie Konsonanz — Dissonanz,
  Klangfarbe und ihre physikalisch-akustischen Determinanten,
  Klangstruktur (Fläche — Linie / Gruppe — Feld);

— eine grundsätzliche Kenntnis der Funktionalität des Dur-Moll-Systems;

— eine hinreichende Vertrautheit mit verschiedenen Analyseverfahren der Parameter-

Analyse. Vertrautheit im Umgang (lesen und anfertigen) mit Diagrammen für Dauern, Frequenzen, Farben etc., Anfertigung von Hörskizzen unter Berücksichtigung von Farbe und/oder Melos und/oder Form und/oder Klangstruktur.

1.5 Didaktische Begründung

Nachdem in den fünfziger Jahren die Webern-Rezeption und das Webern-Bild ganz von dessen dodekaphonen Werken bestimmt war, zeichnet sich in jüngster Zeit ein verstärktes Interesse der Webernforschung gerade an den vorseriellen Werken um 1910 ab.[4] Die frühen Lieder und Instrumentalwerke legen einzelne für Weberns Personalstil elementare Gestaltungsprinzipien schon im frühen Stadium offen und eignen sich daher nicht weniger für eine exemplarische Behandlung als die späteren Reihenkompositionen. Die gestaute Expressivität, die formale Reduktion, die antikoloristische, strukturelle Funktion der Klangfarbe und die punktuell ausgesplitterte Melodik und Instrumentation werden in op. 10 unmittelbar greifbar. Daß die für das Spätwerk charakteristische Reihenbehandlung, bei der Webern die Reihe in Mikroreihen mit oft spiegelsymmetrischer Anordnung zerlegt (sie also weiter serialisiert, während sie Schönberg thematisierte), hier nicht dargestellt werden kann, wird durch die intensive Klangwirkung dieser Stücke, denen die Sprödigkeit des Spätwerkes noch abgeht, aufgewogen, was den Zugang zu Webern insgesamt wesentlich erleichtern kann. Zudem unterliegt die Behandlung eines späten dodekaphonen Werkes der Gefahr, daß es lediglich zur Demonstration reihentechnischer Verfahren benutzt wird und die Analyse im bloßen Abzählen von Reihentönen und Ausmessen von Intervallproportionen erstarrt. Die Umsetzung der aus der Reihenanalyse gewonnenen Erkenntnisse in die Wahrnehmung von ästhetischen Qualitäten dürfte im unterrichtlichen Verfahren aber kaum glücken.

Sind die frühen Orchesterstücke nach Klang und Ausdruck auch ‚einfacher', zumindest unmittelbarer in ihrer Wirkung, so sind sie aber für die Analyse dennoch schwieriger, weil „es keine Pläne zu entdecken gibt, nach denen sie konstruiert wurden",[4] aber dadurch zugleich interessanter und pädagogisch fruchtbarer, zumal Werke, in denen sich eine Krise in der musikalischen Entwicklung darstellt, gerade für die Didaktik erhöhte Aufmerksamkeit insofern verdienen, als sich an solchen Kulminationspunkten sowohl der Blick für das geschichtlich Gewordene wie neu daraus Entstehende weiten als auch das Problembewußtsein schärfen kann.

2. ANALYSE

2.1 Überblick

Die aphoristische Kürze und exzeptionelle Zartheit der Fünf Orchesterstücke op. 10 (Kolneder spricht von „instrumentalen Miniaturen" S. 58, Stein von „lyrischen Aphorismen" S. 109, Adorno von „entfliehender Musik", Klangfiguren, S. 163) erwächst wesentlich aus der expressionistischen Ausdrucksästhetik. Ähnlich wie in Schönbergs Klavierstücken op. 11 und op. 19 wird auch in Weberns Miniaturen op. 9 bis 11 eine allgemeine Reduktion der Formen und Mittel erkennbar. „Der Ausdruck zieht die Musik zur Geste zusammen und staut sie im Ton, bis der nun ausdruckslos, als reiner Laut übrig bleibt. Das ist das Schema der Webernschen Verfahrensweise und der Grund seiner

[4] C. Dahlhaus, Webern heute, NZfM 1972, S. 242. s. auch MATERIAL 3.6.

Kürze zugleich. Seine Form aber ist bloß noch der Widerstand, den Musik sich setzt, um an ihm sich zu verkleinern, zu verschwinden."[5] Schon die Titel (,Stücke') sind aus der formalen Verantwortung gezogen. Die einzelnen Sätze bestehen nur aus wenigen Takten und dauern wenige Sekunden. Melodische Phrasen sind zu kurzen Tongruppen zusammengezogen, die den Verlust an zeitlicher Ausdehnung in hochdifferenzierter intervallischer Verknüpfung und rhythmischer Gliederung sowie in einer je verschiedenen und wechselnden Klangfärbung zu kompensieren vermögen; „die strengen Simultanverknüpfungen (könnten) als ,zusammengedrängte Zeit' angesehen werden."[6] Dem expressionistischen Ausdrucksideal entspricht auch das Zurücktreten bis an die Grenze des noch Hörbaren. Man hat in Bezug auf die aphoristische Phase des expressionistischen Webern vom „Ende" der Musik (Mersmann) am Rande des „Verstummens" (Adorno) gesprochen[7] und damit diese, aber nur diese Phase seines Schaffens zutreffend charakterisiert. Den nach innen gerichteten Klangsinn spiegeln die dynamischen Schattierungen zwischen pp und pppp zusammen mit den Anweisungen „wie ein Hauch", „kaum hörbar", „äußerst leise", „verklingend", so daß Eimert (R2, S. 36) von einer „pianissimodynamischen Psychographie" spricht. Deutlichstes Beispiel hierfür ist der III. Satz, der ppp einsetzt, nur punktuell ein pp erreicht und dann „äußerst leise, verklingend" bei fortschreitend verdünnter Instrumentation ins Nichts zurücksinkt. Die dynamische Auflösung der Fläche wird durch sie unterbrechende Pausen (T. 10) unterstützt, die gleichsam tektonischen Wert als „schweigende Töne"[8] annehmen.

Daß seit der Aufgabe der Tonalität die Kompositionen zunächst von auffallender Kürze und Gedrängtheit waren, hängt mit dem Fortfall tonaler Gliederungsmomente unmittelbar zusammen. Funktionale Harmonik ermöglichte größere Zusammenhänge und garantierte formale Geschlossenheit, ihre Aufgabe verhinderte geradezu größere Formen (s. MATERIAL 3.2). Hinzu kommt die expressionistische Scheu vor allem Schematischen und einfachen Wiederholungen. „Ich habe . . . das Gefühl gehabt: Wenn die zwölf Töne abgelaufen sind, ist das Stück zu Ende." (WV, S. 55). Ein „Prinzip der Nichtwiederholung"[9] ist auch innerhalb eines Werkes, eines Satzes bis hinein in die Mikrostruktur vollzogen. Die Beziehung zwischen einzelnen Tongruppen schließen permanente Verwandlung ein. Derartige Tongruppenbeziehungen hat Döhl (S. 311, s. ANALYSE 2.5) für den IV. Satz dargestellt; sie sind ebenso auch im III. Satz nachweisbar in den melodischen Splittern von Vl. + Hr. (T. 1—4) und Va. + Pos. (T. 8—9):

Beispiel 1

[5] Adorno, in SMZ vom 15. 11. 1932; zit. bei Reich, Monographie, S. 27
[6] Pousseur, R 2, S. 63
[7] vgl. dazu die kritische Sichtung Eimerts, R2, S. 36
[8] H. Eimert, R2, S. 40
[9] vgl. Döhl, S. 266 ff. Erst nach op. 11, als sich die Werke allmählich etwas auszudehnen beginnen, und nach der Anwendung des Zwölftongesetzes bekräftigt Webern wieder „das unerhört wichtige Prinzip der Wiederholung zur Erhöhung der Faßlichkeit" (WV, S. 26).

Die Einheitlichkeit im Material (1 = realer oder oktavgespreizter chromatischer Schritt, 6 = Tritonus) ist evident, ebenso der Unterschied in Rhythmus, Farbe und Richtung. Der Intervallfolge nach sind einerseits Vl. und Pos., durch die Verschränkung andererseits Hr. und Va. aufeinander bezogen, was ihrer formalen Funktion als Brücke (s. ANALYSE 2.4) genau entspricht; der Intervallrichtung nach bilden Vl. und Hr. sowie Va. und Pos. quasi-Umkehrungspaare, was ihre melodische Zusammengehörigkeit unterstreicht. Variative und permutatorische Veränderungsprinzipien garantieren immer neue Aspekte derselben Gestalt. Aus der Wiederholung wird permanente Verwandlung. Die variative Ableitung aus einer musikalischen Urzelle bildet später das Zentrum von Weberns Reihendenken, fußend auf dem Goetheschen Gedanken der „Metamorphose der Pflanze". „Und was verwirklicht sich in dieser Anschauung? Daß alles dasselbe ist: Wurzel, Stengel, Blüte. . . . Urpflanze. — Und es ist Goethes Idee, daß man da Pflanzen erfinden könnte bis in die Unendlichkeit. — Und das ist auch der Sinn unseres Kompositionsstils." (WV, S. 43). Das dem Frühwerk eigene „Prinzip der Nichtwiederholung" bedingt den athematischen Stil, der keine motivisch-thematische Entwicklung oder Verarbeitung im bisherigen Sinn mehr kennt. „Um die neue strukturell-topologische Konzeption der Musik besser zu erfassen, denke man sich die Komposition als eine imaginäre Fläche, in der die Strukturelemente und Strukturen gleichsam eingezeichnet werden. Die Töne (mit ihren Eigenschaften der Höhe, Dauer und Farbe) werden innerhalb der imaginären Fläche nach Gesichtspunkten wie „fest und locker" verteilt. Sie bilden ‚Punkte', ‚Gruppen' und ‚Felder'. Sie bilden auch ‚Linien'; indes sind diese ohne die diskursive Dynamik, die der Melodik und der Stimmführung traditionellen Typs eigen war. Die einzelnen Strukturelemente sind immer relativ. Auch der isolierteste Punkt steht in Beziehung zu anderen Punkten. Doch sind diese Beziehungen mehrdeutig und wechseln mit der Perspektive." (Döhl, S. 264 f.). Je nach der Verteilung der einzelnen Merkmale sind die verschiedenen Sätze von op. 10 mehr punkthaft (I), gruppenhaft (II, IV, V) oder feldhaft (III). Die Beziehungen innerhalb der einzelnen Gruppen wie auch untereinander sind vielschichtig, verlaufen gewissermaßen auf verschiedenen Ebenen. Wesentlichen Anteil an der konstruktiven Geschlossenheit haben vor allem die chromatischen Verknüpfungen und die klangfarblichen Konstellationen.

Im Instrumentalen zeigt sich die Reduktion zunächst in der solistischen Besetzung. Der verhältnismäßig umfangreiche Apparat von 26 Instrumenten wird jedoch nie vollständig eingesetzt. Auffallend ist die relativ große Zahl der Perkussionsinstrumente, die jedoch nicht als Rhythmusinstrumente, sondern zusammen mit den Zupf- und Tasteninstrumenten (Harm., Cel., Hf., Mand., Git.) vorwiegend ihrer klangfarblichen Komponente wegen genutzt werden. Der hereingenommene „Naturlaut" der Herdenglocken im III. Stück[10] ist trotz möglicher assoziativer Verbindungen mit Sicherheit nicht programmatisch zu erklären.[11]

Webern geht es nie um glänzende Farbmischungen oder instrumentatorische Effekte. Die orchestrale Brillanz eines R. Strauss ist aus einer völlig anderen Perspektive zu verstehen

---

[10] vgl. Parallelen bei Mahler, 6. und 7. Sinfonie.

[11] Mit Vorsicht und nur in übertragenem Sinne ist Rob. Crafts Äußerung zu begegnen: „Die Gegenwärtigkeit der Berge vermag man in jedem seiner Werke zu verspüren. Und ganz offenkundig werden Glockenklänge nachgeahmt, und dies nicht nur in Naturgemälden und Farbkompositionen wie den Werken op. 6 und op. 10 (die effektiv Kuhglocken verwenden), sondern auch in der letzten Schöpfung, die zu vollenden ihm vergönnt war. Glockenklänge in klarer Gebirgsluft werden in nahezu jedem Werk heraufbeschworen." zit. bei H. Moldenhauer, S. 5.

und zu beurteilen. Weberns Instrumentation folgt völlig anderen Regeln, nach denen die Klangfarbe strukturell in die Komposition einbezogen wird, ja zum formalen Konstituens werden kann (s. III. Satz). Wenn Schönberg die Ton(Klang)höhe nur als eine Dimension der Klangfarbe ansieht, legt das den Gedanken nahe, auch aus Klangfarben „solche Folgen herzustellen, deren Beziehung untereinander mit einer Art Logik wirkt, ganz äquivalent jener Logik, die uns bei der Melodie der Klanghöhen genügt."[12] Bei der von Schönberg so bezeichneten *Klangfarbenmelodie* tritt die Bedeutung des Melos, also der Tonhöhenveränderung, hinter den Farbwechsel zurück oder verliert zumindest ihre Vorherrschaft. Der Begriff der Klangfarbenmelodie ist verschiedenen Deutungsversuchen unterworfen worden; im Augenblick dürfte es kaum zu entscheiden sein, ob Schönberg damit allein den nuancierten Farbwechsel auf einer festliegenden Tonhöhe (Stuckenschmidt, Doflein[13]) oder bei „unwesentlichen Tonhöhenänderungen" (Karkoschka, Leibowitz[14]) meinte oder ob er darüber hinaus eine potentiell bestehende Anlage eines ausbildbaren Gefühls für Klangfarbenverwandtschaften andeuten wollte, „das in einer unbewußten ‚Empfindung gleicher Partialtöne' wurzelt".[15] Karkoschka (s. MATERIAL 3.3) unterscheidet neben dem inhaltlich unbefriedigenden Begriff der Klangfarbenmelodie daher noch zwischen einer *Klangfarbenlinie* (Anfang von II, Schluß von V), bei der „eine Linie der Farbe zuliebe angelegt ist" und „die Farbe charakterisiert", ferner einer *Klangfarbenpolyphonie* (Anfang von II), die sich aus der Kombination von Klangfarbenlinien ergibt, sowie den *Klangfarbenharmonien oder -akkorden*[16] (II, T. 8—11), von denen Schönberg in op. 16,3 ausging (ursprünglicher Titel „Akkordfärbungen"), und faßt alles unter dem Begriff der *„primären Klangfarbenkomposition"* zusammen. „Dieser allgemeine Begriff ‚primäre Klangfarbenkomposition' schließt jede Priorität anderer Strukturelemente aus." (Karkoschka, S. 129). Klangfarbe ist nicht mehr nur Hilfsmittel zur Verdeutlichung eines formalen Zusammenhangs, sondern stiftet ihn und stellt die logischen Beziehungen her, so daß sich eine Linie auch ohne die Dominanz der Tonhöhenveränderungen aus den Klangfarbenverbindungen ergibt. Vielfältige Artikulationsarten und Spieltechniken verstärken noch die klanglichen Tönungen: con sordino (I—V); pizzicato (III, V); col legno (II); sul ponticello (II, V); tremolo (II, III, V); Flatterzunge (I, II, V); Flageolett (I—V); bisbigliando (III) sowie deren Kombinationen. Die Auswahl von einzelnen Instrumenten und Instrumentengruppen schafft in den einzelnen Sätzen unterschiedliche Klangfelder. Der punkthaften Anlage des I. Stückes entspricht eine gleichmäßige Verteilung im Einsatz der Instrumentengruppen: 2-2-3-3 (Holz, Blech, Farbinstrumente, Streicher). Ein deutliches Übergewicht der dritten Gruppe (1-2-9-3) bestimmt das flächige, feldhafte Kolorit des III. Stückes. Das kürzeste (IV) ist zugleich das mit der kleinsten Besetzung. Wie dieser Satz die Feld-Linie-Tendenz des III. Satzes in der Tendenz fortführt, so spiegelt das auch die Besetzung, die fast nur in der Gruppe der Farbklangträger reduziert erscheint (1-2-4-2). Der letzte und an Takten umfangreichste Satz mit der dichtesten Folge musikalischer Ereignisse verlangt auch das größte instrumentale Aufgebot.

Für die konstruktive Geschlossenheit ist die horizontale und vertikale *chromatische Verknüpfung* einzelner Tongruppen zu chromatischen Feldern von erheblicher Bedeutung.

---

[12] A. Schönberg, Harmonielehre, Leipzig-Wien 1911, S. 471. S. MATERIAL 3.3.

[13] H. H. Stuckenschmidt, A. Schönberg, Zürich 1951, S. 41 und E. Doflein, Schönbergs op. 16,3. Der Mythos der Klangfarbenmelodie, Melos 1969, S. 203

[14] Karkoschka, S. 129 und R. Leibowitz, S. 201 ff.

[15] C. Dahlhaus, Kgr.Ber. 1970, S. 373. s. MATERIAL 3.3.

[16] zur Problematik des Begriffs s. 2.3.

Häufig wird zu Beginn das chromatische Total vollständig exponiert[17] (II—V), dessen Einzeltöne gelegentlich eine axiale Anordnung erkennen lassen (Schluß von I; Anfang von V; s. 2.6) und so formal wirksam werden, wenngleich die chromatische Organisation nicht durchgehend gleich konsequent und dicht zu sein scheint und hinter der farblichen Organisation gelegentlich zurücktritt.[17] Strukturelle Bezüge ergeben sich auch aus einer Art komplementären Harmonik: die Trägerakkorde am Schluß des II. und am Anfang des III. Stückes ergänzen sich zur Zwölftönigkeit (vgl. Stroh, S. 97).
Bei der von Webern verwandten Chromatik handelt es sich nicht mehr um Alterationschromatik, die in irgendeine Richtung leittönig wirkt (wenngleich tonale Reminiszenzen gelegentlich erkennbar sind, z. B. im V. Stück, T. 21 ff.). Durch weitgespannte, über eine Oktave gespreizte Intervalle wird der chromatische Zusammenhang von leittönigen Assoziationen befreit. Die reale Tonhöhe ist von dem chromatischen Wert zu trennen.[18] Folgt man wiederum Schönberg, daß Tonhöhe nur eine Dimension der Klangfarbe ist, so wird daraus ersichtlich, wie die Streckung der kleinen Sekunde zur kleinen None oder die Umkehrung zur großen Septime zudem einen farblichen Akzent erhält.
Eine Analyse, die allein ein bestimmtes traditionelles Formschema nachweisen wollte, müßte an den Orchesterstücken op. 10 notwendig scheitern. Hier sind es Entsprechungen und Beziehungen in der Intervallstruktur, der chromatischen Verknüpfung, der Tonhöhenorganisation, der Klangschichten und der Klangfarbe, die eine organische formale Geschlossenheit garantieren. Im I., II. und V. Stück ist eine chromatische Dreitongruppierung übereinstimmend; der II. und V. Satz sind durch den dynamisch klanglichen Höhepunkt herausgehoben; der IV. Satz bildet mit dem III. eine übergeordnete Einheit (vgl. Stroh, S. 106) aufgrund der Klangstruktur (s. 2.5); der III. Satz ist wiederum an den II. durch die komplementäre Chromatik gebunden. So ergibt sich zunächst folgendes Bezugsnetz, das die ersten vier Stücke enger miteinander verbunden erscheinen läßt (vgl. auch deren Titel: Urbild-Verwandlung-Rückkehr-Erinnerung):

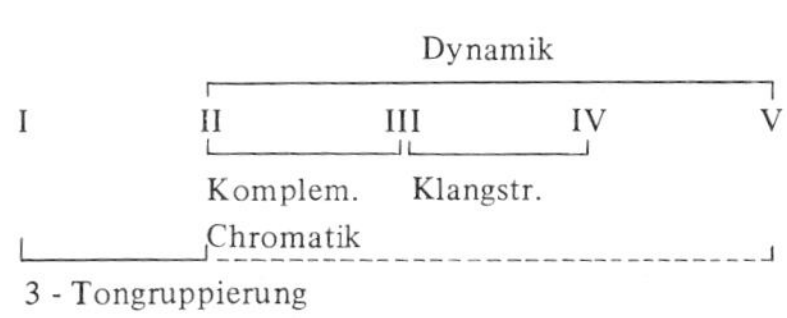

Die absoluten Satzdauern weisen eine klare Symmetriebildung auf, wobei der im Mittelpunkt stehende III. Satz selbst symmetrisch angelegt ist.

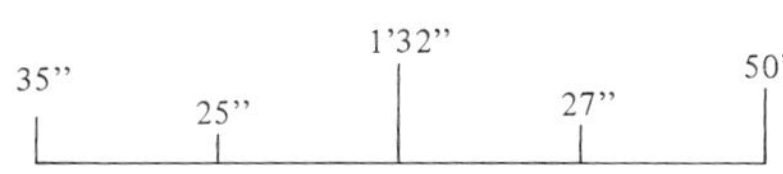

Auch in der Gesamtanlage ist das Vermeiden formaler Schematisierung zu spüren; schematische Analogien treffen nicht das Fluktuieren des Bezugsnetzes.
Die folgende Analyse der einzelnen Stücke geschieht jeweils unter einem je verschiedenen Aspekt, was Überschneidungen und Wiederholungen vermeiden helfen soll und zugleich im Ansatz ein didaktisches Modell liefern kann.

---

[17] vgl. die Untersuchung zur chromatischen Verknüpfung bei Karkoschka, S .130—135
[18] vgl. H. Pousseur, R2, S. 59.

2.2 *I. Stück*
Klangfarbenmelodie

Der Satz beginnt und schließt mit einer Tonfolge mit unwesentlicher (zu Beginn) bzw. ohne Tonhöhenänderung (am Schluß), wobei die Einzeltöne auf verschiedene Instrumente aufgeteilt sind. Die primäre Farbwirkung dieser Teile wird noch durch die Artikulationsarten nuanciert. „Melos und Farbe (stehen) in einem solchen Verhältnis, daß man geradezu von einer Inkarnation des Begriffs ‚Klangfarbenmelodie‘ sprechen kann“ (Karkoschka, S. 125).

T. 1–3		Trp. Hrf.	Cel. Hrf. (Flag.) Vla. (Flag.)	Fl. Hrf.	Glsp.	Cel. (Triller)			
		h'	c''	h'	es''' g'' d''	a' gis'			
T. 9–12	Viol. Glsp.	Trp. Hrf.	Cel. Vcl. (Flag.)		Hrf.	Fl.	Fl. Trp.	Trp.	Cel.
	g'''	a'	gis'		d e' b b a h es	f'	f'	f'	f'

Dabei fällt der durchaus analoge Aufbau auf. Werden zunächst Einzeltöne in der gleichen Oktavlage von mehreren Instrumenten gespielt, so folgt darauf eine mehrtönige Gruppe in jeweils nur einem Instrument (Glsp. — Hf.). Die formale Gliederung der Schlußtexte (Einzelton — Gruppe — Einzelton) spiegelt zugleich die Anlage des ganzen Stückes, dessen melodische Gruppen in Klar., Trp./Pos., Vl./Vc und Fl. von der punktuellen Klangfarbenmelodie mit den Verbindungsgliedern in Glsp. und Hf. eingerahmt werden. (s. Beispiel 2 Graphik). Das gleiche Bild vermittelt das in Anspruch genommene Frequenzspektrum. Dem schmalen, einstimmigen, in die dreigestrichene Oktave reichenden Anfang entspricht der schmale, einstimmige, in die Gegenrichtung der kleinen Oktave weisende Schluß. (Beispiel 3, Diagramm des Frequenzspektrums). Damit ist eine Dreiteiligkeit zumindest angedeutet. Nach der fortschreitenden Ausweitung des Tonraumes von der Mittellage um c'' gleichmäßig um fast zwei Oktaven bis b''' (T. 7/8) und d (T. 10) wirkt die nachfolgende Klangnuancierung auf f' als Ausgleich.

Den strukturellen Zusammenhalt garantiert die durchgängige Verwendung einer chromatischen Dreitonverbindung, die jedoch auch permutatorisch umgestellt oder gespreizt erscheint. Sie bestimmt die Klangfarbenmelodien des Anfangs h-c-h und des Schlusses g-a-gis und tritt ebenso in den Begleitfiguren von Hf. und Vl. h-c-b und Hf. und Va. d-es-des (T. 4—6) und in der Pos. g-f-fis (T. 6/7) wie in den Schlußwendungen der Fl. f-e-dis (T. 8/9) und Vl. f-fis-g (T. 8/9) auf. Die Hf.-Figur T. 10/11 enthält sie zweifach, in der Mitte b-a-h und als Rahmen d-e-es (s. o.).

2.3 *II. Stück*
Schichtenaufbau

Den Satz kennzeichnet eine äußerst komplexe vertikale Klangstruktur, die zugleich eine deutliche horizontale Gliederung erkennen läßt. Im *ersten Teil* (T. 1—7) dominieren melodische Linien in Klar., Ob., Trp. und Str., die sich wechselseitig überlagern und kreuzen (Es-Klar. + Vl., dann: Ob. + Trp., dann: Es-Klar./B-Klar. + Va.), so daß ein doppel-

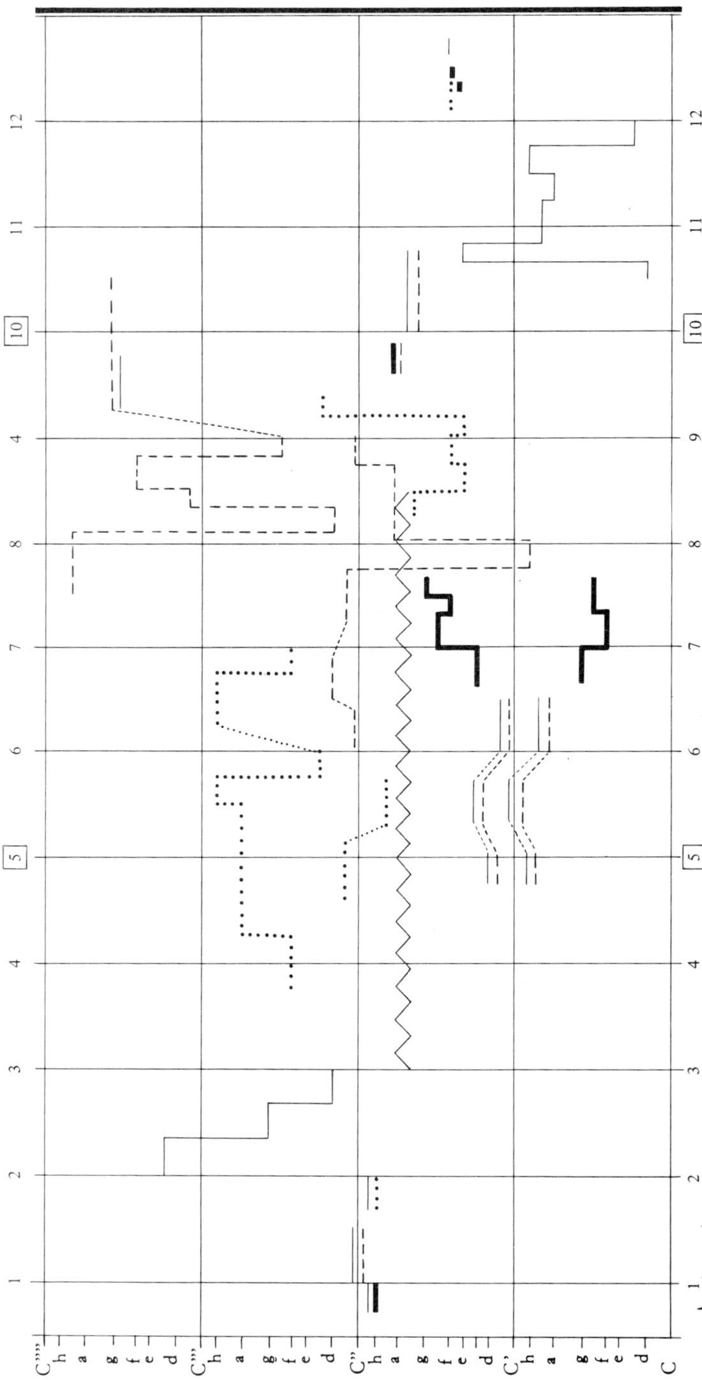

···· = Holzbläser ▬ = Blechbläser —— = Celesta, Harfe, Glockenspiel – – – = Streicherinstrumenten

Beispiel 2

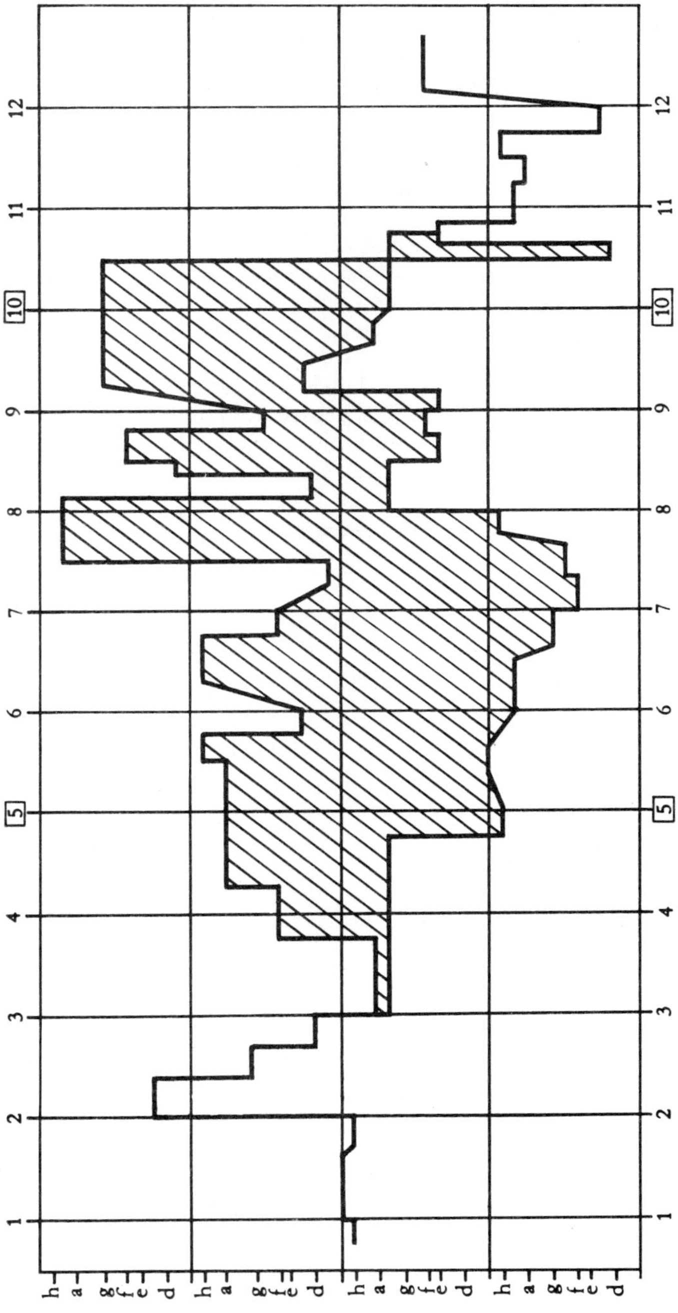

Beispiel 3

schichtiges[19] melodisches Geflecht entsteht, in dem beide Melodie-Schichten in ihrem Materialbestand deutlich aufeinander bezogen sind (s. u.). Hinzutritt eine mehr farblich bestimmte Begleitung (Trp. mit Flatterzunge, Trillerkette in Klar., Vl. mit gedämpftem Flageolett, gekoppelt mit dem staccatissimo der Picc.), die als Klangschicht oder Klanggrund gelten kann.

Das charakteristische punktuelle Instrumentationsverfahren läßt potentielle Klangfarbenlinien erahnen. Die den Satz eröffnenden gleichzeitigen melodischen Bögen in Es-Klar. und Vl. enthalten zusammen 11 chromatische Töne mit nur einer Tonwiederholung. Mit dem fehlenden ‚dis' setzt die nachfolgende Ob.-Figur ein; ‚es' ist aber auch schon in der Begleitung der Trp. enthalten, so daß in den ersten beiden Takten das zwölftönige Feld bereits ausgefüllt ist. (s. Beispiel 4 Einsatzfolge). Mit der Trp.-Begleitung korrespondiert die B-Klar. in Spielart (Flatterzunge — Triller) und in der chromatischen Dreiton-Beziehung (Klar.: as-g-a; Trp.: (c) es-d-e). Infolge des Ineinandergreifens dieser Stimmen werden sie nicht mehr als einzelne Linien jede für sich wahrgenommen, sondern ergänzen sich zu einem komplexen Gebilde, dessen Einzelpunkte jeweils anderen Instrumenten zufallen, so daß sich eine Klangfarbenlinie mit angedeuteter symmetrischer Proportionierung als hörbares Resultat ergibt. (Beispiel 5).

Beispiel 4
Einsatzfolge op. 10,2

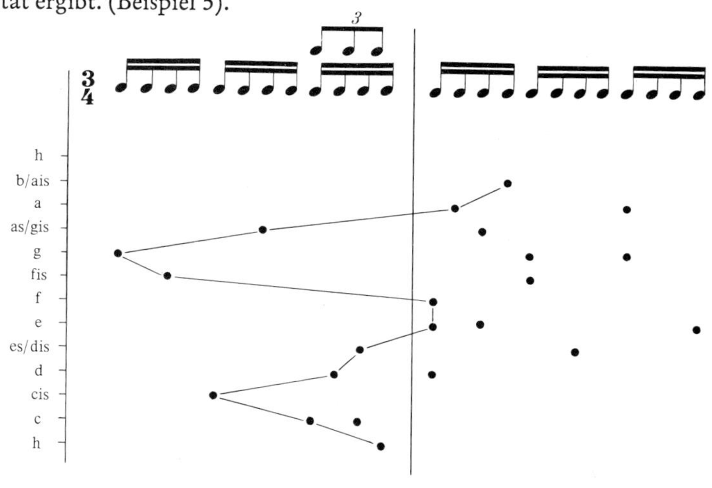

Beispiel 5

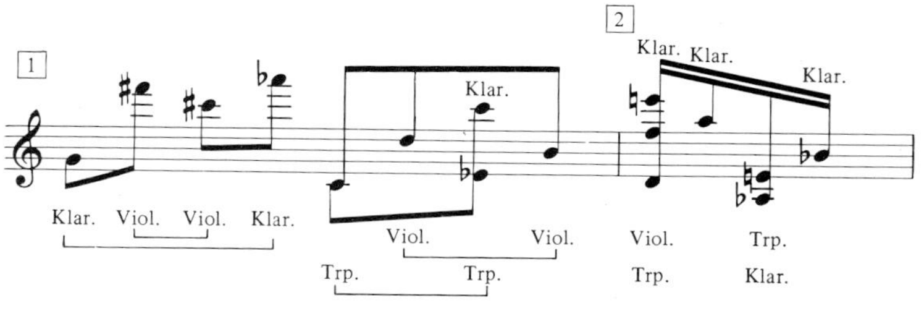

[19] W. M. Stroh führt in seiner Analyse von op. 10 eine Schichtenterminologie ein und unterscheidet generell 1) eine melodische, 2) eine kontrapunktierende, 3) eine Akkord- und 4) eine klangfarbliche Grundschicht aus Trillern, Tremoli u. ä. Zum Schichtenaufbau in op. 10,2 s. dort S. 88 ff.

Diese aus den vier Einzelstimmen resultierende Gesamtlinie ist durch die zunehmende Vergrößerung der Impulsdichte (Achtel, Achteltriolen, Sechzehntel) gekennzeichnet. Mit dieser horizontalen Verdichtung fällt eine vertikale in der Häufung gleichzeitig erklingender Töne zusammen (s. Beispiel 4). Die angedeutete Tendenz zur Verdichtung wird in einem accelerando aufgenommen und schließlich in eine Steigerung der Intensität (pp < fff) übergeführt.

Im *zweiten Teil* (T. 8—11) ist das melodische Element auf nur noch eine Schicht (6-töniges Klar.-Motiv) reduziert und tritt klanglich ganz hinter die 6 Akkorde (= 3. Schicht) zurück, die gleichsam als Wendepunkt von der horizontalen und vertikalen Verdichtung des Anfangs zur dynamischen Schlußsteigerung im Zentrum des Satzes stehen. Durch die Instrumentation wird der Farbimpuls der Begleitungsschicht des Anfangs (= 4. Schicht) aufgegriffen und in den Akkorden weitergeführt; der Farbeffekt der Triller- und Tremologrundierung wird auf die Farbwirkung der Akkorde übertragen, Farbe wird in den Akkordklang integriert. Die Akkorde bilden jeder für sich homogene Klangkomplexe. Ihren farblichen Wechsel verstärken verschiedene Spieltechniken.

Beispiel 6

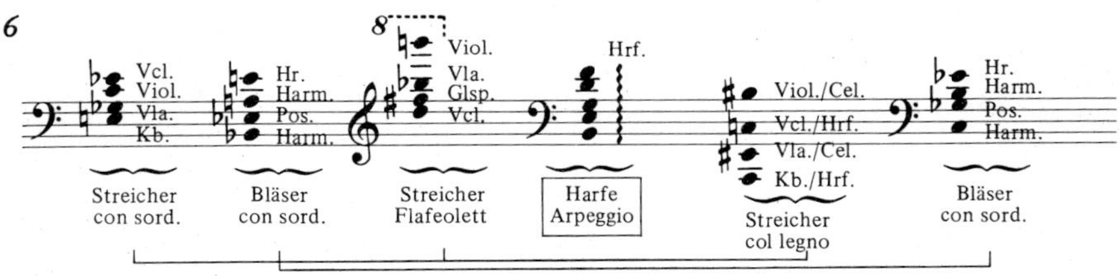

Farblich ergibt sich dabei folgende Gruppierung:

gl. Instrument, gl. Spielart :		2			6	=	Bläserklang
gl. Instrum., untersch. Spielart:	1		3	5		=	Streicherklang
versch. Instr., versch. Spielart:			4			=	Hf.-Arpeggio

(Zu beachten ist, daß die exponierte Lage des 3. Akkords d''' — h'' '' nicht als hohe Lage herausfällt, sondern als Flageolett-Farbe wirkt.)

Das Ordnungsprinzip der Klangfarben der Akkorde ist dem der Anfangslinie in der angenäherten axialen Anlage wiederum analog. Hier bildet der Hf.-Akkord gleichsam die Achse, deren Sonderstellung die nur einmal verwendete Farbe, die Fünfstimmigkeit und das Arpeggio begründen.

Am Beispiel dieser Akkorde wird die Brüchigkeit des Begriffs „Klangfarbenakkord" deutlich. Ist damit analog zu einer Klangfarbenmelodie ohne Tonhöhenänderung eine bloße Kombination von Farben bei gleicher Tonhöhe oder die verschiedene Instrumentierung desselben Akkords (wie in V, T. 9/10) gemeint, so trifft dieser Begriff hier nicht zu. Ein Klangfarbenakkord in diesem zugespitzten Sinn wäre dann am Anfang des I. Satzes zu erblicken, wo Cel., Hf. und Va. einen ‚dreistimmigen' Farbakkord mit hohem Verschmelzungsgrad bilden. Was sich aber in den Akkorden des II. Satzes manifestiert, ist das Gleichgewicht der Akkordfarbe gegenüber seiner Intervallstruktur, d. h. die Akkorde konstituieren ebenso die Farbe wie die Verbindung der Intervalle, ja der formale Bezug zueinander wird eben durch die Klangfarbe erst hergestellt; die chromatische Verknüpfung ist vergleichsweise lose. Hier scheint der aus Schönbergs op. 16,3 entlehnte Begriff der

„Akkordfärbung" zutreffender, um einen Unterschied zu bloß unterschiedlich instrumentierten Akkorden anzudeuten (wie sie schon bei J. S. Bach im 1. Brandenburgischen Konzert am Schluß des 2. Satzes zu finden sind), obwohl der Vergleich mit Schönbergs op. 16,3 insofern unzutreffend ist, als dort allmähliche Klangfarbenänderungen mit allmählichen Tonhöhenänderungen in den Akkorden zusammengehen, während hier verschiedene Akkorde farblich miteinander korrespondieren. Doch geht es in beiden Fällen nicht mehr darum, einen Akkordwechsel farblich zu unterstützen, sondern die Klangfarbe drängt die Tonhöhenbeziehungen des Akkords zurück.
Die drei Schlußtakte mit dem Trp.-Auftakt bilden den *dritten Teil,* in dem wieder zwei Melodiestimmen (Trp. + Hr.) kontrapunktieren. Andererseits sind Akkord- und Klangschicht (= 3. und 4. Schicht) integriert, d. h. die begleitenden Akkorde werden in der Schlußsteigerung als Triller (= Prinzip der 4. Schicht) ausgehalten. „Die 4. Schicht existiert als konkrete, isolierte Schicht nicht mehr, sondern wirkt als ein den anderen Schichten übergeordnetes prägendes Prinzip." (Stroh, S. 91). Die Übernahme des Farbeffekts in die Akkordschicht des 2. Teils ist in der Verschmelzung der beiden Schichten im 3. Teil konsequent fortgeführt und wirkt so formbildend.

(Übersicht nach Stroh, S. 91)

		8	12
1. Schicht:	Klar. / Ob.	Klar.	Trp.
2. Schicht:	Str. / Trp.		Hr.
3. Schicht:		Akkorde	Akk. + Triller
4. Schicht	Triller / Tremoli / Flatterzunge		↑ ↑
	pp < > *ppp* < *sfz* > *p*		— *fff*

2.4 *III. Stück*
Farbe als Form

Die formale Konsequenz klangfarblicher Disposition ist am III. Stück mehrfach exemplifiziert worden.[20] Karkoschka kritisiert hier als formale Schwäche gerade die deutliche Reprisenform (S. 123). Wichtiger als der rein deskriptive Nachweis der Dreiteiligkeit ist die Untersuchung dessen, was diese Form konstituiert.
Gestaltprägend ist die farbliche und strukturelle Polarität von Fläche und Linie. Anfang und Schluß bilden jeweils eine Klangfläche mit relativ hohem Geräuschanteil auf der Grundlage eines rhythmisch strukturierten Trägerakkords in Mand., Git., Cel. und Hf., grundiert von Tr. und Glck. In der Wiederaufnahme dieser Fläche ab T. 7 erscheint sie klanglich modifiziert. Das bisbigliando der Git. ist durch eine Tonrepetition des Harm. ersetzt, dem noch ein liegendes Vc.-Flageolett hinzugefügt ist; zudem sind die rhythmischen Muster von Cel. und Hf. ausgetauscht. In diese Fläche sind zwei 4-tönige Motive in Vl. (T. 1—2) und Pos. (T. 8—9) hineinverwoben. Die Linie der Vl. wird zu Beginn vom Hr. weitergeführt, dessen 3-töniges Motiv die Umkehrung der letzten 3 Töne der Vl. (vgl. Beispiel. 1) ist und eine Brücke zum Mittelteil (T. 5—6) bildet, der durch Taktwechsel und agogische Veränderungen (drängend-zögernd-molto rit.-tempo) und die neu hinzutretende Klar.-Farbe abgehoben ist. Mit der ruhigen Linie der Vl. und der Pos. kontrastiert die schnellere Bewegung der Klar. Die flächige Grundierung der Mand., Hf. und Hdglck. tritt hinter der melodischen Linie ganz zurück. Das 4-tönige Va.-Motiv, in seiner Intervallstruktur auf das Hr. (T. 3—4) bezogen, führt dann zu der Klangfläche zurück (s. Bei-

[20] vgl. Diagramm bei H. H. Stuckenschmidt, Musik, S. 56 f.

Beispiel 7 Klangskizze op. 10,3

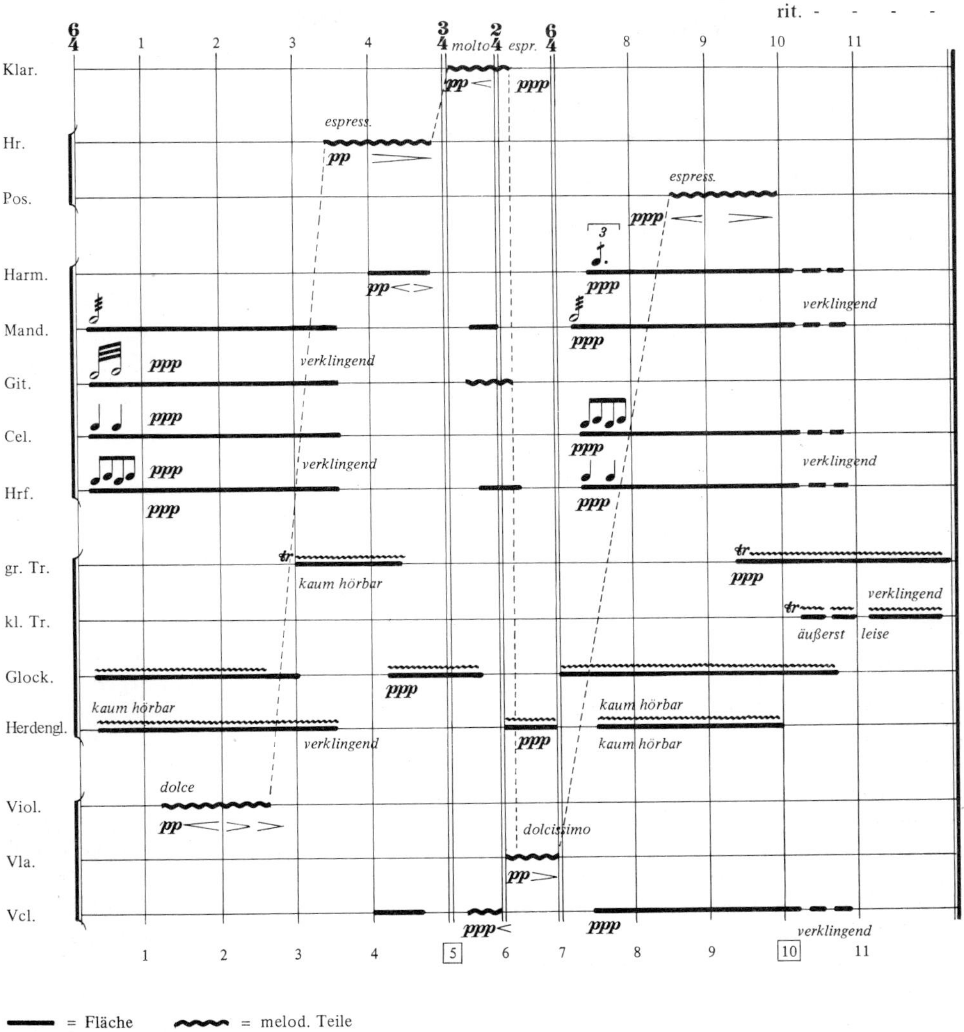

spiel 7). Konstitutiv für die musikalische Form ist das wechselseitige Vor- und Zurücktreten von Fläche und Linie. Da in der Fläche aber gerade die distinkten Tonhöhen und Rhythmen in einem komplexen Ganzen aufgehen, wird die Farbflächen-Struktur selbst zum primären, formbildenden Element. „Farbe ist nicht länger ein Gewand, Stuck, Verkleidung, sondern sie ist Form.“[21] Ihr können sich die anderen Parameter unterordnen

[21] Kh. Stockhausen, Orientierung, Texte Bd. 1, Köln 1963, S. 36

oder in einen zusätzlichen Farbwert umschlagen, wie etwa die Septime h-b' in der Koppelung von Mand. und Hf. (T. 5) oder die rhythmische Schichtung aus Vierteln, Achteln, Achteltriolen und dichtem Tremolo. Auch die unterschiedliche Intervallstruktur und Lage der Klangfläche zu Beginn und am Schluß schlägt sich vornehmlich als farbliche Nuance nieder.

Beispiel 8

Die farblich wirksame Entsprechung ist in der Intervallstruktur der Trägerakkorde selbst nicht mitvollzogen. Ist der Akkord der 1. Fläche

des
b } 1
d
6 { a
e } 1
as

deutlich auf die melodischen Phrasen in Vl. und Hr. bezogen, indem er deren Intervallstruktur aus chromatischem Schritt und Tritonus vertikal projiziert, so zeigt demgegenüber der Akkord der Schlußfläche eine Halbtonschichtung (cluster).

Das ungleiche Verhältnis der Länge des zu einer Geste zusammengezogenen Mittelteils zu dem flächigen Anfang und Schluß ist durch die Flächenstruktur selbst begründet, da sich eine Flächenwirkung erst durch die Kontinuität gleichbleibender oder unwesentlich veränderter Klangfolgen einstellt. Aus der Polarisierung von Fläche und Linie ergibt sich so die Raffung der Zeit im linearen Mittelteil.

2.5 IV. Stück
Tongruppenbeziehungen und permanente Verwandlung

Die 6 Takte enthalten in der Gegenüberstellung von melodischen Phrasen und statischen Klängen spürbare Reminiszenzen an den III. Satz; schon die Besetzung stellt lediglich eine Reduzierung dar. Die kurzen 5- und 6-tönigen Melodieabschnitte sind auf 3 verschiedene Instrumentalfarben (Mand. — Trp./Pos. — Vl. = Zupf-, Blech-, Blas-, Streichinstrumente) verteilt, die in ihrer Bewegung (Rhythmik) deutlich miteinander verknüpft sind. Die Duole mit nachfolgender Triole der Mand. wird von den Blechbläsern mit einer Dehnung des Schlusses übernommen und von der Vl. mit gedehntem Anfang zu einer Quintole zusammengezogen:

Dem Prinzip der Vertauschung entspricht die Umkehrung der Intervallrichtung. Den zwei aufwärtsgeführten Intervallen folgt in den ersten beiden Gruppen ein Sprung abwärts, was die Vl. in genau umgekehrter Richtung wiederholt. Die Intervalle selbst bleiben grundsätzlich erhalten, werden jedoch permutatorisch umgruppiert und durch Spreizung oder Umkehrung permanent verändert. (In dem folgenden Beispiel sind alle Intervalle ohne Rücksicht auf die reale Oktavlage wiedergegeben)

Beispiel 9

Sekunde und Tritonus bestimmen die melodische Konzeption:

2	6	1	1
6	2	1	1
2	6	2	1

Dieser konstellative Zusammenhang wird durch Tongruppenbeziehungen noch intensiviert.

Beispiel 10 (nach Döhl, S. 311)

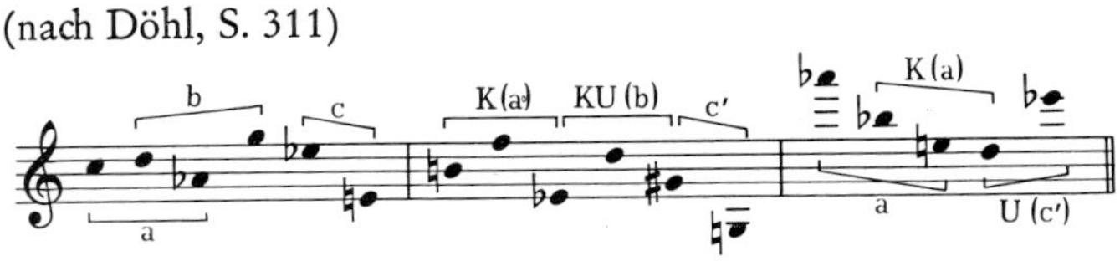

Die Gruppe a und K(a) und das Intervall c (c′) erscheinen jeweils gespreizt, so daß sie zunehmend weiter im Frequenzbereich ausgreifen. Der weiteste Abstand (Pos. g; Vl. as′′′) ist dabei durch chromatische Verknüpfung überbrückt.
Zu den melodischen Phrasen treten gehaltene oder rhythmisierte statische Klänge, die sich zu einem pulsierenden Klangkontinuum ergänzen: ein Hf.-Akkord, ein liegendes Va.-Flageolett, ein synkopierter Klar. Ton mit nachfolgendem Triller zu rhythmisierten kurzen Tönen in Hf., Cel. und Mand. Die Verbindung zwischen den Klar.-Synkopen und der punktuellen Klangschichtung stellen 3 Tr.-Schläge her. Diese Einzelaktionen summieren sich zu folgendem rhythmischen Muster, das durch eine zunehmende Verdichtung der Impulsfolge gekennzeichnet ist.

Beispiel 11

Die Steigerung der zeitlichen Abfolge unerwarteter musikalischer Veränderungen (= Veränderungsdichte[22]) bewirkt zusammen mit der parallel dazu verlaufenden Zunahme in der vertikalen Dichte und der Verbreiterung des ausgefüllten Tonraums eine Entwicklung und Steigerung innerhalb der ppp-Sphäre dieses Satzes.

---

[22] Kh. Stockhausen, Struktur und Erlebniszeit, R2, S. 69

2.6 *V. Stück*
Chromatische Verknüpfung

In dem umfangreichsten der 5 Sätze treten Dynamik, Tempo und Rhythmik als Gliederungsfaktoren stärker in Erscheinung. Dennoch sollen sie hier weniger berücksichtigt werden als die besonders enge chromatische Verknüpfungstechnik. Karkoschka erblickt in der Einleitung (T. 1—4) „eines der schönsten Beispiele für proportionierte Chromatik" (S. 134). Der letzte Ton der Melodie des Glsp. ‚c' bildet eine Achse, umgeben von zwei 4-tönigen Str.-Akkorden, vor und nach der jeweils 11 chromatische Töne stehen, die zusammen mit dem ‚c' das chromatische Total bilden. Dabei sind die Tonfolgen sowohl horizontal miteinander als auch vertikal mit den Akkorden wie die Akkorde untereinander chromatisch eng verbunden.

Beispiel 12
(nach Karkoschka, S. 134)

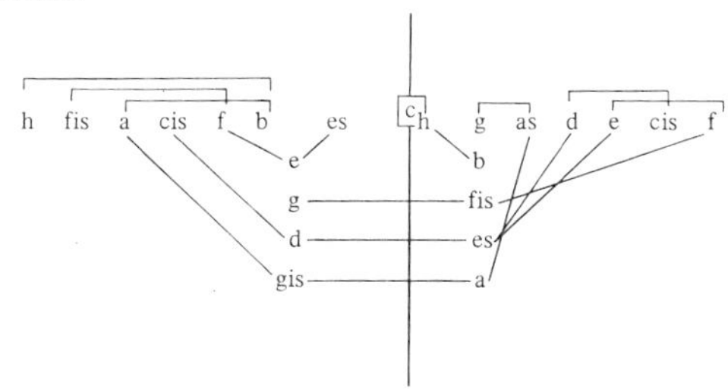

In analoger Weise sind auch die beiden Akkorde zu der auf Vc. und Ob. aufgeteilten Melodie im Schlußabschnitt miteinander chromatisch verbunden, wenngleich quasi verkürzt ohne die symmetrische Bildung. Dem Schlußton ‚h' der Ob. kommt dabei eine ähnliche Funktion zu wie dem Achsen-C des Beginns: ‚h' ist der einzige zum chromatischen Total fehlende Ton der letzten Akkorde.[23]

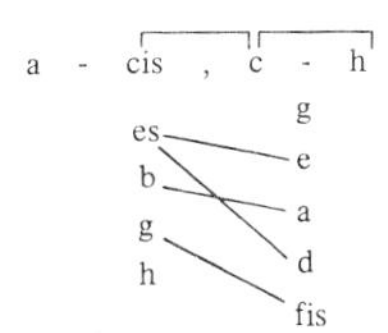

Im Crescendo vor dem Höhepunkt (T. 13—15) tritt wieder die schon den I. Satz bestimmende chromatische Dreitonverbindung verstärkt in Erscheinung. Es-Klar. und Baßklar. bringen zwei melodische Phrasen in ruhigem (Es-Klar.) bzw. in kurzem, punktiertem Rhythmus (Baßklar.) über einer Grundierung aus Mand., Git., Cel., Va. und Vc.

Es - Klar.:	ges - f , b - ces	MELODIE
Baßklar.:	b - a, d - es, ces - c (-a), g - ges	
Mand.:	h - c - cis	BEGLEITUNG (Trem. Triller)
Cel.:	g - as - g	
Git. + Vcl.:	d - des - c	
Vla.:	as - g - ges	

[23] vgl. zur Funktion des Zentraltons 'H' W. M. Stroh, S. 110, 116 ff.

Die horizontale chromatische Fortschreitung mündet in den fff-Höhepunkt der Akkordschläge (T. 16/17).

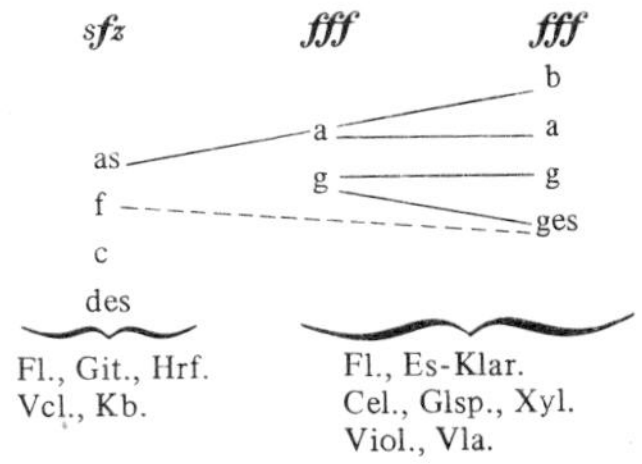

Der ruhige, punktuell instrumentierte, durchsichtige Schluß bildet zu dieser Entwicklung einen Kontrast und rundet sie zugleich ab.

3. MATERIAL

3.1 Zu den Titeln

Webern hat anläßlich der Wiener Aufführung den Stücken Untertitel gegeben, welche die Vorstellungen, die ihn bei der Komposition begleiteten, andeuten sollten. Wer dem Werk fremd gegenübersteht, dem werden die Namen wenig sagen. Uns aber mögen sie einen kurzen Blick in Weberns geistige Sphäre gewähren: „Urbild“, „Verwandlung“, „Rückkehr“, „Erinnerung“ und „Seele“. Urbild — damit ist jenes vom Menschen gemeint, was nicht von dieser Welt ist, Verwandlung — die Menschwerdung, Rückkehr — der Tod, Seele — die kindliche, hinträumend, spielend, ungezogen, fromm.
(E. Stein, Pult und Taktstock, 1926, S. 110.)

Ähnlich wie Webern hatte auch Schönberg den einzelnen Sätzen seiner Orchesterstücke op. 16 „aus verlagstechnischen Gründen“ Untertitel gegeben. Dazu bemerkt er:
Im ganzen die Idee nicht sympathisch. Denn Musik ist darin wunderbar, daß man alles sagen kann, so daß der Wissende alles versteht und trotzdem hat man seine Geheimnisse, die, die man sich selbst nicht gesteht, nicht ausgeplaudert. Titel aber plaudert aus. Außerdem: was zu sagen war, hat die Musik gesagt. Wozu dann noch das Wort. Wären Worte nötig, wären sie drin. Aber die Kunst sagt doch mehr als Worte. Die Titel die ich vielleicht geben werde, plaudern nun, da sie teils höchst dunkel sind, teils Technisches sagen, nichts aus. Nämlich I. Vorgefühle (hat jeder), II. Vergangenheit (hat auch jeder), III. Akkordfärbungen (technisches), IV. Peripetie (ist wohl allgemein genug), V. Das obligate vielleicht besser das ‚ausgeführte‘, oder das ‚unendliche‘) Recitativ. Jedenfalls mit einer Anmerkung, daß es sich ums Verlagstechnische und nicht um den ‚poetischen‘ Inhalt handelt.
(A. Schönberg, Tagebuchnotiz vom 27. 1. 1912; bei: Rufer, Das Werk A. Schönbergs, Kassel 1959, S. 13 f.)
GESPRÄCH

3.2 Zur Form

Alle Werke, die seit dem Verschwinden der Tonalität bis zur Aufstellung des neuen Zwölftongesetzes geschaffen wurden, waren kurz, auffallend kurz. . . . Mit der Aufgabe der Tonalität war das wichtigste Mittel zum Aufbau längerer Stücke verlorengegangen. Denn zur Herbeiführung formaler Geschlossenheit war die Tonalität höchst wichtig. . . .

Erst als Schönberg das Gesetz aussprach, wurden größere Formen wieder möglich.
(WV, S. 57 f.)

Von allem Anfang an war ich mir klar darüber, daß für den Entfall der tonalen Gliederungsbehelfe ein Ersatz gefunden werden muß, der es ermöglicht, wieder längere Formen zu bauen. Denn da die Länge ein relativer Begriff, aber eine der Dimensionen der Musik ist, die Musikstücke somit lang oder kurz sein können, kann der Ausweg der kurzen Stücke nur ein gelegentlicher sein. Davon ausgehend bin ich zur Komposition mit zwölf Tönen gelangt.
(A. Schönberg, Gesinnung oder Erkenntnis? UE-Jb. 1926, S. 29.)

Man bedenke, welche Enthaltsamkeit dazu gehört, sich so kurz zu fassen. Jeder Blick läßt sich zu einem Gedicht, jeder Seufzer zu einem Roman ausdehnen. Aber: einen Roman durch eine einzige Geste, ein Glück durch ein einziges Aufatmen auszudrücken: zu solcher Konzentration findet sich nur, wo Wehleidigkeit in entsprechendem Maße fehlt. Diese Stücke wird nur verstehen, wer dem Glauben angehört, daß sich durch Töne Sagbares ausdrücken läßt.
(A. Schönberg, Vorwort zu Weberns Bagatellen für StrQu. op. 9; in: R2, S. 15.)

Die extrem kurzen Stücke Schönbergs und Weberns bezeichnen einen ersten Höhepunkt und zugleich eine erste Krise der atonikalen Musik.
(Döhl, S. 294).

. . . als Bedingungen für die typisch Webernsche Kurzform (sind) einmal die Stauung der musikalischen Ereignisse auf kleinstem Zeitabschnitt, zum anderen die Kürze der einzelnen Ereignisse selbst anzusehen. Beide Bedingungen treffen für den vierten Satz op. 10, das kürzeste aller Orchesterstücke, nur eingeschränkt zu. Hier sind die musikalischen Ereignisse an Zahl vermindert anstatt gestaut, ihre Dauern im Verhältnis zur Dauer des Satzes lang. Mithin sollte der Satz nicht als deutlichste Manifestation des Webernschen Formwillens bezeichnet werden, wie es so oft geschieht.
(Karkoschka, S. 135.)

. . . in Weberns Musik . . . ist eine Tendenz zur Beseitigung hierarchischer Beziehungen in allen Dimensionen der musikalischen Struktur und Form vorhanden.
(Ligeti, S. 117.)

Beim Anhören Webernscher Musik zieht man das Nacheinander von Intervallen unwillkürlich in eine Gleichzeitigkeit zusammen und zerlegt die vertikalen Komplexe in Tonfolgen. Man hört also weder rein horizontal, noch vertikal — statt dessen sozusagen quer, und die zeitliche Folge der musikalischen Gestalten, das ‚Frühere‘ und das ‚Spätere‘, verliert die eindeutige Festlegung. Deshalb erscheint die Form, der ganze Verlauf des Stückes, oft statisch — als etwas in sich Stehendes oder in sich Kreisendes —, ohne eigentlichen Anfang und ohne eigentliches Ende.
(Ligeti, S. 118.)

Resümee: Die extreme Kürze ist eine unmittelbare Folge des Verlassens der Tonalität, sie entspringt aber zugleich einem Ausdrucksbedürfnis, das jegliche Wiederholung scheut, ist somit kompositorisch notwendig und konsequent. Der Mangel an zeitlicher Ausdehnung, in der Intensität und Dichte der Materialstruktur kompensiert, wird als solcher aber empfunden, die kurzen Stücke werden nur als „Ausweg“ (Schönberg) erkannt. „Große“ Formen, d. h. solche von großer zeitlicher Ausdehnung, hat Webern jedoch nie geschrieben.

3.3 Zur Klangfarbenkomposition

Ich kann den Unterschied zwischen Klangfarbe und Klanghöhe, wie er gewöhnlich ausgedrückt wird, nicht so unbedingt zugeben. Ich finde, der Ton macht sich bemerkbar durch die Klangfarbe, deren eine Dimension die Klanghöhe ist. Die Klangfarbe ist also das große Gebiet, ein Bezirk davon die Klanghöhe. Die Klanghöhe ist nichts anderes als Klangfarbe, gemessen in einer Richtung. Ist es nun möglich, aus Klangfarben, die sich der Höhe nach unterscheiden, Gebilde entstehen zu lassen, die wir Melodien nennen, Folgen, deren Zusammenhang eine gedankenähnliche Wirkung hervorruft, dann muß es auch möglich sein, aus den Klangfarben der anderen Dimension, aus dem was wir schlechtweg Klangfarbe nennen, solche Folgen herzustellen, deren Beziehung untereinander mit einer Art Logik wirkt, ganz äquivalent jener Logik, die uns bei der Melodie der Klanghöhen genügt. Das scheint eine Zukunftsphantasie und ist es wahrscheinlich auch. Aber eine, von der ich fest glaube, daß sie sich verwirklichen wird. Von der ich fest glaube, daß sie die sinnlichen, geistigen und seelischen Genüsse, die die Kunst bietet, in unerhörter Weise zu steigern imstande ist. Von der ich fest glaube, daß sie jenem uns näherbringen wird, was Träume uns vorspiegeln, daß sie unsere Beziehungen zu dem, was uns heute unbelebt scheint, erweitern wird, indem wir dem Leben von unserem Leben geben, das nur durch die geringe Verbindung, die wir mit ihm haben, vorläufig für uns tot ist.
Klangfarbenmelodien! Welche feinen Sinne, die hier unterscheiden, welcher hochentwickelte Geist, der an so subtilen Dingen Vergnügen finden mag!
(A. Schönberg, Harmonielehre, Wien 1911, S. 471.)

Schönbergs Idee der ‚Klangfarbenmelodie' wird von Webern also auch schon auf den Schritt von Ton zu Ton angewandt. Die differenzierte Instrumentation, im Verein mit einer differenzierten Artikulation, erhebt, wie Karkoschka (Klangfarbenkomposition, 1. Jahresbericht 1962 der Staatl. Hochschule für Musik, Stuttgart, S. 22) festgestellt hat, „den Einzelton in den Rang eines selbständigen musikalischen Ereignisses".
(Döhl, S. 250.)

C. Dahlhaus polemisiert gegen eine zu enge und simplifizierende Auslegung des Begriffs Klangfarbenmelodie als verschiedene Färbung einer festgehalten Tonhöhe:
So wenig aber ein Tonhöhenwechsel, um eine Melodie zu sein, sich in einer einzigen Klangfarbe präsentieren muß, so wenig ist ein Instrumentationswechsel, um als Klangfarbenmelodie zu erscheinen, an eine festgehaltene Tonhöhe gebunden. Instrumentation wird nicht dadurch zur Klangfarbenmelodie, daß die Tonhöhenmelodie zur Monotonie einschrumpft, sondern durch ein Gleichgewicht zwischen Instrumentation und Tonhöhenmelodie statt der gewohnten Vorherrschaft der Tonhöhenmelodie. Und das Gleichgewicht erreicht Schönberg in op. 16,3 durch Reduktion der Melodik, nicht durch deren Aufhebung.
Dalhaus hält den Einfluß von Helmholtz' „Lehre von den Tonempfindungen" (1863) auf Schönbergs Vorstellung von der Klangfarbenmelodie für durchaus möglich und wahrscheinlich. Er fährt daher fort:
Nach Helmholtz ist das ‚Gefühl für die melodische Verwandtschaft aufeinanderfolgender Töne' in der unbewußten ‚Empfindung gleicher Partialtöne der betreffenden Klänge' begründet. Und eine entsprechende ‚Logik' der Klangfarbenmelodie ist zwar um so viel komplizierter als die der Tonhöhenmelodie, wie die Koinzidenzen von Partialtönen, auf denen sie beruht, verwickelter sind; aber unvorstellbar ist sie nicht. Keineswegs postulierte Schönberg damit ein analysierendes Hören von Partialtönen; er dachte lediglich, wie Helmholtz bei der Tonhöhenverwandtschaft, an ein ‚Gefühl' für Klangfarbenver-

wandtschaften, das in einer unbewußten ‚Empfindung gleicher Partialtöne' wurzelt. Das Gefühl für einen Systemzusammenhang der Klangfarben in Analogie zu dem der Tonhöhen ist noch unentwickelt; aber es war wiederum Helmholtz, der von der Entwicklungsfähigkeit des Klangfarbenhörens überzeugt war, so daß sich Schönberg von ihm in seinen ‚Zukunftsphantasien' bestärkt fühlen konnte.
(Dahlhaus, Kgr. Ber. 1970, S. 372/373.)

Der Terminus ‚Klangfarbenmelodie' hat sich für die Betrachtung der Farbenphänomene als unzureichend erwiesen. . . . Umgekehrt wie in der Klassik hat sich jetzt die Konstruktion der Farbe unterzuordnen. Im Gegensatz zur Romantik hat ‚gute' Instrumentation nichts mit dem Musikantischen zu tun; ist die gewünschte Farbwirkung erreicht, so ist jene von diesem Gesichtspunkt aus zunächst einmal gut . . . Es ist leicht einzusehen, daß auch ‚Farbenharmonien' oder ‚-akkorde', so nahe sie als Analogien zur ‚-melodie' gelegen wären, keinen befriedigenden Ausweg darstellen. Ins Schwarze träfe nur ein zunächst allgemeiner Begriff wie etwa ‚primäre Farbenkomposition', der dann aufzugliedern wäre in ‚Klangfarbenmelodie', ‚-harmonie' (oder ‚-akkorde'), ‚-tausch'.
(Karkoschka, S. 128 f.)

Die Einheit von Komposition und Instrumentation, die für Webern gilt, weist dieser in Schönbergs Werken nach:

Man kann hier nicht von äußerlichen Instrumentationseffekten sprechen. Diese neuen Klangmittel sind aus dem Ausdruck dieser Musik geboren.
(Webern über Schönbergs 1. StrQu. op. 7 — in: Schönbergs Musik, Schönberg Sl.bd. 1912, S. 31.)

Dem entspricht auch die Instrumentation: ein ununterbrochener Wechsel nie gehörter Klänge . . . Ganz neu ist die Art, wie Schönberg Akkorde instrumentiert. (Beispiel aus op. 17) Man beachte genau die eigentümliche Setzart; die gedämpfte Trompete mit dem höchsten Tone, dann das Solo-Cello, darunter die Oboe (!), die gedämpfte Posaune mit dem vierten und das gedämpfte Horn mit dem fünften Tone; im zweiten Takte tritt noch der Kontrabaß mit einem sechsten Tone dazu; endlich in das ganze hineinverwoben der Klang der Singstimme. Jede Farbe ist aus einer gänzlich verschiedenen Klangfamilie. Es entsteht hier durchaus kein Mischklang; jede Farbe erklingt solistisch, ungebrochen. Da die aber so gewählt ist, daß kein Ton den anderen dynamisch übertönt, entsteht trotzdem eine Klangeinheit.
(Webern zu Schönbergs Monodram „Erwartung" op. 17 — in: Schönbergs Musik, Schönberg Sl. bd. 1912, S. 45 f.)

Seine (= Weberns) Affinität zu dem Maler (= Klee) reicht tiefer als die bloße Analogie zwischen Verfahrensarten . . . Verwandt sind sie in der Lineatur selber, einem absonderlich Graphischen, einer zugleich bestimmten und rätselvollen Ausdrucksschrift. . . . Beide auch, Klee und Webern, befahren ein imaginäres Zwischenreich zwischen Farbe und Zeichnung. Beider Gebilde sind getönt, nicht farbig. Nie setzt sich das Kolorit als selbständig, nie behauptet es überhaupt sich nachdrücklich als handfeste Kompositionsschicht, nie auch ist es Klangdessin.
(Adorno, Klangfiguren, S. 178 f.)

3.4 Zur Chromatik

Es zeigte sich aber bald, daß da geheime Gesetze in Zusammenhang mit den zwölf Tönen bestanden: es war für das Ohr sehr befriedigend, wenn der Melodieablauf sich von Halb-

ton zu Halbton vollzog bzw. in solchen Intervallen, die mit dem chromatischen Fortschreiten in Verbindung standen. . . . Die chromatische Skala wurde immer dominierender: die zwölf Töne statt der sieben.
(WV, S. 41.)

Wer irgend einem Werk Weberns ein wenig Aufmerksamkeit widmet, dem muß die außergewöhnliche Natur der einfachsten klanglichen Verhältnisse, vor allem die der elementaren Tonhöhenverknüpfungen, auffallen. Es gibt eine Fülle von chromatischen Beziehungen, hauptsächlich an großen Septimen, kleinen Nonen und deren Oktaverweiterungen. . . . Es wird deutlich, daß Webern der Chromatik einen neuen Geist eingeflößt, daß er sie von allen Erinnerungen an die nachwagnerische alterierte Harmonik endgültig gereinigt, daß er sie endlich auf ihre ureigenste Bestimmung zurückgeführt hat.
(Pousseur, R2, S. 56/7.)

Resümee: Die Feststellung chromatischer Tonhöhenverknüpfungen ist nur unter der Voraussetzung möglich, daß chromatische Beziehungen unabhängig von der realen Tonhöhe wirksam bleiben. Gehörspsychologisch ist der chromatische Schritt c′ — cis′ aber nicht ohne weiteres identisch mit seiner oktavgespreizten oder umgekehrten Gestalt (kl. None — gr. Septime; c′ — cis″ oder cis′ — c″). Insofern ist die chromatische Verknüpfungstechnik gehörsmäßig nicht in dem Maße wirksam, wie sie analytisch für die Struktur nachweisbar ist.

3.5 Kunstcharakter der Musik und Entwicklungsgedanke

. . . ich verstehe unter ‚Kunst' die Fähigkeit, einen Gedanken in die klarste, einfachste, das heißt ‚faßlichste' Form zu bringen. In diesem Sinne also kann ich das ‚Vater unser' nicht als etwas Gegensätzliches zur Kunst empfinden sondern als deren höchstes Vorbild. Denn hier ist die größte Faßlichkeit, Klarheit und Eindeutigkeit erreicht. . . . So fasse ich Kunst auf. Und deswegen habe ich nie verstanden, was ‚klassisch', ‚romantisch' und dgl. ist, noch habe ich mich in einen Gegensatz zu den Meistern der Vergangenheit gestellt, sondern mich immer nur bemüht, es diesen gleich zu machen: das, was mir zu sagen gewährt ist, so klar als möglich darzustellen.
(WB, S. 10. Brief an H. Jone vom 6. 8. 1928) DISKUSSION

Kunst ist ein Produkt der allgemeinen Natur in der besonderen Form der menschlichen Natur.
WV, S. 15.)

*

Wo Besonderes ausgesagt wurde, dort mußten immer Jahrhunderte vergehen, bis die Menschen der Sache nahegekommen sind. — Das ist der ‚moralische Gewinn'.
(WV, S. 15.)

Es ist etwas ganz Merkwürdiges, wie wenige Menschen imstande sind, einen musikalischen Gedanken zu erfassen. Ich möchte da nicht von der großen Masse sprechen, die sich mit Geistigem nicht viel befassen kann . . .
(WV, S. 13 f.)

Es ist natürlich unsinnig, mit ‚sozialen' Einwänden zu kommen. — Warum verstehen die Leute das nicht? — Es war von uns ein Vorstoß, der gemacht werden mußte, ein Vorstoß, wie er eben noch nie da war.
(WV, S. 48.)

Viel später bin ich daraufgekommen, daß alles im Zuge der notwendigen Entwicklung war.... Wir sind heute schon am Ende dieses Weges, d. h. am Ziel angelangt.
(WV, S. 55.)

*

Die ,innere' Notwendigkeit dient . . . Adler, Schönberg und Webern daher zur Rechtfertigung elitären Verhaltens und elitären Bewußtseins: aus ,innerer Not' wird der Künstler, im Gegensatz zur Masse, die in ,äußerer Not' sich erschöpft und aufarbeitet, nicht nur ,frei' von ,äußerer' Notwendigkeit, sondern erfüllt in dieser Freiheit auch geschichtliche Notwendigkeit, selbst wenn ,innere Not' ihn in Isolation treibt und nötigt, viel von sich zu fordern und sich mit Schwierigkeiten und Pflichten zu beladen.
(Stroh, S. 261.)

Resümee: Webern wie Schönberg empfanden ihre künstlerische Aussage als durch eine innere Notwendigkeit begründet. Das Artifizielle ihrer Werke schließt sie einem breiteren Verständnis (zunächst) aus; diese Isolation wirkt aber nicht direkt auf den Schaffensprozeß ein. Die Traditionsbindung der Werke wie ihre Einbettung in die Kontinuität der musikalischen Entwicklung sichert ihnen ihren historischen Rang. Alle musikalische Entwicklung läuft nach Webern notwendig auf die Aufgabe der Tonalität zu. Der Konsequenz dieser Entwicklung in höchster Klarheit und „Faßlichkeit" gerecht zu werden, ist der hohe Anspruch seines künstlerischen Bemühens. Auf dieser Basis gründet ein durchaus elitäres Bewußtsein. — Die gegenwärtige Negation eines derartigen Kunst- und Werkcharakters von Musik ist als eine Reaktion auf das Hochartifizielle der dodekaphonen und nachfolgenden seriellen Musik zu werten.

3.6 Zur Webern-Rezeption

zu op. 10:

Hier und dort ein spärlicher, feiner, zerfaserter Klang, ein paar verwehte Figuren in Mandoline, Trompete und Geige, abgerissene, isolierte Einzeltöne, das ist alles. Die elfstimmige Partitur wirkt wie eine Ironie. Die Dynamik geht vom Piano aus abwärts bis zum dreifachen Pianissimo. Wenn man dieser Musik begegnete, ohne zu wissen, aus welcher Haltung und aus welchem Kreise sie herauswuchs, so würde man sie für das Werk eines Spaßvogels halten, irgendeines kleinen Kompositionsschülers, der sich über die neue Musik lustig machen wollte. Es gibt nichts, was sie davon objektiv unterschiede, wenn nicht der Name des Komponisten, der über ihr steht. Hier geht ein Weg zu Ende. Wir stehen dem Ende der Musik gegenüber, dem absoluten Endpunkt . . .
(H. Mersmann, Moderne Musik, Potsdam 1927, S. 144.) DISKUSSION

Das Hören dieser Musik stürzt den unvorbereiteten Hörer in eine vollständige Verwirrung, aus der nur eine lange Gewöhnung abhelfen kann.
(Leibowitz, S. 204; dt. bei Kolneder, S. 66.)

Ratlosigkeit und Unverständnis sind der Tenor der frühen Rezensionen. Seine Musik und seine künstlerische Leistung wurden zunächst, wenn überhaupt, nur in Abhängigkeit von A. Schönberg gesehen:
Doch erst mit der Symphonie op. 21 verwirklicht sich die Originalität Weberns ganz. Bis dahin hat er kaum eine Seite geschrieben, welche — mit einer gewissen Übertreibung gesagt — nicht von seinem Lehrer hätte geschrieben werden können.
(Leibowitz, S. 212; dt. bei Kolneder, S. 162.)

Dieser heute nicht mehr haltbaren Auffassung hat als erster H. Eimert (Die notwendige Korrektur) entschieden widersprochen:
. . . mit oder ohne Übertreibung: das heißt doch die Blindheit zum Prinzip des Sehens machen! Kein Takt schon des frühen op. 9 könnte von Schönberg sein.
(Eimert, R2, S. 38.)

vgl. dazu:
Die wenn auch in jeder Hinsicht vollgültigen Frühwerke Weberns gehören in den Stilkreis ganz bestimmter Werke seines ehemaligen Lehrers. Die Kraft dieser Vorbilder . . . bewährt sich auch noch in den Kompositionen der Schüler. Dabei kann aber nicht behauptet werden, Webern und Berg hätten nur die Errungenschaften Schönbergs ihrerseits verwendet; vielmehr scheint es, daß sie Miteroberer des musikalischen Neulands gewesen seien.
(R. Stephan, Dt. Univ. Zeitung 1956.)

Entscheidenden Einfluß übte Weberns Musik auf die seriellen Komponisten:
Das Webernbild der seriellen Komponisten . . . ruht allerdings nicht auf affektiver, sondern theoretisch-reflektierender Grundlage. Das Argument der affektiven Zuneigung zu Webern wird von den seriellen Komponisten nur zur Verteidigung des theoretisch erstellten Webernbildes, nicht zu dessen Erstellung verwendet.
(Stroh, S. 303 f.)

*

In der Wirkungsgeschichte Anton von Weberns, die durch jähe Veränderungen charakterisiert ist, zeichnet sich, wie der Wiener Webern-Kongreß im März 1972 deutlich machte, eine dritte Stufe ab. Galt Webern zu Lebzeiten (außerhalb des engen Zirkels der Eingeweihten) als skurriler Esoteriker im Schatten Schönbergs, so war die Rezeption in den fünfziger Jahren, durch die Webern unversehens ins Zentrum der Neuen Musik rückte, von den Konsequenzen bestimmt, welche die ‚Serialisten' aus Weberns späteren Werken gezogen hatten: Konsequenzen, die auf die Webern-Deutung zurückwirkten und der Diskussion wenn nicht die Ergebnisse, so doch die Themen vorschrieben. . . . Das Resultat des Kongresses in Wien waren die Umrisse einer Webern-Deutung jenseits des ‚Serialismus'.
(Dahlhaus, NZfM 1972, S. 242.)

4. ÜBERLEGUNGEN ZUR DIDAKTIK UND LERNZIELE

4.1 Einordnung in verschiedene Unterrichtssequenzen

— *Klangfarbenkompositionen:*
Debussy/Ravel — Schönberg (op. 16,3)/Webern (op. 10,3) — Ligeti/Penderecki[24] — elektronische Musik/musique concrète;
— *Klangfarbe als Ausdrucksmittel*
Untersuchung von Funktion und Bedeutung der Klangfarbe für die musikalischen Formen und Kompositionsweisen in verschiedenen Epochen:
BAROCK: Concerti grossi, Konzerte und Transskriptionen, Kunst der Fuge;
KLASSIK: Sinfonie, Konzert;

[24] vgl. K. J. Müller: K. Penderecki, Anaklasis; darin auch zur Flächenkomposition 1.3.

ROMANTIK: Sinfonische Dichtung (Berlioz, Liszt, Strauss);
EXPRESSIONISMUS: Schönberg, Webern, Berg;
GEGENWART: Klangfarbenkompositionen.

— *Reduktion der Form:*
zyklische Großform der Klassik — Auflösungstendenzen in der Romantik — extreme formale Reduktion bei Webern — Probleme der offenen Form in der Neuen Musik.
— *Expressionismus — Jugendstil* (= fächerübergreifend)
musikalische Stilmerkmale des Expressionismus, im Zusammenhang mit Literatur und Malerei.

4.2 Lernziele

4.2.1 Analytischer Aspekt

Der Lernende soll das Formproblem in der Instrumentalmusik des 20. Jahrhunderts erkennen und in der Lage sein, sich zu einzelnen formalen Auflösungstendenzen zu äußern und sie konkret nachzuweisen (etwa im instrumentalen Apparat, den Formkategorien, den Titeln etc.). Speziell an Weberns Orchesterstücken op. 10 soll er
— das Problem der extremen Verkürzung,
— die Funktion der Klangfarbe,
— das Verlassen der Tonalität
erkennen und sich zu diesen Komplexen sachkundig äußern können. Er soll op. 10 in den stilistischen Zusammenhang des Expressionismus einordnen können und Parallelen in der Literatur und Malerei feststellen.

4.2.2 Kognitiver Aspekt

Der Lernende soll anhand wesentlicher werkimmanenter Fakten typische Stilmerkmale des frühen Webern und der atonalen Musik erläutern und bestimmen können, z. B.:
— das Prinzip der Bildung und Verknüpfung chromatischer Felder,
— die Klangfarbenmelodie,
— die permanente Verwandlung.
Er soll in der Lage sein, auf der Basis e i n e s Aspekts (z. B. Klangfarbe, chromatische Verknüpfung u. ä.) eine selbständige Analyse an einem Satz oder Satzausschnitt durchzuführen.

4.2.3 Kritischer Aspekt

— Angesichts Weberns eigener kritischer Feststellung über die Fremdartigkeit der Erscheinungsform seiner Musik und der negativen Feststellung etwa von Mersmann (s. MATERIAL 3.6) soll sich der Lernende je nach dem Stand seines musikalischen Wissens dieser Hörprobleme voll bewußt werden, sie reflektieren und auf die historischen und materialen Ursachen zurückführen. Die Urteilsbildung über die Orchesterstücke soll sich an dem hohen Sachanspruch und der Strenge des kompositorischen Verfahrens orientieren.
— Ferner soll der Lernende den strengen Kunstcharakter und die Traditionsbildung dieser Stücke reflektieren.

5. BIBLIOGRAPHIE

s. auch WEBERN-Bibliographie, in: Musik und Bildung 1973, H. 6, S. 330—333)

Adorno, Theodor W.
Anton von Webern, in: Klangfiguren. Musikalische Schriften I, Frankfurt/M 1959, S. 157—181

Baruch, Gerth-Wolfgang
Anton von Webern, in: Melos 1953, S. 337—342

Dahlhaus, Carl
Schönbergs Orchesterstück op. 16,3 und der Begriff der „Klangfarbenmelodie", in: Kongreß-Bericht Bonn 1970, Kassel (1973), S. 372—373

Dallapiccola, Luigi
Begegnung mit Anton Webern, in: Melos 1965, S. 115—117

Döhl, Friedhelm
Weberns Beitrag zur Stilwende der Neuen Musik, Diss. phil. Göttingen 1966 (maschr.), 2 Bde. (umfangreiches Lit.-Verz.)

Eimert, Herbert (Hg.)
Anton Webern, Die Reihe 2, Wien 1955; zit. als R2 (darin biograph. Tabelle, Werkverzeichnis, Dokumente, Analysen)

Eimert, Herbert
Die notwendige Korrektur, in: Die Reihe 2, Wien 1955, S. 35—41

Häusler, Josef
Anton Webern, in: Musik im 20. Jahrhundert, Bremen 1969, S. 409—421

Karkoschka, Erhard
Studien zur Entwicklung der Kompositionstechnik im Frühwerk Anton Weberns, Diss. phil. Tübingen 1959 (maschr.) (darin: Analyse op. 10, S. 123—136)

Kolneder, Walter
Fünf Stücke für Orchester op. 10, in: Anton Webern, Einführung in Werk und Stil, Rodenkirchen 1961, S. 62—66 (darin: ausführliche Bibliographie)

Leibowitz, René
Schoenberg et son école, Paris 1947 (darin: Anton Webern, Kap. IX—XI, S. 191—258)

Ligeti, György
Weberns Melodik, in, Melos 1966, S. 116—118

Metzger, Heinz-Klaus
Webern und Schönberg, in: Die Reihe 2, Wien 1955, S. 47—50

Moldenhauer, Hans
Der Tod Anton von Weberns, dt. von G. Sievers, Wiesbaden 1970 (orig.: The death of Anton Webern, New York 1961)

Pousseur, Henri
Weberns organische Chromatik, in: Die Reihe 2, Wien 1955, S. 56—65

Pousseur, Henri
Webern und die Theorie, in: Darmstädter Beiträge zur Neuen Musik, Mainz (1958), Bd. 1, S. 38—43, zit.: Pousseur, DA-Beiträge

Reich, Willi (Hg.)
Anton Webern. Weg und Gestalt. Zürich 1961, zit.: Reich, Monographie (darin: Biographie, Werke, Dokumente, Selbstzeugnisse, Bilder)

Reich, Willi
Anton von Webern, in: Die Musik 1930, S. 812

Reich, Willi
Weberns Musik, in: Sonderheft „23", 1934

Schnebel, Dieter
Konzept über Webern, in: Denkbare Musik, Schriften 1952—72, Köln 1972, S. 42—54

Stein, Erwin
Fünf Stücke für Orchester von Anton Webern, in: Pult und Taktstock, 1926, S. 109 f.
Stephan, Rudolf
Anton von Webern, in: Dt. Univers. Zeitung 1956, Nr. 13/14
Stroh, Wolfgang Martin
Anton Webern. Historische Legitimation als kompositorisches Problem. Diss. phil. Freiburg 1972. Göppinger Akad. Beiträge Bd. 63, Göppingen 1973 (ausführliche Analyse von op. 10)
Stuckenschmidt, Hans Heinz
Musik des 20. Jahrhunderts, München 1969 (darin besonders S. 55—57), zit.: Stuckenschmidt, Musik
Stuckenschmidt, Hans Heinz
Anton von Webern, in: Schöpfer der Neuen Musik, München (dtv) 1962, S. 135—144, zit.: Stuckenschmidt, Schöpfer
Vogt, Hans
Neue Musik seit 1945, Stuttgart 1972 (darin: Cluster. Klangflächen. Klangfarbenmelodie, S. 117 ff.; Webern, S. 199 ff.)
Webern, Anton
Briefe an Hildegard Jone und Josef Humplik, Wien 1959, Zit. WB
Webern, Anton
Der Weg zur Neuen Musik (Vorträge), Wien 1960, zit.: WV
Webern, Anton
Schönbergs Musik, in: Arnold Schönberg (Sammelband), München 1912, S. 22—48
Wildgans, Friedrich
Anton Webern. Eine Studie. Tübingen 1967 (mit Werkverz. und Reihentabellen ab op. 19)
Zillig, Winfried
Anton Webern, in: Variationen über neue Musik, München 1964, S. 109—115

Abkürzungen

Bck.	Becken
BKlar.	Baßklarinette
B-Klar.	Klarinette in B
Cel.	Celesta
Fl.	Flöte
Git.	Gitarre
Glck.	Glocken
Glsp.	Glockenspiel
Harm.	Harmonium
Hdglck.	Herdenglocken
Hf.	Harfe
Hr.	Horn
Kb.	Kontrabaß
Kl.	Klavier
Mand.	Mandoline
Ob.	Oboe
Picc.	Piccolo
Pos.	Posaune
R2	Die Reihe 2, Wien 1955
Sl.bd.	Sammelband
Str.	Streichinstrumente
StrQu.	Streichquartett
Tr.	Trommel
Trgl.	Triangel
Trp.	Trompete
Va.	Viola
Vc.	Violoncello
Vl.	Violine
Xyl.	Xylophon
WB	Webern, Briefe an H. Jone
WV	Webern, Vorträge: Der Weg zur Neuen Musik, Wien 1960

Dieter Zimmerschied

Igor Strawinsky (1882—1971)
Symphonie de Psaumes (Psalmensymphonie) (1930)

1. INFORMATION

1.1 Psalmensymphonie

Komponiert 1930 zum 50jährigen Bestehen des Bostoner Symphonie-Orchesters.

1.2 Taschenpartitur

Bei Boosey & Hawkes (rev. Fassung von 1948)
Schallplatten: Sup 80367 PK — Dec SMD 1273 — CBS 77333 — CBS 72463

1.3 Text

1. Satz: Psalm 39,13—14
2. Satz: Psalm 40, 2—4
3. Satz: Psalm 150
(Vulgata)

1.4 Periodisierung

Strawinskys Schaffenslinie wird in der Literatur allgemein in drei Abschnitte unterteilt:
— bis ca. 1911 die „russische“ Periode (häufige Beziehung zur russischen Folklore)
— bis ca. 1950 die neoklassizistische Periode (Wendung zum Westen — Integration traditioneller Stile und Techniken, Formen und Gattungen in das eigene Werk bis hin zum Prinzip der „Parodie“)
— ab ca. 1951 die Altersperiode (Übernahme der Zwölfton- und seriellen Kompositionsweise — Annäherung an die Wiener Schule).

1.5 Werkauswahl

1. Periode
Pétrouchka (1911)
Le Sacre du Printemps (1913)
Le Rossignol (1914)
Histoire du Soldat (1918)
2. Periode
Ragtime (1919)
Pulcinella (1920) — Pergolesi
Suite Nr. 2 (1921)
Oper: Mavra (1922)

Oktett für Bläser (1923)
Suite Nr. 1 (1925)
Oedipus Rex (1927)
Le baiser de la fée (1928) — Tschaikowsky
Capriccio (1929) — C. M. v. Weber
Symphonie de Psaumes (1930)
Perséphone (1934)
Jeu de cartes (1937) — Joh. Strauß
Concerto in Es (Dumbarton Oaks) (1938)
Ebony Concerto (1946) — Jazz
Buffo-Oper: The rake's progress (1949—51)

3. Periode
Cantata (1952)
Septett (1952/53)
Canticum Sacrum (1956)
J. S. Bach: Choralvariationen über das Weihnachtslied „Vom Himmel hoch" (1956)
Threni (1958)
Movements (1960)
Abraham and Isaac (1962/63)

1.6 Voraussetzungen, die eine intensive Behandlung erleichtern

— Kenntnis der Begriffe „homophon" und „polyphon"
— Kenntnis der Fugenform
— Kenntnis von Beispielen aus Heinrich Schütz' „Geistlicher Chormusik" als Belege für die Motettenkomposition des 17. Jahrhunderts
— Hörerfahrung mit Teilen des Gregorianischen Chorals, besonders im Hinblick auf „Hymnus" und „Psalmodie"
— Arbeitserfahrung mit der Figurenlehre im Hinblick auf die wortgebundene Musik J. S. Bachs
— Kenntnis von funktionsfreien Dissonanzen im musikalischen Impressionismus
— Hörerfahrung im Jazz
— Kenntnis von Schönbergs Kompositionstechnik mit „zwölf aufeinander bezogenen Tönen" und von Anton Weberns serieller Konzeption.

2. ANALYSE

2.1 Erster Satz

Die ungewöhnliche *Instrumentierung* fällt zunächst auf:
a) Hinzuziehung des Klaviers als Orchesterinstrument,
b) außer Violoncello und Kontrabaß keine Streichinstrumente,
c) differenzierte Behandlung der Blasinstrumente (Beginn des zweiten Satzes).

Die Instrumentierung vereinigt zwei Gegensätze in sich:
— eine gewisse Starrheit und Unbeweglichkeit durch ostinate Figuren (z. B. im ersten Satz ab Ziffer 4 im Fagott) und durch die Einschränkung der Zahl der Streichinstrumente,

— eine ausdrucksvolle Dynamik durch Zusammenwirken von Chor und Orchester sowie durch die extensive Rhythmik.

Die *Form* ist einfach: Teil A (bis „meam" — 4 T. nach 5) wird ein zweitesmal aufgenommen (bis „sileas" — 1 T. vor 10); es folgt ein neuer Teil B, der gegen Ende in die psalmodierende Melodik des A-Teils zurückkehrt (Ziffer 13).

Der *A-Teil* wird geprägt durch die kleine Sekunde (e—f), die dem „Psalmodieren" zugrunde liegt.

Zwar wechseln die Chorstimmen zwischen Ein- und Mehrstimmigkeit ab, jedoch ist der Eindruck — auch bei „et deprecationem meam" — vorwiegend einstimmig, da sich die Mehrstimmigkeit lediglich in einer weitgehend parallel geführten Homophonie darstellt.

Der *B-Teil* hebt sich durch eine sparsamere Instrumentation ab, die erst wieder bei „peregrinus" (2 T. nach 11) ins vormalige Tutti zurückkehrt. Durch das anfängliche Zurücktreten der Instrumente wird die Vokalstimme deutlicher hervorgehoben, die nun nicht mehr psalmodiert, sondern in betont großen Intervallen eine Art Arioso bildet und erst gegen Ende wieder in die Psalmodie zurückkehrt (Ziffer 13). Damit deutet der Komponist die intimere Sprache des Mittelteils als Kern, der von der liturgischen Form begrenzt wird.

Wort-Ton-Beziehungen werden deutlich: Im A-Teil werden die Worte „et deprecationem meam" (Ziffer 5) sowie „ne sileas" (Ziffer 9) durch unvermittelt auftretende hohe Lage und teilweise durch erstmalige Verwendung vokaler Mehrstimmigkeit („et deprecationem meam") bzw. durch den sukzessiven Einsatz von Sopran und Tenor („ne sileas") besonders akzentuiert.

Im B-Teil wird der „peregrinus" (wörtliche Übersetzung etwa „Fremdling") musikalisch dargestellt durch plötzliche Häufung von Reizklängen („fremdartigen" Klängen) sowie den Wechsel von tiefer zu hoher Lage. Die inhaltliche Gleichsetzung des Ich („ego") mit den Vätern („omnes patres mei"), sprachlich ausgedrückt durch das „sicut" (sowie), erfährt ihre musikalische Gestaltung durch die Figur der „Repetitio"[1], indem das ungewöhnliche Motiv b′ — as″ — g″ (2 T. nach 11) auf (pe-re-) gri-nus im drauffolgenden Takt auf sic-ut wiederholt wird.

Möglicherweise kann auch die zuerst gleichzeitige Erscheinung, später sich überschneidende Wiederholung von „remitte mihi" (laß ab von mir) als bildliche Figur gedeutet werden.

Die Textbehandlung verdeutlicht, daß durch die musikalische Gestaltung eine Ausdruckssteigerung erreicht wurde: *Das Gebet wird zum Flehen.*

2.2 *Zweiter Satz*

War der erste Satz die Darstellung des Gebets, so finden wir hier die des Dankes.

Die *Form* ist zweiteilig und besteht aus einer Doppelfuge (bis Ziffer 14) und einem homophonen Schlußteil. Der Wechsel von Polyphonie zu Homophonie muß in diesem Zusammenhang an die motettische Form des 17. Jahrhunderts erinnern (besonders Heinrich Schütz: „Geistliche Chormusik", Dresden 1648), wobei besonders besticht, daß der homophone Schlußteil (= „Noëma"=Gedanke=Hauptgedanke), der von der vorangegangenen Doppelfuge durch eine Generalpause deutlich abgesetzt ist, tatsächlich eine auffallende Steigerungswirkung hervorbringt.

[1] Zur Figurenlehre vgl. Arnold Schmitz: Die Bildlichkeit der wortgebundenen Musik Johann Sebastian Bachs. Mainz 1950.

Die Doppelfuge besteht aus einer instrumentalen und einer vokalen Fuge (ab Ziffer 5). In der instrumentalen Fuge werden nur Bläser verwandt, streckenweise spielen nur Flöte und Oboe, wenige Takte vor dem Vokaleinsatz sogar nur die vierfach aufgeteilte Flöte allein. Der auf diese Weise stark differenzierte Klang „parodiert" den Orgelton. Die Vokalfuge besteht aus Exposition und einer abschließenden Engführung (Ziffer 10) a capella, während im übrigen die Bläser verstreut Motive der Instrumentalfuge kontrapunktieren (etwa: Ziffer 5; ab 1 T. nach 7; Ziffer 9 etc.).
Der homophone Schlußteil besteht im wesentlichen aus einem Kernmotiv (Ziffer 15) mit nachfolgenden zwei Sequenzen (1 T. vor 16 und 2 T. nach 16), bevor er in den letzten Takten wieder in die Psalmodie des ersten Satzes einmündet.

2.3 Dritter Satz

Die Form besteht, wie häufig in der Musik des 20. Jahrhunderts, aus einer Reihung von lose zusammenhängenden Teilen, die äußerlich noch durch trennende Doppelstriche besonders abgehoben sind:

— Die langsame Einleitung verwendet das bereits in den anderen Sätzen vorkommende Steigerungsprinzip von der Einstimmigkeit in die Mehrstimmigkeit. Beachtenswert ist hier auch die ausgesprochen romantische Harmonik des „Alleluia".

— Mit Ziffer 3 beginnt ein „dionysischer" Teil (vgl. zu diesem Begriff S. 49 f.), der in seiner Mitte eine Zäsur aufweist, eine Art Atempause. Hier ist das Instrumentarium besonders stark beteiligt und zeigt auch bereits in der Hinleitung zum Vokaleinsatz (1 T. nach 6) die musikalische Interpretation des biblischen Textes: Das Loben sprengt nun alle gesetzten Grenzen der Konvention, des Maßes und der Liturgie und wird eine Darstellung vitaler ekstatischer Hingabe.
Melodische Mittel (Aufwärtsstrebungen — Ziffer 2, 1. u. 2. Flöte) sowie harmonische (Häufung von Dissonanzen) genügen nicht mehr, rhythmische Mittel treten hinzu und führen den Instrumentalteil in die Nähe des Jazz (Klavierpart in Anlehnung an den Ragtime — vgl. Werkübersicht S. 41). Im Kontrast dazu steht zunächst noch die Vokalpartie mit ihrer durchgehaltenen Psalmodie, bis — nach der Zäsur (Ziffer 3) — auch sie von den Synkopen ergriffen wird und die exzessive Steigerung vollkommen macht (ab Ziffer 8). Auch die auffallenden monoton-hypnotischen Wiederholungen und Ostinati fügen sich in das Bild ein.

— Bei Ziffer 20 setzt der polare, der „apollinische" Teil ein, beginnend mit einem strengen Kanon mit später (Ziffer 21) zugefügtem Kontrapunkt, ebenfalls und auf seine Weise in einer Steigerung begriffen, und zwar zur Mehrstimmigkeit und zur Höhe.

— Der letzte Teil (Ziffer 22) wird aus einer akkordisch begleiteten Kantilene gebildet, wobei das orgelpunktartige B im Baß den romantisch-impressionistischen Schmelz besonders auffällig hervortreten läßt, bis acht Takte im Tempo I der langsamen Einleitung den Satz und das Werk abschließen.

Die Deutung: Das „Lobet den Herrn" des 150. Psalms in seinen vielfältigen Ausprägungen (in seinem Heiligtume . . . in seinen Taten . . . mit Pauken und Reigen . . . mit hellen Zimbeln . . . mit wohlklingenden Zimbeln) wird in die ebenso mannigfaltigen Mittel der Musik übertragen. Die Vielzahl aller möglichen Lobeshaltungen (Ernst, Würde, Strenge, Tatkraft, Lebenslust, Enthusiasmus, Ordnung, Gefühl . . .) wird hier durch Psalmodie, Synkopierung, Kanon, Kantilene und harmonische Raffinements dargestellt und in ihren dionysischen wie apollinischen Erscheinungsformen auf höherer Ebene zusammengeführt.

3. MATERIAL

3.1 Strawinskys Personalstil

Stil ist die besondere Art, in der ein Komponist seine Konzeptionen ordnet und die Sprache seines Handwerks spricht. Die(se) Sprache ist das gemeinsame Element der Komposition einer Schule oder einer abgeschlossenen Epoche.
GESPRÄCH (Gemeinsamkeiten gegenwärtiger avantgardistischer Musik, gegenwärtiger Unterhaltungsmusik — enger: Popmusik —, — noch enger: Beatmusik — . . .).
(Igor Strawinsky, Musikalische Poetik, S. 44)

3.1.1 Strawinskys Orchester

Strawinskys Orchester ist vor allem ein überaus leuchtkräftiges und transparentes Orchester. Die ruhelosen Rhythmen, die energiegeladenen, kräftigen Akzente bewegen sich immer in einer Atmosphäre der Klarheit . . . Das Klavier wird als Orchesterinstrument wiederentdeckt...
(Jacob Druckmann, S. 23)

Die Trennung der Instrumentengruppen und die Anerkennung der spezifischen Eigengesetzlichkeit der verschiedenen Instrumententimbres tragen . . . zur Klärung der tieferen musikalischen Absichten Strawinskys bei . . . Wegen (der) Kürze . . . von Strawinskys melodischen Einfällen gehen diese nur selten im Orchester von einer Hand in die andere.
(Jacob Druckmann, S. 27 f.)

Ich entsinne mich noch sehr gut der Anstrengung, die es kostete, (im Bläser-Oktett) das Zusammenspiel der acht Blasinstrumente auszufeilen . . .
(Igor Strawinsky, Erinnerungen (1936), S. 105)

1. Resümee: Strawinskys Orchestrierung zielt auf Transparenz und damit auf Verdeutlichung der musikalischen Form. Das geschieht oft durch Dissoziierung (Trennung) von Instrumentengruppen, wobei die Bläser in vielen Werken (auch Psalmensymphonie) bevorzugt auftreten. Das Klavier wird Orchesterinstrument.

3.1.2 Strawinskys Akkorde

Die Tendenz zum homogenen Timbre für einen einzelnen musikalischen Gedanken wird selbstverständlich auf *Oktaven- und Unisonoverdoppelungen* ausgedehnt. Strawinsky findet Vergnügen an dem dürren Klang einer Doppeloktavschichtung und schiebt oft kräftige Oktaven in die Doppelung hinein, um ohne eine Änderung der eigentlichen Instrumentierung einen subtilen Wechsel der Klangqualität zu erreichen.
(Jacob Druckmann, S. 28)

In strahlenden Tutti *wird die Quinte des Akkords oft weggelassen,* in einfachen Dreiklängen ebenso wie in dissonanten Harmonien. (Man kann nicht umhin, diese Tatsache mit der Sprache des modernen Jazz in Verbindung zu bringen, in der das Vokabular eines Grundakkords aus dem Wurzelton, seiner Terz und seiner Septime besteht) . . . Das eindrucksvollste Beispiel von allen dürfte . . . der berühmte Schlußakkord der Psalmensymphonie sein, in dem das C, über sechs Oktaven verteilt, durch ein einziges E in einen reinen ätherischen Dreiklang verwandelt wird.
(Jacob Druckmann, S. 26 f.)

Die dick klingenden Akkorde sind oft eine *Abwandlung von Dominantseptakkorden, gelegentlich ohne den Grundton und gewöhnlich mit wenigstens einer „Zusatznote“ versehen.* An wichtigen Kadenzpunkten können diese „Zusatznoten“ durchaus Teil des tonalen Dreiklangs sein.
(Jacob Druckmann, S. 25)

Selbstverständlich hat Strawinsky auch entscheidenden Anteil an der *Emanzipation der Dissonanz* . . . Darin erweist er sich . . . in hohem Maße von Debussy und seiner Technik des komplexen Klangs beeinflußt.
(Hans Oesch, S. 16)

Die Dissonanz ist . . . ebensowenig ein Faktor der Unordnung wie die Konsonanz eine Garantie der Sicherheit. Die Musik von gestern und heute verbindet erbarmungslos parallel Dissonanzakkorde, die dadurch ihre funktionelle Bedeutung verlieren, und unser Ohr billigt natürlich ihre Aneinanderreihung.
(Igor Strawinsky, Musikalische Poetik, S. 25) DISKUSSION

Die Harmonik als Lehre der Akkorde und Akkordverbindungen hatte eine glänzende, aber kurze Geschichte . . . Heute sind alle harmonischen Entdeckungen erschöpft. Die Harmonik als ein Mittel der harmonischen Konstruktion bietet keine weiteren Hilfsquellen, die zu erforschen sich lohnen würde. Das Ohr (und der Verstand) des modernen Menschen fordert einen völlig anderen Zugang zur Musik.
(Igor Strawinsky, Antwort auf 35 Fragen, S. 250) DISKUSSION

Bestimmte Eigenheiten des Strawinskyschen Klangbildes, dissoziierende Farben, eine eher trockene Klarheit und Transparenz dank fehlender Füllstimmen und häufiger weiter Lagen, gewisse Sforzato-Akzentuierungen in vorzugsweise synkopierten Rhythmen, endlich die Rhythmen ganz allgemein und wiederum in Verbindung mit Ostinato und Repetitionsformeln . . .
(Reinhold Schubert, S. 6)

2. Resümee: Charakteristisch für Strawinskys Akkordbildung ist die Emanzipation der Dissonanz in Anknüpfung an Debussy. Die so erstrebte neue Farbigkeit des Klangs erfolgt bei Strawinsky im wesentlichen durch Okktavverdoppelungen, durch mit meist dissonanten „Zusatznoten“ versehene Dominantseptakkorde. In diesen wie in anderen Akkordbildungen wird der Quintton bisweilen ausgelassen.

3.2 Das Jazz-Element

Der Prozeß der Objektivierung des Ausdrucks ging bei Strawinsky Hand in Hand mit der immer stärker werdenden *Neigung, sich historischer Modelle zu bedienen.* In der „Histoire du Soldat“ findet sich beispielsweise ein Marsch, ein Tango, ein Walzer und ein *Jazz-Stück* (Rag-Time).
(Hans Oesch, S. 18)

Es ist bezeichnend für das Interesse, das mir damals der Jazz einflößte, der bekanntlich gleich nach Kriegsschluß so erstaunlich aufblühen sollte. Auf meine Bitte hatte man mir einen ganzen Stoß solcher Musik gesandt. Mich entzückte das Volkstümliche an ihr und der frische und bisher unbekannte Rhythmus . . . Der Eindruck, den sie auf mich machte, war so lebendig, daß mir der Gedanke kam, *eine Art „Portrait-Typ“ dieser neuen Tanzmusik zu entwerfen* und ihm das Gewicht eines Konzertstücks zu geben, so wie es frühere

Musiker zu ihrer Zeit mit dem Menuett, dem Walzer, der Mazurka gemacht haben. So kam ich dazu, *meinen „Rag-Time“* zu komponieren für elf Instrumente: Bläser, Streicher, Schlagzeug und ungarisches Zimbal.
(Igor Strawinsky, Erinnerungen, S. 80)

... das *„Ebony-Concerto“* ist eine Zusammenfassung, ein Kompendium der Jazz-Musik, wie sie seit 1945 in ihrer ganzen Vielfalt möglich war. Der Klassizist zeigt sich auch darin, wie hier in einer Art concerto grosso mit viel thematischer, kontrapunktischer und rhythmischer Arbeit das auch noch so Divergierende zu klaren und knappen Formen zusammengeschlossen ist.
(Hans Oesch, S. 22)

... das *Ebony-Concerto* für Woodie Hermans bekannte Band, eine Art Brandenburgisches Konzert für Jazz-Ensemble ...
(Heinrich Strobel, Igor Strawinsky. Zürich/Freiburg 1956, S. 78)

Resümee: Der emotionale Anlaß für Strawinsky, den Jazz in sein Werk mit einzubeziehen, war die Freude an der Lebendigkeit dieser ungewohnten Musik, an ihrer *spezifischen Rhythmik* wie an ihrem folkloristischen Moment.
Der mehr rationale Anlaß war sein Bestreben, sich „historischer Modelle“ zu bedienen und über eine Art „Portrait-Typ“ Bestehendes in sein Werk zu integrieren (Neoklassizismus).

3.3 Das Reihen-Element

Die Regeln und Einschränkungen der seriellen Komposition unterscheiden sich wenig von der Strenge der großen alten kontrapunktischen Schulen. Dabei erweitern und bereichern sie den harmonischen Gesichtskreis: man hört plötzlich mehr und anders als früher.
(Igor Strawinsky, Antwort auf 35 Fragen ..., S. 25)

(Strawinskys) Auseinandersetzung mit dem Überlieferten führte ihn in immer tiefere historische Schichten, bis er — mit der Cantata von 1952 — von mittelalterlichen Modellen angezogen wurde, deren Berührung schlagartig so etwas wie eine geistige Kettenreaktion initiieren sollte. Hier zeigt sich frappierend das bewußtlos-bewußte Genie der Geschichte. Die Konsequenz des neoklassizistischen Weges führt sozusagen gegen alle Erwartungen an einen Punkt, *in dem das Älteste plötzlich in das Aktuellste umschlägt* und im selben Moment mit dem ganz Individuellen zusammentrifft. In der mittelalterlichen Kanontechnik mit ihren raffiniertesten polyphonen Satzkünsten, in den Permutationsformen mit ihren nicht thematisch „entwickelten“, sondern in Strukturen sich wandelnden Abläufen tat sich Strawinsky das distanzierte Analogon zu jener Reihenmusik auf, wie sie von Schönberg und Webern ... innoviert worden war ...
(Reinhold Schubert, S. 10 f.)

Am bemerkenswertesten ist aber wohl die reine Tatsache, *daß die beiden Meister* (Schönberg und Strawinsky) *aus entgegengesetzten Richtungen auf die gleiche serielle Musik stoßen,* nachdem sie sich von antithetischen Ausgangspositionen her auf verschiedenen Routen bewegten.
(Roberto Gerhard, S. 19)

... ich möchte annehmen, daß Strawinsky bei (seinem) Rückzug (aus der Tonika-Dominant-Tonalität) die Tonalität nicht ganz und gar verwirft, sondern im Gegenteil *einen modifizierten Begriff von Tonalität* in die Zwölftontechnik hineinbringt.
(Roberto Gerhard, S. 20)

Ob die *Vermählung von tonaler und serieller Musik,* wie sie sich in Strawinskys jüngsten Werken ereignet, eine *Botschaft an die Zukunft* ist . . . — wer wollte darüber hier und heute Auskunft geben? DISKUSSION
(Reinhold Schubert, S. 5)

Wenn Schönberg sich radikaler zu äußern wagte als Strawinsky, dann vielleicht darum, weil er sein Werk als bruchlose, unmittelbare Fortsetzung der Musik, die er angetreten hatte, betrachtete, dieweil Strawinsky in großen Sprüngen die Ausgangspunkte seines Schaffens in der Vergangenheit suchte und die an sich schon fremden Modelle darum behutsamer erneuerte. Beide aber, *Strawinsky wie Schönberg, gelangten auf ihre Weise zu einer Generalrevision der Grundwerte und Urelemente der Musik.*
(Hans Oesch, S. 12)

Resümee: Strawinskys Hinwendung zur Reihenkomposition in seiner Altersperiode scheint nicht unbeeinflußt zu sein von seiner Beschäftigung mit mittelalterlicher Musik. So gelangten Schönberg und Strawinsky, einst Antipoden, auf entgegengesetzten Wegen zum gleichen Ziel, wobei in Strawinskys Reihen „ein modifizierter Begriff von Tonalität" zu erkennen geglaubt wird.

3.4 Reflexionen

3.4.1 zum Wesen der Musik

Die meisten Leute lieben die Musik, weil sie in ihr Gemütsregungen finden wollen, Freude, Schmerz, Trauer, Begeisterung an der Natur, einen Anlaß zum Träumen, oder schließlich noch ein Vergessen des „prosaischen Lebens". *Sie suchen in ihr Rauschmittel, ein „Stimulans"* . . . All diese Mißverständnisse entstehen dadurch, daß diese Leute in der Musik immer etwas anderes als Musik finden wollen. Für sie ist es wichtig zu wissen, was die Musik ausdrückt, was der Komponist wohl gedacht hat, als er sie schrieb. Sie können nicht begreifen, daß die Musik eine Sache „für sich" ist und völlig unabhängig von den Gedanken, die sie in ihnen erweckt. Anders gesagt: die Musik interessiert sie nur, soweit sie an Dinge rührt, die zwar nicht in ihr enthalten sind, die aber bei ihnen gewohnte Gefühle erwecken.
(Igor Strawinsky, Erinnerungen, S. 150 f.)

Ich kann mich erst dann für das musikalische Phänomen interessieren, wenn es den ganzen Menschen ausstrahlt. Ich verstehe darunter den Menschen, der mit allen Hilfsmitteln unserer Sinne, mit all unseren psychischen Fähigkeiten und *mit allen Kräften unseres Intellekts* ausgestattet ist.
(Igor Strawinsky, Musikalische Poetik, S. 21)

Die Verwendung des erprobten Materials und der feststehenden Formen ist ihm (dem Künstler durch die Kritiker und die Gesellschaft) schlechthin verboten. Es kommt so weit, daß er ein Idiom ohne Beziehung zu der Welt spricht, die ihm zuhört. Seine Kunst wird wirklich einmalig, und zwar in dem Sinne, daß sie *unmitteilsam und nach allen Seiten verschlossen* ist. DISKUSSION
(Igor Strawinsky, Musikalische Poetik, S. 46)

Die wahre Tradition ist . . . eine lebendige Kraft, welche die Gegenwart anregt und belehrt . . . Die Tradition . . . gleicht einem Familienbesitz, einem Erbe, das man unter der Bedingung erhält, daß man es fruchtbringend erhalte, bevor man es an seine Nach-

kommen übergibt . . . *Man knüpft an eine Tradition an, um etwas Neues zu machen.* Die Tradition sichert auf solche Weise die Kontinuität des Schöpferischen.
(Igor Strawinsky, Musikalische Poetik, S. 37)

Wenn man von meiner Musik sagen würde, sie sei atonal, so müßte dies bedeuten, daß ich für die Tonalität taub sei. Nun mag es sein, daß ich mich nur deshalb mehr oder weniger lang an die strikte Ordnung der Tonalität halte, um sie zu brechen und eine andere Ordnung aufzurichten. In diesem Fall bin ich *nicht atonal, sondern antitonal.*
(Igor Strawinsky, Musikalische Poetik, S. 28) DISKUSSION

Modus, Tonalität, Polarität sind nur provisorische Mittel, die vergehen oder vergehen werden. Was alle diese Regimewechsel überlebt, ist die Melodie . . . Meine musikalische Topographie geht nicht nur auf die Melodie ein: sie räumt ihr den gleichen Platz ein, den sie unter der modalen und tonalen Herrschaft innehatte.
(Igor Strawinsky, Musikalische Poetik, S. 28)

1. Resümee: Strawinsky versteht die Musik als Musik und nicht etwa als Mittel der Gefühlserweckung bzw. der Stimulans. Dabei betont er naturgemäß die Rolle des Intellekts bei der Rezeption und verbindet damit die Forderung, daß eine Musik „mitteilsam" sein muß. Er spricht der Tradition eine hohe Bedeutung für alle Innovationen zu und will in diesem Sinne lieber „antitonal" als „atonal" verstanden werden. Die Akzentuierung des Melodischen in seinem Werk liegt auf derselben Linie.

3.4.2 zum musikalischen Schaffensprozeß

Als „Erfinder von Musik", wie der Komponist sich selbst nannte, als der musikalische homo faber, ist Strawinsky mit Willen und Bewußtsein *Gegentyp des romantischen Musensohns;* kaum ein zweiter hat so wie er das künstlerische Pendant zum modernen Ingenieurwissenschaftler personifiziert . . . Die Tugend der Kunst ist, „gemacht" zu sein.
(Reinhold Schubert, S. 9) GESPRÄCH

Die meisten Musikfreunde glauben, daß die schöpferische Erfindungskraft des Komponisten durch eine gewisse Gefühlsregung ausgelöst wird, die man gemeinhin mit dem Namen *„Inspiration"* bezeichnet. Ich denke nicht daran, der Inspiration die entscheidende Rolle abzusprechen, die ihr . . . zukommt; ich behaupte nur, daß sie keineswegs eine Voraussetzung für den schöpferischen Akt ist, sondern daß sie in der zeitlichen Folge eine Äußerung von sekundärer Art ist.
(Igor Strawinsky, Musikalische Poetik, S. 33) DISKUSSION

Die Vollendung eines Kunstwerkes verlangt, daß alle jene dionysischen Elemente, welche den Komponisten anregen und in Bewegung setzen, entsprechend kontrolliert werden, ehe wir uns ihrem Fieber überlassen; sie müssen der Disziplin unterworfen werden: das ist das Gebot des Apoll.
(Aus Strawinskys „Musikalischer Poetik", zit. bei Reinhold Schubert, S. 8, ohne nähere Angabe.)

Als Schlüsselwort zu Strawinskys Schaffen und Entwicklung dürfte *Disziplin* gelten . . .
(Reinhold Schubert, S. 7)

(Strawinsky) übernimmt Auftragskompositionen und wird es immer wieder tun, weil er erklärtermaßen die konkrete *Beschränkung* braucht, *um seine Freiheit zu verwirklichen.*
(Reinhold Schubert, S. 7)

Nehmen wir das beste Beispiel: die Fuge — eine vollkommene Form, in der die Musik nichts jenseits ihrer selbst bedeutet. Bedingt sie nicht *die Unterwerfung des Autors unter die Regel?* Und findet er nicht gerade in diesem Zwang die Entfaltung seiner schöpferischen Freiheit? „Die Kraft", sagte Leonardo da Vinci, „entsteht aus dem Zwang und stirbt durch die Freiheit". DISKUSSION
(Igor Strawinsky, Musikalische Poetik, S. 47)

2. Resümee: In der Betonung des Handwerklichen im Schaffensprozeß, des „Apollinischen" gegenüber dem „Dionysischen", der notwendigen „Displizin", der Beschränkung, der „Unterwerfung des Autors unter die Regel" verkörpert Strawinsky bereits früh einen Typ des avantgardistischen Komponisten als „Gegentyp des romantischen Musensohns" und damit als „Pendant zum modernen Ingenieurswissenschaftler".

3.5 Strawinskys künstlerische Übergangsposition zwischen Ost und West

Ich kenne sehr wohl die Anschauung, daß zu Zeiten des „Sacre" sich eine Revolution vollzogen haben soll . . . Ich erachte es als falsch, daß man mich als Revolutionär betrachte . . . Mein Freund Maurice Ravel . . . hat erkannt und ausgesprochen, daß die *Neuheit des Sacre* nicht im Stil, nicht in der Instrumentation und nicht in der technischen Anlage des Werkes liegt, sondern *im musikalischen Wesen.* Man hat mich gegen meinen Willen zum Revolutionär gemacht.
(Igor Strawinsky, Musikalische Poetik, S. 11)

Übrigens war es eben Cocteau, der sich vom „Sacre" zwar hinsichtlich mancher seiner bisherigen Anschauungen überwältigen ließ, gleichzeitig aber auch gewisse Bedenken wegen der „mysticisme sauvage" und der „lyrisme sauvage" vorbrachte . . . Da(mit) meldete sich die kritische Stimme jener westlichen Zivilisiertheit und antinaturalistischen Spiritualität, zu der sich Strawinsky, einer der nicht nur politischen Rußland-Emigranten, gerade auf den Weg gemacht hatte. *Die spätere Zusammenarbeit mit Cocteau am „Oedipus"*, einem abendländischen Thema par excellence und fast programmatischem chef d'oeuvre des neuen Klassizismus, hat unter diesem Gesichtspunkt ihren symbolischen Wert...
(Reinhold Schubert, S. 8)

Nur gerade in seiner ersten Schaffensperiode stand er in genetischem Zusammenhang mit der russischen Musik, *sang* er — wie das Jean Cocteau einmal ausgedrückt hat — *aus seinem eigenen Stammbaum heraus.* Dann begab er sich freiwillig und endgültig nach dem Westen.
(Hans Oesch, Igor Strawinsky, S. 13)

. . . der Slawe mit dem westlich gerichteten geistigen Auge . . .
(Reinhold Schubert, S. 9)

Resümee: Auch in seiner ersten Schaffensperiode war Strawinsky im Grunde Klassizist, und so sind die musikalischen Kühnheiten etwa des „Sacre" aus dem musikalischen Wesen zu verstehen, das eine für westliche Ohren nicht gewohnte „mysticisme sauvage" ausstrahlte und dabei die Basis russischer Kultur nicht verleugnete: er sang „aus seinem eigenen Stammbaum heraus".

4. ÜBERLEGUNGEN ZUR DIDAKTIK UND LERNZIELE

4.1 Einordnung in verschiedene Unterrichtssequenzen

a) Wort-Ton-Beziehungen in oratorischen Formen: Carissimi — Händel (Messias) — J. S. Bach (Kantate, Passion) — J. Haydn (Schöpfung) — Beethoven (9. Symphonie) — Mendelssohn (Elias) — Mahler (Symphonien, bes. 2, 3 u. 8) — Schönberg (Überlebender aus Warschau, vgl. S. 128 ff.) — Strawinsky (Ödipus Rex) u. a.
b) Klangfarbe und Orchesterbesetzung: Barockorchester (Corelli, Lully) — Mannheimer Orchester 18. Jahrhundert — früher Mozart — Beethoven (6., 7. oder 9. Symphonie) — Liszt (symphon. Dichtung) — Wagner — Mahler — R. Strauss (Elektra) — Schönberg (Gurre-Lieder, „Klangfarbenmelodie" op. 16,3) — Webern („Klangfarbenmelodie" in op. 10, s. S. 13 ff.) — Ravel (Boléro, Instrumentation von Mussorgskijs „Bilder einer Ausstellung") — Stockhausen („Zyklus für einen Schlagzeuger") — dazu auch Strawinskys „Pulcinella" im Vergleich mit Originalwerken Pergolesis.
c) Bindung an die Tradition: vgl. Stichwortverzeichnis sowie die Beiträge über Hindemith (S. 153 ff.) und Bartók (S. 110 ff.).

4.2 Lernziele

4.2.1 Analytischer Aspekt

Der Lernende soll in der Lage sein, sich zu folgenden Aspekten *geistlicher Musik in unserer Zeit* zu äußern und dazu eine begründete individuelle Position zu vertreten:
— Ihr Gewicht gegenüber der weltlichen Musik
— Frage nach ihrer Funktion, ihrer Notwendigkeit
— Kennzeichnungen moderner geistlicher Musik (möglich etwa: traditionell bei Übernahme aus der geistlichen Musik der Vergangenheit; ästhetisierend bei geistlicher Musik in der Sprache der gegenwärtigen Avantgarde; affektiv bei Jazz und Pop in der Kirche).

4.2.2 Kognitiver Aspekt

Der Lernende soll wesentliche werkimmanente Fakten des Strawinskyschen Personalstils nennen können, etwa
— zur Struktur des Orchesters
— zum Aufbau der Akkorde
— zur Integration traditioneller Formen und Gattungen
— zur Integration von Jazz
— zur Stellung Strawinskys gegenüber der Wiener Schule
— zu Strawinskys Auffassung von Musik und „Musik-Erfinden"
— zu Strawinskys Stellung zwischen Ost und West
Der Lernende soll in der Lage sein, angegebene und aus dem Zusammenhang herausgenommene Akkorde der Psalmensymphonie auf ihre tonale Abhängigkeit zu befragen, z. B. im Hinblick auf die Eliminierung der Quinte, auf die Hinzufügung von „Zusatznoten" . . .
Er soll die Exposition der Instrumentalfuge zu Beginn des 2. Satzes der Psalmensymphonie formal durchschauen können.

Er soll die unterschiedlichen Formprinzipien des 3. Satzes der Psalmensymphonie erkennen, unterscheiden und nennen können und zum Beleg dafür dieselben während des nochmaligen Hörens in der Reihenfolge ihres Auftretens notieren können.

4.2.3 Kritischer Aspekt

Der Lernende soll in der Lage sein, aus seiner Kenntnis der in notwendiger Verkürzung periodisierten Schaffenslinie Strawinskys belegbare Vorstellungen zu äußern über die Stellung von Strawinskys Lebenswerk innerhalb der musikalischen Entwicklung dieses Jahrhunderts. Er soll ggf. Parallelentwicklungen in der Musikgeschichte aufzeigen können und diese mit der Entwicklung von Strawinskys Lebenswerk vergleichen. (etwa: Strawinsky als „Vollender", als „Innovator" . . .).

4.2.4 Individuell-affektiver Aspekt

Der Lernende soll in der Lage sein, über persönliches Gefallen bzw. Nichtgefallen des Gesamtwerkes oder einzelner Teile desselben so weit wie möglich begründete Auskunft zu geben.

5. BIBLIOGRAPHIE

Adorno, Th. W.
Strawinsky. Ein dialektisches Bild, in: Adorno, Quasi una Fantasia, Musikalische Schriften II, Frankfurt/M. 1963, S. 201 ff.
Basart, A. Ph.
Serial Music . . . Berkeley and Los Angeles 1961 (Lit.-Vz. bis 1961)
Browne, A. G.
Aspects of Strawinsky's Work, in: Music and Letters 11, 1930
Cone, Edward T.
Strawinsky: Die Evolution einer Methode, in: Melos 4/1970, S. 133 ff.
Craft, Robert
Strawinsky, München 1962
Curjel, Hans
Strawinsky und die Maler, in: Melos 34, 1967, S. 203
Dibelius, Ulrich
Strawinskys musikalische Wirklichkeit, in: Melos 34, 1967, S. 189
Druckmann, Jacob
Über den Orchesterstil, in: Strawinsky — Wirklichkeit und Wirkung, Musik der Zeit, Neue Folge, H. 1, Bonn 1958
Gerhard, Roberto
Die Reihentechnik des Diatonikers, in: Strawinsky — Wirklichkeit und Wirkung, Musik der Zeit, Neue Folge, H. 1, Bonn 1958
Goléa, Antoine
Musik in unserer Zeit, München 1955
Goslich, Siegfried
Strawinsky und die Objektivität, in: Vergleichende Interpretationskunde, Berlin 1963
Handschin, Jacques
Was Strawinsky kann und was er nicht kann, in: Gedenkschrift Jacques Handschin, Bern 1957, S. 246

Handschin, Jacques
Igor Strawinsky: Versuch einer Einführung, Zürich und Leipzig 1933 (Neujahrsblatt der Allgemeinen Musikgesellschaft in Zürich Nr. 121)
Huber, Alfred
Adornos Polemik gegen Strawinsky, in: Melos 9/1971
Ickstadt, Alois
Erste Begegnung mit Werken Strawinskys im Unterricht, in: Musik im Unterricht, Ausgabe B, 6/1962, S. 174
Jarustowski, Boris
Bemerkungen über den Stil Strawinskys, in: Sowjetwissenschaft, Kunst und Kultur, H. 11, 1963, S. 97—113
Jarustowski, Boris
Strawinsky. Deutsch: Igor Strawinsky, Berlin 1968
Lindlar, Heinrich
Igor Strawinsky im Spiegel seiner Sakralmusik, in: Stilportraits der Neuen Musik, Berlin 1961
Lindlar, Heinrich
Igor Strawinskys sakraler Gesang — Geist und Form der christ-kultischen Kompositionen, Regensburg 1957
Magriels, P. D.
Igor Strawinsky . . ., in: Bulletin of Bibliographie, Boston 1940 (Lit.-Vz. bis 1940)
MUSIK DER ZEIT 1. Folge, 1952, H. 1: Igor Strawinsky
MUSIK DER ZEIT 1. Folge, 1955, H. 12: Strawinsky in Amerika
MUSIK DER ZEIT Neue Folge, 1958/60, H. 1: Strawinsky — Wirklichkeit und Wirkung
Nabokov, Nicolas
Igor Strawinsky, Berlin 1964
Nordwall, Ove
Der späte Strawinsky, in: Melos 34, 1967, S. 52
Oesch, Hans
Igor Strawinsky, in: Strawinsky-Fest, Basel 1968
Schrade, Leo
Strawinsky, die Synthese einer Epoche, in: Melos 5/1971, S. 177
Schubert, Reinhold
Einige Bemerkungen zum Thema, in: Strawinsky — Wirklichkeit und Wirkung, Musik der Zeit, Neue Folge, H. 1, 1958/60
Stephan, Rudolf
Vom alten und vom neuen Petruschka — Igor Strawinsky 1910 und 1946, in: Neue Zeitschrift für Musik 6/1962, S. 255
Strawinsky, Igor
Antwort auf 35 Fragen, in: Igor Strawinsky, Leben und Werk — von ihm selbst, Zürich u. Mainz 1957
Strawinsky, Igor
Das neueste Interview, in: Melos 2/1970
Strawinsky, Igor
Erinnerungen (1936), in: Igor Strawinsky, Leben und Werk — von ihm selbst, Zürich und Mainz 1957
Strawinsky, Igor
Exposition and Developements, London 1962; auch New York 1962
Strawinsky, Igor
Gespräche mit Robert Craft, Zürich und Mainz 1961
Strawinsky, Igor
Leben und Werk — von ihm selbst, Zürich und Mainz 1957
Strawinsky, Igor
Musikalische Poetik, Mainz o. J. (1949)

Strawinsky, Igor
Phonographie. Seine Eigeninterpretationen auf Schallplatten und in den europäischen Rundfunkanstalten, zusammen mit einem Verzeichnis der in den deutschen Rundfunkanstalten und im deutschen Rundfunkarchiv vorhandenen Rundfunkproduktionen und historischen Schallplattenaufnahmen von Strawinsky-Werken, hg. v. Deutschen Rundfunkarchiv, Frankfurt/M 1972
Strawinsky, Igor
Side-effects, als: „Ich habe meine Nachwelt überlebt", in: Melos 9/1968
Strawinsky, Igor
Wo ist dein Stachel? In: Melos 10/1969.
Strawinsky-Fest Basel 1968 (Lit.-Vz. bis 1968)
Strobel, Heinrich
Igor Strawinsky, Mensch und Künstler, Mainz 1953
Strobel, Heinrich
Vom Apollon zur Psalmensymphonie, in: Melos 10/1931
Stuckenschmidt, Hans Heinz
Strawinsky und sein Jahrhundert, Berlin 1957
Waeltner, Ernst Ludwig
Strawinskys musikgeschichtliche Vorstellungen, in: Rudolf Stephan (Hg.): Zwischen Tradition und Fortschritt. Über das musikalische Geschichtsbewußtsein, Mainz 1973
White, Eric Walter
Strawinsky's Sacrifice to Apollo, London 1930
(weitere Strawinsky-Literatur in Musik und Bildung 6/1971, S. 304 ff.)

Wilfried Gruhn

Edgard Varèse (1883—1965)
Ionisation (1931)

1. INFORMATION

1.1 zur Biographie

In den einschlägigen Lexika wie in der Literatur ist meist als Geburtsdatum fälschlich das Jahr 1885 angegeben. Der Varèse-Biograph F. Ouellette (S. 13/33) weist anhand der Geburtsurkunde als richtiges Datum jedoch 1883 nach. (Es ist das Geburtsjahr auch A. v. Weberns, dem er sich „antipodisch verwandt" fühlte.)
Varèse war Gründer oder Mitbegründer zahlreicher Vereinigungen und Institutionen (künstlerisches und kulturpolitisches Engagement):
Paris: Chor der Université Populaire
Berlin: Symphonischer Chor (Aufführung alter Musik)
1919 New York: New Symphony Orchestra (Aufführungen neuer Musik)
(Vereinigung auf kooperativer Basis)
1921 New York: International Composer's Guild (ICG)
(Manifest bei Ouellette, S. 75 f. und Chou Wen-chung, sketch, S. 154)
1922 Berlin: deutsche ICG mit F. Busoni
1928 New York: Pan American Association of Composers (zur Pflege moderner süd- und nordamerikanischer Musik)
1937 Santa Fe: Schola Cantorum
1941 New York: Greater New York Chorus
Ferner war er der erste Präsident der Gesellschaft amerikanisch-sowjetischer kultureller Beziehungen und Begründer des Hilfskomitées für die in Spanien kämpfenden Internationalen Brigaden (vgl. Boehmer, S. 309).
Zur Zeit der Arbeit an „Ionisation" plante Varèse die Gründung eines musikalischen Laboratoriums (Studios) zur Erforschung und Erprobung neuer Techniken zur kompositorischen Verwendung von Schall (s. Dokument S. 66 f.).

1.2 Werkübersicht

Die Hauptwerke sind alle bis 1936 entstanden; danach tritt eine längere Pause ein (Gründe s. Abschn. MATERIAL S. 67). Alle vor 1915 geschriebenen Werke sind während des 1. Weltkrieges verbrannt mit Ausnahme von „Bourgogne", das er aber später selbst vernichtete (vgl. dazu Chou Wen-chung, CM, S. 172):
„Trois pièces" f. Orch. (1905) (?)
„La Chanson des jeunes hommes" f. Orch. (1905)
„Le Prélude à la fin d'un jour" f. Orch. (1905)
„Rhapsodie romane" f. Orch. (1906)

„Bourgogne“ f. Orch. (1907/08)
„Gargantua“ f. Orch. (1909) (unvoll.)
„Mehr Licht“ f. Orch. (1911) (?)
„Les Cycles du Nord“ f. Orch. (1912) (?)
„Oedipus und die Sphinx“, Oper nach einem Text von H. v. Hofmannsthal, (1908 bis 1914) (unvoll.)
Erhalten sind:
„Amériques“ f. Orch. (1920—1921)
„Offrandes“ f. Singstimme und Kammerorchester (1921)
„Hyperprism“ f. Bläser, Sirene und Schlagzeug (1922—23)
„Octandre“ f. 7 Bläser und Kb. (1923)
„Intégrales“ f. Kammerorch. und Schlagzeug (1923—1925)
„Arcana“ f. gr. Orch. (1926—1927)
„Ionisation“ f. 13 Schlagzeuger (1931)
„Ecuatorial“ f. Männerstimmen, Bläser, Schlagzeug, Orgel und 2 Ondes Théremine (= Thereminovox) (1934)
„Density 21.5“ f. Fl. (1936)
„Étude pour Espace“ f. Chor, 2 Klav. und Schlagzeug (1947)
„Déserts“ f. Bläser, Schlagzeug und Tonband (1950—1954)
„Good Friday Procession in Verges“ elektr. (1956)
„Poème électronique“ 1958 für den Philips-Pavillon von Le Corbusier auf der Brüsseler Weltausstellung 1958; Abb. s. Garbe IV S. 20.
„Nocturnual“ f. Sopr., Chor und Orch. (1960—1961)
„Nuit“ (Night) unvollendet (1965).

1.3 Daten zur „Ionisation“

Titel: „Ionisation for Percussion Ensemble of 13 Players“
Dauer: 6 1/2 Minuten
Uraufführung: 6. März 1933 unter Nicolas Slonimsky, Carnegie Hall, New York; Konzert der Pan American Assocation of Composers
Partitur: Colfranc Music Publishing Corporation, New York
Schallplatte: Cand. CE 31028; Dec SXL 6550
Besetzung:

3 gr. Tr.	3 Bck.	3 chin. Holzbl.	2 Sirenen		insges. 43 Instr.
2 Rührtr.	3 TamT.	2 Peitschen	Celesta		
2 kl. Tr.	Gong	2 Guiros[4]	Klavier		
Mil. Tr.	Röhrenglck.	2 Maracas[5]			
Tarole[1]	2 Kuhglck.	Claves[6]			
Streichtr.[2]	2 Schellen	Kastagn.			
Bongos	2 Amboß[3]				
Tamb.	2 Trgl.				
12 Fellinstr.	16 Metallinstr.	11 Holzinstr.		39 Schlag- und Friktionsinstr.[7]	

[1] Tarole: eine kleine Militärtrommel mit extrem flachen Zargen. Vgl. zu den Instrumenten die Anm. der Partitur sowie C. Sachs, Reallexikon der Musikinstrumente, Bln. 1913 und Riemann, Musiklexikon, Sachteil, Mainz 1967.

Instrumentalverteilung: (vgl. Übersicht der Partitur S. 2—6)
Spieler
1 gr. chin. Bck., gr. Tr. (sehr tief), von Ziff. 7—9 Kuhglck. sord., ab Ziff. 13 auch hohes Tam-tam des 2. Spielers.
2 Gong, 2 Tam-tam (hoch, tief) von Ziff. 7—9 Kuhglck. sord.
3 Bongos, Rührtr., 2 gr. Tr. (mittel, gr.) flach gelegt.
4 Mil. Tr. (mit spannbaren Schnarrsaiten), Rührtr.
5 hohe Sirene, Streichtr. („lion-roar")[2]
6 tiefe Sirene, Peitsche, Guiro.[4]
7 3 chin. Holzbl. (hoch, mittel, tief), Claves[6], Trgl.
8 kl. Tr. (mit gelockerten Schnarrsaiten), 2 Maracas[5]
9 Tarole[1], kl. Tr., hängendes Bck.
10 Bck., Schellen, ab Ziff. 13 Röhrenglck.
11 Guiro[4], Kastagn., ab Ziff. 13 Celesta.
12 Tamb., 2 Amboß (hoch, tief)[3], ab Ziff. 13 gr. Tam-tam.
13 Peitsche, Trgl., Schellen, ab Ziff. 13 Klavier.

1.4 Voraussetzungen, die eine intensive Behandlung erleichtern

— Kenntnis der gebräuchlichen Schlaginstrumente und ihrer Spielweisen;
— Kenntnis der dreiteiligen Liedform und des Prinzips der Sonatenform mit zwei gegensätzlichen Themen;
— Kenntnis einzelner Verfahren motivischer Arbeit;
— Fähigkeit einer differenzierten Zuordnung zu Ton und Geräusch sowie deren definitorische Unterscheidung;
— Hörerfahrung mit motorisch vitaler Musik (Strawinsky, Orff), Jazz, evtl. auch mit flächigen Klangfarbenkompositionen oder punktueller Musik der Gegenwart.

2. ANALYSE

2.1 Vorbemerkung

Varèses Musik nimmt in jeder Hinsicht im Vergleich mit seinen Zeitgenossen eine extreme Position ein. Mit zunehmend deutlicher Abkehr vom Expressionismus und leidenschaftlicher Ablehnung sowohl futuristischer Tendenzen als auch der Dodekaphonie entwickelte er

---

[2] Streichtrommel (String-drum, Tambour à corde, „lion-roar"): eine mittelgroße, topfförmige Holztrommel, durch deren Fell eine kolophonierte Saite gezogen ist, die mit einem Stück Holz oder Stoff gerieben wird, wodurch die Membran (Fell) in Schwingung versetzt wird. S. auch Lexika unter Reibtrommel, Brummtopf.
[3] Amboß: als Instrument meist längliche Stahlröhre (-platte) auf einem Holzkörper, Anschlag mit einem Metallhammer.
[4] Guiro (Gurke): kubanisches Rhythmusinstrument (Schraper) aus einem Flaschenkürbis, der seitlich mit Rillen versehen ist, über die mit einem Holzstock gestrichen wird.
[5] Maracas: Rumbakugeln.
[6] Claves: Rumbastäbchen.
[7] Friktionsinstrumente sind solche Instrumente, die durch Reiben zum Klingen gebracht werden. Dazu gehören Guiro, Streichtrommel u. a.

sein eigenes ästhetisches Konzept einer Musik, die auf organisiertem Klang („son organisé“) basiert, den er als lebendigen Organismus und als „in höchstem Maße intelligibel“ begriff (zit. bei Boehmer, S. 308) und sich räumlich bewegt dachte. Die Verknüpfung voneinander unabhängiger, aber aufeinander bezogener Schichten aus Intensitäten, Rhythmen, Farben und Tonhöhen ergibt höchst differenzierte Klangstrukturen, die durch ungewöhnliche Reizklänge, ostinate Wiederholungen innerhalb spezifischer Schichten und die Technik gekennzeichnet sind, „konstituierende Intervallfolgen mit zeitlicher Verschiebung zu überlagern oder sie gar in Repetitionen je einzelner, auf verschiedene Schichten verteilter Töne zu dissoziieren“ (Boehmer, S. 309). Trotz des ungewöhnlichen Instrumentariums erweckt „Ionisation“ jedoch viel weniger den Eindruck bloßer Geräuschmusik als etwa die in instrumentaler Hinsicht viel konventionellere „Anaklasis“ von K. Penderecki, zumal in „Ionisation“ durchaus traditionell Thematisches erkennbar ist, jedoch in den Bereich rhythmischer Ordnungen verschoben, die als höhere Organisationsformen vor der Klangfarbe stärker wahrgenommen werden. Von der schockierenden Wirkung der ersten Aufführungen hat seine Musik für jazz-geübte, pop-vertraute, avantgardeerfahrene und dem Industrielärm viel konzentrierter ausgesetzte Hörer vieles verloren, nichts jedoch von ihrer inneren Spannung und Aussageintensität. Aber erst in den letzten Jahren nach der Webern-Renaissance findet Varèse wieder stärkere Beachtung, wenngleich er auch oft nur als Prophet elektronisch realisierbarer Musik bestaunt wird. „So unangemessen es, bei allem Verständnis für den Schock, den seine Kompositionen auslösten, 1930 war, Varèse als sektiererischen Propheten anzusehen, die Werke als barbarisches Ende von Musik zu verdammen, so blind ist es heute, ihn als genialen Vorläufer der Avantgarde zu rühmen, um gleichzeitig die vorgeblich dilettantische Primitivität des Komponierten zu belächeln.“ (Brinkmann, S. 316).
Es wird hier also zu fragen sein, worin sich die musikalische Bedeutung Varèses kundtut, welche Rolle er für die Musik der Gegenwart spielt, ob und wieweit es fruchtbar ist, sich mit dem Werk dieses Außenseiters, der keiner Schule angehörte und keine Schule begründete, zu befassen und welchen Stellenwert seine Musik im Unterricht einnehmen kann. Diesen Fragen soll sich zunächst durch die Analyse der „Ionisation“ genähert werden, dann durch Quellen- und Literaturbelege eine Basis theoretischer Reflexion geschaffen werden, die sich vornehmlich auf eigene Aussagen des Komponisten gründen wird, denen divergierende Interpretationen gegenüberstehen.

2.2 Analyse

Formal entzieht sich das Stück einer eindeutigen konventionellen Klassifizierung, da organisierter Klang in einer jeweils eigenen Form kristallisiert. „Ionisation“ konstituiert sich aus wechselweise voneinander abgehobenen flächigen und linearen Partien. Insgesamt sind drei größere Teile verschiedenen Umfangs und Gewichts deutlich voneinander abgesetzt. Der erste und zugleich längste reicht bis zur Fermate T. 65 und enthält zwei nach Struktur und Behandlung gegensätzliche Themen. Der zweite Teil bildet nur eine kurze Episode und führt direkt in die Coda (Ziff. 13), die durch den Eintritt von Röhrenglocken, Celesta und Klavier sowie durch einen Tempowechsel herausgehoben ist. Diese Verbreiterung des Schlußtempos bewirkt, daß die beiden letzten Teile etwa ein Drittel des gesamten Stückes ausmachen.
Der 1. Teil erfährt eine Untergliederung durch die zwei Themen. Das größere Gewicht kommt dabei dem ersten zu. Es gibt sich eindeutig als Thema dadurch zu erkennen, daß es sich als geformte, klar artikulierte Linie aus einer eher diffusen Geräuschfläche heraus-

löst.[8] Hier ist der Gestus überlieferter Orchestermusik so stark, daß man ein Thema geradezu erwartet; es ist der Gestus der Musik, nach einer emphatischen, al fresco angelegten Steigerung mit einer prägnanten Thematik einzusetzen. Im musikalisch semantischen Bereich ist die Tradition noch ungebrochen.

— Das 1. Thema besteht aus einem markanten, durch zahlreiche synkopische Überbindungen charakterisierten Rhythmus der Militärtrommel (= reine Instrumentalfarbe), der periodisch gegliedert ist. Das Thema wirkt linear und ist immer mit einem einfachen, quasi kontrapunktischen Rhythmus der Bongos verbunden (= gleiche Instrumentalfarbe: Fell), der sich aus einem Ostinato mit geringen Veränderungen zusammensetzt. Die Funktionen von Militärtrommel und Bongos (Thema und Kontrapunkt) können im Sinne des doppelten Kontrapunkts *vertauscht* auftreten (T. 23 ff.), wobei der kontrapunktische Rhythmus immer mehr dominant wird. Metrisch sind die Bongos mit zwei Maracas und dem Becken (T. 9 ff.) gekoppelt, die mit ihrem Dreiertakt den Vierertakt der thematischen Militärtrommel überlagern, ohne deren Linie aber wesentlich zu stören, zumal das Thema selbst metrisch labil ist: die Synkopen dienen anstelle einer Akzentschärfung eher der Verschleierung der Taktmetrik. Diese Indifferenz wird aber in der straff gespannten rhythmischen Profilierung kompensiert.

Kennzeichnend ist dabei, daß der in der Begleitung zunächst eindeutige Dreiertakt durch Verschiebung im 3. (Bongos) und 4. Takt (Maracas) selbst wieder verwischt wird; nur Becken und große Trommel halten das Grundmetrum.

[8] Hier kann man an Verfahren denken wie z. B. in Schumanns 4. Sinfonie oder bei Bruckner, wo ein harmonisches Feld aufgebaut wird, über das sich das Thema erhebt.

— Das 2. Thema (T. 44—50 = Ziff. 8—9) ist nicht von der Prägnanz des ersten. Vorbereitet wird es durch den dynamischen Höhepunkt T. 38 ff. (Ziff. 7), der rhythmisch mit den Triolen schon die zweite Schicht des zweiten Themas andeutet, und durch die breite rhythmische Kopplung von fünf Instrumentenpaaren (Holz und Fell), was in dieser Breite außer in der Schlußsteigerung sonst nicht mehr vorkommt. Das 2. Thema ist in jeder Hinsicht dem ersten konträr: es ist aperiodisch gebaut und in seiner Wirkung flächig, wobei sich die Fläche aus unregelmäßig gestreuten punktuellen Ereignissen zusammensetzt, die in der Fläche verfließen; es ist nicht linear geschlossen, sondern in Sechzehntel-Quintolen und Achtel-Triolenwerte aufgesplittert, die in zwei Schichten ineinandergreifen.

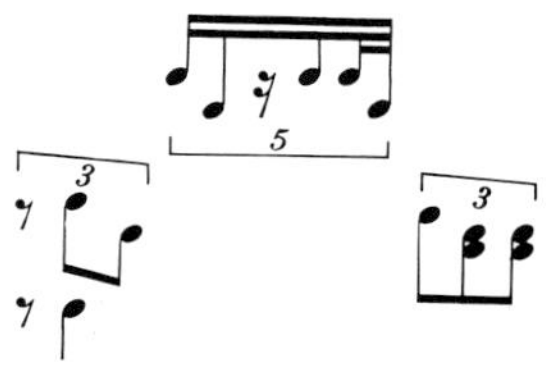

2 Bongos, Mil.-Tr. + Rührtr., Tarole + kl. Tr.,
2 Chin. Holzblöcke, 2 Maracas

Streichtr., Rührtr., 2 gr. Tam-Tam,
Tamb., Kuhgl., Becken, Kastagn.
1 Chin.Holzblock

Die anfangs nur verschleierte Taktmetrik wird nun durch die Triolen-Quintolen-Schichtung und dauernde Taktwechsel zu einer fast ametrischen Gestalt gesteigert. Der Wechsel von Triolen und Quintolen korrespondiert dabei in auffälliger Weise mit dem ständigen Taktwechsel:

5/8 | ⑧ 3/4 5/4 3/4 5/4 3/4 5/8 4/4 | ⑨

Das rhythmische Raster stammt „von dem gleichzeitigen Wechselspiel der aufeinander nicht bezogenen Elemente, die in kalkulierten, aber nicht regelmäßigen Zeitabschnitten wechselnd hervortreten“ (Varèse, DB, S. 70).

Das thematische Material beherrscht den ganzen ersten Teil, wobei eine zunehmende Verdichtung durch Verschiebung, Vertauschung, Umformung und Kombinationen spürbar wird. Das 1. Thema nimmt dabei einen größeren Raum ein und erfährt auch dadurch eine stärkere Gewichtung, daß es immer mit der einleitenden Geräuschfläche verbunden ist (T. 13 ff.; 51 ff.), die so gleichsam zum Bestandteil des 1. Themas wird. Aus der Reihenfolge der Themenabschnitte ergibt sich für den ersten Teil folgende Gliederung:

Anfang — Ziff. 2		Introduktion und 1. Thema	A^1
Ziff. 2—8		Introduktion und 1. Thema mit Verarbeitung	A^2
Ziff. 8—9		2. Thema	B
Ziff. 9—12	𝄐	Introduktion und 1. Thema, original und mit Varianten	A^3

Der 2. Teil (T. 66—74 = Ziff. 12—13) umfaßt nur 9 Takte, die durchführungsähnliche Züge tragen, ohne aber ihrem Wesen nach ein Relikt der Sonatendurchführung zu sein. Die thematischen Gestalten sind zu Klangobjekten erstarrt, „die nicht entwickelt, sondern

verschoben, transportiert, manipuliert, in der Form hantiert werden wollen" (Metzger, S. 63). So erscheint der Themenkopf des 1. Themas in T. 70 mit dem Kontrapunkt aus T. 23, jedoch in Bongos, zwei großen Trommeln und Rührtrommel gespreizt. Darunter stehen im Amboß Reminiszenzen an das 2. Thema: verkürzte, abgespaltene Triolen- und Quintolenfiguren. Klar treten Quintolengruppen des 2. Themas in der Anfangsschichtung in T. 73 hervor. T. 66 erinnert mit seinen Synkopen an das 1. Thema, die Bongos in T. 67 bringen wieder deutlich eine Gestalt des 2. Themas, jedoch hier augmentiert. Die Komplexität der gesamten Klangstruktur zwischen T. 66 und 74 wird in der Zuordnung von Intensitäten, Metrik und Thematik offenkundig. Den kontrastierenden thematischen Gestalten entspricht eine krasse dynamische Abstufung zwischen pp und ff, was wiederum mit dem Taktwechsel (vgl. 2. Thema) korreliert:

(12)								(13)
5/4	4/4	5/4	4/4	4/4	4/4	4/4	5/4	3/4
ff	*p*	*f*	(*mf*)	>		*pp*	*ff*	< *fff*
(1.Th.)	(2.Th.)	(1.Th.)	1.Th. + 2.Th.				2.Th.	

Die Coda wird durch das kurze, aber starke Crescendo des T. 74 vorbereitet. Die hier erstmals eingesetzten Instrumente mit distinkten Tonhöhen (Röhrenglocken, Celesta, Klavier) bringen aber kein melodisches Element ein, sie werden also nicht im traditionellen Sinn spezifisch verwandt, auch nicht nur als neue Farbe mit z. T. assoziativem Gehalt (Glocken), sondern gegenüber dem kontinuierlichen Gleiten der Sirenen (horizontale Richtung) als mehr stationärer Tonkomplex (vertikale Schichtung). In welcher Weise die fixierten Tonhöhen, die als solche kaum noch rezipiert werden können, in den „son organisé" integriert sind, macht die Analyse des Tonhöhenspektrums von Röhrenglocken, Celesta und Klavier deutlich.

Die Akkorde dieser Instrumente füllen insgesamt ein Frequenzspektrum vom Subkontra-A bis zum g^4 aus, wobei die einzelnen Töne mit zunehmender Höhe weiter auseinanderrücken. Auch ohne den Baß-cluster sind schon alle chromatischen Töne vorhanden (am häufigsten der Tritonus cis-g) mit Ausnahme jedoch von es und a, die die Grenzen eben des clusters bilden, wodurch diese beiden Schichten strukturell verklammert sind. Der Tritonus tritt daher auch nicht als Dissonanz in Erscheinung, sondern geht in der weichen Geräuschfläche dieses Abschnitts auf. Wie sich die intervallgespreizte Akkordfläche mit dem Baß-cluster im chromatischen Total ergänzt, so fügen sich beide Bereiche auch in zwei rhythmischen Ebenen ineinander. An den cluster sind die 3 Tamtam, der Gong und die große Trommel gekoppelt, die sich komplementär in den Rhythmus der Akkordschicht von Röhrenglocken, Celesta und Klavier schieben.

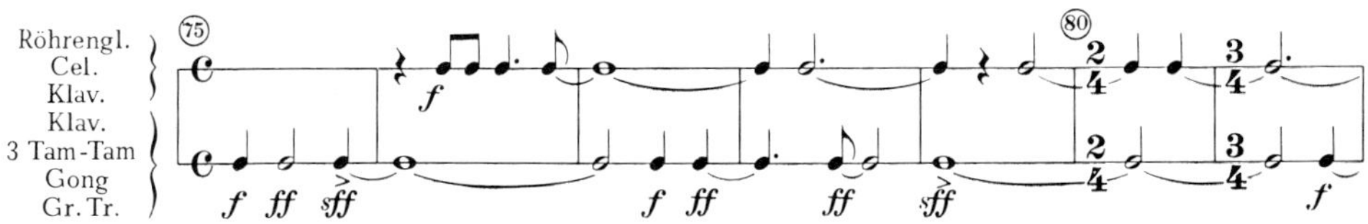

Um sie ranken sich motivische Splitter aus dem 1. (T. 79) und 2. Thema (T. 89) und dem Kontrapunkt, der in den T. 87—90 in der gleichen Weise wie in T. 69 und 85 gespreizt erscheint und, zusätzlich durch Pausen gespalten, immer weiter aufgelöst wird. Er tritt zu ebenfalls immer kleiner aufgespaltenen Fragmenten des 1. Themas und zur augmentierten Quintolenfigur des 2. Themas (Mil. Tr. und Rührtr. T. 89).
Die zwei gegensätzlichen Themen und die Ansätze thematischer Arbeit mit der Abspaltungstechnik am Schluß mögen dazu geführt haben, hier das Modell der Sonatenform wiederzuerkennen.[9] Gerade das Verfahren der Ab- und Aufspaltung thematischer Gestalten dürfte aber eher assoziativ mit dem Titel des Stückes selbst verknüpft sein (Ionisation: Entstehung von Ionen aus neutralen Atomen oder Molekülen durch Abspaltung von Elektronen oder durch elektrolytische Dissoziierung von Molekülen). Eine zunehmende Abspaltung von Teilen und Dissoziierung thematischer Komplexe ist in diesem Stück evident. — Formal ist „Ionisation" eher als dreiteilige Liedform A A B A (vgl. Rosenfeld; Metzger, S. 62) mit einem Anhang mit thematischen Transformationen und einer sich verbreiternden Coda zu beschreiben. Musikalisch tritt jedoch nicht eine geschlossene Form (Liedform) mit zwei Anfügungen in Erscheinung, sondern ein durchaus einheitliches Ganzes mit ausgewogenen Proportionen. Ein grob skizziertes Profil der Intensitäten, wie sie sich aus den differenzierten Anweisungen und aus der Dichte der Stimmen im Resultat ergeben, spiegelt diese Geschlossenheit durch den doppelten wellenförmigen Anstieg und die Entsprechung von Anfang und Schluß, die zwar von unterschiedlicher realer zeitlicher Ausdehnung sind, im Hörerlebnis aber wegen der Umkehrung der Intensitätskurve eher als gleichwertig empfunden werden; das kürzere Crescendo wiegt das längere Decrescendo auf.

[9] Vgl. J. Häusler, S. 403, oder H. H. Stuckenschmidt, Schöpfer, S. 49, der unter Berufung auf Slonimsky vom Sonatenschema spricht, während Slonimsky dies in seiner analytischen Tabelle der Partitur nicht erwähnt.

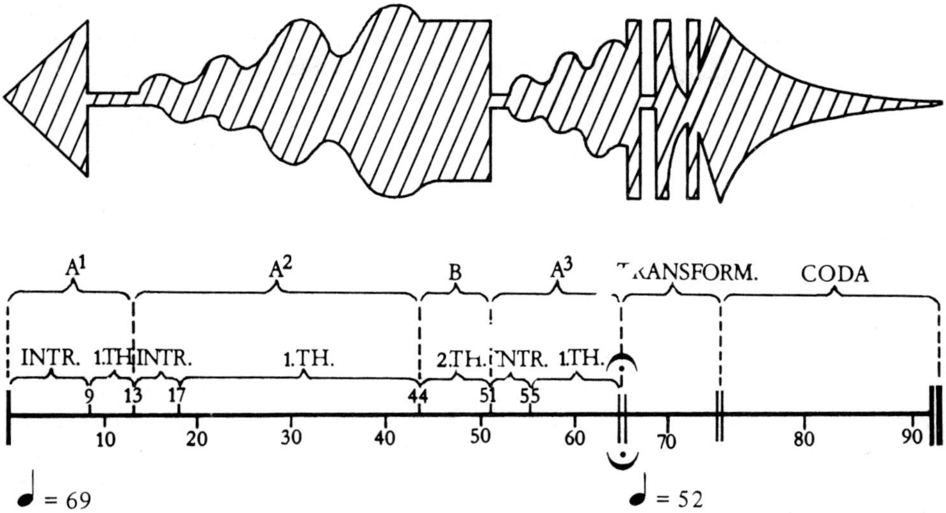

In der „Ionisation" treten Prinzipien des von Varèse erstrebten und später elektronisch realisierten „son organisé" deutlich zutage. Organisation von Musik, die sich als „Verkörperung der Intelligenz, die in den Klängen ist" (H. Wronsky, bei Varèse, DB, S. 65) begreifen läßt, bedeutet, daß die Einzelelemente in einer kalkulierbar höheren Organisationsstufe eines Klangkomplexes aufgehen. Sowenig das Thematische für sich isoliert eine Entwicklung durchläuft, so sehr ist der Klang selbst Prozeß. Das Ineinanderwirken der verschiedenen aufeinander bezogenen Elemente zeigt sich schon zu Beginn im Aufbau der ersten Klangfläche. Der anschwellende dynamische Verlauf vom pp zum f in den ersten Takten wird mit einer vermindert dichten Einsatzfolge kombiniert:

Die Flächenwirkung basiert vornehmlich auf sich überlagernden, lang ausklingenden Schlägen (Tamtams, Gong, Becken) und Wirbeln (kleine Trommel, Tarole, hängendes Becken). Damit sind diese Instrumente dem kontinuierlichen Klang der Sirenen angenähert, deren Crescendo vom ppp zum p den dynamischen Abfall der gehaltenen Klänge auffängt, ohne dabei dominant zu werden. Zugleich füllen sie mit ihrem Tonhöhenkontinuum den freien Raum zwischen den verschiedenen Helligkeiten der Geräuschinstrumente. Nie sind sie nur ihres Farbreizes wegen eingesetzt oder gar assoziativ (Alarm!) gemeint. Das musikalische Prinzip der kontinuierlich gleitenden Tonhöhenkurve macht sie Varèse als Instrument interessant und in das Perkussionsensemble integrierbar. Dennoch:

„Der ungebildete, assoziierende Hörer, der vom musikalischen Bilderverbot nichts weiß und die zur Batterie des Orchesters aufheulenden Sirenen der ‚Ionisation' schlicht mit Alarm und Bombardement zusammenbringt, hat insgeheim von der Substanz der Komposition mehr erfahren als der Sachverständige, der erkennt, daß es darin technisch um die Erschließung eines Kontinuums der Tonhöhen und zugleich um die Entthronung von

deren gesamten Dimension, . . . zumindest um ihre Überführung ins Timbre, Geräusch, in die Arbeit mit komplexen Spektren geht. Nicht soll damit einer tonmalerischen, gar einer allegorischen Auslegung das Wort geredet sein . . . Wohl aber ist in die objektive Gestalt der Komposition mehr von der Realität eingegangen, als Musikern und Publikum schmackhaft ist, und dies wird von assoziativen Kurzschlüssen vorab greller beleuchtet als von zuständiger Analyse, die ihren Gegenstand neutralisiert." (Metzger, S. 55.)
Ein weiterer Aspekt des Klanges ist seine Raumwirkung, die in der „Ionisation" durch die Art der Aufstellung nur angedeutet werden kann. Der Vorschlag von M. Goldenberg (Partitur S. 4) schafft deutliche Gruppierungen von Holz-, Fell- und Metallinstrumenten. Natürlich wird sich eine Aufstellung immer nach aufführungspraktischen und raumtechnischen Gesichtspunkten zu richten haben. Daß in Klangschichten verbundene Instrumente beieinander stehen, unterstützt gleichzeitig aber auch die Bildung räumlicher Felder.

2.3 historische Einordnung

Es ist zuerst die Emanzipation des Geräuchs, die Varèses Musik, die sich vom konventionellen Ensembleklang extrem weit entfernt hat, fremdartig und zugleich interessant erscheinen läßt. Das wesenhaft Besondere liegt aber in der Organisation des Klanges mit konventionellen Mitteln, wie sie erst später mit elektronischen differenzierter realisiert werden konnte. Nicht in dem Geräuschanteil, sondern vornehmlich in der Klangstrukturierung kündigen sich spätere elektronische Verfahren an. Varèses Unzufriedenheit mit traditionellen Instrumenten ist so bekannt wie seine Suche nach neuen technischen Möglichkeiten jenseits der überkommenen Instrumente. „Ionisation" ist „eigentlich elektronisch konzipiert und nur der technischen Notdurft der Epoche wegen für ein . . . Instrumentarium zubereitet" (Metzger, S. 56) und daher letztlich nur als Kompromiß zwischen dem Ausdrucksbedürfnis und den bestehenden Möglichkeiten zu verstehen, der aber insofern nicht spürbar wird, weil Varèse, mit den Möglichkeiten dieses Instrumentariums auf das genaueste vertraut[10], materialgerecht, also doch adäquat komponiert hat. Sowenig das Geräuschhafte der Komposition allein als ein Vorgriff auf Eigenschaften elektronischer Musik mißzuverstehen ist, sowenig ist es aber auch allein in den Ideen des Futurismus[11] verwurzelt, der Geräusche nur möglichst genau zu imitieren bestrebt war und sie als Selbstzweck benutzte, gegen alles Bestehende opponierend, ohne sie dem ordnenden Willen eines intelligiblen kompositorischen Konzepts zu unterwerfen. Varèse geht es nie um eine Imitation oder gar Deskription, sondern immer um neue Ausdrucksmittel seiner Klangvorstellung, die die Keimzelle formaler Gestaltung wird.

---

[10] Varèse war in seiner Jugend kurze Zeit im Turiner Orchester selbst Schlagzeuger. Vgl. Ouellette, S. 19.

[11] Die futuristischen Manifeste und Programme erschienen 1909 (Le Figaro, von Marinetti) und 1913 (Corriere di Napoli, von Russolo). Varèse, der Marinetti und Russolo kannte, sprach sich 1917 deutlich gegen die Futuristen aus und lehnte auch die von ihnen entwickelten Instrumente (Intonarumori) ab. Vgl. dazu Varèse, Brief.

3. MATERIAL

3.1 Klang, Ausdruck, Instrumente

Varèse:

Meine Musik basiert auf der Bewegung von aufeinander unbezogenen Klangmassen, in dem Sinne unbezogen, daß sie sich gleichzeitig in verschiedenen Geschwindigkeiten bewegen; und ich freute mich auf die Zeit, da die Wissenschaft die Mittel der Verwirklichung bereitstellen würde. Nun ist dank der Elektronik eine in diesem Sinne unverbundene metrische Simultaneität schließlich in den Bereich der Möglichkeiten gerückt worden. (Varèse, DB, S. 69).

Ich wurde eine Art teuflischer Parzival, nicht auf der Suche nach dem heiligen Gral, sondern nach der Bombe, die das musikalische Universum sprengen könnte, um alle Klänge durch die Trümmer hereinzulassen, die man — bis heute — Geräusche genannt hat. (zit. bei Boehmer, S. 308).

Unser musikalisches Alphabet muß bereichert werden, und wir haben neue Instrumente nötig, die fähig sind, sich verschiedenen Kombinationen anzupassen und neue Klangvorstellungen auszudrücken, und die nicht nur das schon oft Gehörte immer wieder reproduzieren. Die Komponisten müßten dieses Problem zusammen mit spezialisierten Ingenieuren studieren. (in: Morning Telegraph 1916, zit. bei Varèse, DB, S. 66.)

Wir benötigen Instrumente des XX. Jahrhunderts. Komponist und Elektriker müssen zusammenarbeiten. (in: Christian Science Monitor, 1922, zit. bei Varèse, DB, S. 66.)

Wir finden es nötig, veraltete Werkzeuge durch andere zu ersetzen, die durch neue Bedürfnisse angefordert werden, und wir finden, daß das Boulder-Kraftwerk uns besser ausdrückt, als die ägyptischen Pyramiden und die gotischen Kathedralen. Aber in der Musik muß sich der Komponist noch mit Instrumenten begnügen, die wie die Streicher schon vor zwei Jahrhunderten vervollkommnet waren. Für unseren täglichen Gebrauch hat menschlicher Geist etwas Bequemeres ausgearbeitet als die Handpumpe. Aber wir fahren fort, in einen veralteten und komplizierten Mechanismus von Röhren zu blasen, während gleichzeitig ein unzulängliches Notationssystem uns nicht einmal erlaubt, alle Töne zu notieren, die solche Instrumente produzieren können . . . Ganze Symphonien von neuen Tönen sind in der industriellen Welt aufgekommen und bilden unser ganzes Leben lang einen Teil unseres täglichen Bewußtseins . . . Und die Komponisten, die nicht nur gute physische Ohren haben, sondern auch mit dem inneren Ohr begabt sind, dem Ohr der Erfindungskraft, sie hören seit Jahren eine neue Musik, zusammengesetzt aus Tönen, die ihnen die alten Instrumente nicht liefern können . . .; die elektrischen Instrumente sind der erste bedeutungsvolle Schritt zur Befreiung der Musik. Was die Zukunft betrifft — es versteht sich, daß ich nur von Instrumentalmusik spreche, nicht von vokaler —, so wird der Interpret verschwinden, wie der Geschichtenerzähler aus der Dichtkunst verschwunden ist, als der Buchdruck erfunden war. (zit. bei Steinhardt, S. 294.)

Was die . . . Frage betrifft, ob die Elektronik bestimmt ist, die heute . . . existierenden Instrumente zu entthronen oder zu ersetzen, und ob die ganze Welt elektronisch zu komponieren haben wird, so muß ich bemerken, daß nach meiner Meinung die elektronischen Mittel nicht den Zweck haben, sich auf Kosten derjenigen, die seit vielen Jahren in Kraft sind, durchzusetzen, sondern sie müssen als zusätzliche Faktoren aufgefaßt werden . . . Unser Orchester muß weiterhin seine Funktion für die Werke ausüben, die bis jetzt dafür geschrieben worden sind. Darüber hinaus scheint mir die Rehabilitierung der alten Instrumente und ihrer speziellen Technik wünschenswert . . . Was den Komponisten betrifft, der mit den elektronischen Mitteln arbeiten will, so werden . . . seine Probleme von Grund aus dieselben bleiben . . . und er darf die Elektronik nicht als einen ‚Deus ex machina' betrachten, der ihm das Komponieren abnimmt. (Varèse, DB, S. 69.)

GESPRÄCH

Das elektronische Instrument ist ein additiver, nicht ein destruktiver Faktor in der Kunst und Wissenschaft der Musik. (zit. bei Helm, S. 434.)

vgl. damit:
Wie die Erfahrung einer technifizierten Welt ohne Kunstgewerbe und ohne den Köhlerglauben an die Verwissenschaftlichung der Kunst musikalisch sich bewältigen ließe, dafür zeugt das Werk von Edgar Varèse. Er, der Ingenieur ist und im Ernst etwas von der Technik weiß, hat dem Komponieren technologische Aspekte zugebracht, nicht um sie infantil zu verwissenschaftlichen, sondern um Raum zu schaffen für den Ausdruck von Spannungen eben solcher Art, wie sie die gealterte Neue Musik einbüßt. Er wendet die Technik an Wirkungen von Panik, die das Menschenmaß musikalischer Mittel überschreiten. (Th. W. Adorno, Dissonanzen, Göttingen 1963, S. 151 f.)

. . . das Verblüffende: die legitimen Fortsetzer von Varèse — obwohl nunmehr im Besitz der Möglichkeiten moderner Elektronik und stereophoner Raum-Manipulation —, sie bauen (mit einer großen Ausnahme) das Erstmodell weiter. Die traditionellen Instrumente sind noch nicht verlassen. Vermutung: man denkt noch im gängigen Verfremdungsprinzip. Verfremden lassen sich aber nur etablierte Vorstellungen. (Steinhardt, S. 296.)
Was hier (= Ionisation) mit Hilfe mannigfaltiger Schlaginstrumente erreicht wurde, sollte dreißig Jahre später in der elektronischen Musik an Bedeutung gewinnen als Zeit-Spektrum und Zeit-Komposition, zum Beispiel in Stockhausens „Kontakte". Im Sinne der elektronischen Musik ist der Klang bei Varèse polyphon. (Boehmer, S. 310.)

Resümee: Varèse, vom Vater zum Techniker bestimmt (Absolvent der École Polytechnique), mit großer Neigung zur Physik wie zur mittelalterlichen Alchimie, hat von Anfang an bewußt nach neuen Realisationsmöglichkeiten für ein verändertes, von der technisierten Welt geprägtes Ausdrucksbedürfnis gesucht. Seiner Klangvorstellung konnte das traditionelle Instrumentarium nicht mehr voll genügen. Schon früh denkt er an die Unterstützung durch technische (elektronische) Mittel und machte zusammen mit dem Physiker Léon Théremine elektroakustische Experimente (1934 Thereminovox für „Ecuatorial"). Wenn Varèse jedoch zunächst mangels anderer Möglichkeiten seine Musik instrumental zubereiten muß, dann wählt er nicht ein Instrumentarium, das historisch verwurzelt ist (z. B. Streichquartett), sondern eins, das weitgehend neue Klangkonstellationen erlaubt. Erst nach dem 2. Weltkrieg konnte er Musik elektronisch realisieren. Eine Verbindung elektronisch präparierter Musik mit solcher für traditionelle Instrumente bringt „Déserts".

3.2 Dokument über das Projekt eines „laboratoire de musique et service de composition de musique nouvelle"

Als Kompositionsschüler werden Musiker aufgenommen, die schon die technischen Voraussetzungen besitzen. In dieser Abteilung werden alle Formen gelehrt, die nach neuen Auffassungen heute erforderlich sind, ebenso neue Techniken und neue Klangfaktoren, die sich als ihre logischen Realisationsmittel anbieten. Ebenso wird unter der Leitung von Varèse, assistiert von einem Physiker, ein Laboratorium arbeiten, in dem man den Klang wissenschaftlich erforschen wird und wo die Gesetze, die es erlauben, unzählige neue Klangmittel zu erschließen, außerhalb aller überkommenen Regeln bestätigt werden. Alle neu entdeckten und entwickelten Instrumente und ihre Verwendung werden demonstriert und erforscht werden. Das Laboratorium wird eine möglichst vollständige Sammlung von Schallplatten besitzen mit Musik aller Rassen, aller Kulturen, aller Epochen und aller Tendenzen. (Varèse, bei Ouellette, S. 113 f.)

3.3 Komposition

Der Antrieb kann von einer Idee kommen, von einer Vorstellung, von etwas, das einem einen Schock gibt. Aber das, was den Komponisten von außen her anspricht, ist nur ein scheinbares Motiv, es wird verschwinden und schließlich ausgemerzt in der Gestalt, die das Werk annimmt. (Varèse, DB, S. 69.)

Varèse hat vom Ende der 30er Jahre bis nach 1940 nicht mehr komponiert. Dafür werden im allgemeinen zwei Gründe genannt. Er habe erstens der vorherrschenden Schule des Neoklassizismus nichts abgewinnen können. Zweitens spiele das Moment der Verantwortung als Komponist eine Rolle: Da er die zur Verwirklichung seiner Ideen notwendigen technischen Mittel nicht zur Verfügung hatte, stellte er seine Arbeit ein. (Brinkmann, Kgr. Ber. Bonn 1970, S. 318.)

Für den Stillstand der kompositorischen Arbeit sind beide Ursachen verantwortlich; er ist Ausdruck des Mißmuts über die Machenschaften des Kulturmarktes, der sich der Groupe des Six und besonders Strawinskys bemächtigt hatte und ihnen alle Produktionsmittel zur Verfügung stellte. Voraussetzung für diese Vergünstigung war die Anpassung der Komponisten an den Markt. Varèse war dazu nicht bereit, er mußte deshalb auf ökonomische Unterstützung verzichten. Als Konsequenz ergab sich daraus sein jahrelanges Verstummen in künstlerischer Hinsicht. (Boehmer, Kgr. Ber. Bonn 1970, S. 318.)

vgl. dagegen:
Doch konnte Varèse offenbar nicht übers Jahr 1937 hinaus noch für den Kompromiß einer elektronisch intendierten, aber instrumental redigierten Musik einstehen. Er stellte sie lieber ein und begann erst wieder zu produzieren, als ihm die Mittel elektronischer Klangerzeugung zur Verfügung standen. An seinen jüngsten Hervorbringungen aber wird offenbar, daß der angespannte Widerspruch zwischen Vision und Mittel das Kraftfeld seiner Inspiration definierte. (Metzger, S. 63.)

Kritik: Es scheint wenig wahrscheinlich, daß Varèse in seiner von Anfang an extremen Haltung nur deshalb verstummte, weil er den aufblühenden Neoklassizismus ablehnte; dann hätte er als Gegner des Futurismus wie der Dodekaphonie nie schreiben dürfen. Der wahre Grund für die Schaffenspause dürfte eher darin liegen, daß die Kompromißhaltung seiner Werke ihn an eine Grenze führte, die er nicht zu überschreiten gewillt war.

3.4 Experimentelle Musik

Natürlich experimentiere ich wie alle Komponisten, die etwas Neues zu sagen haben, und ich habe immer experimentiert. Aber wenn ich schließlich ein Werk vorlege, ist es kein Experiment mehr — es ist ein fertiges Produkt. (Varèse, zit. bei Chou Wen-chung, sketch, S. 163.)

Ich schreibe keine experimentelle Musik. Das Experimentieren wird gemacht, bevor ich die Musik schreibe. (Varèse, zit. bei Helm, S. 437.)

3.5 „Spatial Music"

Hoéné Wronsky definierte die Musik als die „Verkörperung der Intelligenz, die in den Klängen ist". Es war für mich eine neue, aufregende und die erste völlig einleuchtende Konzeption von Musik. Hier lag für mich wahrscheinlich der erste Ansatzpunkt, mir Musik räumlich vorzustellen, mir die Klänge als bewegliche Tonkörper im Raum zu denken, eine Konzeption, die ich selbst stufenweise entwickelte und realisierte. (Varèse, DB, S. 65.)

3.6 Tonsystem

Sehr früh hatte ich musikalische Vorstellungen, die nur schwer oder unmöglich mit den verfügbaren Mitteln auszudrücken sein würden; und mein Denken kreiste von Anfang an um die Idee der Befreiung der Musik vom temperierten System, von der Begrenzung der musikalischen Instrumente und von den schlechten Gewohnheiten, die irrigerweise Tradition genannt werden. (Varèse, DB, S. 66.)

vgl. dazu:
. . . Varèse (hat) das Prinzip angezweifelt, die Oktave in zwölf gleiche Teile zu teilen oder sie überhaupt in gleiche Teile zu teilen. Er ist der Ansicht, daß dem pythagoreischen Komma Bedeutung zuzuerkennen sei, und er hat weder das sonst unangetastete tonale Prinzip der temperierten Quinte noch die Tradition der Sequenzbildung durch Transposition anerkannt. Seinem Ohr sind 13 Quinten nicht gleich 7 Oktaven . . . (Wilkinson, S. 68.)

3.7 Form

Form ist das Ergebnis eines Prozesses. Jedes meiner Werke entdeckt seine eigene Form. Ich habe nie versucht, meine Konzeption in irgendeinen bestimmten Behälter einzupassen . . . Indem ich mir die musikalische Form als Resultat, als das Ergebnis eines Prozesses vorstellte, sah ich in dem Phänomen der Kristallisation eine enge Analogie . . . „Der Kristall ist zwiefach charakterisiert durch eine bestimmte äußere Form und eine bestimmte innere Struktur . . . Die Kristallform selbst ist eher eine Resultante als ein primäres Attribut. Die Atome oder Ionen, die ein Kristall bilden, haben bestimmte Größen und werden durch verschiedene Kräfte angezogen oder abgestoßen." (N. Arbiter) . . . da ist einfach eine Idee, die Basis einer inneren Struktur, sie wird entfaltet und aufgesplittert in verschiedene Formen oder Klanggruppen, sie wechselt ständig die Form, die Richtung und die Geschwindigkeit, sie wird angezogen und abgestoßen durch verschiedene Kräfte. (Varèse, DB, S. 70/71.)

dazu Metzger:
Die historische Innervation Varèses gilt dem Zustand des musikalischen Stoffs, nicht der Formbildung, dem eigentlichen Komponieren. (Metzger, S. 58.)

Resümee: Die Form ist so eng mit der spezifischen Klangkonzeption verknüpft und jedem Werk eigen, daß kaum eine allgemeine Aussage außer in Analogien (s. o.) möglich ist. „An einen Kanon der Machart, geschweige des Stils hat er sich nie akkomodiert, noch Schnittmuster eines solchen vorgezeichnet." (Metzger, S. 63.)

3.8 Rhythmik, Dynamik

Rhythmus ist das Element in der Musik, das nicht nur einem Werk Leben gibt, sondern es auch zusammenhält ... In meinen eigenen Werken zum Beispiel stammt der Rhythmus von dem gleichzeitigen Wechselspiel der aufeinander nicht bezogenen Elemente, die in kalkulierten, aber nicht regelmäßigen Zeitabschnitten wechselnd hervortreten. (Varèse, DB, S. 70.)

Strawinsky über Varèse:
Varèse ist einer der ersten Komponisten gewesen, der die Intensitäten als in die Form integriertes Element behandelt. Er ist auch unter den ersten gewesen, die vorher in einer Komposition die Intensitäten berechneten, hohe und tiefe Töne, die Tempi, die Dichte und die rhythmische Bewegung. (zit. bei Ouellette, S. 68.)

3.9 Futurismus

Die Futuristen setzen auf die reine Reproduktion von Geräuschen („sounds"), ich glaube an die Verwandlung der Geräusche in Musik. (Varèse, zit. bei Chou Wen-chung, sketch, S. 156.)

Warum denn imitieren die italienischen Futuristen sklavisch nur das, was in unserem täglichen Leben ohnehin offenbar und manifest ist? Ich jedenfalls träume von Instrumenten, die dem Denken gehorchen und, indem sie bislang ungeahnte Klänge ermöglichen, sich allen Kombinationen unterwerfen, die ich vorzuschreiben beliebe, allen Forderungen meines inneren Rhythmus gehorchen. (Varèse, 1917 gegen die Futuristen, Brief, deutsch bei Brinkmann, S. 313.) GESPRÄCH

Ich habe niemals in irgend einer Weise mit dem Futurismus in Verbindung gestanden und ... stand in krassem Widerspruch zu ihren Ansichten und war an ihren Intonarumori gänzlich uninteressiert. (Varèse, Brief, S. 574.)

dagegen:
... (es) bliebe mit ein paar längst aufgearbeiteten futuristischen Projekten in der Hand zurück, wer Varèse immanent kompositorisch zu begreifen unternähme. (Metzger, S. 63.)

Resümee: Das Geräuschhafte an Varèses Musik läßt sie bei oberflächlicher Betrachtung futuristisch erscheinen. Sie weist jedoch ihrer Intention nach weit über den Futurismus hinaus, den Varèse aus einer vollständig anderen inneren Einstellung Klang und Geräusch gegenüber konsequent ablehnte. — Fragwürdig ist Metzgers Äußerung, weil er in der vereinfachenden Gleichsetzung von futuristischen Projekten mit Varèses Musik ihre ästhetische Qualität außer Acht läßt (vgl. Brinkmann, S. 313). Dies geht einher mit einer grundsätzlichen Skepsis gegenüber werkimmanenter Analyse Varèsescher Musik.

3.10 Würdigung, Beurteilung

In der ersten Hälfte des Jahrhunderts ist Varèse der einzige Komponist gewesen, der konsequent die technischen und ästhetischen Bedingungen einer Musik des zwanzigsten Jahrhunderts entworfen hat.
(Boehmer, S. 312.)

dagegen:
Die Musik dieser jungen Leute ist ein Produkt des Zerfalls, der Auflösung der Gesetze und der Vernichtung des Fundaments unserer Sinngegebenheiten ... Wenn

sie nach einem Ahnherrn Umschau halten, wen finden sie? — Varèse, dessen Unwissenheit und völlige Verständnislosigkeit auf musikalischem Gebiet ich sehr wohl zu kennen glaube . . . (E. Ansermet, Die Grundlagen der Musik im menschlichen Bewußtsein, München 1965, S. 578)

DISKUSSION

Der fruchtbare Abweg, auf den Varèse seiner höchst ingeniösen Gravitation folgend geriet, hat ihn fast alles voraussehen lassen, was musikalisch später kam, ihn aber auch von der musikalischen Entwicklung weit entfernt. (Metzger, S. 66.)

dagegen:

Es wäre jedoch rein idealistisch, wenn man Varèse nun unvermittelt zum großen Vorläufer deklarieren wollte, der alles 50 Jahre eher schon gedacht oder gar verwirklicht habe. (Boehmer, S. 307.)

Resümee: Es ist müßig, darüber zu streiten, ob Varèse ein Pionier oder gar ein Prophet der neuen Musik genannt werden kann. Seine Bedeutung liegt darin, als erster mit äußerster Konsequenz ein ästhetisches Konzept einer in gewissem Sinne technologischen Musik entwickelt zu haben und Wegbereiter gewesen zu sein für Ideen und Prinzipien, die erst später voll verwirklicht werden konnten. Wenn er dennoch materialgerecht komponiert hat, so nicht so sehr, weil „die technischen Mittel faktisch oder potentiell vorhanden waren" (Boehmer, S. 312), sondern weil er sich den ihn begrenzenden Möglichkeiten seines Apparates anpaßte. „Ionisation" ließe sich nicht bruchlos elektronisch realisieren.

4. ÜBERLEGUNGEN ZUR DIDAKTIK UND LERNZIELE

4.1 Einordnung in verschiedene Unterrichtssequenzen

— Vom Futurismus zur elektronischen Musik
Vergleichsreihe: z. B. futuristisches Programm — Honegger/Varése — musique concrète.
— Klangfarbenkompositionen
Aspekt: zunehmende Bedeutung der Klangfarbe als kompositorische Substanz seit Debussy bis zur Einschmelzung der Geräusche.
— Form in der neuen Musik
z. B.: Vergleich von „Ionisation" mit Pendereckis „Anaklasis"; Übernahme, Transformation oder Aufgabe traditioneller Formen?
— Realisationsmöglichkeiten von Musik
Vergleich einer vom Synthesizer realisierten originalen Instrumentalkomposition mit Varèses elektronisch konzipierter, aber instrumental realisierter Musik.
— Instrumentenkunde
Bau, Spielweise, Klangmöglichkeiten.

4.2 Lernziele

4.2.1 Analytischer Aspekt

Der Lernende soll auf Grund einzelner Kriterien wie Klangstruktur, Sonanzcharakter, rhythmischer Schichtung oder Instrumentation den extremen Standort Varèses in der Entwicklung der Musik dieses Jahrhunderts als solchen erkennen und ihn anhand markanter charakteristischer Partien des Werkes näher erläutern können.

4.2.2 Kognitiver Aspekt

Der Lernende soll einzelne werkimmanente und für das Verständnis wesentliche außermusikalische Fakten nennen können, etwa:

— die Zusammensetzung des Instrumentariums in seinen wesentlichen Bestandteilen (Gruppen),
— formale Gestaltungsprinzipien,
— Varèses Auffassung von Klang und Geräusch,
— inhaltlich entscheidende Punkte des Konzepts der Futuristen,
— die kulturpolitischen und ökonomischen Implikationen in seinem Werk.

Er soll ferner in der Lage sein, die beiden Themen in „Ionisation“ nach Notenbild und Klang vergleichend zu beschreiben.

4.2.3 Kritischer Aspekt

Der Lernende soll

— sich kritisch bewußt werden über Konsequenzen der Emanzipation des Geräuschs für die Musik im 20. Jahrhundert und
— belegbare Kriterien für seine persönliche Einschätzung dieses Stückes anführen können, d. h. eine begründete Entscheidung treffen über den eigenen Standort in der Beurteilung von Varèses Musik zwischen dessen Idealisierung als Prophet und seiner Verdammung als Dilettant oder Bürgerschreck.

5. BIBLIOGRAPHIE

Boehmer, Konrad
Über Edgar Varèse, in: Kongreßbericht Bonn 1970, Kassel (1973), S. 307—313, 318 f. (Würdigung der kompositorischen Haltung unter Betonung der soziokulturellen und ökonomischen Implikationen i. s. Werk)
Brinkmann, Reinhold
Anmerkungen zu Varèse, ebd. S. 313—316 und 318 f. (Ansatz zu einer Analyse von „Hyperprism“)
Charbonnier, Georges
Entretiens avec Edgar Varèse, Paris 1970 (Gespräche für den frz. Rundfunk 1955, Vortrag Princeton 1939; Lebens- und Werkübersicht von H. Halbreich nach Ouellette)
Chase, Gilbert
Die Musik Amerikas, Berlin 1958
Chou Wen-chung
Varèse, in: Current Musicology, New York, Herbst 1965, S. 169—174 (= Chou Wen-chung CM) (Nachruf)
Chou Wen-chung
Varèse, A sketch of the man and his music, in: Musical Quaterly 52, 1966, S. 151—170 (=Chou Wen-chung, sketch)
Chou Wen-chung
Edgard Varèse, London 1968
Gümbel, Martin
Versuch an Varèse Density 21.5, in: Zeitschrift für Musiktheorie, Stuttgart 1970, S. 31—38.
Hambraeus, Bengt
En kommentar till Varèse och hans musik, in: Ord och bild, Stockholm 1959

Häusler, Josef
Edgard Varèse, in: Musik im 20. Jahrhundert, Bremen 1969, S. 400—404
Helm, Everett
Außenseiter Varèse, in: Melos 32, 1965, S. 433—437 (zahlreiche Varèse-Zitate)
Kalff, L. C.
. . . E. Varèse . . ., in: Le Poème électronique Le Corbusier, Paris, Editions Minuit, 1958
Metzger, Heinz-Klaus
Hommage à Edgard Varèse, in: Darmstädter Beiträge zur Neuen Musik, Bd. II, Mainz 1959, S. 54—66
Ouellette, Fernand
Edgard Varèse, Paris 1966 (= Ouellette) (umfangreichste Biographie mit zahlreichen Korrekturen. Wichtig: umfassendes Verz. der Sekundärliteratur, Verz. aller engl.- und frz.sprachigen Zeitschriftenartikel 1914—1966, Verz. aller Aufsätze und Interviews von Varèse sowie Werkverz. mit Aufführungsdaten)
Prieberg, Fred K.
Musica ex machina, Frankfurt/M., Berlin, Wien 1960 (zu „Ionisation" S. 61—65)
Rosenfeld, Paul
Edgard Varèse: Ionisation, in: New Republic vom 26. 4. 1933 (Rezension)
Steinhardt, Heinrich
Varèse — ein unbegriffener Prophet einer kosmischen Schallwelt, in: Melos 1971, S. 293—297
Stockhausen, Karlheinz
Orientierung, in: Texte zur elektronischen und instrumentalen Musik, Bd. 1, Köln 1963, S. 32 f. (kurz zu Geräuschklängen in „Ionisation")
Stuckenschmidt, Hans Heinz
Edgard Varèse, in: Schöpfer der Neuen Musik, Frankfurt 1958; s. auch dtv 1962, S. 45—52. (einige Ungenauigkeiten)
Varèse, Edgard
Les instruments de musique et la machine électronique, in: L'Age Nouveau, Paris, Mai 1955, Nr. 92, S. 28—30
Varèse, Edgard
Leserbrief an H. Cowell, in: Musical Quaterly 42, 1955, S. 574. (= Varèse, Brief)
Varèse, Edgard
Tout jeune homme . . ., in: Le Poème électronique Le Corbusier, Paris 1958, S. 191—193
Varèse, Edgard
Erinnerungen und Gedanken, in: Darmstädter Beiträge zur Neuen Musik, Bd. III, Mainz 1960, S. 65—71. (= Varèse DB) (Äußerungen zum grundsätzlichen Verständnis seiner Kompositionen)
Wilkinson, Marc
An Introduction to the Music of Edgard Varèse, in: The Score, März 1957, S. 5—18. dass. dt.: Edgar Varèse — Pionier und Prophet, in: Melos 28, 1961, S. 68—76 (Anmerkungen zu „Intégrales" und „Octandre")

Roderich Fuhrmann

Alban Berg (1885—1935)
Violinkonzert (1935)

1. INFORMATION

1.1 Biographie[1]

Vater: Konrad Berg, Kaufmann, 1867 aus Nürnberg nach Wien eingewandert,
Mutter: Johanna Maria Anna geb. Braun aus Wien.
Nach Abschluß der Realschulzeit, die zuletzt mit erheblichen seelischen Konflikten verbunden war[2], begann er 1904 neben seiner Stellung als Rechnungspraktikant in der niederösterreichischen Statthalterei zu Wien[3] mit dem Studium bei Arnold Schönberg. Als es ihm gelungen war, seine Berufswünsche in seiner Familie durchzusetzen, die ihn lieber in gesicherter Beamtenposition gesehen hätte, konnte er sich von 1906—1910 diesem Studium ganz widmen.
1907 erste öffentliche Aufführung seiner Werke im Rahmen des Schülerkreises von Arnold Schönberg; 1911 heiratete er Helene Nahowski[4]. Von da an lebte Berg im Winter als Kompositionslehrer in Wien, im Sommer in den österreichischen Alpen als freischaffender Komponist. Nachdem er mit dem „Wozzeck" (1926) internationale Anerkennung errungen hatte, führten ihn zahlreiche Reisen zu Aufführungen seiner Werke u. a. nach England, Italien und in die Sowjetunion[5]. Als Folge der nationalsozialistischen Kulturpolitik in Deutschland wurde seit 1933 die finanzielle Lebensbasis Bergs stark eingeengt. Sein ganzes Leben mußte Alban Berg gegen seinen labilen Gesundheitszustand kämpfen[6], so unterschätzte er wohl auch einen Insektenstich-Karbunkel, der zu einer Blutvergiftung und damit zu seinem frühen Tod führte[7].

---

[1] Daten nach Reich 1963.
[2] Reich 1963, S. 15—16.
[3] Reich 1963, S. 17 u. 19.
[4] Reich 1963, S. 33, über die Schwierigkeiten, die der Eheschließung entgegenstanden vgl. Reich 1963, S. 25, der Brief Alban Bergs an Franz Nahowski, seinem späteren Schwiegervater, der diesen nie gelesen hat, vgl. Berg, S. 160 u. 662. Alma Mahler-Werfel berichtet über Helene Nahowskis Herkunft S. 145: „Helene . . . war eine Tochter Kaiser Franz Josephs mit einer fast fünfzig Jahre jüngeren schönen kleinen Korbflechterin, die der Kaiser zufällig einst in seinem Park in Schönbrunn um vier Uhr früh kennengelernt hatte."
[5] Reisebriefe u. a. S. 553—562, 575—584, 618—624; über Leningrad vgl. Reich 1963, S. 63 f.
[6] Vgl. Reich 1963, S. 19; über Bergs Asthmaleiden differieren die Angaben Reichs, der den 1. Asthmaanfall auf den 23. 7. 1908 datiert, Reich 1963, S. 24, und Redlichs, der den 23. 7. 1900 erwähnt, Redlich 1957, S. 294.
[7] Vgl. Redlich 1957, S. 308, der eine interessante Parallele zwischen dem Tod Alban Bergs und Gustav Mahlers findet, und Reich 1963, S. 94—96.

1.2 Werkauswahl

(Die hier verzeichneten Werke sind in der Universal Edition erschienen.)
o. op.-Zahl. Sieben frühe Lieder für eine Singstimme und Klavier,
Im Zimmer (Johannes Schlaf) (1905)
Die Nachtigall (Theodor Storm) (1905/06)
Liebesode (Otto Erich Hartleben) (1906)
Traumgekrönt (Rainer Maria Rilke) (1907)
Sommertag (Paul Hohenberg) (1908)
Nacht (Carl Hauptmann) (1908)
Schilflied (Nikolaus Lenau) (1908)
(1928 erste Veröffentlichung, in geänderter Reihenfolge)
op. 1 Sonate für Klavier (1907/08 revidiert 1920)
op. 2 Vier Lieder für eine Singstimme mit Klavier, aus
„Dem Schmerz sein Recht" (Friedrich Hebbel) und
„Der Glühende" (Alfred Mombert) (1908/09 revidiert 1920); instrumentiert von René Leibowitz
op. 3 Streichquartett (1910, revidiert 1924)
op. 4 Fünf Orchesterlieder nach Ansichtskartentexten von Peter Altenberg (1912)
op. 5 Vier Stücke für Klarinette und Klavier (1913)
op. 6 Drei Orchesterstücke (1914, revidiert 1929)
op. 7 Georg Büchners Wozzeck[8], Oper in 3 Akten (15 Szenen) (1917—22)
(für den Unterricht besonders gut geeignet, da auf diese Weise ein völlig anderer pädagogischer Einstieg in das Werk des Komponisten vom Wort und Drama her ermöglicht wird)
o. op.-Zahl. Konzertante Fassung: Drei Bruchstücke aus „Wozzeck" (1924)
o. op.-Zahl. Kammerkonzert für Klavier und Geige mit dreizehn Bläsern, 1923—25, Bearbeitung des 2. Satzes als Trio für Geige, Klarinette und Klavier (1935)
o. op.-Zahl. „Schließe mir die Augen beide", zwei Vertonungen eines Gedichtes von Theodor Storm für eine Singstimme und Klavier (1907 und 1925)
o. op.-Zahl. Lyrische Suite für Streichquartett (1925—26), Bearbeitung der Sätze 2, 3 und 4 für Streichorchester (1928)
o. op.-Zahl. Der Wein, Konzertarie mit Orchester nach dem Gedicht von Baudelaire in der deutschen Übertragung von Stefan George (1929)
o. op.-Zahl. Lulu, Oper in 3 Akten nach den Tragödien „Erdgeist" und „Die Büchse der Pandora" von Frank Wedekind (1929—35, unvollendet)
Konzertante Fassung: Symphonische Stücke aus der Oper „Lulu" (Rondo, Ostinato, Lied der Lulu, Variationen, Adagio) (1934)
o. op.-Zahl. Violinkonzert, Dem Andenken eines Engels (1935).

1.3 Daten zum Violinkonzert

a) Widmung: „Dem Andenken eines Engels", der mit 18 Jahren verstorbenen Manon

[8] Nach Ploebsch, S. 10/11, der sich mit den Datierungen von Redlich und Reich auseinandersetzt; Adorno, Berg 1968, S. 140 datiert 1917/21.

Gropius[9] gewidmet. Da das Werk auf Bestellung und Anregung des amerikanischen Geigers Louis Krasner[10] komponiert wurde, handelt es sich hier also um eine Doppel-Widmung auf einer geistigen und einer realen Ebene.

b) Entstehungsgeschichte[11]: Der Geiger Louis Krasner aus Boston hatte aus Begeisterung über den „Wozzeck“ beschlossen, Alban Berg um ein Violinkonzert zu bitten (Februar 1935). Nach einigem Zögern sagte Berg zu. Während ihm anfangs die Arbeit nur mühsam von der Hand ging, steigerte sich nach dem Tode der 18-jährigen Manon Gropius, die am 22. 4. 1935 den Folgen der Kinderlähmung erlag, sein Schaffenstempo in einem bei ihm außergewöhnlichen Maße. Manon, die Tochter Alma Mahlers aus zweiter Ehe mit dem Architekten Walter Gropius, war wie die ganze Familie Gustav Mahlers dem Ehepaar Berg eng freundschaftlich verbunden. Am 23. 7. 1935 vollendete Berg sein Violinkonzert im Particell und am 11. 8. 1935 die Partiturreinschrift.[12]

c) Noten: sämtlich in der Universal Edition, Wien erschienen

1) Philharmonia Taschenpartitur	Nr. 423
2) Dirigierpartitur	Nr. 10758
3) Klavierauszug	Nr. 10903

d) Orchesterbesetzung
2 großen Flöten (beide auch Piccolo)
2 Oboen (2. auch Englischhorn)
1 Alt-Saxophon in Es (auch 3. Clarinette in B)
2 Clarinetten (1. und B, 2. in A)
1 Baß-Clarinette in B
2 Fagotte
1 Kontrafagott
4 Hörner in F
2 Trompeten in C
2 Posaunen (1. Tenor, 2. Baß)
(Kontra)-Baß-Tuba
Streichquintett
4 Pauken, große Trommeln, Becken, kleine Trommeln,
Tamtam (tief), Gong (hoch), Triangel
Harfe

e) Spieldauer: 23—26 Minuten

---

[9] Manon Gropius (geb. 5. 10. 1916 in Wien, gest. 22. 4. 1935 in Wien) war die Tochter aus zweiter Ehe von Alma Mahler-Werfel (geb. 31. 8. 1879 in Wien, gest. 11. 12. 1964 in New York) mit dem Bauhausarchitekten Walter Gropius (geb. 18. 5. 1883 in Berlin, gest. 5. 7. 1969 Boston) vgl. 3.1 Material und Mahler-Werfel, S. 70 u. 210, sowie Walter, „Variationen“ und „Briefe“.

[10] Nach Baker's Biographical Dictionary of Musicians, Fifth Edition 1971, G. Schirmer New York/Supplement, London: Louis Krasner wurde am 21. 6. 1903 in Cherkassy/Rußland geboren und kam als Kleinkind in die USA. 1944—49 war er Konzertmeister des Minneapolis Symph. Orch. und wurde danach Professor für Violine und Kammermusik an der Universität zu Syracuse/USA. Er war auch der Solist der Uraufführung von Schönbergs Violinkonzert am 6. 12. 1940 in Philadelphia unter der Leitung von Stokowski. Vgl. 3.1 Heinsheimer, Begegnungen; nach Redlichs 1957 erschienenem Werk, S. 336 befindet sich das Autograph des Violinkonzerts von Alban Berg im Besitze Krasners, wo es sich zur Zeit noch befinden dürfte.

[11] Zur Entstehung des Violinkonzerts vgl. Reich 1963, S. 91—93; Heinsheimer, Begegnung; vgl. Material 3.1 sowie Redlich 1957, S. 268/269.

[12] Daten nach Reich 1963, S. 92.

f) Uraufführung[13]: am 19. 4. 1936 zum Musikfest der Internationalen Gesellschaft für Neue Musik in Barcelona; Dirigent: Hermann Scherchen, Solist: Louis Krasner.
g) Schallplatten: Mehrere Aufnahmen sind im Fachhandel erhältlich, doch gibt es zur Zeit noch keine Interpretation — nach Adorno und Reich[14] —, die in jeder Beziehung dem Willen des Komponisten entspricht.

2. ANALYSE[15]

2.1 Grundsätzliches

Das Violinkonzert von Alban Berg ist ein Werk subtilster Übergänge, hierin ganz der spätromantischen Tradition von Richard Wagner und Gustav Mahler verpflichtet.
Während auf der einen Seite größte Präzision im Rhythmus und in der Abhebung der Klangfarben voneinander gefordert werden muß, was der strengen architektonischen Form im Großen und der Kompositionsweise im Detail des Werkes entspricht (Berg meidet Füllstimmen im Orchester, seine polyphone Schreibweise ist immer real und konsequent), darf sie andererseits nicht dazu führen, irgendwelche Zäsuren im klassischen Sinne zu betonen, selbst wenn diese vom Komponisten gekennzeichnet sind.[16]
Die Doppelschichtigkeit des Werkes spiegelt sich auch in der Form wider, die architektonische Gliederung wird gleichzeitig durch den inhaltlichen Bezug der beiden Sätze unauflösbar miteinander verklammert.

2.2 Formübersicht

Zwei Gliederungen müssen gleichzeitig beachtet werden, die beide vom Komponisten deutlich gekennzeichnet sind. Die Zwei-Teiligkeit der Form geht auch aus der Zweisätzigkeit des Werkes hervor, beide Sätze sind gleichfalls in zwei autonome Teilsätze gegliedert. Die Buchstaben sollen den formalen Aufbau verdeutlichen.

Kompositionsabschnitte vom Komponisten durch Doppelstriche markiert:	Taktzahlen		Gliederung nach inhaltlichen Gesichtspunkten:	
1. Satz a) Andante				
	1— 10	1— 10	Introduktion	
	11—	11— 37	„a tempo“	A
		38— 83	„un poco grazioso“	B
	103	84—103	„Tempo I“	A (verkürzt)

[13] Daten nach Redlich 1957, S. 269 und Heinsheimer, Begegnung, vgl. Material 3.1.
[14] Adorno, Alban Berg-Violinkonzert, S. 187 u. Reich 1963, S. 215 f.
[15] Vgl. Redlich 1957 (bzw. Aufsatz), S. 270 f., Reich 1963, S. 170 f., sowie Adorno, Alban Berg: S. 187 f. und die Einführung in das Violinkonzert von Alban Berg in der Taschenpartitur, Philharmonia Nr. 426, vgl. auch Alt, S. 362—365.
[16] Vgl. Adorno, Alban Berg: Violinkonzert, S. 189 f.: Berg modulierte das Violinkonzert so, „daß höchste Plastizität des in jedem Augenblick Komponierten mit dem lückenlosen Ineinander der Augenblicke sich verband. Alles ist Übergang, und doch muß alles für sich unverzüglich einbekennen, was es ist. Die gesamte Tradition des Gestaltenreichtums, vom Wiener Klassizismus bis Schönberg, findet sich zusammen mit einem kompositorischen Geist, der nicht bloß keine Gestalt als selbstmächtige und vereinzelte stehen läßt, sondern zutiefst gegen jede sich sträubt, jede dem Zero anähnelt.“

b) Allegretto (scherzando), Takt 213—228 Kärntner Volksweise				
	104—136	104—136	„scherzando“	A
	137—154	137—154	„Quasi Trio I“	B
	155—166	155—166	„Meno mosso, Trio II“	C
	167—172	167—172	„un poco energico“	B (verkürzt)
	173—	173—239	„Quasi Tempo I“	A (modifiziert)
	257	240—257	„a tempo, ma quasi Stretta“	
2. Satz a) Allegro (Sonatensatz mit Reprise)				
(Introduktion)	1— 22	1— 22	„sempre rubato“ fr. wie e. Kad.	
(statt Durchführung	23— 63	23— 42	„molto ritmico“	A
große Kadenz	64— 95	43— 95	„ganz frei“	B
der Solovioline)	96—135	96—135	„Tempo I“	A
b) Adagio (Choral mit Variationen, Reprise der				
Kärntner Volks-	136—157	136—157	„Choral“	A
weise), Coda:	158—	158—177	(Variation 1)	B
Reprise des Chorals		178—197	(Variation 2)	C
und der Intro-	213	198—213	„Molto tranquillo“	A
duktionsfigur	214—230	214—230	Coda	

2.3 Das thematische Material

Die Reihe (R)[17]

Beispiel 1 R

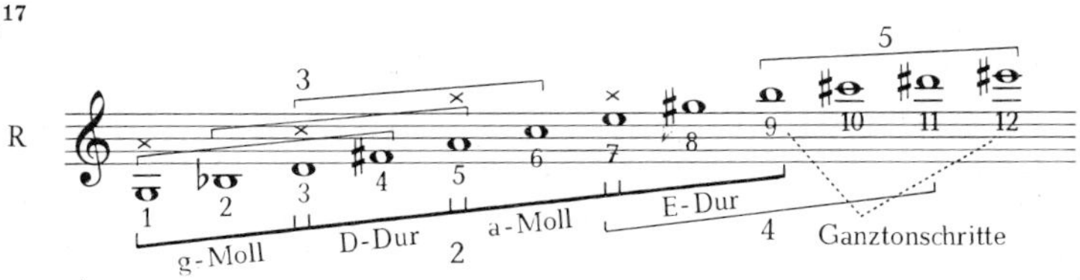

Sie enthält die wichtigsten musikalischen Gedanken des Werkes:

1. Die vier leeren Violinsaiten, mit denen der Solopart des Konzertes beginnt (×),
2. die Dreiklänge g-moll, D-Dur, a-moll, E-Dur, die jedoch nur bedingt im Sinne der Dur-Moll-Kadenz aufeinander bezogen werden,
3. die Dissonanzen Ton 1—4, 2—5, 3—6, u.s.w. der Reihe,
4. die „Kärntner Volksweise“ (vgl. Material 3.4),

Beispiel 2

die auch als Melodiegestalt in der Reihe erscheint, in der Partitur nach Ges transponiert wird (1. Satz Takt 213),

[17] Vgl. W. Gruhns Beitrag „Schönberg. Ein Überlebender aus Warschau“ Analyse 2.3, sowie Eimert und Jelinek, sowie Vogt, S. 100—107.

5. die Ganztonschritte des Choralbeginnes „Es ist genung" aus dem Choral der zweiten Kantate „O Ewigkeit, du Donnerwort" von J. S. Bach (BWV 60), der nach „B" transponiert vollständig zitiert wird (2. Satz Takt 136, zitiert unter Material 3.2).

Die Reihe (R) kann in verschiedener Gestalt auftauchen:

Beispiel 3

a) Krebs (K)

Beispiel 4

b) Umkehrung (U)

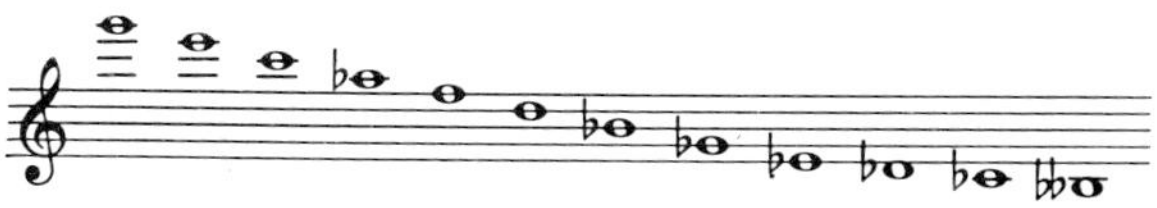

Beispiel 5

c) Krebs der Umkehrung (KU)

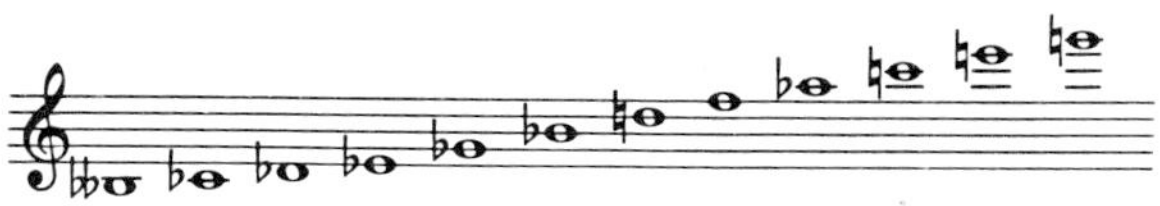

Ihre Formen können beliebig transponiert, gebrochen oder akkordisch gebracht werden. Die 12 Töne müssen vollständig erscheinen, jedoch nicht als Leitton im Sinne der Dur-Moll-Kadenz (daher ist die Schreibweise austauschbar, z. B. es=dis). Oktaven sind möglichst zu meiden.

2.4 Anwendung der Reihe im Violinkonzert

1) 1. Satz Andante, Beginn:

Beispiel 6

2) 1. Satz T. 11—14 erscheinen die Töne der Grundreihe in Akkorden in Dur-Moll-tonalem Bezug (vgl. 2.6 Dur-Moll-Tonalität, Beispiel 18), ab T. 15 und ebenso T. 245 gebrochen von der Solovioline gespielt.
3) 1. Satz T. 24: Solovioline bringt U
4) 1. Satz T. 34—37: Kontrafagott und Fagott: Reihe auf Fis
Solovioline: Umkehrung, Einsatz in Triolen
T. 38+39: U, motivische Arbeit innerhalb der Reihe.

Beispiel 7

R auf fis: *(siehe Beispiel 8 auf der nächsten Seite)*

5) Dieselbe Reihe (auf Fis) erscheint variiert am Beginn des Chorals im 2. Satz T. 136:

Beispiel 9

Beispiel 8

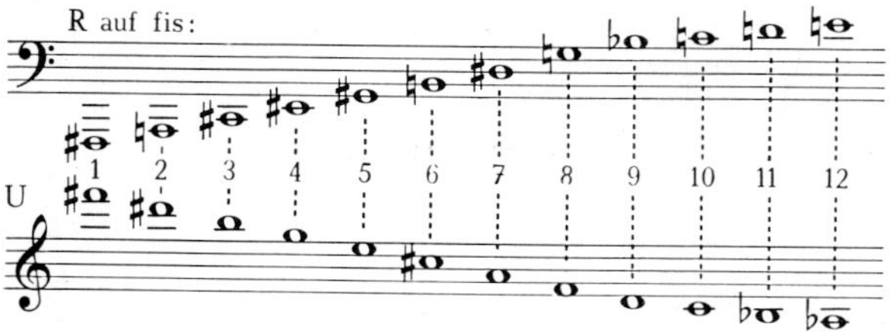

6) 1. Satz T. 52—53: 1. Violinen u. Bratschen sowie entsprechend in Vergrößerung T. 73—75: 1. Trompete abgelöst von der 1. Posaune. Sie bilden die Umkehrung der Reihe auf Es.

Beispiel 10

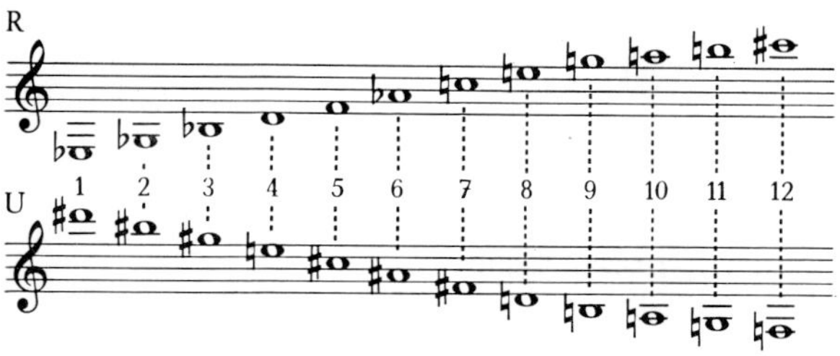

Beispiel 11

7) 1. Satz T. 240/241 bieten eine komplizierte Kombination zweier ineinander verklammerter Reihen (vgl. Beispiel 6, 12 und 13). Die Hörner-Akkorde sind aus der Umkehrung der Reihe in Es gebildet, die Streicher jedoch aus einer Variante von E (vgl. Beispiel 13), eine bitonale Bildung aus e-moll und As-Dur (vgl. 2.6 Dur-Moll-Tonalität).

Beispiel 12

Beispiel 13

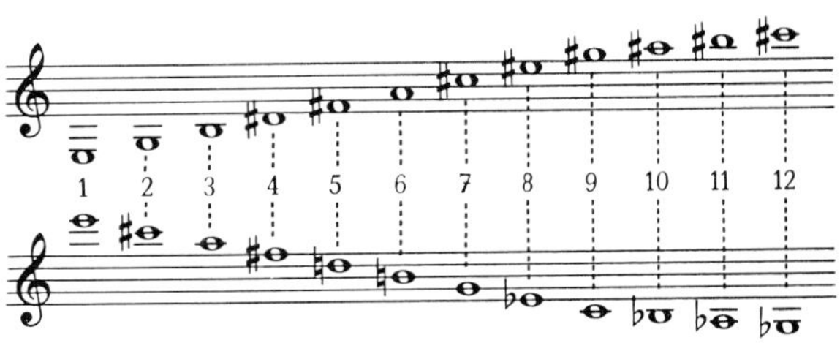

8) 1. Satz T. 104/105, Beginn des Allegretto (Beispiel 14). T. 104 liegt die Reihe auf D zu Grunde (Beispiel 15), T. 105 die Umkehrung der Reihe auf A (Beispiel 16).

Beispiel 14

Beispiel 15

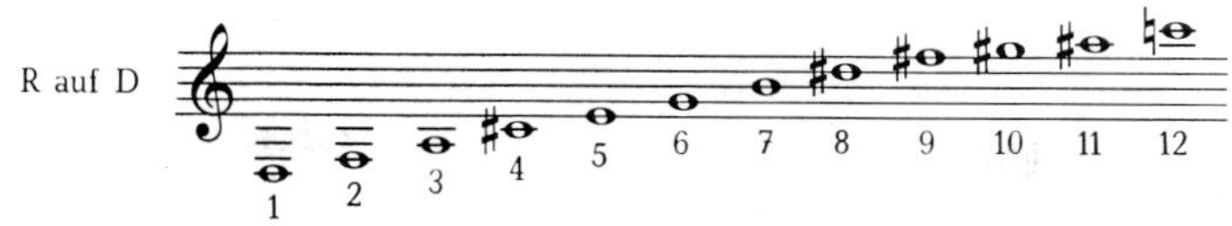

Beispiel 16

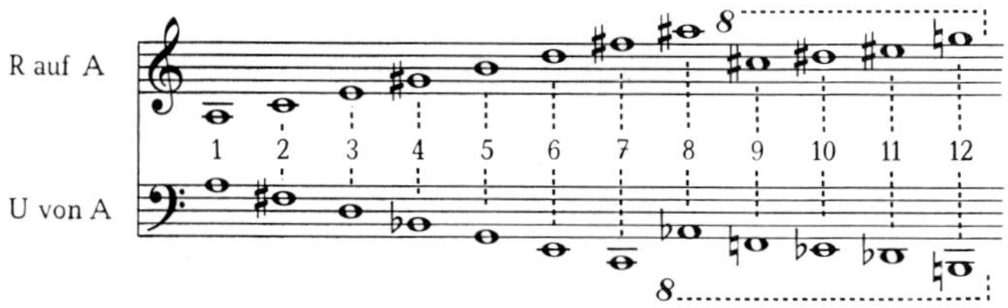

9) 1. Satz T. 114 spielt die Solovioline die ersten neun Töne in der Umkehrung der Grundreihe (vgl. Beispiel 4)

Beispiel 17

10) 1. Satz T. 161 spielt die Solovioline die Reihe auf A (vgl. Beispiel 16)

11) 2. Satz T. 125/126 (Beispiel 18). Die vom Orchester gespielten Akkorde bestehen aus den Tönen 1—9 der nach Cis transponierten Reihe (Beispiel 19), während die Töne 11, 12 und 10 ein kontrastierendes melodisches Motiv bilden.

Beispiel 18

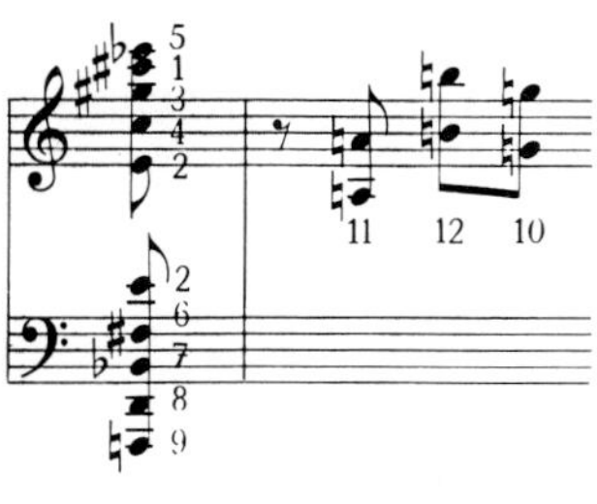

Beispiel 19

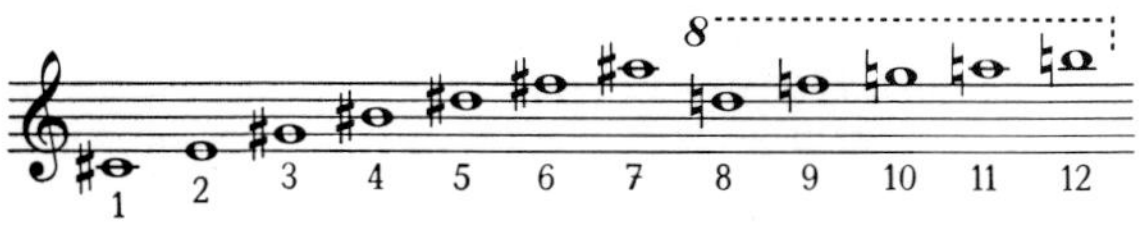

12) 2. Satz, der Choral in der Solovioline[18]
   a) vgl. 5) und die Beispiele 8 und 9
   b) T. 140—142 Bratsche und 1. Fagott: Umkehrung der Reihe auf E (Beispiel 13)
   c) T. 146—148 2. Violinen und Fagott: Krebs der Reihe auf As bzw. Gis (Beispiel 20)

Beispiel 20

2.5 Zahlen- und Tonsymbolik[19]

Alban Berg hatte eine besondere Vorliebe für Jahrestage und Daten, deren Zahlen er symbolisch in seinen Werken verwandte. Am 23. 7. 1908 erlitt er als Dreiundzwanzigjähriger den ersten Asthmaanfall, ein Leiden, das ihn sein ganzes Leben begleitete. So wurde die „23“ Alban Bergs Schicksalszahl.[20] Einige seiner wichtigsten Kompositionen wurden am 23. 7. oder 23. 8. vollendet, wozu auch das Violinkonzert gehört. Der 2. Satz dieses Werkes besteht aus 230 Takten. Er enthält ferner noch die Zahl 22, die sich auf das Todesdatum der Manon (22. April) bezieht. In zwei Fällen sind die beiden Zahlen 22 und 23 mystisch miteinander verknüpft: Nach der 22-taktigen Rubato-Kadenz der Violine (2. Satz, Beginn), die im Wechsel von reinen Quinten und Dissonanzen das Leben der Manon symbolisiert, setzt im Takt 23 das Motiv des drohenden Todes ein, wie es Berg selbst in einem Brief aus dem Jahre 1912 über die 9. Symphonie Gustav Mahlers interpretiert hat.[21] Aus 22 Takten besteht der Choral (T. 136—157), aus 22 Buchstaben die Widmung: „Dem Andenken eines Engels“. Durch den bis zum neuen Formteil übergebundenen Ton der Solovioline (ein As, das sich im 4. Viertel in A auflöst), wird die Zahl 23 gewonnen, was durch die Bezeichnung „misterioso“ noch unterstrichen wird. Der Auflösungston A (T. 158) ist außerdem der einzige Musikton des Namens „Manon“. Er fehlt als einziger Ton der Reihe in der Kärntner Volksweise, was sicher kein Zufall ist. Nach dem letzten vollständigen Zitat des Chorals erscheint T. 222 das B-a-c-h-Motiv sowohl waagerecht (Fagott und Klarinette) als auch senkrecht (1. u. 2. Klarinette) als Zeichen des Kreuzes für Christus, für Manon (die Taktzahl 222 deutet darauf hin) und für Bach, deutlich mit „religioso“ vom Komponisten bezeichnet. Der Schlußakkord besteht aus 18 Tönen, Symbol für die Lebensjahre der Manon Gropius. Ob der Schlußton „B“ das Signum Bergs bedeutet, muß offen bleiben.
Allgemein bedeuten Dissonanzen oft Unheil und reine Intervalle wie Konsonanzen Ausgleich und Versöhnung.[22]

---

[18] Vgl. Forneberg.
[19] Ausführlich bei A. Pernye, vgl. auch Material 3.2 d) und 3.5 b) sowie die dazugehörigen Anmerkungen.
[20] Vgl. Anmerkung 6). Beide Quellen gemeinsam ist die 23, vgl. A. Pernye, S. 147.
[21] Vgl. Material 3.1 f.).
[22] Adorno, Philosophie, S. 104: „In der Simplizität des Violinkonzerts hat nicht etwa Bergs Stil sich abgeklärt. Sie kommt aus der Not der Eile und der Verständigung. Zu bequem ist die Transparenz, und die einfache Substanz wird überstimmt durch ein ihr äußerliches Zwölftonverfahren. Die Dissonanz als Zeichen für Unheil, die Konsonanz als Zeichen für Versöhnung sind neudeutsche Relikte.“ Später hat Adorno offensichtlich diese Meinung revidiert in Alban Berg: Violinkonzert, S. 189 („Nicht, als ob Berg den Ansprüchen des Musiklebens sich gefügt hätte . . .“).

2.6 Dur-Moll-Tonalität

a) Da schon in der Reihe dur-moll-tonale Bezüge enthalten sind, wirken sie sich auch real im Werk aus:

1. Satz T. 11—14 g-moll

Beispiel 21

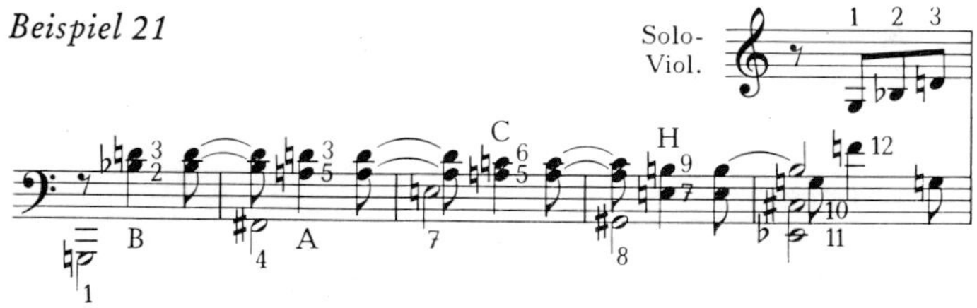

1. Satz T. 104, Beginn des Allegretto, g-moll und d-moll (vgl. Beispiel 14) mit eingearbeitetem B-A-C-H-Motiv.

b) Bitonale Bildungen:

1. Satz T. 213—228, „Kärntner Volksweise“ (vgl. Material 3.4.): Melodie (Horn) und Kontrapunkt (Solovioline) in Ges-Dur sind von Harfen- und Streicher-Akkorden in Ges-Dur sowie mit den Hauptstufen der C-Dur-Kadenz harmonisch unterlegt. (Beispiel 22)[23]

1. Satz T. 240/241 (siehe Beispiel 12), e-moll u. As-Dur.

Beispiel 22

c) Ferner befinden sich bevorzugt an Übergängen tonale Entspannungen:

1. Satz: T. 81—84 (F-Dur-C-Dur-g-moll), T. 96 (g-moll), T. 101—103 (d-moll), T. 126 (c-moll), T. 34 (C-Dur), T. 173—176 (d-moll-C-Dur-Kadenzbezug auf F-Dur).

2. Satz: ab T. 60 auf g bezogen, besonders im weiteren Verlauf der Kadenz ab T. 68; T. 64 c-moll.

[23] Vgl. Stuckenschmidt, Musik, S. 164 f.

d) Die im strengen Zwölftonsatz unerwünschten Oktaven meidet Berg keineswegs:
   1. Satz T. 203/204, T. 229/230 in der Solovioline
   2. Satz T. 115—117 (verdeckte Oktavparallelen).

2.7 *Formverlauf und Interpretation*

(vgl. Analyse 2.2 Formübersicht)

In der Partitur sind alle Instrumente in der wirklich klingenden Tonhöhe notiert und die Stimmen deutlich gekennzeichnet:

H ⌉	bedeutet Hauptstimme
N ⌉	bedeutet Nebenstimme
⌈ ⌉	bedeutet, daß die Stimme im gleichen Rhythmus (akkordtonbildend) mit einer Haupt- oder Nebenstimme geht, diese aber durchzulassen hat.
RH ⌉	bedeutet Hauptrhythmus
CH	(im letzten Satz) bedeutet Choralmelodie

1. Satz, Andante
In einer zehntaktigen Einleitung alternieren Orchester und Solovioline mit reinen Quinten, die als Symbol für die Reinheit des „Engels“ Manon Gropius gelten können, wobei die Solovioline ihre vier leeren Saiten erklingen läßt (vgl. Beispiel 6). Die nun beginnende Exposition des Satzes besteht aus zwei Strophen. Die erste setzt — eingebettet in einer g-moll-Kadenz des Orchesters — in T. 11 mit den aufsteigenden großen Septimen des Solokontrabasses ein, die die Haupttöne der von der Solovioline dargebotenen Reihe vorwegnehmen (Beispiel 23). In der begleitenden g-moll-Kadenz tritt erstmalig das B-A-C-H-Motiv auf (Beispiel 21).
Synchronisation der Takte 11—15 des Solokontrabasses mit den Takten 15—18 der Solovioline:

Beispiel 23

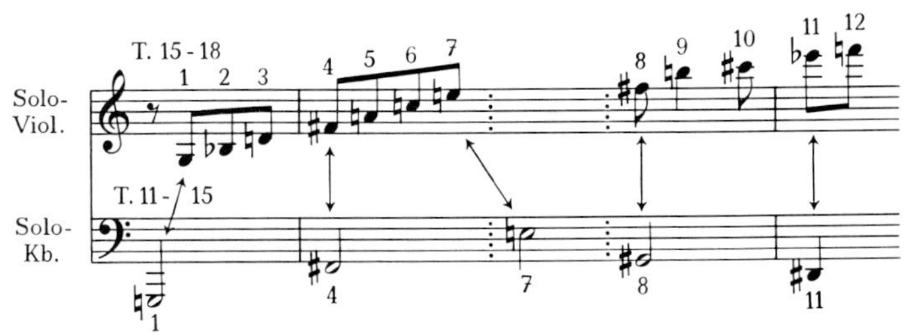

Die zweite Strophe wird von den Celli mit den Reihentönen 6, 10, 2, 9 eröffnet, die absolut genommen den um einen halben Ton höher transponierten Krebs des B-a-c-h-Motivs ergeben (Beispiel 24), wonach unmittelbar die Solovioline mit der Umkehrung der Reihe in der gleichen Rhythmisierung wie die Grundreihe antwortet. (Das B-a-c-h-Motiv wird aus dem 9., 2., 10. und 6. Ton der Reihe auf fis gebildet, vgl. Beispiel 7).

Beispiel 24

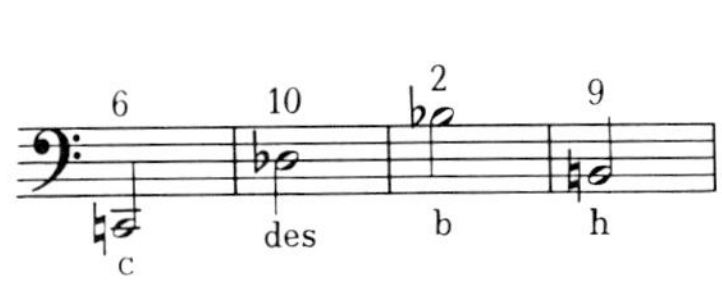

Gleichzeitig führt das Saxophon kontrapunktisch das Motiv einer kleinen Septime ein, eine Variante des Motivs der Solovioline von T. 27, das in Umkehrung T. 28 in der 1. Flöte und ab T. 30 in der Solovioline thematische Bedeutung erlangt. Hier handelt es sich um ein kompositorisches Verfahren von Johannes Brahms, eine Weiterspinnung eines sog. „Restmotivs“[24].

T. 34 setzt das Kontrafagott mit der Reihe auf fis ein, gefolgt von der Solovioline T. 35 mit derselben Reihe in Umkehrung und im Triolenrhythmus (vgl. Beispiele 7 u. 8), eingeleitet T. 32 von einem fünftönigen Motiv des Solokontrabasses, dessen erste vier Töne — absolut genommen — den Krebs des B-a-c-h-Motivs ergeben. (Beispiel 25)

Beispiel 25

In der ersten Strophe des Mittelteils ab T. 38 wird das Restmotiv erst in seiner Grundgestalt, dann ab T. 42 in der Umkehrung verarbeitet und eröffnet T. 47 — nunmehr in ein Sechzehntelmotiv umgewandelt — die zweite Strophe. 1. Flöte und 2. Violine folgen der Solovioline kanonisch, während die 1. Violinen das Solo ab T. 50 fortsetzen. Das aus dem Krebs der Reihe in Es gebildete Solo T. 54/55 (vgl. Beispiel 10) greift das Restmotiv von T. 27 wieder auf, ahmt hier jedoch nur die Hauptstimme der Celli nach, die T. 54 die 3. Strophe einleitet, was genau der Solovioline ab T. 38 entspricht.

In der letzten Strophe von T. 63 an, die die Töne der zweiten (ab T. 47) wiederholt, führt das 1. Horn, obwohl die Solovioline mit „poco f“, das Horn mit „mf“ bezeichnet ist, bis T. 70, wo die 1. Trompete, gefolgt von der 1. Posaune (ab T. 74), in Vergrößerung der Notenwerte den Part der 1. Violinen und der Bratsche von T. 50—53 aufgreift, in der die Umkehrung der Reihe auf Es enthalten ist (Beispiele 10 und 11).

T. 77—83 bilden die Überleitung zur verkürzten Reprise „Tempo I“, die T. 84 einsetzt. Dabei ist die auf dem Baß-Tremulo F-C basierende orgelpunktartige Kadenz T. 81 zu beachten, auf der die Solovioline von Brahms inspirierte Figuren ausführt. Man vergleiche hier T. 332—337 des 1. Satzes seines Violinkonzertes op. 77:

Beispiel 26

[24] Redlich 1957, S. 277 und 380.

Mit Ausnahme vom cis kommen dabei alle chromatischen Halbtonschritte vor. Die Ähnlichkeit mit der Reihe aus Alban Bergs Violinkonzert fällt auf (vgl. Beispiel 1). In T. 84 wird das Hauptmotiv des Solokontrabasses von T. 11 von der Solovioline wieder aufgenommen, wobei es jeweils eine Quinte höher, T. 88/89 in Vierteln, T. 90 in Achteln repetiert wird, bis es über die Quintfiguren des Satzbeginns vom 4/8 Takt über zwei 3/8 Takte in den 6/8 Takt des Allegrettos ruhig einmündet.

1. Satz, Allegretto
Dieser Satz enthält zu Beginn die drei programmatischen Motive „scherzando" (T. 104) — „wienerisch" (T. 110) und „rustico" (T. 114, Beispiel 17), die bei aller Gegensätzlichkeit des Charakters eng zusammengehören. Alle sind sie aus dem Terzmotiv „scherzando" entwickelt, das im wienerischen Motiv symbolhaft sich neu zu österreichischen Seufzerquinten im Sinne der 9. Symphonie Gustav Mahlers fügt (vgl. Beispiele 27 und 28)[25].

Beispiel 27

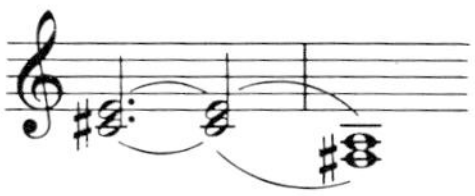

Dieses kehrt gebrochen im rustico-Motiv wieder. Alle Motive gehorchen trotz ihrer Dur-Moll-tonalen Akkordfolgen streng den Gesetzen der Zwölftönigkeit. Das Scherzando-Motiv gründet sich in T. 104 auf der Reihe auf D und in T. 105 auf der Umkehrung der Reihe auf A (Beispiel 14—16). Die Spitzentöne des wienerischen Motivs bilden in T. 110 den Krebs der Ganztonfolge der Reihe auf D, je nach oben und unten um einen Ganztonschritt erweitert (vgl. Beispiele 15 und 28).

Beispiel 28

Im Rustico-Motiv der Solovioline folgen die ersten neun Töne der Umkehrung der Grundreihe aufeinander (vgl. Beispiel 17). Nach einer Überleitung T. 118—126, die aus einer Variation des Rustico-Motivs auf Nonenakkordsequenzen gebildet wird, setzt T. 126 das wienerische Motiv nochmals ein. Stets von der Solovioline imitiert, löst es sich allmählich, aber durch die Überschneidung der Einsätze verdeckt, dadurch auf, daß jeweils die letzte Note des Motivs weggelassen wird, bis T. 132 das Scherzando kurz noch einmal anklingt.
T. 137—154 folgt ein neuer Formteil „Quasi Trio I", in dem sich drohend das Unheil, der bevorstehende Tod der Manon, ankündigt, im „ritmico"-Einsatz der Blechbläser T. 140 und in den von bewegten Triolen des Orchesters begleiteten Dezimen-Dreiklängen der Solovioline T. 141—144, wo die Quinten von unten nach oben und über einen Halbtonschritt mit nachfolgendem Septimensprung abwärts heulen. Diese beiden Kontrastmotive, das „ritmico" der Blechbläser und die Akkorde der Solovioline werden ab T. 147

[25] Brief an seine Frau, siehe Material 3.1 f.), vgl. Wörner Zeitalter, S. 53 u. 56; Redlich 1957, S. 279.

eindringlich wiederholt, bevor sie müde in das zweite Trio „Meno mosso“ (T. 155—166) übergehen. Die Flötenmelodie läßt hier alles in der Schwebe zwischen p und pp. Die Begleitfiguren von Harfe, Bratsche und Celli T. 157/158 und von Harfe, Oboe, Fagott und Saxophon T. 165/166 schwanken zwischen reinen Quinten und großen Septimen. Das „Liberamente“ der Solovioline T. 161 bringt keine echte Befreiung, es verbleibt im Ungewissen; die genaue Reihe auf A knickt von dem neunten Ton an nach unten um, bis nach einer Überleitung (T. 167—172), in der die bewegten Orchester-Triolen des ersten Trios (T. 137—154) erneut aufgegriffen werden, T. 173 die Reprise erscheint. Diese setzt mit dem Scherzando (vgl. T. 104) tongetreu ein, wozu die Solovioline eine sehnsuchtsvolle Melodie spielt, die bereits T. 132—134 aufkeimt. Ihre Haupttöne bilden den Krebs der Ganztonfolge des wienerischen Motivs (vgl. T. 110). Unmittelbar darauf geht der 6/8 in einen 3/8 Takt über, unmerkliche Vorbereitung der Einführung der Kärntner Volksweise. Der Walzerrhythmus dominiert bis zum Einsatz des „rustico-Motivs“ T. 192, das genau der Parallelstelle von T. 114 entspricht. Da Berg immer den realen Klang notiert, ist das hier bei vielen Interpretationen zu hörende „Pfeifen aberwitziger Höhen“ (Adorno)[26] der Solovioline sinnwidrig. Triolenmotive verschiedener Reihen, wie sie im Trio I, besonders auch bei dessen Wiederkehr (T. 167—172), zu finden sind, konzertieren nun mit dem Walzer-Rhythmus der Solovioline, der, melodisch von Sexten und Terzen bestimmt, sich jeweils bis zu energischen Oktaven (T. 203/204, T. 206/207) steigert. Dabei schreitet der Kontrabaß von T. 203—207 von F bis B chromatisch abwärts. Danach leitet das modifizierte „rustico“-Motiv zur Kärntner Volksweise über, die zuerst T. 213 vom Horn angestimmt wird (vgl. Beispiel 22). Die Solovioline löst sich ab T. 220 vorsichtig mit einer 2. Stimme in Terzen- und Sextenabstand von der Melodie, bis sie nach der Oktavsteigerung T. 231 derb das „scherzando“ wiederholt, das bis T. 240 zu der vom „ritmico“-Motiv der Hörner und Blechbläser geprägten Stretta (vgl. Trio I T. 140) dynamisch anschwillt. Die sechstönige Kärntner Volksweise erscheint hier in Ges-Dur und der C-Dur-Kadenz, zur Zwölftönigkeit ergänzt (vgl. 2.6 Dur-Moll-Tonalität). Doch spart Berg einen Ton aus, das A, den einzigen Musikton im Namen „Manon“ (vgl. 2.5 Zahlen- und Tonsymbolik). Noch einmal erhebt sich T. 245 die Solovioline mit der Reihe in der Originalgestalt bis zum 10. Ton aufwärts, gesteigert bis zum ff, fällt in zwei kleinen Septimensprüngen ab und bleibt bis T. 253 auf dem f′ liegen. Mit dem Wechsel von f′ nach fis′ in ff setzen im T. 253 der Solovioline die synkopierten Schlußakzente ein, große Septimenakkorde auf G.

2. Satz

Der 2. Satz verknüpft einen Sonaten- mit einem Variationssatz und einer Coda. Über seine Zahlen- und Tonsymbolik vergleiche Analyse 2.5.

Allegro

Es gliedert sich in drei Teile (A B A), wobei der erste Teil aus zwei Hälften besteht: T. 1—22 „rubato, frei wie eine Kadenz“ und T. 23—43 „molto ritmico“. In der leidenschaftlichen, fast improvisatorischen Violinkadenz, die zum starren Orchesterpart im reizvollen Gegensatz steht, wechseln reine Quinten mit Dissonanzen wie im 1. Satz T. 157/158. In T. 23 erscheint das ehedem so heitere „wienerische“ Motiv (1. Satz T. 110) in drohender, unheimlicher Gestalt, „molto ritmico“. Gegen diesen eintaktigen, unbeirrbar stereotypen Rhythmus der Bläserfront vermag die Solovioline kaum anzukämpfen, bis sie endlich diese rhythmischen Schläge aufnimmt und zum ff T. 41 steigert. Im folgenden bis

[26] Adorno, Alban Berg: Violinkonzert, S. 208.

zum p abklingenden Takt intonieren die Trompeten die ersten drei Töne des Bachchorals (T. 136—157), worauf die Solovioline mit der Umkehrung der ersten vier Choraltöne den Faden aufnimmt, jedoch den anfänglich harmonischen Bereich mit verzweifelten Septimenketten schnell verläßt (ab T. 54).

Dabei werden (T. 44—53 und ebenso T. 78—95) Erinnerungen an das 2. Trio des 1. Satzes (ab T. 155) wach, ab T. 78 in der Form eines strengen vierstimmigen Kanons. Dieser kann technisch von der Solovioline kaum bewältigt werden, wenn die Transparenz der Form gewahrt bleiben soll. Daher hat Alban Berg selbst eine Alternative angeboten, in der eine Solobratsche die Solovioline unterstützt.[27]

In T. 90 zitiert die Solovioline ihren Quintenbeginn des 1. Satzes, in T. 94 und 95 die Terzen des „wienerischen" Motivs im Sinne Gustav Mahlers (vgl. T. 110), alles Erinnerungen, bis T. 96 die Reprise einsetzt. Ungeachtet aller anderen Bindungen gehören die Takte 64 bis 95 zusammen, sie bilden das Zentrum der Kadenz, was vom Komponisten durch die Doppelstriche selbst angedeutet wurde. Die Reprise repetiert Kompositionsabschnitte der Exposition bis zum Höhepunkt T. 125 in verschiedener Reihenfolge:

T. 96—103	=	T. 1— 6
T. 104—110	=	T. 35—43
T. 111—118	=	T. 23—34
T. 119—124	=	T. 15—22

Der Orgelpunkt von T. 111—121 faßt die beiden letzten Abschnitte zusammen. Auf dieser Grundlage wächst die Melodie der Solovioline allmählich vom p bis zum äußersten ff, von der tiefsten Lage bis in die höchste Höhe und technisch von einfachen diatonischen Schritten bis zu den kompliziertesten Doppelgriffen. In T. 125, dem vom Komponisten gekennzeichneten Höhepunkt, fällt auf der Basis des wieder einsetzenden Orgelpunktes jenes rhythmische Motiv in den Triller der Solovioline ein, das sich bereits drohend im 1. Satz (T. 140 und 240) ankündigte. Es beherrscht nun mit den geballt komprimierten ersten neun Tönen der Reihe auf Cis das ganze Orchester, daneben erscheint ein klagendes Kontrastmotiv T. 126 aus den Tönen 10—12 wie verloren (vgl. Beispiele 18 u. 19).

Marcato und dennoch behutsam führt die Solovioline den Bach-Choral (vgl. T. 136 bis 157) ein, zuerst T 126 den 1. Ton b, T. 128 die beiden ersten Töne auf *des'*, T. 130 die drei ersten Töne auf *d'* und endlich T. 131, wiederholt und dabei sekundiert von den Bratschen T. 132, die ersten vier Töne auf es. Gleichzeitig verebbt der Orchesterrhythmus. In die letzten Takte des verhauchenden Orgelpunktes stimmen T. 134 die Bratschen den Choral auf „es" an. Mit T. 136, dem Einsatz der Solovioline mit dem genauen Zitat der Choralmelodie, begleitet von einer variierten Reihe auf fis (statt eis erscheint e, vgl. Beispiele 8 u. 9), beginnt das

Adagio

Es besteht aus dem eigentlichen Choral „Es ist genung"[28] (siehe Material 3.2) T. 136 bis 157, zwei Variationen T. 158—177 und T. 178—197, der Reprise der Kärntner Volksweise T. 198—214 und der Coda T. 214—230. Der von A-Dur nach B-Dur transponierte Choral wird abschnittsweise solistisch als Original-Melodie mit auf der Reihe basierendem Kontrapunkt (vgl. Analyse 2.4 „Anwendung der Reihe", 12) [Der Choral in der Solovioline,] und im Originalsatz Bachs dargeboten. Dieser wirkt im ausgeglichenen Klarinettensatz Bergs wie von einer Barockorgel gespielt. Durch das leise Echo, mit dem sich die letzte Zeile T. 155 verabschiedet, wird gleichzeitig ein organischer Über-

[27] Adorno, Alban Berg: Violinkonzert, S. 211 f.

[28] In der Literatur allgemein „Es ist genug" zitiert, vgl. Material 3.2 b).

gang zur 1. Variation gewonnen; hier sind Celli und Harfe im Kanon geführt, die Violinen begleiten mit Quintfiguren, bis ab T. 164 die kunstvolle Solostimme mehr in den Vordergrund tritt. Von T. 170 an zitieren die Posaunen, ab T. 172 von den Baßklarinetten verstärkt, die zweite Hälfte des Chorals, doch sie ordnen sich von T. 173 an auf Weisung des Komponisten ganz dem Solopart unter.
Der Übergang zur 2. Variation ist mit dem Schluß der ersten verzahnt. So setzt sie T. 178 mit der Umkehrung der Choralmelodie im Sinne der Zwölftontechnik in den Hörnern fast unmerklich ein. Die Streicher streben in bewegter Klage („dolente" T. 180) mit Vierteln, Achtel-Triolen, -Duolen und Vierergruppen in Sechzehntelwerten bis zu Sechzehnteltriolen dem ff-Höhepunkt T. 186 entgegen. Allmählich schwindet die Bewegung, der Choral wird von T. 194 an abgebaut und geht in die Kärntner Volksweise über[29]:

Beispiel 29

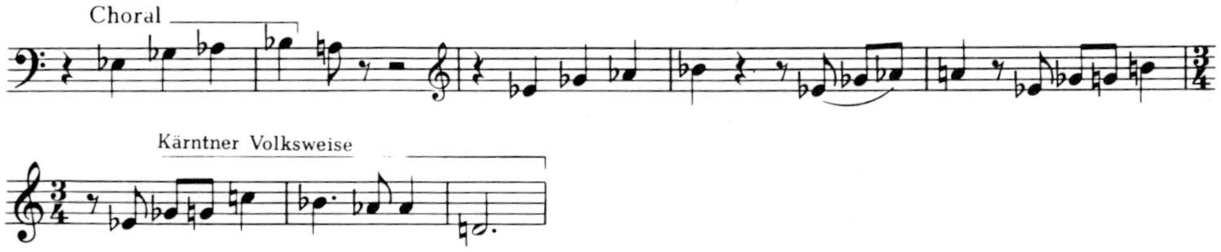

Doch schon T. 212 intoniert die Posaune den Choralbeginn als Vorbereitung des letzten nun dissonant gesetzten Choralzitats, mit der die Coda T. 214 beginnt. Das Tempo verlangsamt sich bis zum „Molto adagio" T. 222. „Religioso" erklingt bei den Bläsern das B-a-c-h-Motiv in senkrechter (1. u. 2. Klarinette) und waagerechter (Fagott u. 2. Klarinette) Stimmführung (Beispiel 30).

Beispiel 30

Die Hörner wiederholen den Schluß (T. 225—227) und den Beginn des Chorals im Krebs (T. 229/230): „Es ist genug!" Daneben setzt sich in der Solobratsche von T. 224 die Grundreihe durch, die Transparenz des Satzes nimmt zu, bis in den beiden letzten Tak-

[29] Redlich 1957, S. 379 (Anmerkung 411) weist auf eine „Synchronisierung zweier Kontrasttypen", Polka und Choral in Bruckners 3. Symphonie, Finale Ziffer B, Fis-Dur hin, die symbolisch den Dualismus des Welterlebnisses ausdrückt.

ten die Quinten des Anfangs wiederkehren und zuletzt „wie aus der Ferne" endgültig Abschied nehmen. Der Ring ist geschlossen, der Kreislauf des Lebens vollendet! Die 18 Töne des letzten Akkords entsprechen dem von Berg von C- nach B-Dur transponierten Schlußakkord vom „Lied von der Erde" von Gustav Mahler, einem unaufgelösten Vorhalt (Beispiel 31):
Dabei entschwebt die Melodie der Solovioline bis zum viergestrichenen g, wo sie liegenbleibt und erlischt. —

Beispiel 31

3. MATERIAL

3.1 Allgemeine Quellen zur Entstehung des Violinkonzertes

a) Hans W. Heinsheimer[30] „Begegnung mit einem Riesen, Alban Berg" in Melos 36. Jg., 1969, Heft 11 S. 462—468, daraus S. 467/468 ein Kapitel aus dem Buch „Schönste Grüße an Aida", München 1969, S. 55—73.
„Diese Oper (Lulu) hatte Berg nicht mehr vollenden können, wohl aber sein Violinkonzert, das er aber auch niemals im Konzertsaal gehört hat. Ich kann diesen liebenswerten, verehrungswürdigen Mann, diesen bedeutenden und im tiefsten Grunde so menschlichen Künstler nicht verlassen, ohne wenigstens noch kurz die Geschichte seines Violinkonzerts erzählt zu haben. Bekanntlich ist es ‚dem Andenken eines Engels' gewidmet, ein Requiem für Alma Mahlers früh verstorbene Tochter Manon Gropius. Ein Bach-Choral ist in den musikalischen Text verwoben, und auch dieses letzte Werk ist, wie ein anderes berühmtes Requiem, eine Auftragsarbeit gewesen und in einem von fieberhafter Eile getriebenen Wettlauf mit dem Tode geschrieben.
Der Geiger Louis Krasner aus Boston hatte der einzigen Aufführung des ‚Wozzeck' in der New Yorker Metropolitan Opera beigewohnt, die Leopold Stokowski und die Philadelphia Grand Opera dort gab." Begeistert von dieser Oper beschloß er, Berg persönlich um ein Violinkonzert zu bitten.
„Zunächst gingen die Dinge gar nicht nach Wunsch. Berg erklärte seinem Besucher, die Violine sei nicht seine Stärke — oder brauchte irgendeine andere höfliche Wiener Wendung, um die Bitte abzuschlagen. Außerdem glaube er, mit den beiden Streichquartetten und dem Konzert für Violine, Klavier und Bläser diesem Instrument bereits genügenden Tribut gezollt zu haben. Aber der unscheinbare, leise Herr aus Boston (wir hatten immer das Gefühl, er spreche con sordino) besaß nicht nur eine vortreffliche musikalische Reputation — Berg hatte sich genau über ihn erkundigt —, sondern auch eine hartnäckige

[30] Hans Walter Heinsheimer geb. 25. 9. 1900 zu Karlsruhe, war bis 1938 in der Universal Edition in Wien tätig, später Direktor des Verlages G. Schirmer in New York, vgl. Riemanns Musiklexikon 12. Auflage, Mainz 1959.

Entschlossenheit; vielleicht spielte auch die Auftragssumme eine gewisse Rolle: 1500 Dollar sind heutzutage kein imponierender Betrag für ein ausgewachsenes Violinkonzert, aber 1935 war es in österreichischen Schillingen eine hübsche Summe. Nach einigem Hin und Her bat man mich schließlich, für die beiden einen Vertrag aufzusetzen. Berg fuhr an seinen Wörthersee und lud Krasner ein, ihn im Waldhaus zu besuchen.
Der Geiger traf an einem Morgen ein, sie machten einen Spaziergang und setzten sich dann zu einer deftigen Kärntner Brotzeit. Dann bat Berg seinen Gast zu spielen. Krasner packte in dem geräumigen Musikzimmer sein Instrument aus und fragte Berg, was er denn spielen solle. ‚Irgend etwas', antwortete der Komponist, ‚nur so ein bißchen herumpräludieren'. Krasner begann, herumzupräludieren, spielte Akkorbrechungen und Passagen aus verschiedenen Konzerten und Sonaten, improvisierte Läufe und Tonfolgen, die ihm gerade in den Sinn und seinen Fingern in den Griff kamen. Auf Wunsch Bergs zeigte er ihm Flageolett-Töne und andere geigerische Raffinessen. Berg hörte den ganzen Nachmittag über konzentriert zu, auch wenn er sich außerhalb des Musikzimmers mit anderen Dingen zu beschäftigen hatte und bat Krasner, ruhig im Spiel fortzufahren, auch wenn er das Zimmer verlasse. Als er später Krasner an den Zug brachte, wies er zur anderen Seite des Sees hinüber und wiederholte mehrere Male ganz versonnen, als wenn er die Verantwortung spürte: ‚Drüben hat Brahms sein Violinkonzert geschrieben.'
Als Krasner später das Werk zu studieren begann, entdeckte er in der Partitur viel Anklänge an seine Improvisationen an jenem Nachmittag im Musikzimmer des Waldhauses — Erinnerungen an gewisse Akkordpassagen, die der Komponist an jenem Nachmittag in sich aufgenommen und in die eigene Musik seines letzten Werks umgewandelt und umgeformt hatte."

b) Aus Alma Mahler-Werfel „Mein Leben" Fischer Taschenbuch Nr. 545 über Manon Gropius[9], S. 112 f.:
„Was aber Homogenität bedeutet, sollte ich an Manon, meinem Kinde mit Walter Gropius, erfahren. Sie war der schönste Mensch in jedem Sinne. Alle unsere guten Eigenschaften waren in ihr vereinigt. Eine göttliche Liebesfähigkeit, eine Kraft, sie auszudrücken und zu leben, wie ich sie nie sonst gesehen habe. In ihr war das Wunder der Gleichheit geboren, dem ich sonst immer aus dem Wege gegangen bin. Und es war mein Kind, und ich kannte jeden Schlupfwinkel ihrer Seele. Nur Homogenität allein kann ein solches Wunder vollbringen. Nicht zufällig hat Alban Berg ihr sein Violinkonzert gewidmet: ‚Dem Andenken eines Engels'."
und S. 148:
„Alban Berg kam im Jahre 1935 nach dem Tode meiner geliebten Tochter Manon in Wien zu mir und sagte, daß er seine neue Oper ‚Lulu' unterbrechen müsse, weil er ein Requiem für Manon schreiben wolle ... ob mir das recht sei? Dem ‚Andenken eines Engels' nannte er das Violinkonzert. Es war mir eine wehmütige Freude."

c) Brief Alban Bergs an Arnold Schönberg vom 18. 8. 35 (Das Faksimile ist zuerst veröffentlicht in „Josef Rufer, Dokumente einer Freundschaft" Melos 22 (1955) S. 42—44 (siehe auch Material 3.3 Berg und Schönberg)
Das Original befindet sich in Washington D. C. Library of congress (Schönberg-Nachlaß), vgl. Redlich S. 381 Anmerkung 453.
Die Übertragung dieses Briefes erfolgte nach dem Faksimile, sie berücksichtigt die Schreibweise des Originals.

Fehlende Punkte sind in Klammern ergänzt. Unterstreichungen werden kursiv wiedergegeben. Auf der 1. Briefseite, drittletzte Zeile liest der Verfasser in der Klammer „Wr", wohl als Abkürzung für Wiener zu verstehen.

Alban Berg
„Waldhaus"
in Auen am
Wörthersee
Post Velden
Österreich

28. 8. 35

Mein liebster Freund, kommt dieser Brief zurecht zum 13. September? Ich habe versucht es auszurechnen, aber es ist doch sehr fraglich. Aber: ob *vor* oder *darnach*, . . . so weißt du, daß ich an diesem Tag mit besonderer Innigkeit an das denke, was ich das ganze Jahr hindurch und die kommenden Dezenien in einemfort Dir wünsche und wünschen werde.
Aus Deinem letzten Brief an Webern glaube ich entnehmen zu dürfen, daß Du Dir — u. damit Ihr Euch — das Leben für die nächste Zukunft Deinen Intensionen gemäß — — also schön und richtig eingerichtet habt und das zu wissen, wäre uns eine große Beruhigung. Hoffentlich bist Du in letzter Zeit auch wieder *ganz* wohl (.) Und nachdem (Wr Zeitungsberichten zufolge) „Moses u. Aaron" uraufgeführt werden soll, wirst Du wohl auch daran gearbeitet haben. Bist Du am End schon fertig damit? Und wenn ja: wo erscheint dieses Werk? Wird man etwas davon sehen können oder sich auch wieder so lange vergeblich darnach sehnen müssen wie nach Deinen letzten 3 Werken ?! —
Von mir kann ich Dir berichten, daß das Violinkonzert bereits seit vierzehn Tagen fix u. fertig ist. Es ist zweiteilig geworden: jeder Theil zwei Sätze: Ia) Andante (Präludium) b) Allegretto (Scherzo) IIa) Allegro (Kadenz) b) Adagio (Choralbearbeitung) (.) Für das Ganze habe ich eine sehr glückliche *Reihe* gewählt [nachdem D-dur u. ähnliche „Violinkonzert" Tonarten ja nicht in Frage kamen] nämlich:

Meine Hoffnung, daß ich „nach getaner Arbeit", die mich in diesen unvergleichlich schönen zwei, drei Sommermonaten eigentlich konstant an den Schreibtisch fesselte, daß ich es mir dann den Rest des Sommers gut gehen lassen werde können, ist leider nicht in Erfüllung gegangen. Infolge eines Insektenstichs entwickelte sich — mitten am Rückgrat — eine scheußliche Karbunkel, die mich nun schon 14 Tage lang quält u. an der ich wohl noch ebenso lange werde zu tragen haben (.) So kann ich also auch jetzt nicht zum Intern. Musikfest nach Prag fahren (Karlsbad hat ja aus politischen Gründen fast in letzter Stunde abgesagt!), und so versäume ich damit also wieder Dein Werk, auf das ich mich schon *so* gefreut habe. Auch Webern's u. meins. Aber ich hoffe es (am 2. 9.) im Radio hier zu hören (mein's am 6. 9., Webern wird, da heuer auch im Konzert, nicht übertragen.) Auch sonst viel Krankheit, ja Tod im nächsten Umkreis. Um nur von der U.E. zu reden, wo vor Wochen an *einem Tag* Direktor Winters Frau u. Steins Vater

gestorben sind. (Kurz bevor Heinsheimers Vater u. Onkel) (.) Und nun ist der arme Stein schon so lange schwer krank. Du weißt wohl davon. Es sah *sehr* sehr bös aus; fast war die Blinddarmoperation zu spät; daher auch die nun schon 4,5 Wochen währende Komplikation. Aber nun dürfte keine Gefahr mehr bestehn u. Stein wieder zuhause sein. —
Die nächsten 2, 3 Monate bleiben wir hier. Ich will endlich die „Lulu" fertig instrumentieren. Bis dahin hab ich auch zu leben. Was ich dann unternehme — muß mir erst einfallen. Jedenfalls fürchten wir uns — auch unabhängig von dieser Existenzfraglichkeit — auch die . . . Kälte.
Gottlob daß *sie* wenigstens, Euch erspart bleiben wird.
Sei herzlich von uns gegrüßt und Du nochmals innigst beglückwünscht (auch im Namen Helenens) von Deinem Berg

d) Der letzte Brief Alban Bergs (Nr. 569) an seine Frau Helene, zitiert nach „Alban Berg, Briefe an seine Frau", München, S. 653

Sonntag (13. Oktober 1935)

„Damit Du, mein Pferscherl, doch noch eine Nachricht von mir kriegst, geb' ich sie heute vormittag der Hausmeisterin mit, die auf die Post geht. Gestern nach der Rückkunft aus Klagenfurt noch circa zwei Stunden an der Partitur geschrieben, dann herrlich genachtmahlt (Resteln), Requiem von Mozart gehört und dann gut geschlafen. (Kein Druck auf der Brust!) Heute schon früh bei der Arbeit und jetzt schnell diese Zeilen. Wetter trüb, kein Nebel! Der See geht verkehrt! Mir scheint, das Wetter wird schlecht. Tausend Kusserln vom Flo"

e) Der letzte Brief Alban Bergs an Willi Reich, zitiert nach Reich „Alban Berg, Bildnis im Wort", Zürich 1959, S. 77 (vgl. Reich „Alban Berg", Zürich 1963, S. 94 f., dort gekürzt zitiert.)

Waldhaus am Wörthersee, am 4. November 1935

„. . . Denn irgendwie m u ß uns geholfen werden! Und dieser Ausruf ist ja auch ein Hauptgrund meines Nach-Wien-Kommens. Ein, zwei Monate hab ich noch zu leben — w a s a b e r d a n n ? — Ich denke und kombiniere nichts anderes als dies — bin also tief deprimiert. Auch gesundheitlich bin ich etwas parterre, aber das gibt sich in gemäßigteren Zonen.
Herzlichst Ihr Berg, der sich auf ein Wiedersehen mit Ihnen und Frau und Kind aufrichtig freut."

f) Brief (Nr. 167) über Mahlers 9. Symphonie, von Alban Berg an seine Frau, Briefwechsel a. a. O. S. 238 f.:

ohne Datum (Herbst 1912?)

„Ich habe wieder einmal die IX. Mahler-Symphonie durchgespielt. Der erste Satz ist das Allerherrlichste, was Mahler geschrieben hat. Es ist der Ausdruck einer unerhörten Liebe zu dieser Erde, die Sehnsucht, in Frieden auf ihr zu leben, sie, die Natur, noch auszugenießen bis in ihre tiefsten Tiefen — bevor der Tod kommt. Denn er kommt unaufhaltsam. Dieser ganze Satz ist auf die Todesahnung gestellt. Immer wieder meldet sie sich. Alles Irdisch-Verträumte gipfelt darin (daher die immer wie neue Aufwallungen ausbrechenden Steigerungen nach den zartesten Stellen), am stärksten natürlich bei der ungeheuren Stelle, wo diese Todesahnung G e w i ß h e i t wird, wo mitten hinein in die tiefste, schmerzvollste Lebenslust ‚mit höchster Gewalt' der Tod sich anmeldet. Dazu das schauerliche Bratschen- und Geigensolo und diese ritterlichen Klänge: der Tod in der

Rüstung! Dagegen gibt's kein Auflehnen mehr! — Es kommt mir wie Resignation vor, was jetzt noch vor sich geht. Immer mit dem Gedanken an das ‚Jenseits', das einem in der Stelle ‚misterioso' (Seite 44/45) gleichsam wie in ganz dünner Luft — noch ü b e r den Bergen — ja, wie im luftverdünnten Raum (Äther) erscheint. Und wieder, zum letzten Mal, wendet sich Mahler der Erde zu — nicht mehr den Kämpfen und Taten, die er gleichsam (wie schon im ‚Lied von der Erde', mit den chromatischen mordendo-Läufen

(Beispiel zu Seite 98)

nach abwärts) von sich abstreift, sondern ganz und n u r mehr der Natur. Was und wie lang ihm die Erde noch ihre Schätze bietet, will er genießen! Er will, fern von allem Ungemach, in freier, dünner Luft des Semmerings, sich ein Heim schaffen, um diese Luft, diese reinste Erdenluft zu trinken, mit immer tieferen Atemzügen — immer tieferen Zügen daß sich das Herz, dieses herrlichste Herz, das je unter Menschen geschlagen hat, weitet — immer mehr sich weitet — — bevor es hier zu schlagen aufhören muß. —“

(Beispiel zu Seite 98)

GESPRÄCH (über programmatisch-hermeneutische Rezeption bei Berg, ggf. als Anregung, das Werk Mahlers in Ausschnitten mehrmals zu hören.)

3.2 Der Bach-Choral im Violinkonzert Alban Bergs

a) Der Schlußchoral der Kantate „O Ewigkeit, du Donnerwort“ zum 24. Sonntag nach Trinitatis (BWV 60) von Johann Sebastian Bach, zitiert nach der neuen Bach Gesamtausgabe Band 27 *(siehe Notenbeispiel auf Seite 96/97).*

Nr. 5032, S. 28. Nicht nur die Ganztonschritte (Tritonus) des Choralbeginns, sondern auch der Bach'sche Satz mit seinen Querständen (mit × gekennzeichnet), den Dissonanzenketten und der Chromatik ist sehr gut für eine Einfügung in ein Werk der Zwölftonmusik geeignet.[31] Vgl. T. 15—17 des Chorals, wo 11 von 12 Tönen verwandt werden.

b) Die Kantate „O Ewigkeit, du Donnerwort“ (BWV 60) ist am 7. November 1723 in Leipzig uraufgeführt worden.[32] Der unbekannte Textdichter bezieht sich auf das Evangelium Matth. 9, 18—26 (Auferweckung des Töchterleins des Jairus) und die Epistel an die Kolosser 1, 9—14 (Paulus betet für die Kolosser). Die Totenerweckung durch Jesus wird als Symbol der eigenen Auferstehung empfunden, der der Mensch im Angesicht des Todes mit Zweifel und Hoffnung entgegensieht.[33] Der Schlußchoral dieser Kantate wurde von Alban Berg in den 2. Satz seines Violinkonzertes integriert. Sein Text ist die 5. Strophe des Liedes „Es ist genung, so nimm, Herr, meinen Geist“ von Franz Joachim Burmeister (1633—1672) aus dem Jahre 1662, die Melodie stammt von Johann Rudolf Ahle (1625—1763), dem Vater Johann Georg Ahles (1651—1706), die beide als Organisten von Sankt Blasius in Mühlhausen (Thüringen) Bachs Amtsvorgänger waren. Über diese historischen Voraussetzungen war Alban Berg wohl nicht informiert, er hat den Choral für eine Original-Komposition Bachs gehalten[34] und entnahm den Choral dem Band „60 Choralgesänge von Joh. Seb. Bach“, herausgegeben von H. Roth, München 1920.[35]
Noch eine 2. Kantate auf den Choral „O, Ewigkeit, du Donnerwort“ hat Bach zum 1. Sonntag nach Trinitatis geschrieben (BWV 20), für den 11. Juni 1724. Sie knüpft an das Gleichnis vom reichen Mann und dem armen Lazerus an. Der Text dieses Chorals aus dem Jahre 1642, der beiden Kantaten gemeinsam ist, stammt von Johann Rist

[31] Forneberg, S. 248 verteidigt den von Adorno, Philosophie, S. 104 bemängelten Stilbruch im Violinkonzert durch die Einführung des Chorals mit guten Gründen, obwohl er diese Kritik für sachlich gerechtfertigt hält, vgl. Anmerkung 22).
[32] Redlich 1957, S. 27 datiert die Kantate nach Spitta noch auf 1732; die grundlegenden Werke zur Datierung der Bach-Kantaten von A. Dürr, (vgl. Bibliographie) sowie „Zur Chronologie der Leipziger Vokalwerke Bachs“ im Bachiahrbuch 1957 und von Georg von Dadelsen „Beiträge zur Chronologie der Werke Bachs“, Trossingen 1958, konnte er noch nicht berücksichtigen.
[33] Diese und die folgenden Angaben stammen aus Dürr, S. 516—520. Rudolf Ahle war nicht ‚Bachs Textdichter‘, wie es irrtümlich bei Renner, S. 639 vermerkt wurde.
[34] Redlich 1957, S. 275 und S. 380, (Anmerkung 426).
[35] Reich 1963, S. 93, siehe Material 3.2 c).

(1607—1667), der 1642 den Text gedichtet hat,[36] die Melodie von Johann Schop (ca. 1590—1667).[37] Davon abgesehen sind Text, Komposition und Anlaß der Komposition völlig von der Kantate BWV 60 verschieden.

c) Aus Briefen Alban Bergs an Willi Reich zur Einarbeitung des Chorals in das Violinkonzert, zitiert nach W. Reich „Alban Berg“ Zürich 1963, S. 93: (vgl. Bergs Brief an Schönberg, Material 3.1 c)
(8. Juni 1935): „Schicken Sie mir bitte (leihweise) die ‚Matthäus-Passion' (Partitur oder Klavierauszug) und, falls Sie es besitzen, eine Choralsammlung (ich brauche für meine Arbeit eine Choralmelodie: Diskretion!).“ Dazu berichtet Reich: „Als ich ihn (Alban Berg) eine Woche später im Waldhaus besuchte, zeigte er mir in der ihm von mir zugesandten Sammlung . . . (siehe oben) . . . den Choral ‚Es ist genug! . . .' und sagte dazu: ‚Ist das nicht merkwürdig: Die ersten vier Töne des Chorals (eine Ganztonfolge) entsprechen genau den letzten vier Tönen der Zwölftonreihe, mit der ich das ganze Konzert baue?' — Am 1. Juli 1935 schrieb Berg an Reich: „Ich hoffe, mit der Komposition Mitte Juli fertig zu sein, und vor dem Karlsbader Musikfest mit der Partitur. Ich hoffe, und klopfen Sie bitte dreimal auf Holz! — Bitte vielmals: schreiben Sie mir den Text des Chorals ‚Es ist genug! So nimm, Herr, meinen Geist‘ aus Ihrem Choralbücherl ab. Ich vergaß das. (Nur den Text!) Die Musik hab' ich mir ja abgeschrieben.“

d) Zur Symbolik im Werke Joh. Seb. Bachs[38]
Bach bediente sich der Tonfolge B-A-C-H während seiner ganzen Schaffenszeit als sein Namenssymbol und gleichzeitig als Kreuzsymbol. Es gehört zu den Motiven, die sich in ihren Intervallen weder in Umkehrung noch im Krebs verändern lassen. Solche Motive bedeuten etwas Unabwendbares, Schicksalhaftes.
Einige andere häufig verwandte Symbole seien hier genannt:

7	=	Zahl der Vollendung
3 x 3	=	Zahl des Glaubens
10	=	Zahl des Gesetzes
12	=	Zahl der Kirche
14	=	Zahl des Namens

„BACH“ im Zahlenalphabet, in dem A=1, B=2, C=3 . . . und H=8 gewertet wird, gleich 14
Aus 14 Tönen besteht die erste Zeile des Chorals „Vor Deinen Thron tret ich hiermit“, Bachs letztes Werk, das als provisorischer Abschluß der unvollendeten „Kunst der Fuge“ häufig verwandt wird.

Ferner bedeuten: verminderter Dreiklang	=	Sünde, Tod
Krebs	=	Umkehr
Kanon	=	Nachfolge, Gehorsam

Diese verschiedenen Symbole werden miteinander theologisch verknüpft, wobei auch die Gesetze der Rhetorik ins Musikalische transponiert werden.

---

36 Johann Rist, der Pfarrer in Wedel bei Hamburg war, der „große Cimberschwan und nordische Apoll“ hat zahlreiche Liedersammlungen im Druck herausgegeben, s. Friedrich Blume, S. 160 und Artikel in Riemanns Musiklexikon 12. Aufl. Bei den Angaben Redlichs 1957, S. 275 handelt es sich offensichtlich um Druckfehler.

37 Johann Schop aus Hamburg gilt als der größte Violinist in der ersten Hälfte des 17. Jahrhunderts.

38 Vgl. Wörner, Zeitalter, S. 184, weiter Eggebrecht, Schering-Symbol . . . und Smend (III 5—21 und IV 5—21).

3.3 Berg und Arnold Schönberg[39] (vgl. auch Material 3.1 c)

Das außerordentlich spannungsreiche, fruchtbare, freundschaftliche Verhältnis zwischen den beiden Komponisten kann hier nur angedeutet werden. Die Werke Alban Bergs und die seines Freundes und Mitschülers Anton von Webern sind ohne Arnold Schönbergs Ideen[40] undenkbar.

a) Alban Berg über seinen Lehrer, zitiert in dem von Schülern und Freunden Schönbergs 1912 herausgegebenen Sammelband „Arnold Schönberg" und in „Alban Berg, Bildnis im Wort" von W. Reich a. a. O., S. 15 f. aus „Musik aktuell".

„Dem Lehrer
Das Genie wirkt von vornherein belehrend. Seine Rede ist Unterricht, sein Tun ist vorbildlich, seine Werke sind Offenbarungen. In ihm steckt der Lehrer, der Prophet, der Messias; und der Geist der Sprache, der besser als der Geist derer, die sie mißhandeln, das Wesen des Genies erfaßt, gibt dem schaffenden Künstler den Namen ‚Meister' und sagt von ihm, daß er ‚Schule macht'.
Diese Erkenntnis allein könnte eine Zeit von der Prädestination Arnold Schönbergs zum Lehramt überzeugen, wenn sie eine Ahnung von der Bedeutung dieses Künstlers und Menschen hätte. Daß sie davon keine Ahnung hat, ist natürlich, denn hätte sie überhaupt die Fähigkeit, zu ahnen, Sinn für etwas zu haben, was ihrem Wesen so widerspricht wie alles Unzeitliche: sie wäre nicht das Gegenteil der Ewigkeit. Und doch kann man nur, in Voraussetzung jener Erkenntnis von der Berufung des Künstlers zum Lehramt im allgemeinen, Schönbergs Art zu unterrichten im besonderen richtig beurteilen.
Untrennbar von seinem Künstlertum und seiner bedeutenden Menschlichkeit, wird diese einzig berechtigte Art zu lehren noch durch den ausgesprochenen Willen zu diesem Beruf gefördert, der, wie jeder große künstlerische Wille — wende er sich dem eigenen Schaffen, der Reproduktion, der Kritik oder schließlich dem Lehrfache zu — das Höchste hervorbringen muß.
Dieses aus solchen Voraussetzungen und Bedingungen entstandene Wunderwerk erschöpfend zu würdigen, hieße das Rätsel der Genialität lösen und die Geheimnisse der Gottheit ergründen wollen, was an der Unmöglichkeit, das Maßlose zu messen, Grenzenloses zu begrenzen, scheitern muß. Immer nur kann es ein Versuch bleiben, ein Versuch, der dem gleicht, Schönheit, Reichtum und Erhabenheit der Wellen des Meeres schildern zu wollen. Hingegeben seinen unendlichen Strömungen, wird der glückliche Schwimmer auf ihren höchsten Wogen hinausgetragen, der Ewigkeit zu, leicht und stolz jene verlassend, die an den Klippen ihrer geistig-seelischen Unfruchtbarkeit zerschellen oder im sichern Hafen ihrer Zeitlichkeit zurückbleiben."

b) Arnold Schönberg (1936) über Alban Berg, zitiert nach W. Reich „Alban Berg", Zürich 1963, S. 27—29 (gekürzt)

[39] W. Reich teilt in Schönberg, S. 84 den ohne Wissen Schönbergs erfolgten Aufruf Bergs aus dem Jahre 1911 mit, Schönberg finanziell zu unterstützen, einer der zahlreichen Freundschaftsbeweise.

[40] Vgl. Wilfried Gruhn: „Arnold Schönberg, Ein Überlebender aus Warschau", Material 3.4; „Stil" (dort auch die Gegenüberstellung der Worte Hugo Riemanns über Bach mit der daher angeregten Beurteilung Schönbergs von Berg) und 3.1: „Zum Begriff der Atonalität". Zu diesem Problem hat Alban Berg einen am 23. 4. 1930 im Wiener Rundfunk gesprochenen Dialog „Was ist atonal" beigesteuert, veröffentlicht bei Reich, Alban Berg 1959, S. 32—44.

„. . . Schon aus Bergs frühesten Kompositionen, so ungeschickt sie auch gewesen sein mögen, könnte man zweierlei entnehmen: Erstens, daß Musik ihm eine Sprache war und daß er sich in dieser Sprache tatsächlich ausdrückte; und zweitens: überströmende Wärme des Fühlens. — Er war damals etwa achtzehn Jahre alt, das ist lange her, und ich kann nicht sagen, ob ich auch damals schon Originalität erkannte. Es war ein Vergnügen, ihn zu unterrichten. Er war fleißig, eifrig und machte alles aufs Beste. Und er war, wie alle diese begabten jungen Menschen aus dieser Zeit, durchtränkt mit Musik, lebte in Musik. Er besuchte und kannte alle Opern und Konzerte, spielte zu Hause Klavier vierhändig, las bald Partituren, war begeisterungsfähig, unkritisch, aber empfänglich für altes und neues Schöne, sei es Musik, Literatur, Malerei, bildende Kunst, Theater oder Oper . . .
Sehr bezeichnend für Berg war seine unerschütterliche Gewissenhaftigkeit und Verläßlichkeit. Was er übernahm, wurde mit peinlichster Genauigkeit ausgeführt, gründlich durchdacht und überprüft. Vom welchem Wert seine Tätigkeit im ‚Verein für musikalische Privataufführungen' somit war, kann man hiernach leicht ermessen.
Zu alledem war er der treueste und liebevollste Freund. Seine Erfindungsgabe, wenn er Freude bereiten wollte, war unerschöpflich und stand auf einer Stufe mit der Intensität seines Komponierens, bestätigte somit, was ich von mir selber sagte und was vielleicht auf jeden paßt, der wirklich an sich arbeitet. Ich sagte: ‚Ob ich komponiere, male, unterrichte, buchbinde, rudere, schwimme ist einerlei. Ich kann alles nur mit der gleichen Inbrunst tun! Dasselbe ist bei Berg der Fall und bei Webern, und das ist es wahrscheinlich, was uns verbindet, warum wir einander so nahe sind.' . . .
Von diesem letzteren (dem Violinkonzert) möchte ich nur sagen, daß mich der Ton seiner Musik an den kummervollen Ausdruck seines Gesichtes gemahnte, den es zeigte, wenn sein freundschaftliches Mitgefühl erregt wurde. — Wie leicht war es, dieses Mitgefühl hervorzurufen! — Ich hatte stets den Eindruck, als ob er dem Erleben seiner Nahestehenden vorausgelebt habe, als ob er bereits mit ihnen gelitten habe, als sie litten, so daß der eigentliche Bericht ihm nicht unerwartet kam, sondern im Gegenteil alte Wunden aufriß, Wunden, die er sich durch sein Mitfühlen im voraus selbst zugefügt hatte. — ‚Dem Andenken eines Engels gewidmet': Dieses Kind war ein Engel für ihn, ehe es einer für andere wurde. Denn dieser Engel war in ihm."

c) Brief Alban Bergs an seine Frau (Briefwechsel Nr. 391, S. 494) vom 29. März 1923 (gekürzt)
„Schönbergs waren guter Dinge. Trotzdem war es nicht gemütlich, weil Schönberg ununterbrochen wegen meines Kammerkonzerts penzte. Er ist gegen das Klavier in dieser Mischung. Nun weiß er ja nicht, daß dies ein Konzert ist und kein gewöhnliches Oktett. Dabei soll ich schon erzählen, wie das Stück wird, welch ein Charakter, immer all dies vermengt mit Ratschlägen, Abraten, Warnen, kurz und gut Miesmachen. Ich fürcht' mich direkt auf Ostersonntag, wo ich für Mittag und Nachmittag eingeladen bin. — (. . .) Überhaupt hat Schönberg jetzt wieder die ‚Förderer-Laune': dieses fast unüberlegte Annehmen von Eislers Sonate für Prag und für eine Empfehlung an Hertzka, wobei, bitte, der dritte Satz noch gar nicht fertig komponiert ist. Meine Bläsersache hat er bereits an mehrere Bläservereinigungen empfohlen und sogar Honorar verlangt. Sogar meine Wozzeck-Karten hat er verschickt und verlangt neue. Aber so lieb das alles ist, und so viel es mir auch helfen mag (obwohl ich gerade das bezweifle, da die Leute, an die er sich wendet, meist solche ohne Einfluß sind): es geschieht immer mit einer solchen Art von Bevormundung, ja Vergewaltigung, daß es mich mehr ärgert als freut. Und auch immer mit einem — ich möchte sagen: unnatürlichen — Beigeschmack einer besonderen Idee, statt

der natürlichsten, wirksamsten. Damit Du mich verstehst: Er empfiehlt z. B. meine — noch gar nicht existierende — Bläsersache einem Kopenhagener Bläser-Ensemble, ja er verlangt schon Geld dafür, statt z. B. einem der maßgebenden Dirigenten Deutschlands oder Österreichs die längst fertigen Orchesterstücke anzuempfehlen. Bei seinem Namen würde das heute genügen, daß sie aufgeführt werden würden. Oder mein Quartett an eine der vielen deutschen Quartett-Vereinigungen, die seine und Weberns Quartette aufführen, oder an einen der vielen großen deutschen Verleger, die happig nach Schönbergs Werken sind."

3.4 Die „Kärntner Volksweise" (siehe Knaus)

Die Melodie wurde im Jahre 1892 von Karl Liebleitner aufgezeichnet und in seinem Volksliederheft „Wulfenia-Blüten" veröffentlicht (Österreichisches Volkslied-Unternehmen, kleine Quellenausgabe Bd. 6, Wien 1931, S. 35).
Sie entspricht dem Lied „A Vögale af'n Zweschpm-Bam" (in A. Anderluh: „Kärntner Volksliederschatz, 7. Bd., 1. Teil Klagenfurt 1960, S. 262 f.), das hier von G-Dur (Original) nach Ges-Dur (wie im Violinkonzert) transponiert mit Text mitgeteilt sei (nach Knaus):

1. A Vögale af'n Zweschpm-Bam hat mi aufgeweckt, tridie, tridie, ritulie,
sist (= sonst) hiart (= hätte) i verschlafn in der Miazale ihrn Bett, tridie, ritulie!

2. Wenn an ieder a Reiche, a Scheane will habm, tridie ... wo soll denn der Teixl de Schiachn hintragn? Tridie ...

3. 's Diandle is katholisch und i bin verschriebm, tridie ... sie werd ja de Betschnur (= Rosenkranz) wohl wegtoan ban Liegn, tridie ...

Die Verwendung des Volksliedes, eines stilisierten Jodlers, im Violinkonzert Bergs hat symbolische Bedeutung:
Anklänge an Bergs Wahlheimat Kärnten, die sich mit Erinnerungen an Manon verbinden. Der 3. Vers des Lied-Textes kann sich nicht nur auf Berg selbst beziehen, dessen Vater evangelisch und Mutter katholisch war, sondern auch auf seine zahlreichen Freunde verschiedener Konfession und Abstammung: Man denke hier nur an die familiären Bindungen der Manon Gropius, an ihre Mutter Alma Mahler, die mit Männern verschiedener Konfession verheiratet war (Gustav Mahler, Walter Gropius und Franz Werfel) und an den evangelisch erzogenen Schönberg, der sich seit 1933 zum jüdischen Glauben bekannte. Auf die Bedeutung des Textes als Symbol der Toleranz deutet auch das Wort „verschriebm" = lutherisch, ein Ausdruck, der sich auf das Toleranzpatent Kaiser Joseph II bezieht.
Hierzu vergleiche man die Toleranzsymbolik in Mozarts Zauberflöte, Material 3.5 b.

3.5 Einige Parallelen Bergs zu Mozart

a) Parallelen zur Entstehung von Mozarts Requiem und Alban Bergs Violinkonzert (vgl. auch Material 3.1 d).

In beiden Werken, die als Auftragskompositionen begonnen wurden, setzen sich die Komponisten mit den letzten Dingen, mit Tod und Ewigkeit auseinander.[41] Sie schrieben es mit deutlicher Vorahnung ihres eigenen bevorstehenden Todes für sich selbst. Beide Komponisten arbeiteten bis zuletzt parallel an zwei Werken, von denen sie eines unvollendet hinterließen: Berg die Oper Lulu, Mozart nach Vollendung der Zauberflöte das Requiem.

b) Das Violinkonzert Bergs und Mozarts Zauberflöte.

Beide Werke lassen sich unter verschiedenen Gesichtspunkten miteinander vergleichen:

1. Symbolik: Zahlen und Tonarten, wie der verschiedenen musikalischen Formen
2. Religiosität
3. Letzte Aussage des Komponisten

Aus der Fülle der Möglichkeiten sei hier nur „die Szene der Geharnischten", Nr. 21, Finale Nr. 2 herausgegriffen. Die Form der Szene ist ein figurierter Choral von größter kontrapunktischer Strenge, in der die Melodie des Lutherchorals „Ach Gott, vom Himmel sieh darein", die zuerst in Wolf Köpphels Straßburger „Deutschkirchenamt" 1525 erschien[42] als cantus firmus und das Thema des Kyrie der katholischen Missa Sancti Henrici von Biber aus dem Jahre 1701 als Kontrapunkt verwandt wurden[43]. Als drittes Element läßt sich der freimaurerische Einfluß in der Wahl der an dieser Stelle symbolischen 3 „b" (= dreifache Erniedrigungen, bzw. Prüfungen) und des Textes, der dem Stil der damaligen Freimaurer-Logen Wiens entspricht[44], nachweisen.

Evangelische und Katholische Kirche sowie das Freimaurertum vereinen ihr Bekenntnis in dieser altägyptischen Tempelszene mit Worten, die für Alban Bergs Violinkonzert stehen können:

(Gesang der Geharnischten:)

„Der welcher wandert diese Straße voll Beschwerden, wird rein durch Feuer, Wasser, Luft und Erden, wenn er des Todes Schrecken überwinden kann, schwingt er sich aus der Erde himmelan."

4. ÜBERLEGUNGEN ZUR DIDAKTIK UND LERNZIELE

4.1 Einordnung in verschiedene Unterrichtssequenzen

a) Formal und historisch: Das Violinkonzert vom Barock bis zur Gegenwart, u. a. Vivaldi — Bach — Mozart — Beethoven — Mendelssohn Bartholdy — Brahms — Reger — Dvořák — Tschaikowsky — Prokofjew — Schostakowitsch — Chatscha-

[41] Einstein, S. 371 schreibt zum Requiem: „Der Gesamteindruck haftet. Der Tod ist kein Schreckbild, sondern ein Freund. Nur einer der Späteren hat sich noch zur Höhe dieser Auffassung emporschwingen können: Giuseppe Verdi im Requiem für Alessandro Manzoni." Vgl. auch Mozarts Brief an seinen Vater, Wien vom 4. April 1787 (vgl. Mozart-Briefe), auch bei Einstein, S. 93 f.

[42] Finscher, S. 29, vgl. Anmerkung 41.

[43] H. Abert, S. 819 f. Heinrich Ignaz Franz Biber (1644—1704), vgl. Riemann Musiklexikon, Mainz 1959, berühmter Violinvirtuose, stammt aus Wartenberg/Böhmen. Von 1673 an lebte er in Salzburg.

[44] Der Text stammt wörtlich aus dem Sethosroman von Terrasson laut Cornelissen, S. 86.

turjan — Hindemith — Bartók — Strawinsky — Schönberg — Berg. Die Besprechung der modernen Konzerte sollte jedoch hier mehr nach dem Schwierigkeitsgrad und den Hörerfahrungen der Schüler erfolgen als nach dem Entstehungsdatum.

b) Klangtrennung und Klangverschmelzung: Konfrontierende Darbietung barocker und klassischer Musik (klare Trennung der Formteile) mit der Musik der feinsten Übergänge: Wagner — Mahler — Richard Strauß — Debussy — Berg.

c) Neue Musik[45]: Expressionismus (Bartók: frühe Streichquartette, Hindemith: 3. Streichquartett) — Neoklassizismus (Hindemith: Symphonie Mathis der Maler, Violoncellosonate, vgl. S. 153 ff., Strawinsky: Sérénade in A in 4 Sätzen für Klavier und das Konzert für Klavier und Bläser, Psalmensymphonie, vgl. S. 41 ff., Bartók: 3. Klavierkonzert, 2. Violinkonzert, vgl. S. 110 ff. — Folklorismus (Kodály: Háry János-Suite, Bartók: Tanz-Suite für Orchester, Janáček: Streichquartette und Glagolithische Messe, Chatschaturjan: Armenische Tänze) — Konstruktivismus (Schönberg: Klaviersuite op. 25, Webern: Konzert op. 24)

Das Violinkonzert von Alban Berg kann so an beliebiger Stelle eingefügt werden:
Expressionismus — Inhalt des Werkes
Neoklassizismus — Satz-Form
Folklorismus — die im Werk eingearbeitete Kärntner Volksweise u. d. Bach-Choral
Konstruktivismus — Zwölftontechnik

d) Das Requiem[46]: Liturgisch gebundene (u. a. Mozart-Berlioz-Cherubini-Dvořák) im Vergleich zu freien Kompositionen (Schütz: „Musikalische Exequien" — Bach: Kantate BWV Nr. 106 „Actus tragicus" — Brahms: „Ein deutsches Requiem" und „Vier ernste Gesänge" op. 121 — Ravel: „Le Tombeau de Couperin" — Arthur Honegger: „Symphonie Liturgique" — Britten: „Sinfonia de Requiem" op. 20 — Berg: Violinkonzert — Bernd Alois Zimmermann: „Ich wandte mich um und sah an alles Unrecht . . ." (1970), wo der Bach-Choral „Es ist genug" zitiert wird).

e) Choral und Choralbearbeitung[47]: (vgl. auch Material 3.2) Bach („Vor Deinen Thron . . .", Kunst der Fuge — als eigenes Bekenntnis) — Vergleich der Bachkantate BWV Nr. 2 „Ach Gott im Himmel sieh darein" mit dem „Gesang der Geharnischten" aus dem Finale von Mozarts Zauberflöte — Vergleich des Chorals „Es ist genug" (Original: „Es ist genug") aus der Bachkantate BWV Nr. 60 „O Ewigkeit, du Donnerwort" mit seiner Bearbeitung im Violinkonzert von Berg - Hindemith, Symphonie „Mathis der Maler" 1. Satz „Engels-Konzert" mit dem geistlichen Lied „Es sungen drei Engel" — dazu: Beethoven, Streichquartett a-moll op. 132 3. Satz Molto adagio, worin ein Choral „Heiliger Dankgesang eines Genesenen an die Gottheit in der lydischen Tonart" enthalten ist — Schumann, Choral im Album für die Jugend, in schlichter und figurierter Gestalt (Nr. 4 und Nr. 42)[48] und Modest Mussorgskij „Bilder einer Ausstellung" Nr. 10: „Das Bohatyr-Tor in Kiew". Vgl. auch 4.1 d).

---

[45] Vgl. Werner Pütz S. 377 f., auch abgedruckt in „Bildungsziele und Bildungsinhalte des Faches Musik", Vorträge der 8. Bundesschulmusikwoche in Saarbrücken, Mainz 1970, S. 280—292; vgl. Wörner, Geschichte S. 272/273.

[46] Vgl. Musik aktuell, S. 107, siehe Material 3.1 d) und 3.5 sowie Anmerkung 41) und Alt. S. 362.

[47] Hier lassen sich von der Harmonielehre her sehr günstige Einstiegsmöglichkeiten finden. Schönberg legte großen Wert auf Choralbearbeitungen, was seine den Schülern gestellten Aufgaben beweisen, vgl. Schönbergs „Harmonielehre" (Wien 1911, Universal Edition, im Neudruck zugänglich) und Redlich 1957, S. 275.

[48] Alban Berg bespricht das „Album für die Jugend" von Schumann und analysiert daraus ausführlich die „Träumerei" in seinem Aufsatz „Die musikalische Impotenz der ‚neuen Ästhetik' Hans Pfitzners", nachgedruckt bei Reich 1963, S. 194—206.

f) Zahlen- und Tonsymbolik[49]: (vgl. auch Analyse 2.5) Dufay — Josquin Desprez — Obrecht — Bach — Mozart — Schumann — Hindemith; Wagner — Mahler Schönberg — Berg.
g) Kompositionstechnik: Kontrapunktik der Niederländer polyphone Formen — Zwölftontechnik.

Punkt d) und e) sowie f) und g) lassen sich organisch miteinander verbinden.

4.2 Lernziele[50]

Die durchaus variablen Lernziele sind speziell von den gewählten Unterrichtssequenzen abhängig und müssen vom Fachlehrer unter Berücksichtigung der individuellen Situationen der Lernenden in kreativer Modifizierung der Modelle angestrebt werden.

4.2.1 Analytischer Aspekt

Der Lernende sollte
a) den formalen Ablauf des Violinkonzertes und einige seiner Beziehungen zur Klassik (Satzbau — Verhältnis der Solovioline zum Orchester) und Romantik (Ausdruck — Virtuosität — Individualstil) sowie zu zeitgenössischen Werken (Emanzipation der Dissonanz, Klangstrukturen) erkennen können,
b) die Spannungs- und Entspannungsmodalitäten der gewählten Parameter verstehen, ohne sich dabei zu sehr an den Dur-Moll-Bereich zu klammern,
c) den Stellenwert des Werkes im Rahmen seiner Hörerfahrungen einschätzen und
d) die Bedeutung der Wiener Schule und der Zwölfton-Musik für die Musik der Gegenwart erfassen.

4.2.2 Kognitiver Aspekt

Der Lernende sollte einige werkimmanente Fakten zu Bergs Violinkonzert nennen und ihren Stellenwert bestimmen können:
a) die Funktion der Reihe in ihren verschiedenen Erscheinungsformen,
b) polyphone Formen (Fuge, Kanon) und Kompositionstechniken (Krebs, Umkehrung, Vergrößerung u.s.w.),
c) Kadenz und Emanzipation der Dissonanz,
d) Normen barocker und klassischer Konzertformen und im Vergleich dazu der individuelle Formablauf des Violinkonzertes von Berg,
e) religiöse und philosophische Motivation des Werkes, die Bedeutung von Volkslied und Choral, was die Kenntnis des Unterschiedes von Programm- und absoluter Musik sowie der ideologischen Basis von Volkslied und Choral im Bewußtsein des Hörers der Gegenwart impliziert, und
f) Alban Berg im Musikleben der Gegenwart.

---

[49] Literatur siehe Anmerkung 20). Hier könnte parallel zur Musik ein fächerübergreifender Unterricht ansetzen: Mathematik — Architektur (Gotik) — Plastik (Kanonische Programme an gotischen Portalen) — Malerei (der Goldene Schnitt, Leonardo da Vinci, Proportionslehre von Dürer) — Religion (christliche Symbolik) — Philosophie (Platon, Aristoteles, Pythagoras) — Literatur (u. a. Goethe: Faust) u.s.w.

[50] Vgl. Gregor Berger: Alban Bergs Violinkonzert, in: Musik und Musikerziehung in der Reifezeit, Vorträge der 3. Bundesschulmusikwoche München 1959, herausgegeben von Egon Kraus, Mainz, S. 222 f.

4.2.3 Kritischer Aspekt

Der Lernende sollte, besonders bei großem Engagement, seine im Verlauf der Auseinandersetzung mit dem Werk gewonnenen Eindrücke distinkt verbalisieren und zwischen objektiven Tatsachen und subjektivem Geschmack differenzieren, wobei es mobile Verhaltensweisen zu entwickeln gilt, die die oft vorhandenen Ressentiments gegen moderne Musik abbauen helfen. Prinzipiell sollten zum Vergleich die vielseitigen individuellen Erfahrungen des Lernenden im auditiven Kommunikationsbereich herangezogen werden.

Bei einer soziologischen Durchdringung der relevanten Probleme moderner Musik in der Oberstufe sollte der Lernende in der Lage sein, die diesbezüglichen Schriften Adornos zu reflektieren und darüber zu referieren.

5. BIBLIOGRAPHIE

a) Grundlegende Literatur

Adorno, Theodor W.
Alban Berg, Wien 1968
Berg, Alban
Briefe an seine Frau, München 1965
Ploebsch, Gerd
Alban Bergs „Wozzeck“ (ausführliches Literaturverzeichnis) Baden-Baden 1968
Redlich, Hans Ferd.
Alban Berg, Wien 1957
Reich, Willi
Alban Berg, Zürich 1963

b) Spezielle Literatur zu diesem Beitrag

Abert, Hermann
W. A. Mozart 2. Teil, Leipzig 1924
Adorno, Theodor W.
Alban Berg: Violinkonzert, S. 187 aus „Der getreue Korrepetitor“, Frankfurt/M. 1963
Adorno, Theodor W.
Mahler, Eine musikalische Physiognomik, Frankfurt/M. 1960
Adorno, Theodor W.
Philosophie der Neuen Musik, Frankfurt/M. 1958, auch Ullstein Taschenbuch, Berlin 1972 (mit etwas veränderter Seiteneinteilung)
Adorno, Theodor W.
Bergs kompositionstechnische Funde, in: ‚Quasi una fantasia‘. Musikalische Schriften II, Frankfurt/M. 1963, S. 245 f.
Alt, Michael
Das musikalische Kunstwerk, Musikkunde in Beispielen, Düsseldorf 1965, darin „Alban Berg: Violinkonzert“, S. 362—365
Bekker, Paul
Beethoven, Berlin 1921
Blasl, Franz
Das Violinkonzert von Alban Berg, eine Schulfunksendung für die 10. bis 12. Schulstufe, in: Musik-Erziehung, Zeitschrift der Musikerzieher Österreichs, 19. Jg. 1965/66, S. 111—116
Blume, Friedrich
Das Zeitalter des Konfessionalismus, in: Geschichte der Evangelischen Kirchenmusik, Kassel, 1965, S. 79 f.

Borris, Siegfried
Der Schlüssel zur Musik von heute, Düsseldorf 1967
Borris, Siegfried
Probleme des Kontrapunkts, in: Terminologie der Neuen Musik, Berlin 1965
Collaer, Paul
Geschichte der modernen Musik, Stuttgart 1963, S. 84—115 (Originalausgabe „La Musique Moderne", Brüssel 1955)
Cornelissen, Thilo
Die Zauberflöte von W. A. Mozart, Berlin 1963
de la Motte, Diether
Musikalische Analyse, 2 Bände, mit kritischen Anmerkungen von Carl Dahlhaus, Kassel 1968
Dibelius, Ulrich
Moderne Musik 1945—1965, München 1966
Dürr, Alfred
Die Kantaten von Johann Sebastian Bach, Band 2, dtv, Kassel 1971
Eggebrecht, Hans Heinrich
Artikel „Symbol" in Riemanns Musiklexikon Sachteil, 12. Auflage, Mainz 1967
Eimert, Herbert
Grundlagen der musikalischen Reihentechnik, Wien 1964
Einstein, Alfred
Mozart, Frankfurt/M. 1968
Fischer, Ludwig, **Blume,** Friedrich
Das Zeitalter der Reformation, in: Geschichte der evangelischen Kirchenmusik, Kassel 1965
Forneberg, Erich
Der Bach-Choral in Alban Bergs Violinkonzert, in: Melos 23. Jg. (1956), S. 247 ff.
Geiringer, Karl
Brahms, Sein Leben und Schaffen, Zürich 1955
Häusler, Josef
Musik im 20. Jahrhundert, von Schönberg zu Penderecki, Bremen 1969, S. 99 f.
Heinsheimer, Hans W.
Begegnung mit einem Riesen. Alban Berg, in: Melos 36. Jg. (1969), S. 462 f.
Heinsheimer, Hans W.
Schönste Grüße an Aida, München 1969, S. 55—73 („Begegnung mit einem Riesen . . ." ist ein Kapitel dieses Buches)
Jelinek, Hanns
Anleitung zur Zwölftonkomposition, Wien 1952
Knaus, Herwig
Die Kärntner Volksweise aus Alban Bergs Violinkonzert, in: Musik-Erziehung, Zeitschrift der Musikerzieher Österreichs, 23. Jg. 1969/70, S. 117 f.
Leister, Hans
Bergs „Wozzeck" im Musikunterricht der Studienstufe, in: Musik und Bildung 1/1970, S. 10
Mahler-Werfel, Alma
Mein Leben, Fischer-Taschenbuch, 1960
Mayer-Rosa, Eugen
Alban Bergs „Altenberg-Lieder" im Unterricht, in: Musik und Bildung 3/1972
Mozart, W. A.
Briefe u. Aufzeichnungen, Gesamtausgabe Band IV, S. 40—42, Kassel
Musik aktuell, ein Musikbuch für die Sekundar- und Studienstufe von Werner Breckoff, Günter Kleinen, Werner Krützfeldt, Werner S. Nicklis, Lutz Rössner, Wolfgang Rogge, Helmut Segler, Kassel 1971
Pernye, A.
Alban Berg und die Zahlen, in: Studia musicologica, Academia Scientarum Hungaricae, Tomus IX, Fasciculi 1—2, 1967, S. 141 f.

Pütz, Werner
Neue Musik in kategorialen und exemplarischen Unterrichtssequenzen, in: Musik und Bildung Heft 9/1970, S. 377 f. und in: „Bildungsziele . . .“, vgl. Anmerkung 45)
Redlich, Hans F.
Alban Bergs Violinkonzert, in: Melos 24. Jg. 1957, S. 316—321 u. S. 352—357, ein Nachdruck ohne Anmerkungen aus Redlich, Alban Berg, S. 268—283
Reich, Willi
Artikel „Berg“ in Riemanns Musik-Lexikon Personenteil, 12. Auflage, Mainz 1959
Reich, Willi
Alban Berg: Bildnis im Wort, Zürich 1959
Reich, Willi
Schönberg oder der konservative Revolutionär, Wien 1968
Renner, Hans
Alban Berg, in: Reclams Konzertführer, Stuttgart 1959, S. 690 f.
Rufer, Josef
Artikel „Schönberg“, in: Riemanns Musik-Lexikon Personenteil, 12. Auflage, Mainz 1961
Rufer, Josef
Dokumente einer Freundschaft, in: Melos 22. Jg. 1955
Schering, Arnold
Das Symbol in der Musik, Leipzig 1941
Schering, Arnold
Über Kantaten Johann Sebastian Bachs, Leipzig 1942
Schmitz, Eugen
Formgesetze in Mozarts Zauberflöte, in: Festschrift Max Schneider, Leipzig 1955, S. 209 f.
Schollum, Robert
Die Wiener Schule, Wien 1969, S. 91—94
Schweizer, Klaus
Die Sonatensatzform im Schaffen Alban Bergs, Stuttgart 1970
Smend, Friedrich
Kirchenkantaten Joh. Seb. Bachs, Berlin 1966
Stephan, Rudolf
Artikel „Zwölftontechnik“ in Riemanns Musik-Lexikon Sachteil, 12. Auflage, Mainz 1967
Stephan, Rudolf
Über Schwierigkeiten der Bewertung und der Analyse neuester Musik, in: Musica 3/1972, Kassel, S. 225 f.
Stuckenschmidt, Hans Heinz
Musik des 20. Jahrhunderts, München 1969
Stuckenschmidt, Hans Heinz
Das neue Buch, Alban Berg und sein Werk, in: Melos 25. Jg. 1958, S. 198 f.
Venus, Dankmar
Zum Problem der Schlußbildung im Liedwerk von Schönberg, Berg und Webern, in: Musik und Bildung 1972, S. 117 f.
Vetter, Hans Joachim
Die Musik unseres Jahrhunderts, Mainz 1968
Vogelsang, Konrad
Alban Berg, Leben und Werk, Berlin 1959
Vogt, Hans
Neue Musik seit 1945, Stuttgart 1972
Walter, Bruno
Thema und Variationen, Frankfurt/M. 1947, S. 441 f., in der Paperback-Ausgabe S. 411 f.
Walter, Bruno
Briefe 1894—1962, Frankfurt/M. 1969, S. 233 und 250

Wörner, Karl H.
Geschichte der Musik, Göttingen 1954
Wörner, Karl H.
Das Zeitalter der thematischen Prozesse in der Geschichte der Musik, Regensburg 1969
Zillig, Winfried
Variationen über neue Musik, München 1959, S. 143 und 147

Nicht signierte Lexikon-Artikel sind in den Anmerkungen erwähnt.

Dieter Zimmerschied

Béla Bartók (1881—1945) Konzert für Violine und Orchester (1937/38)

1. INFORMATION

1.1 Konzert für Violine und Orchester

Komponiert August 1937 — 31. Dezember 1938; gewidmet: Zoltán Székely.

1.2 Studienpartitur

Boosey & Hawkes Nr. 81; 9003
Schallplatten: Turn STV 34480 — Elec 1 C 063-00303 — Melo/Ausl. 80552 ZK — Phi 6500021

1.3 Periodisierung nach Mersmann, Spätstil, S. 62

1. Periode (bis 1907):
Unmittelbarer Anschluß an die Überlieferung der nationalen Romantik und an die Form des stilisierten ungarischen Volksliedes.
2. Periode (1908—1924):
Enge Verknüpfung mit der osteuropäischen „Bauernmusik".
3. Periode (1926—1931):
Erweiterung, Sprengung und Umdeutung der Volksliedelemente.
4. Periode (1934—1945):
Spätstil: Vereinigung der Volksüberlieferung mit klassischen Überlieferungen (Bach, Beethoven); Hinwendung zur „Kunst der Verwandlung" und zur „Ökonomie des Materials".

1.4 Werkauswahl

1. Periode:
„Kossuth", Symphonische Dichtung f. Orchester (1903)
Klavierquintett (1904)
Rhapsodie f. Klavier (1904)
Suite Nr. 1 f. Orchester (1905)
Suite Nr. 2 f. Orchester (1905)
Ungarische Volkslieder f. Gesang und Klavier (1906)
(1.) Violinkonzert (1907/08)

2. Periode:
14 Bagatellen f. Klavier (1908)
Streichquartett Nr. 1 (1908)

„Für Kinder“ — 85 Volksliedbearbeitungen (1909)
„Herzog Blaubarts Burg“ (Oper) (1911)
Allegro barbaro (1911)
Orientalischer Tanz f. Klavier (1913)
Rumänische Volkstänze f. Klavier (1915)
Rumänische Weihnachtslieder f. Klavier (1915)
„Der holzgeschnitzte Prinz“ (Tanzspiel) (1914/16)
Suite f. Klavier (1916)
Streichquartett Nr. 2 (1915/17)
Fünf Slowakische Volkslieder (1917)
Fünfzehn ungarische Bauernlieder f. Klavier (1914/17)
„Der wunderbare Mandarin“ (Pantomime) (1918/19)
Erste Sonate f. Violine und Klavier (1921)
Zweite Sonate f. Violine und Klavier (1922)
Tanzsuite f. Orchester (1923)
Dorfszenen f. Gesang und Klavier (1924)

3. Periode:

Sonate f. Klavier (1926)
Mikrokosmos (1926—1937)
Konzert Nr. 1 f. Klavier und Orchester (1926)
Streichquartett Nr. 3 (1927)
Streichquartett Nr. 4 (1928)
Zwanzig ungarische Volkslieder f. Gesang und Klavier (1929)
Cantata Profana (1930)
Konzert Nr. 2 f. Klavier und Orchester (1930/31)
„Bilder aus Ungarn“ f. Orchester (1931)

4. Periode:

Streichquartett Nr. 5 (1934)
Musik f. Saiteninstrumente, Schlagzeug und Celesta (1936)
Sonate f. zwei Klaviere und Schlagzeug (1937)
Kontraste f. Violine, Klarinette und Klavier (1938)
(2.) Konzert f. Violine und Orchester (1937/38)
Streichquartett Nr. 6 (1939)
Konzert f. Orchester (1943)
Sonate f. Violine solo (1944)
Konzert Nr. 3 f. Klavier und Orchester (1945)
Konzert f. Bratsche und Orchester (unvollendet) (1945)

Bartók beginnt mit der Sammlung, Registrierung und Auswertung von „Bauernliedern“ in Osteuropa im Jahre 1906 zusammen mit Zoltán Kodály. Bis zum Jahre 1920 sammelten Bartók und Kodály zusammen über 5000 Melodien.

1.5 Voraussetzungen, die eine intensive Behandlung erleichtern

— Kenntnis modaler Tonarten
— Kenntnis der Zwölftontechnik
— Kenntnis klassischer Satzformen

— Kenntnis Bachscher Inventionen und wenigstens einer Beethovensymphonie (z. B. der fünften)
— Hörerfahrung in folkloristischer Musik unterschiedlichen Ursprungs.

2. ANALYSE

2.1 Erster und dritter Satz

Das 2. Violinkonzert gehört zu den Werken, die dem Spätstil Bartóks zuzurechnen sind, gekennzeichnet nicht nur durch ein deutliches Abheben von stilistischen Phänomenen früherer Werke, wie dies etwa bei Hindemith und besonders bei Strawinsky deutlich wird, sondern darüber hinaus auch durch ein anderes; Mersmann nennt es „Synthese, verbindliche Mündung aller Entwicklungsströme seines Lebens, im wahrsten Sinne dessen Frucht“ (Mersmann, Spätstil, S. 60).
Die Gliederung der drei Sätze mutet zunächst durchaus konservativ an, und wer seine Befriedigung im Entdecken von Elementen der Sonatenhauptsatzform findet, wird kaum enttäuscht. Bartók geht sogar weiter, indem er im Notentext der Partitur diese Gliederung kennzeichnet und überdies die so erhaltenen Abschnitte zeitlich exakt fixiert.
Zur Darstellung dieser Gliederung genügt zunächst der Hinweis, daß sich im ersten wie im dritten Satz jeweils 14 Abschnitte ergeben, die sich im ersten Satz deutlich und im dritten annähernd in 4 Großabschnitte zusammenfassen lassen, und daß der Mittelsatz Variationsform hat.

	Abschnitt	Takt	Bezeichnung	Metronom	Dauer	Musikalisches Geschehen
I	1	1 – 21	allegro non troppo	♩ = 100	51"	Komplex des 1. Themas
	2	22 – 42	mosso	♩ = 112 – 108	40"	Sechzehntelbewegung, Überleitung zu
	3	43 – 55	quasi tempo I	♩ = 108 – 100	33"	Thema, Kanon im Orchester, Überleitung
	4	56 – 72	risoluto	♩ = 120	36"	chrom. Sechzehntelbewegung, Quintolen
	5	73 – 91	calmo	♩ = 90	58"	Zwölftonfassung
	6	92 – 114	vivace	♩ = 132	44"	Quintolen, Sextengänge
II	7	115 – 159		♩ = 120	1' 50"	Quartenthema
	8	160 – 193	vivace	♩ = 150	1'	Bläserrhythmus, Orchesterkanon
	9	194 – 212	meno vivo	♩ = 116	42"	Umkehr des Themas
III	10	213 – 247	Tempo I, ma tranquillo	♩ = 110 – 120	1' 14"	Thema, Überleitung, Bläserrhythmus
	11	248 – 279	risoluto	♩ = 120 – 126	1' 16"	chrom. Sechzehntelbewegung, Quintolen
			calmo	♩ = 94		12=Ton=Episode
			piu lento	♩ = 86		chrom. Quintolen
	12	280 – 302	vivace	♩ = 132	41"	Quintolen, Sextengänge
IV	13	303 – 343	Tempo I, rubato		1' 45"	Kadenz
	14	344 – 389	Tempo I, vivace	♩ = 150	1' 27"	Coda

(*nach Twittenhoff, S. 202*)

Die 4 Großabschnitte des ersten Satzes können als Entsprechung zur Sonatenhauptsatzform aufgefaßt werden: I umfaßt die Exposition, II die Durchführung, III die Reprise und IV Kadenz und Coda. Ähnliche schematische Projektionen läßt der dritte Satz zu, wenn auch hier die Durchführung nicht so deutlich von der Exposition abgesetzt erscheint. Die thematisch abgewandelte Reprise beginnt mit dem Abschnitt 9, T. 349.
Zu warnen ist hier vor den Feststellungen einer frühen Analyse (Eimert), in der unzutreffenderweise das „Gesangsthema", gemeint ist das Seitenthema, des ersten Satzes mit T. 115 beginnend gesehen und daraus der kühne Schluß gezogen wird, es erschiene bereits in T. 3 ff. als „Vorhang" zum Hauptthema.
Wie aus der Übersicht zu erkennen ist, bestehen die Seitenthemen der Ecksätze aus Gruppen zwölftöniger Reihen. So beginnt die Solovioline in T. 73 mit ihrer Reihe A-H-F-B-Fis-Cis-G-Dis-C-E-Gis-D, abgelöst durch die erste Violine mit nahezu der gleichen Folge, wobei nur B und Fis vertauscht werden. Mit T. 79 beginnt eine neue Reihe in der Solovioline: D-E-B-Es-Fis-H-C-F-Gis-A-G-Cis. Auch im Orchester klingen nun Reihen auf, besonders in den Violinen, aber auch in den Bläserstimmen, wenn auch nicht immer in vollständiger Gestalt.
Die Reihen am Ort des Seitenthemas im dritten Satz sind erheblich enger aufeinander bezogen, indem je zwei durch Umkehrung auseinander entstandene Reihen simultan, akkordisch erklingen. Beide Grundreihen (T. 135—138 und T. 145—148) — vgl. auch Beispiel 6 — sind überdies durch Transposition aus derselben Reihenstruktur entstanden.
Um gleich hier dem Irrtum vorzubeugen, es handele sich bei dem Violinkonzert um ein wenigstens partiell „zwölftöniges" Werk, muß nun von einem Element Bartókscher Formungskunst gesprochen werden, welches besonders für sein Spätwerk bezeichnend wird: die Kunst der Verwandlung. Mersmann schreibt dazu: „Bartók war von jeher ein Meister in der Kunst der Verwandlung. Sie ergibt sich bei ihm aus einer Ökonomie des musikalischen Materials, welche über alle Räume hin unmittelbar an Bach gemahnt . . . Es scheint mir, daß diese Kunst der Verwandlung in Bartóks Spätstil zu einer Höhe gelangt, für welche es in dem gesamten Stilbereich der Neuen Musik kaum einen Vergleich gibt. Sie ist vielleicht der Gegenpol der Technik Schönbergs und seiner Schüler . . . Man hat bei dem wechselnden Spiel der Motive innerhalb eines Satzes oft den Eindruck eines Naturgeschehens; die von der Entwicklung ausgeworfenen Formen sind nicht Kristalle, sondern eher Blüten, welche einander so viel oder so wenig gleichen wie die Blüten einer Pflanze." (Mersmann, Spätstil, S. 62).

Beispiel 1

Wie das Notenbeispiel (Beispiel 1) zeigt, handelt es sich bei der rhythmisierten „Reihe" lediglich um eine in die Zwölftonstruktur gebrachte Verwandlung des Hauptthemas.

Es ist belanglos, welche Vergleiche gewählt werden, Tatsache ist, daß Bartók diese „Ökonomie des Materials“ zu einem Grundprinzip seiner letzten Arbeiten gemacht hat. So findet man auch das Hauptthema des ersten Satzes in immer wieder neuen, aber in der motivischen Abhängigkeit stets erkenn- und hörbaren Versionen vor (Beispiel 2).
Das Formstreben des Komponisten geht aber in diesem Werk noch weiter; denn durch das Prinzip der Verwandlung entsteht eine direkte Bindung zwischen den beiden Randsätzen, so daß erkennbar wird, daß der dritte Satz in Gliederung u n d Thematik letztlich eine Modifikation, vielleicht sogar Variation des ersten darstellt.

Beispiel 2 (nach Twittenhoff, S. 200)

Wandlungen des Themas im 1. Satz

„Ursprünglich schwebte Bartók ein groß angelegtes Variationswerk für Violine mit Orchesterbegleitung vor“, berichtet Lesznai (S. 166), „Zoltán Székely bestand aber auf der ‚klassischen‘ Form des Konzerts. Als das Konzert komponiert war und Székely es als gut befand und akzeptierte, gestand ihm Bartók, daß er eigentlich seinen Plan doch ausgeführt hätte, denn der dritte Satz sei eine freie Variation des ersten.“

Nach der Gegenüberstellung der Satzstrukturen mag es hier genügen, die Hauptthemen der Ecksätze synoptisch aufeinander zu beziehen (Beispiel 3), weitere Verwandlungen sind leicht auszumachen.

Beispiel 3 (nach Stevens, S. 246)

Es scheint jedoch nicht nur die „Ökonomie des Materials" zu sein, was die geistige Basis für die Verwandlungen bildet, sondern darüber hinaus noch das im Grunde expressionistische „Nie-zweimal-dasselbe", von dem Bence Szabolcsi sagt, daß es Bartók „als gemeinsamen Grundzug der Volksmusik und seiner persönlichen Veranlagung erkannte und betonte" (Szabolcsi, Volksmusik, S. 85).

2.2 *Zweiter Satz*

Der Mittelsatz, ein Thema mit 6 Variationen, ist nicht schlecht geeignet, die Ökonomie des Materials als „Gegengewicht" bzw. „Pol" zur Integration der Folklore, wie Mersmann es formuliert (Mersmann, Zum Werke Béla Bartóks, S. 78) darzustellen: Das Thema gehört zu dem bei Bartók immer wieder zu entdeckenden Typus der „Parlando-Rubato-Melodien", die ganz besonders deutlich die innere Verbindung zur osteuropäischen und vorwiegend ungarischen Volksmusik aufzeigen. Bartók selbst schreibt dazu: „Ich könnte noch die geradezu beispiellose Mannigfaltigkeit des Rhythmus' dieser Volkslieder erwähnen. In den *Parlando-Rubato*-Melodien ist eine höchst überraschende rhythmische Freiheit wahrzunehmen. Wir finden sogar in den Melodien des gebundenen Tanzrhythmus' die eigentümlichsten Kombinationen vor. Selbstverständlich haben uns diese Umstände den Weg neuer rhythmischer Möglichkeiten gewiesen." (Bartók, Ungarische Volksmusik, S. 154)
Auch die tonalen Beziehungen dieses Satzes lassen auf gerade hier besonders zentrierte Folklore-Einflüsse schließen. Den ganzen, auf einem Zentralton G aufgebauten Satz durchzieht eine aus der Kombination von lydischer und mixolydischer Tonleiter entstandene Tonfolge — auf c transponiert: c-d-e-fis-g-a-b, — von der Szabolcsi sagt, daß sie „geradezu als Bartóks Grundtonart angesehen werden" könne (Szabolcsi, Volksmusik, S. 84).

Wie das Notenbeispiel (Beispiel 4) an zwei herausgegriffenen Folgen belegt, sind es tatsächlich in erster Linie die hochalterierte Quarte (Tritonus) und die tiefalterierte Septime (Vermeidung des Leittons), welche die reizvollen Abweichungen von der Dur-Moll-Tonalität bewirken, was besonders deutlich wird, wenn man die Alterationen zum Zwecke des Vergleichs vorübergehend einmal zurücknimmt.

Beispiel 4

Daß weitere spezifische Kennzeichen osteuropäischer Volksmusik hinzukommen wie die als Schlußformel abfallende Quarte, die Vorliebe für „weibliche" Endungen, die stereotyp wiederkehrenden Synkopen  , sei nur am Rande vermerkt.

Für die Darstellung des Pols zum Folkloreeinfluß, der „Ökonomie des Materials", ist natürlich eine Variationsform besonders gut geeignet. Es geht jedoch in diesem Satz nicht allein um eine Verwandlung im üblichen Sinne, sondern um die Ergänzung des für das ganze Werk erkennbaren Formstrebens. So nämlich, wie die Randsätze aufeinander abgestimmt sind, sich quasi spiegeln, beziehen sich auch die 6 Variationen symmetrisch aufeinander. So löst die 1. Variation das Thema nach Art der klassischen Figuralvariation auf und überläßt der Solovioline eine durchgehende „poco rubato"- Sechzehntelbewegung. In der 2. Variation erfährt das Thema jene für Bartóks Formverständnis kennzeichnende, im Äußerlichen verbleibende Veränderung: Das Thema, befreit von dem durchlaufenden Rhythmus der 1. Variation, entspricht in seinem Duktus nun wieder exakt der Urform, zeigt sich in der Tonfolge von ihm jedoch weit entfernt.
Die sehr temperamentvolle und rasche 3. Variation stellt das Thema ohne das Thema dar, will heißen, die „parlando-rubato"-Doppelgriffe verzichten auf themengleiche oder -entsprechende Tonfolgen, um allein das rhythmische Element (heute würde man sagen, den „drive") zu extrahieren.
Die 4. Variation kann als Pendant zur 3. Variation verstanden werden: Der „horizontale", vorwärtstreibende Rhythmus wird ergänzt durch sein „vertikales" Gegenstück, durch eine Kraft des Verharrens (lento), entsprechend dem typischen Bewegungswechsel in den Tänzen süd- und osteuropäischer Folklore. Die innere Beziehung zwischen den beiden mittleren Variationen 3 und 4 fügt diese zu dem im Zentrum liegenden Höhepunkt des Satzes und, vom Gesamtwerk ausgegangen, zum eigentlichen Höhepunkt des Violinkonzertes zusammen. Denn die Variationen 5 und 6 entsprechen in ihrer Anlage ziemlich genau den Variationen 1 und 2: Während die 5. Variation wie die 2. den Duktus des Themas wieder aufnimmt, entfaltet die 6. Variation wie die 1. auf weite Strecken einen durchlaufend gleichbleibenden Rhythmus, allerdings unter Einbeziehung nun erworbener Bewegungsfiguren.

2.3 Zum Gesamtwerk

Über das Studium der osteuropäischen Volksmusik wuchs in Bartók die Erkenntnis, daß jenseits der Atonalität hier noch ungehobene Schätze, d. h. noch nicht genügend verwendete Möglichkeiten liegen, aus den Schranken der Dur-Moll-Tonalität auszubrechen. Aber dennoch oder gerade deswegen wollte Bartók ausschließlich tonal komponieren, allein schon, um die für ihn verbindlichen Prinzipien der Volks- bzw. Bauernmusik nicht zu verletzen.

Um die eigentümlich weite Auffassung von Tonalität bei Bartók zu verstehen und demzufolge dann auch auf die Zwölftonpassagen des Werkes anwenden zu können, muß in gebotener Kürze auf die von Lendvai so genannten „Gegenpole“ im „Achsensystem“ eingegangen werden.

Lendvai (Einführung, S. 91 f.) teilt zu diesem Zweck den Quintenzirkel in Funktionsabhängigkeiten ein, und zwar nur im Hinblick auf die drei Grundfunktionen Tonika, Dominante und Subdominante. Indem er (einfachheitshalber bei c als Tonika beginnend) die den Zirkel besetzenden Tonarten allein diesen Grundfunktionen zuordnet, erhält er einfache und sachlogische Entsprechungen. „In diesem Falle erfüllt das f (als IV. Stufe) Subdominanten-, das g (als V. Stufe) Dominanten-, das a (als Tonika-Parallele, VI. Stufe) Tonika-, das d (als Subdominanten-Parallele, II. Stufe) Subdominanten-, das e (als Dominanten-Parallele, III. Stufe) Dominanten-Funktion. In diesen Beziehungen ist eine gewisse Regelmäßigkeit zu beobachten, und zwar wiederholen sich S-T-D in periodischen Abschnitten: S-T-D-S-T-D . . . Breiten wir diese Relationen *auf den ganzen Quintenzirkel* aus, so verfügen wir bereits über den Schlüssel zum Bartókschen Tonsystem:“

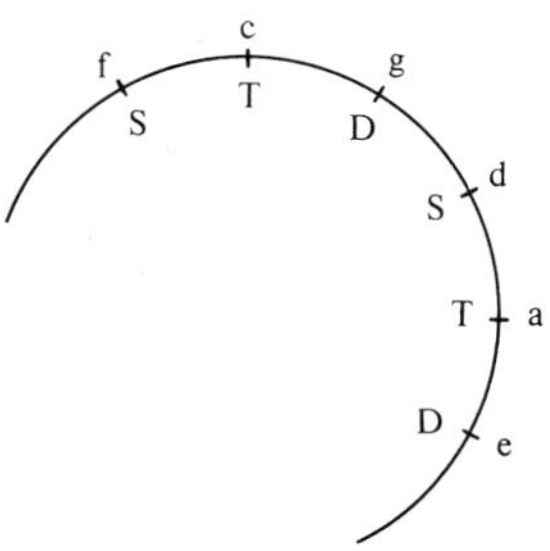

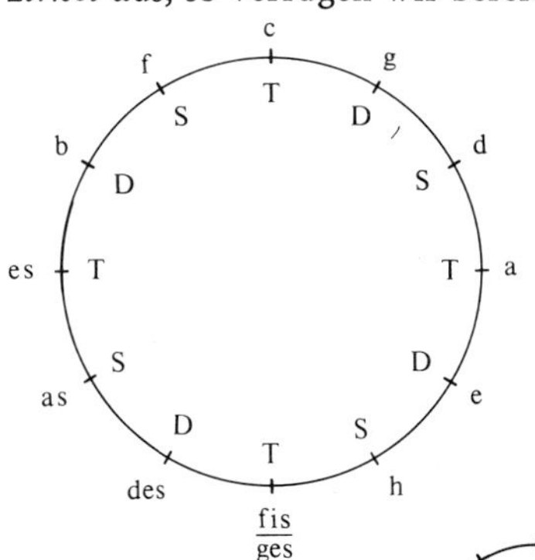

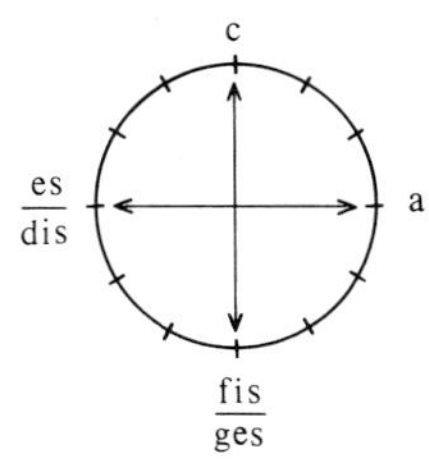

TONIKA - ACHSE

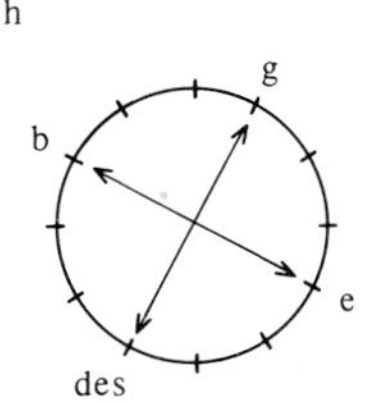

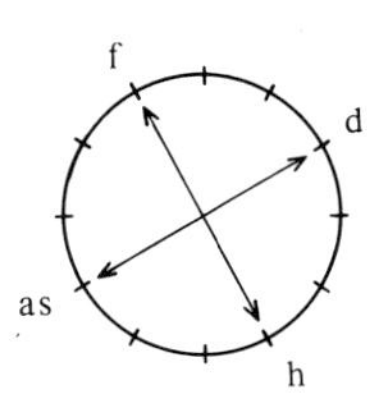

DOMINANTEN - ACHSE

SUBDOMINANTEN - ACHSE

Wichtigste Erkenntnis dieser Theorie Lendvais ist, daß innerhalb einer Funktion die von ihm so genannten „Gegenpole“, also stets die Tritonus-Beziehungen, untereinander austauschbar sind. „Eine kadenzielle Harmoniefolge E-A-D-G-C-F ist im Bartókschen System z. B. auch so vorstellbar: E-A-As-Des-C-F, wo das vorige D und G von Gegenpol As und Des vertreten wird. Das Pol-Gegenpolverhältnis ist das grundlegendste strukturelle und formative Prinzip der Bartók'schen Musik sowohl in den kleinen als auch in den großen Formen . . .“ (Lendvai, Einführung, S. 92 f.)
In diese Theorie fügt sich vorzüglich die Beobachtung, daß im Violinkonzert im ersten Satz die H-Dur-Tonika vom Gegenpol F-Dur in der Durchführung abgelöst wird.
Auf diese Weise entdeckt Lendvai auch die tonale Basis der scheinbar atonalen Reihenverwandlung des Hauptthemas im ersten Satz T. 73—76:

Beispiel 5

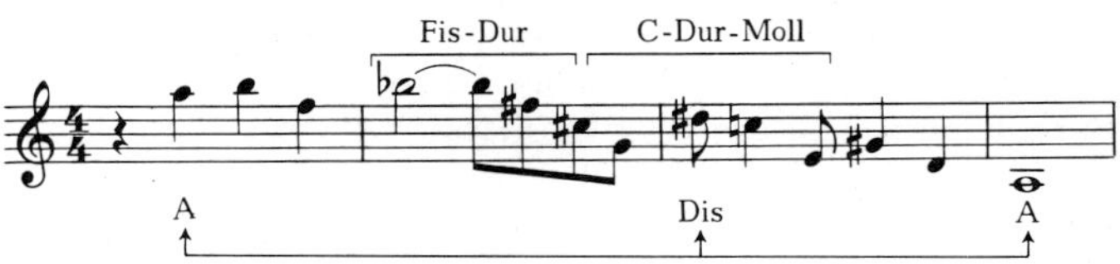

„Obzwar die 12 Töne der Melodie die ganze Chromatik umfassen, bleiben wir über ihre Tonalität keinen Augenblick im Zweifel: in ihrer Achse stehen die Gegenpole a-dis (ihr Anfang, Halbierungspunkt, Schluß) bzw. die zerlegten Fis-Dur- und C-Dur-Moll-Gegenpole. (Es wird deutlich), ... daß sich die Funktion . . . nicht ändert und der Vorgang immer im Kreise einer einzigen Achse verläuft.“ (Lendvai, Einführung, S. 97)
Natürlich kann die Theorie Lendvais auch an den anderen in den Randsätzen auftretenden Reihen bestätigt werden. Nehmen wir beispielsweise die Reihenkombination am Ort des Seitenthemas im dritten Satz (Beispiel 6), so erkennen wir die tonalen Beziehungen

Beispiel 6

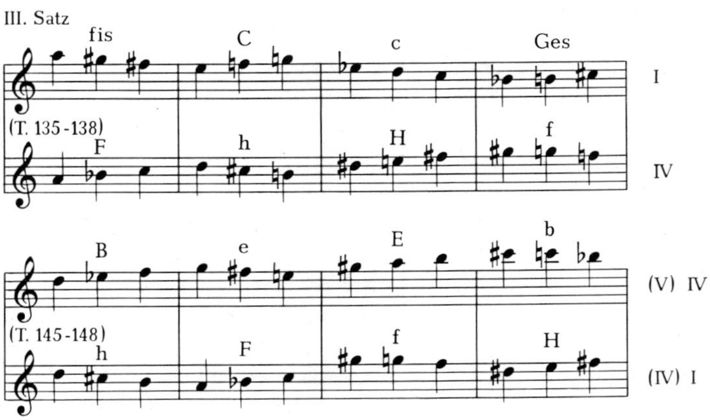

der ersten Reihe der ersten Kombination fis-C-c-Ges als durchgehaltene Zugehörigkeit zu einer Achse, nennen wir sie willkürlich die Tonika-Achse. Da die zweite Reihe der ersten Kombination ja die Umkehrung der ersten darstellt, kann sich, kenntlich durch die tonalen Bindungen F-h-H-f, an der Tatsache einer durchgehaltenen Achsenzugehörigkeit grundsätzlich natürlich nichts ändern, nur daß jetzt die Subdominanten-Achse besetzt wird. Die entsprechenden Werte in der zweiten Kombination ergeben sich zwangsläufig aus der Quart-Transposition, wenn man sie überhaupt auf die angenommene Tonikafunktion der ersten Reihe beziehen will.

Wichtiger als gelungene mathematische Ergebnisse ist jedoch die Tatsache, daß der Höreindruck, den man bei der Aufnahme dieser Reihenabschnitte empfängt, durchaus dem von durchgehaltenen Funktionsebenen entspricht.

Und damit sei auch das Ziel einer Analyse dieses Werkes angedeutet, die, um sich überhaupt verständlich zu machen, notwendigerweise stark ins Detail gehen muß. Jenseits aller rationalen Erkenntnisse geht es um den Versuch, die „Emphase" (Twittenhoff) des Werkes, das „volle Pathos der ungarischen Musik" (Eimert) und überhaupt den Affekt dieser klingenden Musik auf den Hörer übertragen zu lassen. Dazu reichen Entdeckungen, Vergleiche und Berechnungen kaum aus, es muß vielmehr das Spielen mit den Elementen hinzukommen, und das wäre in diesem Falle das Improvisieren in einer dem Werk entsprechenden Tonalität („Bartóks Grundtonart" o. ä.) und in einer für die Thematik des Werkes typischen Rhythmik. „Cold analysis of such a work as the Violin Concerto can convey no suggestion of its radiant warmth" schreibt Halsey Stevens in seiner Analyse des Konzertes (s. Bibliographie), und man sollte noch hinzufügen: Die kognitiven und affektiven Lernziele sind hier — wie selten sonst — in den Polen „Ökonomie des Materials" und „Folklore" eine innige Verbindung eingegangen, so daß keiner der beiden Bereiche ohne den anderen bestehen kann.

3. MATERIAL

3.1 Integration von folkloristischen Elementen in Bartóks Werk

Volksmusik ist die Musik einer von städtischer Kultur am wenigsten beeinflußten Bevölkerungsschicht.
(Bartók, Der Einfluß der Volksmusik)

Ferner erkannte ich, daß die irrtümlich als Volkslieder bekannten ungarischen Weisen — die in Wirklichkeit mehr oder minder triviale volkstümliche Kunstlieder sind — wenig Interesse bieten, so daß ich mich im Jahre 1905 der Erforschung der bis dahin schlechtweg unbekannten ungarischen Bauernmusik zuwandte.
(Bartók, Autobiographie, S. 145)

So können wir . . . von dieser Musik (der „Bauernmusik") die unvergleichliche Gedrängtheit des Ausdrucks, die strengste Ausmerzung alles Unwesentlichen lernen — und gerade das war es, wonach wir uns nach der Weitschweifigkeit der Romantik vor allem sehnten.
(Bartók, Ungarische Volksmusik, S. 153) GESPRÄCH

Erstaunlich ist ihre große Ausdruckskraft, die dabei völlig frei von Sentimentalität . . . ist. (So) bildet sie den idealen Ausgangspunkt für eine musikalische Wiedergeburt und ist dem Komponisten der vorzüglichste Lehrmeister.
(Bartók, Vom Einfluß der Bauernmusik, S. 160)

Schließlich kann sich die Einwirkung der Bauernmusik in den Werken des Komponisten noch auf eine dritte Weise bemerkbar machen: wenn er zwar weder Bauernmelodien noch

ihre Imitation verarbeitet, seiner Musik jedoch dieselbe Atmosphäre entströmt wie der Bauernmusik. In diesem Fall kann gesagt werden, daß der Komponist die Musiksprache des Bauern erlernt hat und sie so vollkommen beherrscht wie ein Dichter seine Muttersprache.
(Bartók, Vom Einfluß der Bauernmusik, S. 164)

Durch die praktische Beschäftigung mit Volksmusik ist bald ihr Rhythmus, ihr Melodiestil, so sehr sein geistiger Besitz geworden, daß sich allmählich seine musikalische Sprache mit solchen Elementen durchsetzte.
(Kolneder, S. 11)

Resümee: Bartók sieht in der „Bauernmusik", die er bewußt von volkstümlicher Kunstmusik trennt, eine antiromantische „Gedrängtheit des Ausdrucks", völlig „frei von Sentimentalität". Er hat sich durch seine Studien so intensiv mit dieser Musik beschäftigt, daß seine Werke mit der Zeit Elemente dieser Sprache auf einer höheren Ebene zum Ausdruck bringen.

3.2 Zur Tonalität

Unsere Volksmusik ist selbstverständlich ausschließlich tonal, wenn auch nicht im Sinne der reinen Dur- und Moll-Tonalität. (Eine atonale Volksmusik ist meiner Ansicht nach ganz unvorstellbar). Da unsere schöpferische Arbeit auf einer solchen Basis ruht, sind natürlicherweise auch unsere Werke ausgesprochen tonalen Charakters. Allerdings gab es eine Zeit, da ich mich einer Art der „Zwölftonmusik" näherte. Doch ist der unverkennbare Wesenszug auch meiner aus dieser Zeit stammenden Werke, daß sie auf entschieden tonaler Basis beruhen.
(Bartók, Ungarische Bauernmusik)

. . . wollen wir untersuchen, auf welche Weise die heutige, auf der Volksmusik fußende Richtung mit der sogenannten atonalen Richtung der 12-Ton-Musik in Übereinstimmung gebracht werden könnte. Wir müssen gestehen: auf gar keine Weise. Warum? Weil Volksmusik immer tonal . . . ist.
(Bartók, Über die Bedeutung der Volksmusik, S. 165)

. . . der weitaus überwiegende und gerade wertvollere Teil des Melodienschatzes ist in den alten Kirchentonarten, respektive in altgriechischen und gewissen noch primitiveren (namentlich pentatonischen) Tonarten gehalten . . .. Es erwies sich, daß die alten, in unserer Kunstmusik nicht mehr gebrauchten Tonleitern ihre Lebensfähigkeit durchaus nicht verloren haben. Die Anwendung derselben ermöglichte auch neuartige harmonische Kombinationen. Diese Behandlung der diatonischen Tonreihe führte zur Befreiung von der erstarrten Dur-Moll-Skala . . .
(Bartók, Autobiographie, S. 145) GESPRÄCH

Die Musik unserer Tage strebt entschieden dem Atonalen zu. Dennoch scheint es nicht richtig zu sein, wenn das tonale Prinzip als absoluter Gegensatz des atonalen Prinzips aufgefaßt wird. Das letztere ist vielmehr die Konsequenz einer allmählich aus dem Tonalen entstandenen Entwicklung, welche durchaus graduell vor sich geht und keinerlei Lücken oder gewaltsame Sprünge aufweist.
(Bartók, Das Problem der Neuen Musik, S. 23) DISKUSSION

Resümee: Bartók bezeichnet seine Werke als tonal, indem er auf die erweiterte Tonalität modaler Bauernmusik hinweist.

3.3 Zur Harmonik

. . . ihre eigenartigen melodischen Wendungen führen zu neuen harmonischen Kombinationen. So ist z. B. die Erhebung der Septime zur Konsonanz darauf zurückzuführen, daß die Septime in unseren pentatonischen Volksliedern als Intervall von gleicher Bedeutung wie die Terz und die Quinte auftritt.
(Bartók, Vom Einfluß der Bauernmusik, S. 162 f.)

Die eigenartige Anhäufung von Quartschritten in unseren alten Weisen regte zur Bildung von Quartakkorden an: so wurde auch hier das horizontale Nacheinander in eine vertikale Gleichzeitigkeit projeziert.
(Bartók, Vom Einfluß der Bauernmusik, S. 163)

Nichts ist natürlicher, als daß wir das, was wir so oft im Nacheinander als gleichwertig vernommen haben, auch in der Gleichzeitigkeit als gleichwertig empfinden zu lassen versuchen.
(Béla Bartók, zit. nach Szabolcsi, Weg und Werk, S. 84 f.)

. . . findet sich in den primitiven Melodien keinerlei Hinweis auf eine stereotype Verbindung von Dreiklängen . . . Das Fehlen dieser Schranken ermöglicht es, die Melodien in mannigfaltigster Weise durch tonartlich verschieden gerichtete Akkorde hervortreten zu lassen. Fast wage ich zu behaupten, daß das Erscheinen der sogenannten Polytonalität in der ungarischen Musik und in der Musik Strawinskys zum Teil durch diese Möglichkeit erklärt erscheint.
(Bartók, Vom Einfluß der Bauernmusik, S. 162)

Resümee: Bartók leitet die weite Harmonik seiner Werke von den „eigenartigen melodischen Wendungen" osteuropäischer Bauernmusik ab, indem er das „horizontale Nacheinander" in eine „vertikale Gleichzeitigkeit" verwandelt.

3.4 Bartóks Stellung in der Musikgeschichte

Die Tendenz zeitgenössischer Komponisten, sich vergangenen Stilepochen zuzuwenden, und die persönliche Wendung Bartóks zur ungarischen Bauernmusik entspringen einer inneren Notwendigkeit. Wenn er selbst versucht, diese beiden Tendenzen zu vereinigen, so geschieht dies in anti-romantischer Haltung.
(Kolneder, S. 14)

Um so eher konnte Liszt sein Vorbild bleiben . . . wie haben hier . . . die moderne Harmoniewelt des großen romantischen Komponisten, . . . seine formalen Neuerungen, das monothematische Prinzip, also den Aufbau des Werkes um einen einzigen thematischen Gedanken, vor Augen (dieses Prinzip begleitete Bartók von den „Zwei Portraits" bis zur „Musik", bis zum „Violinkonzert" und zum „VI. Streichquartett"); . . .
(Szabolcsi, Weg und Werk, S. 87) GESPRÄCH

. . . für die Weiterentwicklung der Musik entdeckte ich in ihm (Liszt) einen viel größeren Genius als bei Wagner und Strauss.
(Bartók, Autobiographie, S. 145)

Bartók ist den Weg zurück gegangen (den die Spätromantiker nicht fanden), und darum mußte er Wissenschaftler werden. Seine wissenschaftliche Tätigkeit ist also keine Lieb-

haberei, sondern, so merkwürdig das klingen mag, direkte Voraussetzung für sein kompositorisches Werk.
(Uhde, S. 26)

In der Tendenz, sich vom Einfluß. Brahms/Wagner/Strauss loszulösen, wurde Bartók durch einige Werke unterstützt, die sein Freund Kodály von einem Studienaufenthalt 1906/07 in Paris mitgebracht hatte. Sie waren von Debussy . . ., für den ein Melodiebau und eine flächige Harmonik ohne chromatische Leittonspannungen kennzeichnend ist, die beide stark pentatonische und kirchentonale Struktur zeigen.
(Kolneder, S. 9 f.)

Als ich . . . die Werke Debussys . . . studierte, nahm ich mit Erstaunen wahr, daß auch in dessen Melodik gewisse, unserer Volksmusik ganz analoge pentatonische Wendungen eine große Rolle spielen. Zweifellos sind dieselben ebenfalls dem Einfluß einer osteuropäischen Volksmusik — wahrscheinlich der russischen — zuzuschreiben. Gleiche Bestrebungen findet man in den Werken Igor Strawinskys.
(Bartók, Autobiographie, S. 146)

Während sich ihre (der Volksmusik) Auswirkung bei Strawinsky auf eine bestimmte Entwicklungsphase und innerhalb dieses Raumes auf bestimmte Einzelwerke beschränkt, ist sie bei Bartók Element, Quelle, stetig wirkende und bis zu seinem Ende nie erlöschende Kraft.
(Mersmann, Spätstil, S. 63)

. . . daß Bartók eine Position der Mitte innehat zwischen dem radikalen Diatoniker Strawinsky, dem dogmatischen Akustiker Hindemith und dem extremen Chromatiker Schönberg.
(Petersen, S. 188) GESPRÄCH

Für Bartók ist die überkommene Ordnung noch nicht abgenutzt, er zwingt sie, indem sein Geist sie systematisch durchdringt, noch einmal zu leuchtender Epiphanie. Bartók schließt, indessen Schönberg beginnt.
(Uhde, S. 98)

Resümee: Trotz eingestandener Bewunderung romantischer Komponisten wie Richard Strauss und Franz Liszt wird in Bartók besonders durch seine Hinwendung zur „Bauernmusik" vorwiegend der antiromantische Zug gesehen. Ausgehend vom musikalischen Impressionismus, erringt Bartók mit seinem Spätstil eine Art „Position der Mitte" zwischen den Komponisten seiner Zeit, vorwiegend Strawinsky, Hindemith und Schönberg.

4. ÜBERLEGUNGEN ZUR DIDAKTIK UND LERNZIELE

4.1 Einordnung in verschiedene Unterrichtssequenzen

a) Thematisch-motivische Arbeit: J. S. Bach (Inventionen) — J. Hadyn (Russische Quartette) — Beethoven (Symphonien, letzte Quartette) — Liszt (z. B. „Les Préludes") — R. Strauss (z. B. „Till Eulenspiegels lustige Streiche") — Varèse (Ionisation, s. S. 55 ff.) — Bartók („Ökonomie des Materials").

b) Folklore: Osteuropäische Folklore im Vergleich mit französischer, amerikanischer und deutscher — Folklore in der Kunstmusik, daraus etwa: Dvořák (Symphonie Nr. 9 „Aus der Neuen Welt") — Brahms (Rhapsodien und Ungarische Tänze) — Liszt und der „Werbungsstil" (Kloiber) (Ungarische Rhapsodien, Krönungsmesse, symphon. Dichtung „Hungaria") — Bartók („Bauernmusik") — ggf. auch Berg (Violinkonzert mit „Kärntner Volksweise" vgl. S. 91 ff.).
c) Vor-zwölftönige Ausweitung der Tonalität: Gesualdo (Beispiel für harmonische Kühnheiten im 16. Jahrhundert) — freiere Modulationen in der romantischen Symphonie — Wagner (Tristanvorspiel) — Debussy — früher Schönberg (bis op. 9) — Hindemith („Unterweisung . . ."; auch Kontroverse mit den Anhängern der Wiener Schule; s. Beitrag Hindemith, Material 3.3, 3.5, 3.6) — Strawinsky (Sacre du Printemps) sowie die Beiträge unter dem Stichwort „Tonalität—Atonalität" (s. Stichwortverzeichnis) — dazu die Position Bartóks (modale Tonalität, Folkloreeinflüsse, Achsensystem und „Gegenpole" nach Lendvai).

4.2 Lernziele

4.2.1 Situationsanalytischer Aspekt

Der Lernende soll in der Lage sein, erörterte Gedanken wiederzugeben bzw. eigene Gedanken zu entwickeln zu Fragen der Aktualität Bartókscher Musik, etwa in folgender Weise:
— Ist diese Musik „Neue Musik", „moderne Musik" . . .?
— Inwieweit können Begriffe wie „modern" und „neu" ganz allgemein auf Folklore zutreffen? Wie ändert sich in diesem Zusammenhang ihre Gewichtung?
— Kann erwartet werden, daß die Neigung Jugendlicher zu popnaher Folklore bzw. zu außereuropäischen Musikformen (Skalen) in besonderem Maße die Rezeption Bartókscher Musik erleichtert?

4.2.2 Kognitiver Aspekt

Der Lernende soll
— das „Pol-Gegenpol-Verhältnis" am Notenbeispiel erläutern können,
— folkloristische Elemente aus gegebener Partiturseite isolieren können,
— diatonische und modale Tonalitäten auditiv und visuell unterscheiden können,
— durch „Verwandlung" entstandene Themen und Motive dem thematischen Ausgangsmaterial zuordnen und von Motiven unterscheiden können, die jene Voraussetzung nicht erfüllen.

4.2.3 Historisch-kritischer Aspekt

Der Lernende soll Auskunft geben bzw. selbständige Überlegungen äußern können zu Fragen hinsichtlich
— des Innovationsgrades Bartókscher Musik,
— der Stellung Bartóks innerhalb der Neoklassik (Strawinsky, Hindemith . . .) und im Verhältnis zur Wiener Schule (Schönberg . . .),
— der Abhängigkeit (Vorbilder) bzw. der Abwendung Bartóks von der musikalischen Romantik,
— des Zusammenhangs Bartókscher Harmonik mit der Debussys.

4.2.4 Affektiver Aspekt

Der Lernende soll ein individuelles emotionales Verhältnis zu der Musik Bartóks erlangen, etwa durch Unterstützung von
— Reproduktion osteuropäischer Folklore,
— Improvisation in der Bartókschen „Grundtonart“ bzw. in modalen Skalen überhaupt,
— rhythmischer Improvisation im Bereich typischer und immer wiederkehrender Rhythmusformeln.

5. BIBLIOGRAPHIE

Bartók, Béla
Autobiographie (1921), in: Bence Szabolcsi (Hg.): Béla Bartók, Weg und Werk, Schriften und Briefe, Budapest und Bonn 1957
Bartók, Béla
Über die Bedeutung der Volksmusik (1931), in: Bence Szabolcsi: Béla Bartók, a. a. O.
Bartók, Béla
Vom Einfluß der Bauernmusik auf die Musik unserer Zeit (1931), in: Bence Szabolcsi: Béla Bartók, a. a. O.
Bartók, Béla
Der Einfluß der Volksmusik auf die heutige Kunstmusik, in: Bence Szabolcsi: Béla Bartók, a. a. O.
Bartók, Béla
Das Problem der Neuen Musik, in: Willi Reich (Hg.): Béla Bartók. — Eigene Schriften und Erinnerungen der Freunde, Basel, Stuttgart 1958 (auch in: Melos 7—8/1958)
Bartók, Béla
Das ungarische Volkslied. Versuch einer Systematisierung der ungarischen Bauernmelodien, Berlin u. Leipzig 1925, Ungarische Bibliothek I, 11
Bartók, Béla
Ungarische Volksmusik und Neue ungarische Musik (1928), in: Bence Szabolcsi: Béla Bartók, a. a. O.
Berger, Gregor
Béla Bartók, in: Beiträge zur Schulmusik H. 13, Wolfenbüttel 1963
Berger, Gregor
Das Bartókbild der Gegenwart, in: Egon Kraus (Hg.): Musik und Bildung in unserer Zeit, Mainz 1961
Berger, Gregor
Elementare und konstruktive Thematik bei Béla Bartók, in: Egon Kraus (Hg.): Musikerziehung in der Schule, Mainz 1956
Brailoiu, Constantin
Béla Bartók als Folklorist, in: Schweizerische Musikzeitung, März 1948
Dahlhaus, Carl
Der Tonalitätsbegriff in der Neuen Musik, in: Terminologie der Neuen Musik. Veröffentlichung des Instituts für Neue Musik und Musikerziehung Darmstadt 1967, S. 83—88
Doflein, Erich
Béla Bartók, in: Melos 1949, S. 129—137
Doflein, Erich
Über Bartóks letzte Lebensjahre. Emigration und Charakter — Schicksal und Spätwerk, in: Musikerkenntnis und Musikerziehung. Festgabe für Hans Mersmann, Kassel 1957
Downey, John Witham
La musique populaire dans l'oeuvre de Béla Bartók, Paris 1956
Eimert, Herbert
Das Violinkonzert von Bartók, in: Melos 10/1947, S. 335 ff.

Fabian, Imre
Béla Bartók und die Wiener Schule, in: Österreichische Musikzeitschrift 1964, S. 255 ff.
Fricsay, Ference
Bartók, Herold des Neuen Stils, in: Heinrich Lindlar (Hg.): Musik der Zeit H. 3, Bonn 1953
Händel, Günter
Béla Bartók und die Wiener Klassik, in: Melos 1955
Heinsheimer, Hans W.
Béla Bartók in Amerika, in: Willi Reich (Hg.): Béla Bartók. — Eigene Schriften und Erinnerungen der Freunde, Basel, Stuttgart 1958
Helm, Everett
Béla Bartók in Selbstzeugnissen und Bilddokumenten, Hamburg 1965
Herbage, Julian
Bartók's violin concerto, in: Music Review, Cambridge 1945
Jakobik, Albert
Zur Einheit der Neuen Musik, Würzburg 1957
Kloiber, Rudolf
Béla Bartóks Violinkonzert Nr. 2, in: Rudolf Kloiber: Handbuch des Instrumentalkonzerts Bd. II, Wiesbaden 1973, S. 306—309
Kodály, Zoltán
Béla Bartók, in: Revue Musical 1971
Kolneder, Walter
Béla Bartók, in: Stilportraits der Neuen Musik. Veröffentlichung des Instituts für Neue Musik und Musikerziehung Darmstadt, Bd. 2, Berlin 1961
Lendvai, Ernö
Einführung in die Formen- und Harmoniewelt Bartóks, in: Bence Szabolcsi: Béla Bartók, a. a. O.
Lendvai, Ernö
Über die Formkonzeption Bartóks, in: Bence Szabolcsi Septuagenario, Kassel, Basel 1969
Lesznai, Ludwig
Béla Bartóks Leben, in: Melos 1949, S. 146—149
Lindlar, Heinrich (Hg.)
Musik in der Zeit H. 3, Bonn 1953
Mersmann, Hans
Einführung in das Violinkonzert Bartóks als Erläuterung zur Schallplattenreihe der Schulproduktion Musik, hg. vom Institut für Film und Bild in Wissenschaft und Unterricht München, Sp. 37—40
Mersmann, Hans
Der Spätstil Bartóks, in: Heinrich Lindlar, a. a. O.
Mersmann, Hans
Zum Werke Béla Bartóks, in: Musik im Unterricht (Ausgabe B), 3/1961
Moreux, Serge
Béla Bartók, Leben — Werk — Stil, Zürich 1950, 2. Auflage 1952
Petersen, Peter
Die Tonalität im Instrumentalschaffen von Béla Bartók. Diss. Hamburg 1971
Pütz, Werner
Studien zum Streichquartettschaffen bei Hindemith, Bartók, Schönberg und Webern, Regensburg 1968
Stevens, Halsey
The Life and Music of Béla Bartók, New York, Oxford University Press 1953
Szabolcsi, Bence
Bartók und die Volksmusik, in: Bence Szabolcsi (Hg.): Béla Bartók, Weg und Werk, Schriften und Briefe, Budapest und Bonn 1957
Szabolcsi, Bence
Béla Bartók, Weg und Werk, Schriften und Briefe, Budapest und Bonn 1957

Szabolcsi, Bence
Mensch und Natur in Bartóks Geisteswelt, in: Österreichische Musikzeitschrift 1961, S. 577 ff.
Traimer, Elisabeth
Bartóks Kompositionstechnik, dargestellt an seinen 6 Streichquartetten, Regensburg 1956
Twittenhoff, Wilhelm und Carla
Zur Struktur und Thematik des Violinkonzerts von Béla Bartók, in: Musik im Unterricht (Ausgabe B) 7—8/1960 (erste Fassung in der Mersmann-Festschrift von 1957)
Uhde, Jürgen
Béla Bartók, Berlin 1959
Weiß, Günter
Die frühe Schaffensentwicklung Béla Bartóks im Licht westlicher und östlicher Traditionen, Diss. Erlangen/Nürnberg 1970
Weissmann, John S.
Béla Bartók und die Volksmusik, in: Melos 1949, S. 149—153

Wilfried Gruhn

Arnold Schönberg (1874—1951)
Ein Überlebender aus Warschau op. 46 (1947)

1. INFORMATION

1.1 Daten zum Werk

Titel: A Survivor from Warsaw opus 46
for Narrator, Men's Chorus and Orchestra
Partitur: Boelke-Bomart Inc., Hillsdale/New York (Leihmaterial)
Schallplatte: RCA LSC 7055/1—2
Widmung: For the Koussevitzky Music Foundation
Dedicated to the Memory of Natalie Koussevitzky
Dauer: ca. 6 Minuten
Orchesterbesetzung:

2 Picc., 2 Fl.	4 Hr.	Pk.	Vl. I/II	Hfe.
2 Ob.	3 Trp.	gr. Tr., MilTr.	Va.	
2 Klar.	3 Pos.	Tamb.	Vc.	
2 Fag.	Tb.	Trgl. Bck.	Kb.	
		TamT.		
		Kastagn.		
		Xyl., Glck.		
		Schellen		

Uraufführung:
Frühjahr 1948 in New Mexico (USA), Albuquerque Orchestra, Dirigent: Kurt Frederick
„Man spielte ihn (= den „Überlebenden aus Warschau") zweimal hintereinander. Nach dem ersten Mal schwiegen die 1500 Hörer erschüttert. Nach der Wiederholung donnerte, laut der Beschreibung eines amerikanischen Journalisten, der Beifall durch den Saal."
Stuckenschmidt, Schönberg, S. 116.
Entstehungsgeschichte:
Äußerer Anlaß war ein Auftrag der Koussevitzky Music Foundation in Boston (s. Widmung). (Reich, S. 281). — Wegen seines Augenleidens schrieb Schönberg die Komposition nur im Particell, das am 11. 8. 1947 begonnen und am 23. 8. 1947 beendet wurde (handschriftlicher Vermerk im autographen Particell). Die vollständige Partitur führte hiernach René Leibowitz aus (vgl. Rufer, Werkverzeichnis, S. 56).

1.2 Daten zur Person

1933 Emigration nach Paris, im gleichen Jahr aber noch in die USA.
24. Juli 1933 offizielle Rückkehr des katholisch erzogenen Schönberg zur jüdischen Religion in Paris als Zeichen der Erschütterung und Empörung über die einsetzende Judenverfolgung.

„Ich bin seit vierzehn Jahren vorbereitet auf das, was jetzt gekommen ist. Ich habe mich in dieser langen Zeit gründlich darauf vorbereiten können und mich, wenn auch schwer und mit vielen Schwankungen, schließlich definitiv von dem gelöst, was mich an den Okzident gebunden hat. Ich bin seit langem entschlossen, Jude zu sein . . . Ich halte das (= Einsatz für das Judentum, d. Verf.) für wichtiger als meine Kunst, und ich bin entschlossen . . . nichts anderes mehr zu machen, als für die nationale Sache des Judentums zu arbeiten."
(Aus einem Brief an Webern vom 4. 8. 1933, zit. bei Reich, S. 243 f. Vgl. dazu auch Schönberg, Briefe Nr. 63, 64., 145, 156 an Berg und Kandinsky.)

1.3 Text

I cannot remember everything, I must have been unconscious most of the time; I remember only the grandiose moment when they started to sing, as if prearranged, the old prayer they had neglected for so many years - the forgotten creed! But I have no recollection how I got underground to live in the sewers of Warsaw so long a time.
The day began as usual. Revaille when it still was dark — get out, whether you slept or whether worries kept you awake the whole night: you had been separated from your children, from your wife, from your parents, you don't know what happened to them; how could you sleep? They shouted again: „Get out! The sergeant will be furious!" They came out; some very slowly, the old ones, the sick men, some with nervous agility. They fear the sergeant. They hurry as much as they can. In vain! Much too much noise, much too much commotion and not fast enough! The Feldwebel shouts: „Achtung! Still gestanden! Na wird's mal oder soll ich mit dem Gewehrkolben nachhelfen? Na jut; wenn ihr's durchaus haben wollt!" The sergeant and his subordinates hit everyone: young or old, strong or sick, guilty or innocent. — It was painful to hear the groaning and moaning. I heard it, though I had been hit very hard, so hard that I could not help falling down. We all on the ground who could not stand up were then beaten over the head.
I must have been unconscious. The next thing I knew, was a soldier saying: „They are all dead!" Whereupon the sergeant ordered to do away with us. There I lay aside half conscious. It had become very still — fear and pain — Then I heard the sergeant shouting: „Abzählen!" They started slowly and irregulary: one, two three, four — „Achtung!" The sergeant shouted again: „Rascher!" Nochmal von vorn anfangen! In einer Minute will ich wissen, wieviele ich zur Gaskammer abliefere! Abzählen!" They began again, first slowly: one, two, three, four . . . became faster and faster, so fast that it finally sounded like an stampede of wild horses and all of a sudden, in the middle of it, they began singing the Shema Yisroel.
Sch^{e}ma Jisrael Adonai elohenu Adonai ächad. W^{e}ahavta eth Adonai elohächa b^{e}chol l^{e}vavcha uv^{e}chol naf-sh^{e}cha uv^{e}chol m^{e}odächa. W^{e}haju hadd^{e}varim haeläh ashär anochi m^{e}zavvcha hajjom al l^{e}vavächa. W^{e}shinnantam l^{e}vanächa v^{e}dibbarta bam, b^{e}shivt^{e}cha b^{e}vetächa uv^{e}lächt^{e}cha baddäräch uv^{e}shachb^{e}cha uv^{e}kumächa.[1]

[1] Ich kann mich nicht mehr an alles erinnern, ich muß bewußtlos gewesen sein die meiste Zeit; ich erinnere mich nur an den grandiosen Augenblick, als alle wie verabredet das alte Gebet zu singen begannen, das sie so viele Jahre vernachlässigt hatten — das vergessene Bekenntnis! Aber ich habe keine Erinnerung mehr daran, wie ich in den Untergrund gelangt bin, um in der Kanalisation von Warschau so lange zu leben.
Der Tag begann wie gewöhnlich. Wecken, als es noch dunkel war — „Rausgehen" — ob man schlief oder vor Hunger die ganze Nacht wach lag: man war getrennt von seinen Kindern, von

Eine Fotokopie des Manuskripts trägt den Hinweis: „This text is based partly upon reports which I have received directly or indirectly A. Sch.“ (Rufer, Werkverzeichnis, S. 56).
Nach der Pariser Premiere berichtet R. Leibowitz am 15. 11. 1949 in einer deutschen Tageszeitung:
„Anlaß zur Entstehung des Werkes gab einer der wirklichen Überlebenden aus dem Warschauer Ghetto; er kam einige Jahre später zu Schönberg und erzählte ihm folgende Geschichte: ‚Ich kann mich nicht an alles erinnern. Ich war wahrscheinlich lange Zeit vollständig bewußtlos. Ich entsinne mich nur des grandiosen Augenblicks, als plötzlich das alte Gebet gesungen wurde. — Der Tag fing an wie gewöhnlich: Wir wurden geweckt, als es noch dunkel war. Wir wurden versammelt und brutalisiert. Manche kamen dabei um. Der Feldwebel befahl, daß man die Toten zähle, damit er wisse, wieviel er zur Gaskammer abliefern könne. — Das Zählen fängt an, zuerst unregelmäßig; aber der Feldwebel befiehlt, nochmals von vorn anzufangen. — Dann geht es wieder los: eins, zwei, drei — schneller und schneller — so schnell, daß es klang wie ein Galopp von wilden Pferden, und — plötzlich — sangen sie das Schma Jisrael.‘
(zit. bei Reich, S. 282 f.)

1.4 Werkauswahl

Spätromant. Phase
op. 4 Streichsextett “Verklärte Nacht“ (1899)
o. op. Gurrelieder (1900/1911)
op 5 Pelleas und Melisande, Sinf. Dichtung (1903)
op 7 1. Streichquartett d-Moll (1905)
op. 10 2. Streichquartett fis-Moll (1908)

---

seiner Frau, von seinen Eltern, man wußte nicht, was mit ihnen geschah: wie hätte man da schlafen können? Sie schrien wieder: „Kommt raus! Der Feldwebel wird wütend!“ Sie kamen heraus, manche sehr langsam, die Alten und Kranken, manche mit nervöser Hast. Sie fürchten den Feldwebel. Sie beeilen sich so gut sie können. Umsonst! Viel zu viel Lärm, viel zu viel Erregung und nicht schnell genug! Der Feldwebel schreit: „Achtung! Still gestanden! Na wird's mal (bald?) oder soll ich mit dem Gewehrkolben nachhelfen? Na jut; wenn ihr's durchaus haben wollt!“ Der Feldwebel und seine Helfer schlagen jeden: jung oder alt, gesund oder krank, schuldig oder unschuldig — es war qualvoll, das Stöhnen und Jammern zu hören. Ich hörte es, obwohl ich so heftig geschlagen war, daß ich zusammenbrach. Wir alle auf dem Boden, die nicht aufstehen konnten, wurden dann auf den Kopf geschlagen.
Ich muß bewußtlos geworden sein. Das nächste, was ich wußte, war, daß ein Soldat sagte: „Sie sind alle tot!“, worauf der Feldwebel uns wegschaffen ließ. Da lag ich nun abseits, nur halb bei Bewußtsein. Es war ganz still geworden — Angst und Furcht — Dann hörte ich den Feldwebel schreien: „Abzählen!“ Sie fingen langsam an und unregelmäßig: 1, 2, 3, 4 — „Achtung!“ Der Feldwebel schrie wieder: „Rascher! Nochmal von vorn anfangen! In einer Minute will ich wissen, wieviele ich zur Gaskammer abliefere! Abzählen!“ Sie fingen wieder an, zuerst langsam: 1, 2, 3, 4 . . . wurden schneller und schneller, so schnell, daß es sich schließlich anhörte wie ein Galopp wilder Pferde, und plötzlich — mittendrin — begannen sie das Schma Jisrael zu singen.
Höre, Israel, der Herr ist unser Gott, der Herr allein. Und du sollst den Herrn, deinen Gott, liebhaben von ganzem Herzen, von ganzer Seele und mit all deiner Kraft. Und diese Worte, die ich dir heute gebiete, sollst du zu Herzen nehmen und sollst sie deinen Kindern einschärfen und davon reden, wenn du in deinem Hause sitzt oder unterwegs bist, wenn du dich niederlegst oder aufstehst. (= 5. Mose 6, Vers 4—7). (Übers.: W. Gruhn)
„Das Schma . . . ist das Bekenntnis der jüdischen Gemeinde zu Gottes Einheit und seinen Geboten. Jeder erwachsene männliche Jude ist verpflichtet, es täglich morgens und abends zu rezitieren.“ (Religion in Geschichte und Gegenwart, 3. Aufl., Art. ‚Schma’, Bd. 5, Sp. 1454.)

freie Atonalität
- op. 11 3 Klavierstücke (1909)
- op. 15 George-Lieder (1908/09)
- op. 16 5 Orchesterstücke (1909)
- op. 17 Erwartung, Monodram (1909)
- op. 18 Die glückliche Hand. Drama mit Musik (1913)
- op. 19 6 kleine Klavierstücke (1911)
- op. 21 Pierrot lunaire (1912)
- op. 22 4 Lieder (1913—1916)
- o. op. Die Jakobsleiter. Oratorium (unvoll. 1917)

klassische Atonalität
- op. 23 5 Klavierstücke (1920/23)
- op. 26 Bläserquintett (1923/24)
- op. 30 3. Streichquartett (1927)
- op. 31 Variationen für Orchester (1928)
- o. op. Moses und Aron. Oper. (1930—32)
- op. 36 Violinkonzert (1934—36)
- op. 41 Ode an Napoleon. Melodram. (1942)
- op. 42 Klavierkonzert (1942)
- *op. 46 Ein Überlebender aus Warschau. Melodram. (1947)*
- op. 50b De profundis (1950)
- op. 50c Moderner Psalm (1950)

tonale Werke nach 1933 in Amerika
- o. op. Suite im alten Stil für Streichorchester (1934)
- op. 38a 2. Kammersinfonie (1906/1939)
- op. 39 Kol Nidre (1938)
- op. 40 Variationen für Orgel (1941)

Bearbeitungen:

von J. S. Bach, G. F. Händel, G. M. Monn, J. Brahms, C. Löwe, Joh. Strauß.

Theoretische Werke:

Harmonielehre (1911); Models for Beginners in Composition (1947); Structural Functions of Harmony (1946, dt. 1957); Style and Idea (1950); Der musikalische Gedanke und die Logik, Technik und Kunst seiner Darstellung (unvoll.); Instrumentationslehre (unvoll.).

1.5 Voraussetzungen, die eine intensive Behandlung erleichtern

— Kenntnis einzelner Beispiele politisch engagierter Musik seit dem Mittelalter; Einführung in den Themenkreis „Musik und Politik".

— Unterscheidung der Begriffe Tonalität — Atonalität.

— elementare Grundkenntnisse über die Prinzipien der Komposition mit Zwölftonreihen.

Eine vorangehende Strukturanalyse eines kurzen, überschaubaren zwölftönigen Musikbeispiels (z. B. Klavierstück) ist für die Erläuterung der Kompositionstechnik förderlich, für das musikalische Verständnis von EIN ÜBERLEBENDER AUS WARSCHAU aber keineswegs notwendig. Wegen der starken Expressivität dieses Werkes müssen nicht einmal besondere Hörerfahrungen mit atonaler Musik vorausgesetzt werden.

— Fähigkeit, die Reihenmodi (Krebs, Umkehrung, Krebsumkehrung) abzuleiten oder Kenntnis von deren Strukturprinzipien.
— Kenntnis von Form und Bedeutung des Melodrams.

Zur Behandlung der spezifischen Stimmbehandlung (Sprechmelodie) ist zumindest die Kenntnis des Vorworts zum „Pierrot lunaire“ op. 21 erforderlich. Einführung in den Themenkreis „Musik und Sprache“.

2. ANALYSE

2.1 Aufbau

Der Text ist in zwei Abschnitte gegliedert: Erzählung und Gebet. Mit einem Hinweis auf die erschütternde und zugleich grandiose Schlußsituation, das unvermittelte gemeinsame Rezitieren des Gebets, eröffnet der Erzähler, im dramatischen Zugriff dem realen Ablauf vorgreifend, seinen Bericht. Die wortgetreue Wiederholung des Anfangs („I must have been unconscious“) nimmt dann später den vorweggenommenen Schluß wieder auf. In dem Gebet „Schma Jisrael“ entlädt sich die extrem gesteigerte Spannung des dramatischen Textes, so wie sich darin der psychische Druck der Todgeweihten entlud. Der textliche Vorgriff schafft der sich steigernden Entwicklung des Geschehens („The day began as usual“ bis „the grandiose moment“) einen formtragenden Rahmen, den Schönberg in anderer Weise ins Musikalische überträgt.

In der Komposition sind äußerlich beide Teile in der Stimmbehandlung voneinander abgehoben: der erste Teil, die Erzählung, wird in der spezifisch Schönbergschen Sprechmelodie (vgl. Pierrot lunaire) melodramatisch vorgetragen — der Feldwebel ist durch seine Sprechweise („imitating the manner of speaking and the shrill breaken voice of the sergeant“) wie durch die deutsche Sprache isoliert —; der zweite Teil ist durch den Einsatz des Männerchores davon abgesetzt. Rhythmische Deklamation mündet in reinen Gesang, durch den das Gebet zudem eine Ausdruckssteigerung erfährt. Den textlichen Vorgriff im ersten Teil gliedert Schönberg durch das fanfarenähnliche Trompetenmotiv (s. Beispiel 5) am Anfang des kurzen Orchestervorspiels, das dem „reveille“ des Takts 25 entspricht, womit die eigentliche Erzählung beginnt, musikalisch in den Gesamtzusammenhang ein. Damit erhält das akustische Signal (Fanfaren-Motiv) eine dem Anfangssatz „I must have been unconscious“ vergleichbare Funktion, indem es den Vorgriff teilweise wieder aufhebt.

Eine augenfällige Verbindung beider Teile liegt in dem musikalischen Zitat der Schma-Jisrael-Melodie (1. Horn) bei den Worten „the old prayer . . . the forgotten creed“ vor (Beispiel 1), das so den musikalisch thematischen Rahmen andeutet, der sich jedoch noch konsequenter in der Struktur des verwendeten Materials kundtut.

2.2 Stimmbehandlung

Im „Pierrot lunaire“ op. 21 wandte Schönberg eine neue Art der Stimmbehandlung an, deren Wurzeln zum theatralischen Gestus des Kabaretts reichen.[2] Unter genauer Berücksichtigung der Tonhöhen und des Rhythmus’ sollte sich Gesang in eine Sprechmelodie umwandeln. Vermag auch das kurze Vorwort der Partitur (vgl. Material 3.7) dort noch

[2] Schönberg war 1901/02 als Kapellmeister in Ernst von Wolzogens „Überbrettl“ engagiert.

Beispiel 1

80
Chor
81
18
1. Hr.
19
R 4 (1-6)
Hrf.
Erz.
if prearranged the old pray - er they had neg-lected for so many
Viol. I Solo
1
Vla. Solo
2
U9 (1-6) [=R4 (7-12)]
82
83
84
Chor
20
1. Hr.
21
Hrf.
Erz.
years __ the for - got - ten creed!
Viol. I Solo
1
Vla. Solo
2

nicht eindeutig die Ausführung dieser zwischen Singen und Sprechen liegenden Ausdrucksform zu bestimmen, bzw. bleiben noch Fragen (Fixiert die Sprechstimme exakte Intervalle? Sollen die anvisierten Tonhöhen immer sogleich durch Glissandi verlassen werden?) zur Darstellungsweise offen, so geht doch eindeutig daraus hervor, daß eine Stimmbehandlung a u ß e r h a l b des Singens intendiert ist. Dies bringt die relativierte Notation im ÜBERLEBENDEN AUS WARSCHAU schon deutlicher zum Ausdruck, die nicht mehr der Gesangsnotation entspricht. Hier ist die Sprechstimme um e i n e Linie geschrieben mit angedeuteten Lagenunterscheidungen, jedoch unter Verwendung von Vorzeichen, die eine feingestufte Höhendifferenzierung suggerieren, aber höchstens — wenn überhaupt — relative Bedeutung haben können. Damit ist die Sprechstimme hier stark der rhythmischen Deklamation angenähert. Wie weit die Stimmführung von fixierten Tonhöhen entfernt ist, belegt eine briefliche Äußerung gegenüber R. Leibowitz: „Aber es ist nötig, daß ich Sie vor Einem eindringlich warne: dies[e Sprechstimme] darf niemals so musikalisch ausgeführt werden wie meine andern strengen Kompositionen. Niemals darf gesungen werden, niemals darf eine wirkliche Tonhöhe erkennbar sein. Das heißt, daß nur die Art der Akzentuierung gemeint ist. Wie gesagt — niemals singen. Das ist sehr wichtig, weil durch Singen Motive entstehen, und Motive ausgeführt werden müssen. Motive erzeugen Verpflichtungen, die ich nicht erfülle — ich weiß nicht, was ein Sänger [aus eigenem] zu meinen Kompositionen bringen wird.“ (Brief vom 12. 11. 1948, Briefe Nr. 217.)

2.3 Die Reihe

Die dem gesamten Werk zugrundeliegende Reihe ist durch mehrere Dreiklangsfolgen gekennzeichnet, von denen der übermäßige Dreiklang besonderes Gewicht erhält. (Beispiel 2)

Beispiel 2

Notiert man die Reihe so, daß alle Intervalle immer aufwärts geführt werden,

Beispiel 3

so ergeben sich folgende Intervallabstände (gemessen in Halbtonabständen): 1 5 8 8 11 7 3 8 5 3 6. Von allen Intervallen zwischen 1 und 11 fehlen 2, 4, 9 und 10 (gr. Sekunde, gr. Terz, gr. Sext und kl. Septime), wobei sich aber die große Terz doch aus der Richtungsumkehrung der kl. Sext (8) ergeben kann und die gr. Sext aus der Umkehrung der kl. Terz (3). Nur gr. Sekunde und kl. Septime (2 und 10) sind in der Reihe gar nicht enthalten.

Zur vereinfachten Darstellung läßt sich für jeden Ton der Reihe auch eine Tonhöhenzahl einsetzen, die den Abstand vom Anfangston der Reihe in Halbtonschritten ausdrückt, also fis=0, g=1 etc. Diese Tonhöhenzahlen kennzeichnen auch als Indices die Transpositionsstufen der Reihe ihrer Modi (K, U, KU).

R o (o=fis): 0 1 6 2 10 9 | 4 7 3 8 11 5

Beispiel 4

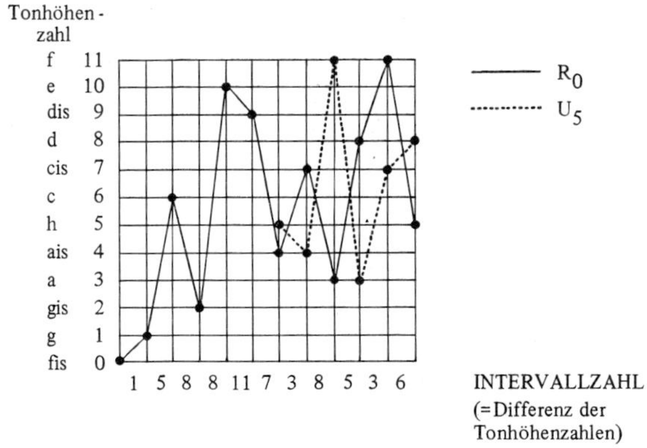

Ein Spezifikum Schönbergscher Reihen, vornehmlich solcher, die er für größere Werke verwendet, besteht darin, daß sie oft so angelegt sind, daß die Umkehrung der ersten Reihenhälfte auf der Unterquint (U_5) keinen Ton mit der ersten Hälfte der Grundreihe gemeinsam hat, sich mit ihr also zum chromatischen Total ergänzt, oder anders ausgedrückt, daß die erste Hälfte von U_5 die gleichen Töne enthält wie die zweite Hälfte der Reihe (R_0), jedoch in anderer Reihenfolge.[3] Dies trifft für die in op. 46 benutzte Reihe zu:

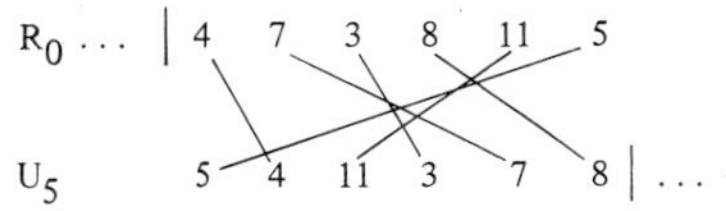

Die daraus resultierenden Kombinationsmöglichkeiten von R_0 mit U_5 oder R_4 mit U_9 werden durchgehend kompositorisch aufgegriffen und bilden ein besonderes Strukturmerkmal des Werkes (vgl. Beispiel 1 und 5). Dabei wird mehrfach die erste Hälfte von R_0 oder R_4 in horizontaler Folge melodisch oder motivbildend verwendet, während als Ergänzung die Töne der ersten Hälfte von U_5 oder U_9 in vertikaler Schichtung erscheinen und sich zu einer Akkordfläche verbinden (vgl. Beispiel 1 und 8).
Eine weitere Eigentümlichkeit seiner Reihenformen beschreibt Schönberg in „Style and Idea“ (Composition with Twelve Tones, S. 129). Bestimmte Tongruppen können auf mehreren Transpositionsstufen der verschiedenen Reihenmodi in gleicher Form erhalten

[3] „The inversion a fifth below of the first six tones, the antecedent, should not produce a repetition of one of these six tones, but should bring forth the hitherto unused six tones of the chromatic scale. Thus, the consequent of the basic set, the tones 7 to 12, comprises the tones of this inversion, but, of course, in a different order.“
(A. Schönberg, Composition with Twelve Tones, in: Style and Idea, S. 116)

bleiben, wodurch sie austauschbar werden. Als eine solche Invariante stellt sich in dieser Reihe der übermäßige Dreiklang as-c-e dar, der in R_0, R_4, R_8, U_0, U_4 und U_8 enthalten ist.

R_0:	0	1	6	2	10	9	4	7	3	8	11	5
R_4:	4	5	10	6	2	1	8	11	7	0	3	9
R_8:	8	9	2	10	6	5	0	3	11	4	7	1
U_0:	0	11	6	10	2	3	8	5	9	4	1	7
U_4:	4	3	10	2	6	7	0	9	1	8	5	11
U_8:	8	7	2	6	10	11	4	1	5	0	9	3

„Schoenberg verschafft sich auf diese Weise die Möglichkeit, das Dreiton-Segment als (übermäßigen) Dreiklang liegenzulassen, während die übrigen Töne der ersten Hälften der sechs Reihenformen in vertikaler Brechung für die melodischen Figuren verwendet werden. Diesen liegengebliebenen Dreiklang findet man allenthalben im ersten Großteil des Stückes“ (Klemm, AfMw. 1966, S. 211). Dieses aus der Materialordnung der Reihe abgeleitete Verfahren bestimmt neben der Melodik dann auch maßgeblich den expressiven Gehalt der Komposition.

2.4 *Musikalische Strukturen*

Durch die Gliederung, rhythmische Differenzierung und eine bestimmte Ordnung der Reihenfolge unterscheidet sich die Grundgestalt von der Zwölftonreihe (s. dazu Material 3.3). Thematische und motivische Bildungen sind schon in der Grundgestalt vorgebildet. Ein markantes Motiv ist die eröffnende fanfarenartige Trompetenfigur (s. Beispiel 5), die durch den Rhythmus und die Intervallfolge ihr charakteristisches Profil erhält. Mit diesem Fanfaren-Motiv, das mehrfach wiederkehrt (T. 25 bei „Reveille!“, T. 31—34 bei „Get out!“, T. 61 bei „fear and pain“, hier jedoch verzerrt in der Krebsform), ist immer das Prinzip der Kombination sich ergänzender Reihenmodi ($R_0 + U_5$, $R_3 + U_8$, $K_4 + U_9$) verbunden und zugleich die Verknüpfung von horizontaler und vertikaler Anordnung. Der Anfangstakt bringt die ersten Hälften der Reihenformen R_0 und U_5, die zusammen das chromatische Feld vollständig besetzen, ohne daß die ganze Reihe erscheint. Das viertönige Motiv der Trompete ist immer aus einer Reihenhälfte gebildet, deren restliche Töne (5. und 6. Ton) dann fast ausschließlich im Tremolo als Zweiklang hinzutreten oder sich mit dem 4. Ton zu einem Akkord verbinden.

Beispiel 5

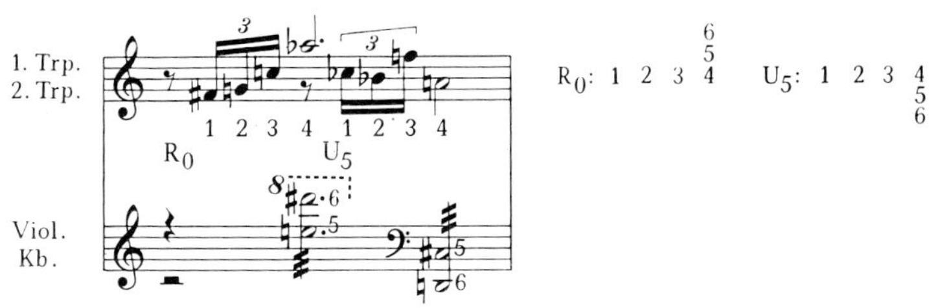

Motivischen Charakter nehmen auch die kleinen Sekundschritte der Reihenanfänge an. Oft werden sie aus den Reihenmodi mit den Invarianten herausgelöst und zu selbständigen Einheiten zusammengefügt.

Beispiel 6

In T. 11 bringen die Violinen eine solche Kette aus den Sekunden des Anfangs von R_0, U_8, R_4, U_0, R_8 und U_4. Die drei Posaunen halten dazu den übermäßigen Dreiklang c-e-as, der in diesen Modi als Invariante enthalten ist. Die 1. Klarinette spielt dazu die sechsten Töne dieser Reihenhälften, und zwar in der gleichen Reihenfolge, wie die kleinen Sekunden auftraten (R_0, U_8, R_4, U_0, R_8, U_4), jedoch in der Form, daß sich immer abwechselnd kleine Septimen und große Sekunden ergeben, d. h. Intervalle, die in der Reihe nicht enthalten sind.

T. 11

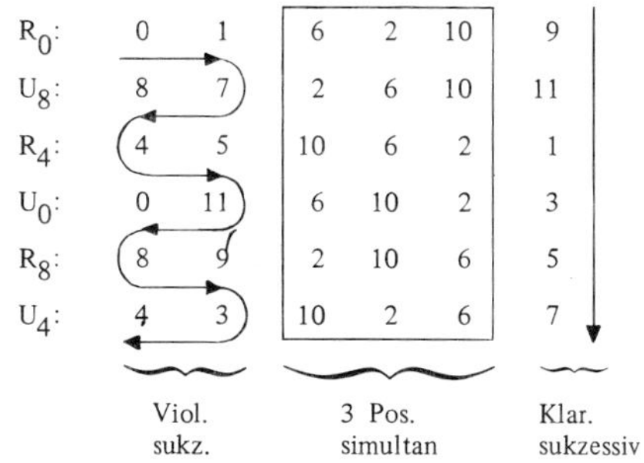

Dieser Takt entspricht strukturell genau dem Takt 51 (nach „We all on the ground . . . were then beaten over the head"). In Takt 31 (nach „how could you sleep?") bringt die Solovioline dieses Sekund-Motiv in augmentierter Form, wiederum verbunden mit dem übermäßigen Dreiklang; noch stärker gedehnt und akzentuiert erscheint es dann zu „It was painful to hear the groaning and moaning" (T. 44—46) in Oboen, Klarinetten, darauf in den Violinen und ist ganz affektbezogen eingesetzt (vgl. 2.5).
Die weit gespannte Melodik des „Schma Jisrael" ist aus den Reihenformen R_4, U_9, R_8, KU_3 und R_0 zusammengesetzt, bildet jedoch durch die musikalische Gestaltung eine Einheit auf der Grundlage einer angedeuteten Dreiteiligkeit. (Beispiel 7) Den Rahmen bildet der am Schluß wieder aufgenommene Anfangsrhythmus der Melodie (kurzer Auftakt vor langen Werten) zusammen mit dem ersten Sechstonsegment von R_4 bzw. R_0. Infolge der Verwendung gleicher Reihenmodi und der Beibehaltung der Intervallrichtung (mit Ausnahme des Schlusses) ist auch eine melodische Entsprechung deutlich feststellbar. Zwischen diesen Rahmengliedern vollzieht sich eine Entwicklung, die durch eine allmähliche Steigerung der Bewegung bei gleichzeitiger Beruhigung des Rhythmus' und Streckung des Melodieumfangs gekennzeichnet ist. Ruhiger wirkt die Melodie trotz der zunehmend schnelleren Bewegung, weil diese in dem Augenblick, wo sie fast tänzerischen Charakter annimmt (s. Sextolen), immer regelmäßiger abläuft. (Beispiel 7)

Bewegung:

A^1	kurzer Auftakt vor langen Werten	R_4 (1—6)	T. 80—84
B	Triolenbewegung	R_4 (7—12) U_9 R_8	T. 85—92
	Übergang (im Orchester) zu Sextolen	KU_3	T. 92—95
A^2	Rückkehr zu kurzem Auftakt vor langen Werten	R_0 (1—6)	T. 95—99

Umfang:
A^1 e—c′ (kl. Sext = 8 Halbtonschritte)
B dis—e′ (kl. None = 13 Halbtonschritte)
A^2 c—e′ (gr. Dezime = 16 Halbtonschritte)
Mit zunehmender Dichte der Bewegungsimpulse vollzieht sich zugleich eine merkliche Glättung der großen Intervallsprünge infolge mehrfacher Tonrepetitionen (Sextolen). Bei der Verwendung der Reihenformen ist wieder die strukturell bedingte Kombination einander zugeordneter Modi evident: es folgen aufeinander R_4 und U_9, R_8 und KU_3, R_0 und U_5 (im Orchesternachspiel). Die dem ganzen Werk zugrundeliegende strenge

Beispiel 7

Reihendisposition wird nur einmal an entscheidender Stelle in der Schma-Melodie nach dem ersten Reihenpaar R_4 und U_9 verlassen. Die melodische Phrase bei „uv^{e}chol m^{e}odächa" (= . . . du sollst den Herrn lieben von ganzem Herzen, von ganzer Seele und mit all deiner Kraft) (T. 89/90; s. Beispiel 7) durchbricht in ihrem tonalen Duktus eindeutig das zwölftönige Strukturfeld mit dem kurzen Zitat einer jüdischen Melodie (Nigun), die gemäß traditionellem jüdischem Ritus zum Lernen des Talmud[4] gesungen wird. Dieses Zitat wirkt an dieser Stelle, die inhaltlich durch die vorangegangene Schilderung der historischen Situation ihr besonderes Gewicht erhält, wie ein schicksalhaftes Signal und leitet die agogisch rhythmische Steigerung ein, indem die Reihenmelodik die Triolenbewegung des Zitats aufgreift und weiterführt.[5]

Der Schluß des Werkes weist strukturell auf den Anfang zurück. Alle Stimmen in den drei Schlußtakten des Orchesters bringen quasi imitatorisch die untransponierte Grundreihe bis höchstens zum 6. Ton (Violinen), während Flöten, Oboen und Klarinetten das chromatische Total in einem Tremolo-Akkord aus den Tönen der ersten Hälfte von U_5 ergänzen. Die Kombination von R_0 mit U_5 in horizontaler und vertikaler Folge bestimmt auch den Anfangspunkt, so daß sich strukturell der Rahmen schließt.

[4] vgl. dazu: Religion in Geschichte und Gegenwart, Bd. 6, Tübingen [3]1962, Art. Talmud, Sp. 607—609.

[5] s. auch W. Gruhn, Zitat und Reihe, in: ZfMth 1974, H. 1

2.5 Das Expressive

Auch ohne exakte Kenntnis der spezifischen Reihen- und Werkstruktur erschließt sich „Ein Überlebender aus Warschau" dem Hörer unmittelbar in seiner allgemein menschlichen und künstlerischen Dimension aufgrund der Dichte und Intensität des Ausdrucks. Die aus der Reihe ableitbare besondere Bedeutung der kleinen Sekunden schlägt sich in einer besonderen Ausdrucksqualität nieder, die leichter und unmittelbarer im Hörakt faßlich wird als irgend ein anderes Prinzip. Zudem vermag der Text Interpretations- und Verständnishilfen zu geben. Eine Schlüsselstellung nimmt etwa die gedehnte Abwärtsführung der kleinen Sekunden bei „groaning and moaning" (T. 44—46) ein, deren schmerzlich klagende Wirkung noch durch die Klangfarbe der Oboen und Violinen unterstützt wird; das Sekund-Motiv gerinnt zur Chiffre des Leidens. Mit Recht stellt Klemm (S. 212) solche Stellen in den Zusammenhang mit „alter Seufzermelodik, die hier die dem anklagenden Inhalt angemessene Härte der Harmonik einigermaßen paralysiert." Eine ähnliche, über das rein Programmatische hinausweisende Bedeutung erhält das Fanfaren-Motiv; es wird — sonst lebensfrohes Dreiklangssignal — durch die Intervallfolge entstellt und so zu einem Symbol der Angst pervertiert (vgl. dazu die jeweilige Beantwortung durch die das chromatische Feld ergänzende Umkehrung). Illustrative Züge des Orchesterparts sind unverkennbar. Hier sind zu nennen der rhythmische „Galopp" („like a stampede of wilde horses" T. 72 ff.) mit dem mächtigen Crescendo vom pp bis zum fff, das erste Zitat der Schma-Melodie im Horn mit der tänzelnden sordinierten Streicherbegleitung, der übermäßige Dreiklang im Xylophon zu dem unheilvollen Trommel-Rhythmus zur Darstellung der gestauten Erregung („much too much noise, much too much commotion" T. 38—41) oder der Schlag mit dem Gewehrkolben (T. 41). Doch verharrt die Musik nie im Nur-Illustrativen, noch vermittelt sie allein realistische Klanggesten. Die durch die Materialordnung prädisponierten Gestalten haben die Ausdrucksqualitäten des Textes aufgesogen und werden für dessen inhaltliche Aussage transparent. Dies mag das letztgenannte Beispiel (T. 41) verdeutlichen. Den Schlag mit dem Gewehrkolben markiert der ff-Schlag in Piccolo, Horn und Xylophon. Allein die dynamische Akzentuierung (plötzliches ff) imaginiert die Heftigkeit des Schlages, während die zwei im tremolo verbundenen kleinen Sekunden aus der ersten Hälfte von R_0 in Horn und Piccolo zugleich symbolisch als Chiffre des Leidens dienen und tiefere Verständnisschichten ansprechen.

3. MATERIAL

3.1 Zum Begriff der Atonalität

Davon muß ich mich jedoch abwenden, denn ich bin Musiker und habe mit Atonalem nichts zu tun. Atonal könnte bloß bezeichnen: etwas, was dem Wesen des Tons durchaus nicht entspricht. Es ist schon der Ausdruck: tonal unrichtig gebraucht, wenn man ihn im ausschließenden und nicht im einschließenden Sinn meint. Nur so kann es gelten: Alles was aus einer Tonreihe hervorgeht, sei es durch das Mittel der direkten Beziehung auf einen einzigen Grundton oder durch kompliziertere Bindungen zusammengefaßt, bildet die Tonalität. Daß sich von dieser einzig richtigen Definition kein vernünftiger, dem Wort Atonalität entsprechender Gegensatz bilden läßt, muß einleuchten. . . . Ein Musikstück wird stets mindestens insoweit tonal sein müssen, als von Ton zu Ton eine Beziehung

bestehen muß, vermöge welcher die Töne, neben- oder übereinander gesetzt, eine als solche auffaßbare Folge ergeben. . . . Aber atonal wird man irgend ein Verhältnis von Tönen sowenig nennen können, als man ein Verhältnis von Farben als aspektral oder akomplementär bezeichnen dürfte. Diesen Gegensatz gibt es eben nicht. . . . Wenn man durchaus nach Namen sucht, könnte man an: polytonal oder pantonal denken.
(Schönberg, Harmonielehre, Fußnote S. 487 f.) GESPRÄCH

Die Tonalität ist kein ewiges Naturgesetz der Musik.
(Harmonielehre, S. 4.)

Resümee: Der Begriff der Atonalität hat sich heute als wertneutraler Begriff zur Typisierung einer musikgeschichtlichen Entwicklungsphase etabliert. Schönbergs an der Wortbedeutung entzündete Polemik richtet sich gegen die Gefahr eines mit diesem Begriff verbundenen ästhetischen Werturteils. Die neuen erweiterten horizontalen und vertikalen Bezugsmöglichkeiten stellen sich ihm als konsequente Weiterentwicklung der Musik nach Wagner, Debussy und Strauss dar.
„I believe that composition with twelve tones and what many erroneously call ‚atonal music' is not the end of an old period, but the beginning of a new one."
(Schönberg, Style and Idea, S. 45 f.)

3.2 Harmonik

„Emanzipation der Dissonanz"
Die Wertung von (quasi-)harmonischen Fortschreitungen in solcher Musik (= 12tönige Musik, d. Verf.) ist offenbar eine Notwendigkeit . . . Da solche Fortschreitungen nicht auf Fundamenten beruhen, steht Harmonie nicht zur Diskussion, und eine Wertung struktureller Funktionen kann nicht in Betracht gezogen werden. Es sind vertikale Projektionen der Grundgestalt (oder ihrer Teile), und deren Logik rechtfertigt ihre Kombination.
(Schönberg, Tendenzen, S. 189.)

In den letzten hundert Jahren hat sich der Harmoniebegriff durch die Entwicklung der Chromatik entscheidend gewandelt. Die Vorstellung, daß ein Grundton den Akkordaufbau bestimmte und die Akkordfolge regelte — der Begriff der Tonalität — mußte sich zunächst zu dem Begriff der ‚erweiterten Tonalität' entwickeln. Sehr bald wurde es zweifelhaft, ob solch ein Grundton noch das Zentrum bleibe, auf das jede Harmonie und harmonische Folge bezogen werden mußte. Weiter wurde es zweifelhaft, ob das Erscheinen der Tonika am Anfang, am Ende oder wo immer wirklich konstruktive Bedeutung habe. R. Wagners Harmonik hatte eine Wandlung der logischen und konstruktiven Kraft der Harmonie bewirkt. Eine der Konsequenzen war der sogenannte impressionistische Gebrauch von Harmonien, vor allem bei Debussy. Seine Harmonik, die ohne konstruktive Bedeutung ist, dient koloristischen Zwecken zum Ausdruck von Stimmungen und Bildern. Derartige Stimmungen und Bilder wurden, obgleich außermusikalisch, konstruktive Elemente, eingegliedert in die musikalischen Funktionen; ihnen gelang eine Art gefühlsmäßiger Verständlichkeit. Auf diese Weise war die Tonalität schon in der Praxis entthront, wenn auch noch nicht in der Theorie. Das allein hätte vielleicht keinen tiefgreifenden Wandel der Kompositionstechnik verursacht. Dieser Wandel wurde jedoch notwendig, als gleichzeitig eine Entwicklung eintrat, die damit endete, was ich die Emanzipation der Dissonanz nenne.
(Schönberg, Composition with Twelve Tones, in: Style and Idea, S. 103 f.; orig. engl.)
GESPRÄCH

Wesentlich für Schönbergs Verständnis der Zwölftontechnik ist seine Einstellung zum Phänomen der Dissonanz. Er definiert:

Konsonanzen als die näher liegenden, einfacheren, Dissonanzen als die entfernter liegenden, komplizierteren Verhältnisse zum Grundton. Die Konsonanzen ergeben sich als die ersten Obertöne und sind desto vollkommener, je näher sie dem Grundton liegen. Das heißt, je näher sie dem Grundton liegen, desto leichter ist es, ihre Ähnlichkeit mit diesem zu erfassen, . . . sie dem Gesamtklang einzuordnen, zu assimilieren, desto leichter, ihren Zusammenklang mit dem Grundton als ‚ruhenden', keiner Auflösung bedürftigen Wohlklang zu bestimmen. Dasselbe sollte auch für die Dissonanzen gelten.
(Schönberg, Harmonielehre, S. 18.)

Was die Dissonanz von der Konsonanz unterscheidet, ist nicht ein größeres oder geringeres Maß von Schönheit, sondern ein größeres oder geringeres Maß von Faßlichkeit.
(Schoenberg, Style and Idea, S. 104; dt. bei Rufer, Komposition, S. 48.)

. . . die Ausdrücke Konsonanz und Dissonanz, die einen Gegensatz bezeichnen, sind falsch. Es hängt nur von der wachsenden Fähigkeit des analysierenden Ohrs ab, sich auch mit den fernliegenden Obertönen vertraut zu machen und damit den Begriff des kunstfähigen Wohlklanges so zu erweitern, daß die gesamte naturgegebene Erscheinung darin Platz hat.
(Schönberg, Harmonielehre, S. 18.) DISKUSSION

Resümee: Die Begriffe Konsonanz und Dissonanz implizieren für Schönberg keine von Natur aus gegebenen ästhetischen Qualitäten, sondern bezeichnen nur einen graduellen Unterschied in dem Verhältnis der Obertöne zum Grundton. Schönbergs Kritik an der herkömmlichen Harmonielehre als Theorie entzündet sich gerade daran, daß sie als praktische Ästhetik wirke und den Schönheitssinn beeinflusse. „Aber die Schönheit ist nicht Sache der Erfahrung aller, sondern höchstens der Erfahrung einzelner" (Harmonielehre, S. 5). Die „Emanzipation der Dissonanz" stellt sich ihm als notwendige Weiterentwicklung der romantischen Harmonik dar und gründet auf der Theorie, daß „Dissonanzen nur die entfernteren Konsonanzen in die Obertonreihe" (Tendenzen, S. 189) sind.

3.3 Zwölftontechnik und Reihenstruktur

Hier werden angesichts der Fülle der Spezialliteratur nur Texte angeführt, die von grundsätzlicher Bedeutung für das Verständnis der Struktur des „Überlebenden ans Warschau" sind und Schlaglichter auf damit verbundene Probleme werfen.

Vor- und Frühformen der Zwölfton- und Reihentechnik sind in der Musikforschung seit langem bekannt (Gojowy, Mf. 1969, S. 22). ***Gojowy hat in mehreren Veröffentlichungen (vgl. auch Musik und Bildung 1969, Melos 1972) auf parallele Entwicklungen zu der Zwölftonmethode Schönbergs und den Tropen J. M. Hauers zu Beginn dieses Jahrhunderts in Rußland hingewiesen, etwa auf die voneinander unabhängigen Arbeiten mit zwölftönigen Komplexen bei Nikolaj Roslavetz und Efrej Golyscheff. Das Auffinden neuer Verknüpfungszusammenhänge im chromatischen Total entstammt nicht dem rein spekulativen Geist eines Einzelnen, sondern dem Ausdrucksbedürfnis der Zeit.***[6]

[6] Bezeichnend ist in dieser Hinsicht eine Episode aus Schönbergs Militärzeit. Auf die Frage, ob er der vielumstrittene Komponist sei, antwortete er: „. . . Einer hat's sein müssen, keiner hat's sein wollen; da hab ich mich halt dazu hergegeben!" (zit. bei: Reich, S. 129)

Es erscheint uns heute eindeutig nachweisbar, daß das Zwölftonsystem Schönbergs im Grunde nur die geniale Paragraphierung des Weges ist, den die abendländische Musik zwangsläufig gehen mußte. (Zillig, Variationen, S. 49.) *Ein zentraler Begriff Schönbergs ist der der Gestalt, bzw. der Grundgestalt. Sie stellt den primären musikalischen Einfall dar.*

Die Grundgestalt verleiht der Zwölftonreihe eine gewisse Gliederung, sie differenziert ihre [rhythmisch] gleichförmige Gestalt und ordnet ihre Reihenfolge.
(nach E. Stein, Neue Formprinzipien, Köln 1925; zit. bei Rufer, Melos 1971, S. 283.)

Die Zwölftonreihe stellt infolge ihrer Herkunft aus der Grundgestalt, dem Einfall, die melodische Vorformung des gesamten thematischen Materials eines Werkes dar.
(Rufer, Komposition S. 77.)

Der erste Einfall einer Reihe erfolgt immer in Form eines thematischen Charakters.
(Schönberg, Brief an Rufer v. 5. 2. 1951, zit. bei Rufer, Komposition, S. 86.)

Thematischer Charakter — das ist unverbindlich in bezug auf die Form, die Begrenzung; es kann auch Gestalt, oder auch nur einen Teil einer Gestalt bedeuten.
(Rufer, Komposition, S. 87.)

aber:
Es wird nicht oft passieren, daß man als ersten Einfall gleich eine vollkommene und verwendungsfähige Reihe erhält. Ein bißchen Nacharbeiten ist wohl meistens erforderlich. Aber der Charakter des Stückes ist bereits in der ersten Form der Reihe vorhanden. Dieses Nacharbeiten beruht hauptsächlich auf konstruktiven Erwägungen.
(Schönberg, Brief an Rufer v. 8. 4. 1950, zit. bei: Rufer, Komposition, S. 89.)

Resümee: Der thematische Charakter prägt die Gestalt im musikalischen Einfall, „in dem schon die Reihe (wie früher die Tonart) enthalten ist. Sie ist also integrierter Teil dieser Gestalt . . . Und die Reihe ist aus ihr abgeleitet, ist nicht Voraussetzung, sondern Ergebnis der Grundgestalt, also sekundär. Im Verlauf des Werkes kommt dann der Reihe, durch die ständige Wiederholung (!) ihrer Intervallkonstellation die Funktion eines Motivs zu, das den horizontalen und vertikalen Zusammenhang der Musik sichert."
(Rufer, Melos 1971, S. 283.)

*

Von op. 23 an wird die neue Methode ganz bewußt erprobt, zunächst in Klavierstücken, bis hin zu den Orchestervariationen. Entscheidend ist dabei, trotz konsequenter Weiterentwicklung des neuen Kompositionsprinzips der schöpferischen Phantasie jede Freiheit zu lassen. Dieses Prinzip erwies sich als „streng befolgbar, aber frei behandelbar" (mündliche Äußerung Schönbergs, zit. bei Rufer, Komposition, S. 27; ebenso Melos 1971, S. 282).

Soweit stehe ich seit ca. 2 Jahren und muß gestehen, daß ich bisher — zum ersten Mal — noch keinen Fehler gefunden habe, und daß mir das System unter der Hand, ohne mein Hinzutun wächst. Was ich für ein gutes Zeichen halte. Ich bin dadurch geradezu in der Lage so bedenkenlos und phantastisch zu komponieren, wie man es nur in der Jugend tut, und stehe trotzdem unter einer präzis benennbaren ästhetischen Kontrolle.
(Schönberg an Hauer am 1. 12. 1923, Briefe Nr. 78.)

Adorno zur Suite op. 29:
Alle Freiheit der Phantasiekonstruktion bleibt wach, durchleuchtet die bestehenden Formen bereits und will schließlich abermals sprengen, was an gesetztem Sein ihr irgend den Weg verlegen möchte; will ihre Form autonom bestimmen. Das ist nicht so zu denken, als

ob Schönberg des aufgelösten Stils in Willkür sich wiederum erinnert und ihn mit Zwölftontechnik erfüllt hätte. Vielmehr ruht die objektive Gewalt der Schönbergschen Dialektik darin gerade, daß die Probleme jedes Werkes von der Verfahrungsart des vorhergehenden derart notwendig gemacht sind, als ob es nur gälte, dort aufgeworfene technische Fragen zu lösen, während der Übergang von der Frage zur Lösung den Übergang in eine neue Sphäre Musik bereits bezeichnet. Die bewegende Kraft des jüngsten Umschlages ist die Frage, wie sich die Zwölftontechnik so handhaben lasse, daß, ohne die Strenge irgend zu mindern, der Ablauf der Reihen und die Reihen selber als kompositorischer Stoff nicht fühlbar werden, sondern hinter den Mitteln der thematisch-kompositorischen Technik verschwinden. Die Reihe soll nicht Themenmaterial mehr bleiben, sie stellt allein noch die virtuelle Thematik dar, die als solche überhaupt nicht manifestiert wird.
(in: Die Musik 1928; zit. bei Reich, S. 205 f.)

Hier fühlt Schönberg genau, daß die größte Freiheit, welche die freie und unbedingte Atmungsluft der Kunst ist, nicht absolut sein kann. Jeder Epoche ist ein eigenes Maß dieser Freiheit gemessen. Und über die Grenzen d i e s e r Freiheit vermag die genialste Kraft nicht zu springen. Aber d i e s e s Maß muß jedenfalls erschöpft werden und wird jedesmal erschöpft.
(W. Kandinsky, Das Geistige in der Kunst, Bern [6]1959, S. 49.)

*

Das musikalische Denken unterliegt den Gesetzen und Bedingungen unseres sonstigen Denkens, und hat hierbei noch die sich aus dem Material ergebenden Bedingungen zu berücksichtigen.
Jeder Gedanke beruht also auf Zusammenhängen, ist aber erst gedacht, wenn der Zusammenhang der betreffenden Dinge zur Darstellung einer Beziehung benutzt wurde.
Die Wissenschaft ist bestrebt, ihre Gedanken erschöpfend und so darzustellen, daß keine Frage unbeantwortet bleibt. Die Kunst dagegen begnügt sich mit einer vielseitigen Darstellung, aus welcher der Gedanke sich unzweideutig emporhebt, ohne daß er jedoch direkt ausgesprochen sein muß. Es bleibt hierdurch ein Fenster offen, durch welches — vom Standpunkt des Wissens — das Ahnen Einlaß erlangt.

. . . ein Musikstück ist ein Bilderbuch, bestehend aus einer Reihe von Gestalten, die, so sehr sie sich voneinander unterscheiden, doch a) stets miteinander zusammenhängen; b) sich darstellen als Veränderungen im Sinne des Gedankens einer Grundgestalt — wobei dann die verschiedenen Charaktere und Formen dadurch entstehen, daß die Art der Variation eine andere ist und daß man eine abwickelnde oder eine entwickelnde Methode der Darstellung anwendet.
(Schönberg, zit. bei Rufer, ZfMth 1971, S. 2 f.)

Glaubst Du denn, daß man einen Nutzen davon hat, wenn man das (= die richtige Reihe, d. Verf.) weiß? Ich kann es mir nicht recht vorstellen. Nach einer Überzeugung kann es ja für einen Komponisten, der sich in der Benützung der Reihen noch nicht gut auskennt, eine Anregung sein . . .. Aber die aesthetischen Qualitäten erschließen sich von da aus nicht, oder höchstens nebenbei. . . . Für mich kommt als Analyse nur eine solche in Betracht, die den Gedanken heraushebt und seine Darstellung und Durchführung zeigt. Selbstverständlich wird man hierbei auch artistische Feinheiten nicht zu übersehen haben.
(Schönberg, Brief an R. Kolisch v. 27. 7. 1932, Brief Nr. 143).

Zur Darstellung der Zwölftontechnik in Thomas Manns Roman ‚Doktor Faustus' notiert Schönberg:
Leverkühns 12-Ton-Gulasch
Leverkühn ist einer von diesen Amateuren, die glauben, das Komponieren mit zwölf Tönen bedeute nichts weiter, als die fortgesetzte Anwendung der Grundreihe oder ihrer Umkehrungen. Tatsächlich sollte aber die Bedeutung dieser Regel in anderer Weise ausgedrückt werden. Es sollte heißen: Keiner der zwölf Töne darf außerhalb der Ordnung der Grundreihe oder ihrer Ableitungen auftreten. Aber zu glauben, das Befolgen dieser Regel bringe eine Komposition hervor, ist ebenso kindisch oder laienhaft wie die Annahme, daß das Vermeiden anderer Verbote genüge, um Musik zu schaffen. Zum Beispiel das Vermeiden paralleler Quinten oder Oktaven. Diese Regeln sind nur einschränkend, aber nicht schöpferisch. Du mußt imstande sein, trotz dieser strengen Einschränkungen Musik hervorzubringen.
(Notiz Schönbergs, zit. bei Rufer, Werkverz., S. 132.)

Anmerkung: Schönberg vollendete nicht mehr das großangelegte Werk „Der musikalische Gedanke und die Logik, Technik und Kunst seiner Darstellung". *Zahlreiche Notizen und umfangreiche Manuskripte rücken den Gedanken der Faßlichkeit und des Zusammenhangs ins Zentrum seines musikalischen Denkens. In der Zeit der Entwicklung und theoretischen Verfestigung seiner Methode der Komposition mit zwölf nur aufeinander bezogenen Tönen beginnt auch die Auseinandersetzung mit dem Begriff des musikalischen Gedankens,* „den man als archimedischen Punkt für seine Anschauung von Musik schlechthin, für sein musikalisches und theoretisches Schaffen ansehen darf." (Rufer, Werkverz., S. 125)

3.4 Stil

Hugo Riemann über J. S. Bach	*Alban Berg über Schönberg*
... Er gehört mit gleichem Recht der hinter ihm liegenden	
Periode der polyphonen Musik, des	Periode des harmonischen Stils, wie der
kontrapunktischen, imitatorischen Stils,	mit ihm wieder einsetzenden Periode der
wie der Periode der harmonischen Musik	polyphonen Musik, des kontrapunktischen,
an und des nun erstmalig in seinem ganzen	Umfang dargelegten Systems der (an
die Stelle der Kirchentöne getretenen)	die Stelle der Dur- und Moll-Tonarten
modernen Tonarten.	getretenen) Zwölftonreihen.

Seine Lebenszeit fällt in eine Periode des Überganges, das heißt in eine Zeit, wo der alte Stil sich noch nicht ausgelebt hatte, der neue aber noch in den ersten Stadien seiner Entwicklung stand und das Gepräge des Unfertigen trug. Sein Genie vereinigte die Eigentümlichkeiten beider Stilgattungen ...
(Gegenüberstellung von A. Berg, zit. bei Reich, S. 171.) GESPRÄCH

Meine Lehrmeister waren in erster Linie Bach und Mozart; in zweiter Beethoven, Brahms und Wagner.

Von B a c h habe ich gelernt:
1. Das kontrapunktische Denken ...
2. die Kunst, alles aus Einem zu erzeugen und die Gestalten ineinander überzuführen
3. die Unabhängigkeit vom Taktteil

Von Mozart:
1. die Ungleichheit der Phrasenlänge
2. die Zusammenfassung heterogener Charaktere in eine thematische Einheit
3. Die Abweichung von der Gradtaktigkeit im Thema und in seinen Bestandteilen
4. Die Kunst der Nebengedankenformung
5. Die Kunst der Ein- und Überleitung

Von Beethoven:
1. Die Kunst der Entwicklung der Themen und Sätze
2. Die Kunst der Variation und Variierung
3. Die Mannigfaltigkeit des Aufbaus großer Sätze
4. Die Kunst unbedenklich lang, aber herzlos kurz zu schreiben ...
5. Rhythmik: die Verschiebung der Gestalten auf andere Taktteile

Von Wagner:
1. Die Wendefähigkeit der Themen ...
2. Die Verwandtschaft der Töne und Akkorde
3. Die Möglichkeit Themen und Motive manierenartig aufzufassen, wodurch sie dissonant gegen Harmonien gestellt werden können

Von Brahms:
1. ... Ungradtaktigkeit, Erweiterung und Verkürzung der Phrasen
2. Plastik der Gestaltung ...
3. Systematik des Satzbildes
4. Ökonomie und dennoch: Reichtum

Ich habe auch von Schubert vieles gelernt und auch von Mahler, Strauß [!] und Reger. ... Ich maße mir das Verdienst an, wahrhaft neue Musik geschrieben zu haben, welche, wie sie auf der Tradition beruht, zur Tradition zu werden bestimmt ist.
(Schönberg, aus dem Art. „Nationale Musik" 1931, zit. bei Rufer, Werkverz., S. 138 f.)

GESPRÄCH

Ich lege nicht so sehr Gewicht darauf, ein musikalischer Bauernschreck zu sein, als vielmehr ein natürlicher Fortsetzer richtig verstandener, guter, alter Tradition!
(Schönberg an W. Reinhard am 9. 7. 1923, Briefe Nr. 73.)

... meine Werke sind Zwölfton-Kompositionen, nicht Zwölfton-Kompositionen.
(Schönberg an R. Kolisch am 27. 7. 1932, Briefe Nr. 143.)

3.5 Einfall-Inspiration-Intuition

vgl. hierzu auch die unter Abschn. 3.3 zitierten Äußerungen Schönbergs

„Er [= Schönberg] hatte es als Lehrer furchtbar schwer: das rein Theoretische hatte aufgehört. Auf rein intuitivem Wege hatte er, unter furchtbaren Kämpfen, mit seinem ungeheuren Formgefühl gespürt, was nicht stimmt."
(Webern, S. 52.)

Ich hatte eine klare Vorstellung (perfect vision) von dem ganzen Werk — natürlich nicht in allen seinen Einzelheiten, aber in den Hauptzügen.
(Schönberg über die Entstehung der 1. Kammersinfonie, in: Style and Idea, S. 159.)

Unsere — Schönbergs, Bergs und meine — Reihen sind meist dadurch entstanden, daß ein Einfall in Verbindung mit dem intuitiv vorgestellten ganzen Werk gekommen ist, der dann sorgfältiger Überlegung unterzogen wurde . . .. Wenn man will: Inspiration.
(Webern, S. 58.)

Ich denke nicht daran, der Inspiration die entscheidende Rolle abzusprechen, . . . ich behaupte nur, daß sie keineswegs eine Voraussetzung für den schöpferischen Akt ist, sondern daß sie in der zeitlichen Folge eine Äußerung von sekundärer Art ist.
(I. Strawinsky, Musikalische Poetik, übers. v. H. Strobel, Insel-Verlag 1960, S. 34.)

Resümee: Bei Schönberg wie bei Webern steht im Gegensatz zu der anders konstituierten Persönlichkeit Strawinskys die Intuition v o r dem spekulativen Willen oder dem motorischen Impuls (bei Strawinsky), „wie ja alle Schönbergschen Entdeckungen und Neuerungen Produkte eines Gefühls, eines Zwangs, einer inneren Vision sind, die dann erst vom ordnenden Verstand wahrgenommen und katalogisiert werden." (Stuckenschmidt, Schönberg, S. 34). Die Reihe, die primär einem rationalen Akt zu entstammen scheint, steht in Wahrheit in enger Verbindung mit einer aus der Intuition kommenden Werkvorstellung. Erst danach setzt die bewußte Formung des Materials unter konstruktiven Erwägungen ein. Daher können sich die ästhetischen Qualitäten einer Komposition sowie Sinn und Folgerichtigkeit der musikalischen Gedanken von der Kenntnis der materialen Reihenorganisation allein nicht erschließen. (Vgl. Brief Nr. 143).

3.6 Expressivität

Ich glaube, Kunst kommt nicht vom Können, sondern vom Müssen. Der Kunsthandwerker kann. Was ihm angeboren ist, hat er ausgebildet; und wenn er nur will, so kann er. Was er will, kann er; gut und schlecht, seicht und tief, neumodisch und altmodisch — er kann! Aber der Künstler muß. Er hat keinen Einfluß darauf, von seinem Willen hängt es nicht ab. Aber da er muß, kann er auch.
(Schönberg, Probleme des Kunstunterrichts, in: Musikalisches Taschenbuch II, Wien 1911; zit. bei Wellesz, S. 16.)

Mein persönlicher Glaube ist es, daß Musik eine Offenbarung über eine höhere Form des Lebens vermittelt, zu der sich die Menschheit entwickelt. Und wegen dieser Botschaft spricht Musik zu Menschen aller Rassen und Kulturen.
(Schoenberg, Criteria for the Evaluation of Music, in: Style and Idea, S. 194.)

Schönberg als Maler:[7]
Die Bilder Schönbergs zerfallen in zwei Arten: die einen sind direkt nach der Natur gemalte Menschen, Landschaften; die anderen sind intuitiv empfundene Köpfe, die er ‚Visionen' nennt. . . . Die zweiten malt er, um seine Gemütsbewegungen, die keine musikalische Form finden, zum Ausdruck zu bringen.
. . . Auf das objektive Resultat verzichtend, sucht er n u r seine subjektive ‚Empfindung' zu fixieren und braucht daher n u r die Mittel, die ihm im Augenblick unvermeidlich erscheinen.
(W. Kandinsky, zit. bei Reich, S. 61/62.)

[7] mehrere Reproduktionen von Schönbergs Bildern befinden sich bei Rufer, Werkverzeichnis

Resümee: In den Bildern spricht sich Schönbergs starkes Ausdrucksbedürfnis vielleicht noch unmittelbarer als in den Kompositionen aus. „Es geschieht etwas mit mir. Meine Hand wird geführt." (zit. bei Reich, S. 60). Ein Sendungsbewußtsein bestimmt auch die Haltung des Komponisten. „Ich versuchte immer, etwas ganz Konventionelles hervorzubringen, aber es gelang nicht, und es wurde immer, gegen meinen Willen, etwas Ungewöhnliches." (Criteria . . . in: Style and Idea, S. 181).

3.7 Stimmbehandlung

Die in der Sprechstimme durch Noten angegebene Melodie ist (bis auf einzelne besonders bezeichnete Ausnahmen) n i c h t zum Singen bestimmt. Der Ausführende hat die Aufgabe, sie unter guter Berücksichtigung der vorgezeichneten Tonhöhen in eine S p r e c h - m e l o d i e umzuwandeln. Das geschieht, indem er

1. den Rhythmus haarscharf so einhält, als ob er sänge, d. h. mit nicht mehr Freiheit, als er sich bei einer Gesangsmelodie gestatten dürfte;
2. sich des Unterschiedes zwischen G e s a n g s t o n und S p r e c h t o n genau bewußt wird: der Gesangston hält die Tonhöhe unabänderlich fest, der Sprechton gibt sie zwar an, verläßt sie aber durch Fallen oder Steigen sofort wieder. Der Ausführende muß sich aber sehr davor hüten, in eine ‚singende' Sprechweise zu verfallen. Das ist absolut nicht gemeint. Es wird zwar keineswegs ein realistisch-natürliches Sprechen angestrebt. Im Gegenteil, der Unterschied zwischen gewöhnlichem und einem Sprechen, das in einer musikalischen Form mitwirkt, soll deutlich werden. Aber es darf auch nie an Gesang erinnern.

(Aus dem Vorwort zum „Pierrot lunaire" op. 21.)

Im übrigen ist anzunehmen, daß Schönberg selbst weder von der Vortrefflichkeit seiner Konzeption noch der Genauigkeit seiner Notierung bezüglich der vokalen Realität völlig überzeugt, noch gar über die Maßen befriedigt war. Denn die Notierung der Sprechstimme in seinen späteren Werken wie der „Ode an Napoleon" oder „Moses und Aron" unterscheidet sich von Grund auf: in der „Ode an Napoleon" ist sie relativ geworden . . . Jedenfalls ist die Notierung der „Ode an Napoleon" relativ in dem Sinn, daß sie eine begrenzte Anzahl von Zeichen verwendet, und daß diese Zeichen in keiner Weise an eine genaue oder eingegrenzte Tonhöhe gebunden sind, sondern an ein Intervall . . . Es scheint, daß Schönberg lange Zeit nach dem „Pierrot lunaire" auf diese Weise den Irrtum richtigstellen wollte, den er in bezug auf das Verhältnis zwischen Sprech- und Singstimme begangen hatte.
(Boulez, Melos 1971, S. 454.)

Resümee: In den verschiedenen Werken mit Sprechstimme ist eine allmähliche Veränderung der Notation von fixierten Tonhöhen zu relativen Lagenangaben festzustellen. Exakt notiert ist aber immer der Rhythmus. Die von Boulez aufgedeckte Problematik ist jedoch nicht nur eine der Aufzeichnungsart; in ihr schlägt sich nur die bestehende Unklarheit über die Ausführung der Sprechmelodie nieder (fixierte Tonhöhen? genaue Intervalle? dauerndes Fallen oder Steigen, also glissando?).

4. ÜBERLEGUNGEN ZUR DIDAKTIK UND LERNZIELE

4.1 Einordnung in verschiedene Unterrichtssequenzen

— *Das kompositorische Material*
Darstellung verschiedener (historisch entwickelter) Kompositionstechniken[8], etwa: Kontrapunktik der Niederländer — polyphone Satztechnik und Formen — serielle Verfahren (hier: Zwölftonreihentechnik, Form und Formung prädisponierten Materials) — Aleatorik.

— *Das Melodram*
Betrachtung einer Gattung: Erarbeitung von Formkriterien und Gattungsmerkmalen, Untersuchungen zur Aussageweise und den Funktionen des Melodrams
— als selbständiges Bühnenwerk (Monodramen von Benda)
— in der Oper (Fidelio, Kerkerszene; Freischütz, Wolfsschlucht)
— als gebundenes Melodram (Schönbergs Gurrelieder, Ode an Napoleon, Ein Überlebender aus Warschau).

— *Politisch engagierte Musik*
— historische Betrachtung: mittelalterliches Protest- oder Huldigungslied (Bänkelsang, Moritat, Ballade) — Revolutionsoper (Fidelio) — Weill, Eisler (Brecht-Lieder, Chöre) — Schönberg (Überlebender) — Nono (La fabbrica illuminata, Intolleranza);
— das politische Moment in instrumentaler und textgebundener Musik:
  1. der politische Entstehungsimpuls: Beethoven, Eroica; Chopin, Revolutionsetüde; Schönberg, Ein Überlebender aus Warschau;
  2. der Text (das Sujet) und seine verschiedenen Darstellungsweisen: Vergleich und Gegenüberstellung von Kunstlied — Protestsong in Vergangenheit und Gegenwart; Schönbergs Überlebender — Nonos La fabbrica; Fidelio — Intolleranza;
  3. die Verwendung zum politischen Zweck (Liszt, Les Préludes).

— *Musik und Sprache*
— die Sprachbehandlung in Rezitativ, Arie, Lied, Melodram; die Musikalisierung von Sprache und Sprachlauten durch neue Stimmtechniken (Schönberg: Pierrot lunaire; Ein Überlebender aus Warschau; Boulez: Le marteau sans maître; Nono: Il canto sospeso; Berio: Sequenza III[9]; Schnebel: Glossolalie); elektronische Verfremdung von Sprache (Stockhausen: Gesang der Jünglinge; Nono: La fabbrica illuminata).
— Ausdrucksmittel der Musik zur Unterstützung des Sprachgestus (Monteverdi — klassische Oper/Oratorium — romantisches Kunstlied — Expressionismus: Schönberg, Webern).
— Notationsweisen vokaler Musik (Gregorianik — Gegenwart).

4.2 Lernziele

4.2.1 Analytischer Aspekt

Der Lernende soll Stellung und Bedeutung von Schönbergs Musik innerhalb der Musik unseres Jahrhunderts in ihren Grundzügen kennlernen, die fortschreitende Entwicklung

[8] Vgl. R. Fuhrmann: A. Berg, Violinkonzert 1.5 g)
[9] Vgl. W. Gruhn: L. Berio, Sequenza III.

zur Auflösung der Tonalität als natürliche verstehen und evtl. Verbindungen zu anderen streng konstruktiven Kompositionstechniken (z. B. bei den Niederländern oder im Barock) ziehen.
Er soll in der Lage sein,
— an Beispielen aus EIN ÜBERLEBENDER AUS WARSCHAU Schönbergs Bindung an die Tradition im Handwerklichen und Klanglichen zu belegen,
— die Funktion der Reihe und ihrer Modi für die Komposition zu beschreiben,
— die Bedeutung des Begriffs der Atonalität zu erläutern.
Er soll eine grundsätzliche Kenntnis von parallelen Entwicklungen, die zu irgend einer Form der Zwölftontechnik führten (z. B. Hauer), und von der Wirkung der atonalen Musik in ihrer Zeit besitzen.

4.2.2 Kognitiver Aspekt

Der Lernende soll einzelne für das Verständnis von Struktur und Ausdruck des ÜBERLEBENDEN AUS WARSCHAU wesentliche Fakten nennen können. Er soll
— die stilistische Besonderheit der Sprechmelodie beschreiben und ihre Notation lesen können,
— einzelne wichtige Form- und Kompositionsprinzipien nachweisen und dazu angeben können, z. B.
  wie die Grundreihe gebaut ist (Strukturmerkmale nennen),
  wie einzelne Modi verwendet sind (Verteilung auf die Stimmen, akkordische oder melodische Bildungen nachweisen),
  welche traditionellen und neuen Mittel zur expressiven Gestaltung des Textes (Inhalts) eingesetzt werden,
  wodurch Motive oder Themen aus der Reihe entstehen,
— sich zu Schönbergs Auffassung von Atonalität und Dissonanz sachgerecht äußern können.

4.2.3 Kritischer Aspekt

Der Lernende soll in die Lage versetzt werden, zu engagierter Musik mit politischem Sujet jeglichen Stils sachlich und begründet Stellung zu nehmen. Er muß dazu Vergleichsbeispiele auch aus anderen Sparten (z. B. Protestsong, Chanson, Revolutionsoper etc.) kennen. Er soll ferner über Kriterien verfügen, um über die kompositorische Qualität von op. 46 eine begründete Aussage machen zu können.
Solche Kriterien können sein: formaler Zusammenhang, innere strukturelle Logik, Verhältnis Form — Inhalt, Originalität, Eindeutigkeit.
Er soll sich über den affektiven Gehalt dieser Musik bewußt werden und erkennen, wie sich die Rezeption musikalischer Klänge, die traditionelle ästhetische Normen verlassen oder sprengen, durch Gewöhnung und Schulung ändert.
Er soll die Stellung der Musik der Wiener Schule im heutigen Konzertleben überprüfen und die daraus ableitbaren Schlüsse reflektieren.

5. BIBLIOGRAPHIE

In die Bibliographie wurden wesentliche Arbeiten zum Verständnis der Zwölfton- und Reihentechnik aufgenommen sowie ausgewählte Darstellungen zu Leben und Werk Schönbergs, soweit sie für das besprochene Werk von Belang sind, schließlich im Text zitierte Bücher und Artikel.

Adorno, Theodor W.
Schönberg und der Fortschritt, in: Philosophie der Neuen Musik, Tübingen 1949, Frankfurt ²1958, S. 19—88 (auch als Ullstein TB, Frankfurt 1972)
Ansermet, Ernest
Die Grundlagen der Musik im menschlichen Bewußtsein, dt. München 1965. zu Schoenberg, S. 524—559
Boulez, Pierre
Sprechen, Singen, Spielen, in Melos 1971, S. 453—461
Eimert, Herbert
Grundlagen der musikalischen Reihentechnik, Wien 1964
Eimert, Herbert
Lehrbuch der Zwölftontechnik, Wiesbaden 1952
Gojowy, Detlev
Sowjetische Avantgardisten, in: Musik und Bildung 1969, S. 537—542.
Gojowy, Detlev
Nikolaj Andreevic Roslavec, ein früher Zwölftonkomponist, in: Die Musikforschung (Mf) 1969, S. 22—38
Gojowy, Detlev
Zwölftontechnik in Rußland, in: Melos 1972, S. 130—141
Gruhn, Wilfried
Zitat und Reihe in Schoenbergs „Ein Überlebender aus Warschau", in: Zeitschrift für Musiktheorie 1974, H. 1
Häusler, Josef
A. Schönberg, in: Die Musik im 20. Jahrhundert, Bremen 1969, S. 350—367
Jelinek, Hanns
Anleitung zur Zwölftonkomposition nebst allerlei Paralipomena. 2 Bde. Wien ²1967
Kirchmeyer, Helmut
Schönberg und Hauer, in: Neue Zeitschrift für Musik (NZ) 1966, S. 258—263
Klemm, Eberhardt
Zur Theorie einiger Reihenkombinationen, in: Archiv für Musikwissenschaft XXIII 1966 (AfMw), S. 170—212 (darin: analytische Ansätze zu „Ein Überlebender aus Warschau")
Krenek, Ernst
Über neue Musik, Wien 1937
Leibowitz, René
Schoenberg et son école, Paris 1947
Lichtenfeld, Monika
Schönberg und Hauer, in: Melos 1965, S. 118—121
Reich, Willi
Schönberg oder Der konservative Revolutionär, Wien-Frankfurt-Zürich 1968 (umfassende biographische Darstellung)
Rexroth, Dieter
Zum Theoretiker Schoenberg — Anmerkungen zur Harmonielehre von 1911, in: Kongreß-Bericht Bonn 1970, Kassel (1973), S. 288—293
Rufer, Josef
Begriff und Funktion von Schönbergs Grundgestalt, in: Melos 1971, S. 281—284; = Rufer, Melos
Rufer, Josef
Die Komposition mit zwölf Tönen, Berlin-Wunsiedel 1952; = Rufer, Komposition

Rufer, Josef
Von der Musik zur Theorie. Der Weg A. Schönbergs, in: Zeitschrift für Musiktheorie 1971, S. 1—3; = Rufer, ZfMth
Rufer, Josef
Das Werk Arnold Schönbergs, Kassel 1959; = Rufer, Werkverz.
Schnebel, Dieter
Komponierter Gestus im Werk Arnold Schönbergs, in: Denkbare Musik, Köln 1972, S. 174—194
Schönberg, Arnold
Briefe, hg. von E. Stein, Mainz 1958; = Schönberg, Briefe
Schönberg, Arnold
Harmonielehre, Wien [4]1922 = Schönberg, Harmonielehre
Schönberg, Arnold
Style and Idea, New York 1950; = Schönberg, Style a. Idea
Schönberg, Arnold
Die formbildenden Tendenzen der Harmonie, Mainz 1957; = Schönberg, Tendenzen
Sengstschmid, Johann
Anatomie eines Zwölftonspiels. Ein Blick in die Werkstatt J. M. Hauers, in: ZfMth 1971, S. 14—34
Stuckenschmidt, Hans Heinz
Arnold Schönberg, Zürich-Freiburg 1951; = Stuckenschmidt, Schönberg
Stuckenschmidt, Hans Heinz
Sinn und Unsinn des Melodrams, in: Musica 1968, S. 255—258
Stuckenschmidt, Hans Heinz
Stil und Ästhetik Schönbergs, in: Schöpfer der neuen Musik, Frankfurt 1958, S. 162—179. = Stuckenschmidt, Schöpfer
Webern, Anton
Der Weg zur neuen Musik, Wien 1960
Wellesz, Egon
A. Schönberg, Leipzig-Wien-Zürich 1921
Wörner, Karl-Heinz — **Daube,** Otto
Arnold Schönberg, Sonderreihe Meister der Gegenwart, Dortmund 1962. (Slg. von Texten und Zitaten)
Zillig, Winfried
A. Schönberg, in: Variationen über neue Musik, München 1964, S. 35—60

Schönberg-Festschriften
— Arnold Schönberg (mit Beiträgen von Berg, Gütersloh, Horwitz, Jalowetz, Kandinsky, Königer, Linke, Neumann, Stein, Webern, Wellesz), München 1912
— Arnold Schönberg zum 50. Geburtstag, Sonderheft der Musikblätter des Anbruch, Wien 1924
— Arnold Schönberg zum 60. Geburtstag, Wien 1934
Armitage, Merle (Hg.)
Schönberg (mit Beiträgen von Schönberg, Stein, Särchinger, Sessions, Engel, Danz, Werfel, Klemperer, Slonimsky, Krenek, Buhlig, Stefan, Schloezer, Steuermann, Rodriguez, Pisk, Weiss, Viertel), New York 1937
Schönberg-Heft, Melos 1951, H. 9 (mit Beiträgen von Reich, Eimert, Jelinek)

Dieter Zimmerschied

Paul Hindemith (1895—1963)
Sonate für Violoncello und Klavier (1948)

1. INFORMATION

1.1 Noten: Ed. Schott 3839
Schallplatte: Da Ca 93702

1.2 Periodisierung (nach Borris, Hindemith, S. 65):

1. Periode (1917—1921): Zeit der Auseinandersetzung mit spätromantischen Klangmodellen, etwa Regers und der Impressionisten; klangschwelgerische Dur-Moll-Tonalität.

2. Periode (1921—1927): Umbruch zu harter Linearität, Kammermusiken im konzertanten Stil . . . Geklärter Expressionismus. Trotz großer Klanghärten bleiben melodische Führung und motivische Gliederung einfach und sinnfällig.

3. Periode (1927—1934): Lehrtätigkeit, Konzeption der „Unterweisung im Tonsatz“. Zunehmende Bedeutung des Tonalen, neue harmonische Flächigkeit, Beziehung zum alten Lied . . . Gewinn der großen Form durch Intensivierung des Lyrischen . . . Bekenntnishaftigkeit, kunstmoralische Verpflichtung, ernste Musikgesinnung . . .

4. Periode (1935—1945): Rehabilitierung der Sonatenform, Proklamation der Traditionstreue und Handwerksgesinnung; Vorbild Johann Sebastian Bach als konservatives Meisterideal. Großangelegte Formen: Symphonien, Konzerte, „Ludus tonalis“.

5. Periode (seit 1945): Ausbau und Vertiefung der Positionen, stark konservativer, bisweilen mystischer Zug. Umarbeitung früherer Werke . . . Neigung zum Monumentalen . . . Stärkere Bedeutung geistlicher Werke.

1.3 Werkauswahl

1. Periode

Violinsonaten in Es u. D (1918)
Violoncellosonate (1919)
Streichquartett I (1919)

2. Periode

„Das Nusch-Nuschi“ (Marionettenspiel und Tanzsuite) (1921)
Streichquartett III (1922)
Kleine Kammermusik für 5 Bläser (1922)
„Suite 1922“ (1922)
„Sancta Susanna“ (Oper) (1922)
„Das Marienleben“ (Lieder nach Rilke) (1923)
„Der Dämon“ (Tanzpantomime u. Konzert-Suite) (1923)
Kammermusik Nr. 2—5, op. 36 (1924—27)

Klaviermusik I u. II (1925—27)
„Cardillac“ (Oper) (1926)

3. Periode

Lieder für Singkreise (1927)
Schulwerk für instrumentales Zusammenspiel (1927)
Sing- und Spielmusiken für Liebhaber und Musikfreunde (1928/29)
„Wir bauen eine Stadt“ (1930)
Chorlieder für Knaben (1930)
„Das Unaufhörliche“ (Oratorium) (1931)
„Plöner Musiktag“ (1932)
Philharmonisches Konzert (1932)
„Mathis der Maler“ (Oper und Suite) (1934)

4. Periode

„Trauermusik“ (1936)
(„Unterweisung im Tonsatz“ I u. II: 1937—40)
Symphonische Tänze (1937)
Klaviersonate zu vier Händen (1938)
„Nobilissima Visione“ (Tanzlegende und Suite) (1938)
Konzert für Violine u. Orchester (1939)
Violinsonate in C (1939)
Thema mit 4 Variationen für Klavier und Streichorchester (1940)
Symphonie in Es (1940)
„Ludus tonalis“ (1942)
Klaviersonate für 2 Klaviere (1942)
Symphonische Metamorphosen über Themen von C. M. v. Weber (1943)
Streichquartett V (1943)

5. Periode

„Symphonia Serena“ (1946)
„When Lilacs Last in the Door-Yard-Bloom'd“ (Requiem) (1946)
„Das Marienleben“ (Neufassung) (1948)
Violoncellosonate (1948)
„Die Harmonie der Welt“ (Suite 1951 / Oper 1957)
„Cardillac“ (Neufassung) (1952)
Sonaten für 4 Hörner (1952)
„Ite, angeli veloces“ (1953/55)

1.4 Voraussetzungen, die eine intensive Behandlung erleichtern:

- Kenntnis kontrapunktischer Arbeit im Barock
- Kenntnis barocker Variationstechnik
- Hörerfahrung mit der Barocksonate
- Kenntnis der klassischen Sonatenhauptsatzform sowie klassischer Verarbeitungstechniken.

2. ANALYSE

2.1 Erster Satz

Die Gesamtform des Satzes ist der Sonatenhauptsatzform angenähert, wenngleich auch wesentliche Elemente wie Zweithematik und Durchführung nur angedeutet oder ganz fallengelassen wurden. Überhaupt sieht Hindemith „den Begriff ‚Sonate' nicht im schulmäßigen Sinn. Die formalen Konzeptionen reichen von der Neugestaltung des frühbarocken ‚Klingstücks' bis zur Annäherung an den klassischen zweithematigen Sonatenbau, wobei aber die ‚Durchführung' nicht in Beethovens dialektischer Verarbeitung, sondern in barocker Reihung erfolgt.“ (Häusler, Musik im 20. Jahrhundert, S. 221)

Eröffnet wird der Satz mit dem Hauptthema, das sich im Siciliano-Rhythmus über einem Orgelpunkt E bewegt und damit auch tonal der Stufe E zugehört (vgl. Hasslwanter S. 136).

Nach einer motivisch bestimmten Überleitung (bis T. 25) setzt das Thema im Vc. neu ein, allerdings zu einer veränderten Kontrapunktik im Pf. und in verstärkter Dynamik. Nach einer zweiten Überleitung (T. 38—58), die tonal auf Gis liegt, beginnt etwa dort, wo in der klassischen Sonatenhauptsatzform das Seitenthema erwartet wird, ein geschlossener Fugenteil (T. 59—142), bestehend aus einem kurzen Fugato (bis T. 77)

und einer Fuge in einem tonalen Zentrum As mit abschließender Wiederaufnahme des Fugatos.

Wenn auch die klassische Sonatenform in ihrer Außenstruktur gewahrt bleibt, so erfolgt die Themenbildung hinsichtlich Ausdehnung und Geschlossenheit doch eher im Sinne der Barocksonate (vgl. Strobel, S. 98 f.).
Unter Auslassung eines spezifischen Durchführungsteils schließt sich die Reprise mit dem Hauptthema unmittelbar an, wobei jedoch Durchführungselemente in der nachfolgenden Überleitung erkennbar sind (T. 155—165).

Es folgt nun ein für Hindemith charakteristischer Schlußteil mit kontrapunktischer Führung der exponierten Thematik, hier ab T. 166, wo das Hauptthema (Vc.) und die Fuge gleichzeitig erklingen, bis dann nach einer kurzen Überleitung der Satz mit dem in Spielfiguren fortgesponnenen Fugenthema schließt.
Die dynamische Entwicklung des Hauptthemas erfolgt in drei Stufen: Es erklingt zunächst in pädagogisch anmutender Deutlichkeit, wobei die unterlegte Klavierstimme über einem liegengelassenen Baß sich nur in zurückhaltenden kontrapunktischen Andeutungen ergeht. Ab T. 26 ist es auf dem Gipfel seiner Dynamik angelangt und wird durch kräftige Parallelakkorde bzw. Unisonolinien profiliert. In T. 166 endlich hat es die Stufe erreicht, auf der es im exakt geführten Kontrapunkt das Fugenthema ergänzen kann.
Der ganze Satz ist aus einem Spiel mit der Kontrapunktik zu verstehen, wobei der Spielbereich tief in die Motivstruktur eingreift, und zwar so, daß stets und überall thematische Folgen sowie Fortführungen den Charakter von sich ähnelnden und nur bedingt verbindlichen Spielfigurationen annehmen. Die gesamte Kontrapunktik entbehrt, wie nicht selten bei Hindemith, „einer gewissen melodischen Abwechslung und Prägnanz . . . Man hat beinahe den Eindruck, dies alles könne ebensogut irgendeiner endlosen melodischen Linie entnommen sein, die mit den gleichen Intervallspannungen, derselben Ausgewogenheit und — trotz metrischer Verschiedenheit — stets gleichbleibender Wellenbewegung dahinfließt." (Mason, S. 175)
Dem mehr spielerischen, musikantischen Charakter des Satzes entspricht auch die Formkonzeption, die thematischen Konflikten häufig ausweicht zugunsten einer mehr distanzierenden Reihung.

2.2 *Zweiter Satz*

Die drei Teile des zweiten Satzes tragen die Bezeichnungen „Moderately fast" — „Slow" — „Tempo I". Der erste und dritte Teil sind thematisch aufeinander bezogen und weisen eine reihende Formung auf, während der Mittelteil in sich die geschlossene Dreiteiligkeit des Gesamtsatzes wiederholt.
Der erste Teil („Moderately fast") erfährt seinen Reiz durch die kontrapunktische Gestaltung. Die zunächst als doppelter Kontrapunkt im streng barocken Sinne vom Klavier gespielte Gegenstimme zum Hauptthema (T. 1—10 im Vc.) erweist sich als musikantisch abgeänderte Spielfigur, wenn sie nach dem Stimmentausch (T. 10) im Vc. auftritt. Dennoch erhält diese Spielfiguration ein besonderes Gewicht, weil sie zeitweilig ihren linearen Duktus durch eine Parallelführung im Abstand einer großen Sekunde nachdrücklich betont.

Dieser so erreichte stark dissonante Klang mag eher an Hindemiths provokative Frühwerke als an sein Alterswerk erinnern (vgl. Mason, S. 258)

Ab T. 19 folgt das analoge Spiel mit dem scheinbaren doppelten Kontrapunkt und der Parallelführung dieser Stimme zu einer Variante des Hauptthemas. Die enge motivische Bindung der Themen spiegelt sich in einer entsprechenden Bindung zwischen den Kontrapunkten wider.

Mit T. 39 setzt ein drittes Thema im Vc. ein, begleitet von gegenläufigen Spielfiguren.

Auch hier folgt der erwartete Stimmentausch (T. 43), und nach einer der klassischen Durchführung nachempfundenen Taktfolge mit Motivabspaltung und Sequenzierung (T. 45—51) beendet das wiederaufgenommene dritte Thema in einer Art harmonisch verdichtender Stretta den ersten Teil des Satzes.

Der zweite Teil, in G beginnend, ist im Gegensatz zu den Randteilen weitgehend akkordisch angelegt, was dazu führt, daß hier und da impressionistische Reminiszenzen entstehen können.

Der Aufbau unterscheidet sich kaum von dem der Randteile, auch hier wandern Haupt- wie Seitenthema (Beginn T. 83 auf C, modulierend nach E und nach Ces) von einem Part in den anderen, wobei eine drohende Monotonie bisweilen durch spielerische Variantenbildung verhindert wird.

Der dritte Teil („Tempo I") unterscheidet sich vom ersten nur durch eine bis zur Coda (T. 128) durchlaufende Sechzehntelfigur im Pf. Die aus dem ersten Teil bekannten Themen erklingen hierzu ausschließlich im Vc., während der im ersten Teil damit verbunden gewesene Kontrapunkt in die Baßstimme des Pf. verlagert wird. Auch die strettaähnliche Coda wird genau übernommen, allerdings transponiert, bis der ganze Satz mit einem Cis-Dur-Akkord schließt.

2.3 Dritter Satz

Der dritte Satz, durchgehend im tonalen Zentrum E beheimatet, aus dem heraus das Gesamtwerk auch entstanden ist, stellt eine Passacaglia dar und weist damit deutlich auf die typische Rückwendung Hindemiths zur strengen Variationstechnik in seinem Spätwerk hin: „. . . the variations of Hindemith's late period are primarily a modern manifestation of the oldest variation technique — the cantus firmus treatment . . . In the early period the free techniques are the rule; in the late period they are the exception." (Hymanson, S. 21)

Entsprechend entdecken wir eine strenge Auffassung der Variationsform, wobei alle traditionellen Techniken zu finden sind, wie der Wechsel des Themas in eine andere Stimme (Var. 12/13), rhythmische Kontraste zwischen den Stimmen (Var. 9), Entwicklung und Weiterentwicklung von Spielmotiven (Var. 4/5/6), alternierende Motivik (Var. 18), Einsatz von Triolenbewegungen (Var. 21) usw.

In einer übergeordneten Form jedoch erschließt der dritte Satz nicht nur sich selbst, sondern gleichzeitig auch die ganze Sonate. Durch hinzugefügte Tempobezeichnungen wie „ruhig" (Var. 14) und „Tempo I" (Var. 19) sowie durch das Auftreten einer Kantilene in den Variationen 14—17 gliedert sich der Satz in drei Teile: I) Var. 1—13; II) Var. 14—18; III) Var. 19—24, zu denen noch eine Coda hinzutritt.
Wie Hasslwanter aufgrund eingehender Analysen nachgewiesen hat, ist im ersten dieser Teile ein deutliches „Vorherrschen der harmonischen Komponente" zu erkennen, während im meist zweistimmig geführten zweiten Teil „die melodische Komponente" und im dritten „die rhythmische Komponente . . . überwiegt" (Hasslwanter, S. 162).

Quantitativ überwiegt somit das Harmonische, was nach Hasslwanter „auch sonst in dieser Sonate der Fall" ist und woraus er den Schluß zieht: „Das konstruktive Prinzip überwiegt das Schöpferische; diese Feststellung kann für diese Sonate . . . getroffen werden: es gereicht ihr nicht immer zum Vorteil." (a. a. O., S. 163)

3. MATERIAL

3.1 Hindemiths Musikanschauung

. . . wir (haben) . . . seit Beethovens Tode eine ununterbrochene Ars nova erlebt. Eine Ars nova allerdings, die im Suchen nach Äußerlichkeiten ihre Befriedigung fand . . . Dieses „Neue" ist aber nach tausenderlei Varianten schal geworden, aber das uralte Streben nach geistiger Vertiefung der Musik ist noch immer so gut wie je. Bei aller Wertschätzung, die

man billig den technischen Neuerungen entgegenbringen kann, . . . ist es doch angezeigt, in der Bezeichnung „Neue Kunst“ die Betonung des Wortes „neu“ zu vermindern und dafür die „Kunst“ um so mehr hervorzuheben.
Paul Hindemith: Vorwort zu der Ausgabe seines „Marienlebens“ 1948, zit. nach Melos 11/1955, S. 311 GESPRÄCH

Hindemith . . . ist zwar fortgeschritten, schreitet aber nicht weiter fort. (Er) hat seine musikalische Haltung mit einem Spruch selbst charakterisiert, der zwischen dem langsamen Satz und dem Finale der Sonate für Altsaxophon in Es (1945) steht:
‚Nicht deshalb ist das Alte gut, weil es vergangen,
Das Neue nicht vortrefflich, weil wir mit ihm gehen;
Und mehr hat keiner je an Glück erfahren,
Als er befähigt war zu tragen, zu verstehen.
An dir ist's, hinter Eile, Lärm und Mannigfalt
Das Ständige, die Stille, Sinn, Gestalt
Zurückzufinden und neu zu bewahren.'
(Zietsch, S. 30)

Über den vorerwähnten scheinbaren „Fortschritt“ hinaus gibt es kein ständiges Voranschreiten. Können wir in unserem unausgesetzten Wandel ein Imkreisegehen vermeiden, so haben wir schon viel erreicht. Wir können nicht mehr tun, als den Kreis in eine Spirale zu verwandeln suchen, in deren höheren oder tieferen Ebenen wir immer wieder nahe an das herantreten, was in der Musik andere vor uns schon bebaut, gefühlt und genossen haben.
(Hindemith, Komponist in seiner Welt, S. 39 f.) GESPRÄCH

. . . (es) bietet sich für Hindemith das Bild der Spirale an: Wiederkehr ähnlicher Verläufe auf wechselnden Ebenen.
(Häusler, Musik im 20. Jahrhundert, S. 221)

Die ganze evolutionistische Idee der sich stetig zu höheren Ebenen hinaufentwickelnden Musik ist unhaltbar.
(Hindemith, Komponist in seiner Welt, S. 147) DISKUSSION

Erst heute hat die Musik den Zustand erreicht, der für die Poesie natürlich ist: das Arbeitsmaterial der Poesie steht mit der vom Dichter verwendeten Sprache von vornherein fest; kein neues Material kann zugefügt werden, es sei denn, der Dichter fantasierte sich seine eigenen Worte und Sätze zusammen. Jeder, der die Muttersprache des Dichters spricht und versteht, versteht auch dessen Arbeitsmaterial von Grund auf. Trotzdem ist die Poesie nicht an einem Ende angelangt; das wird auch nicht geschehen, solange es gesprochene und verstandene Sprache gibt. Warum sollte also gerade die Musik sich zu Tode gelaufen haben, nachdem ihr Material harmonischer Konstruktion restlos bekannt geworden ist?
(Hindemith, Komponist in seiner Welt, S. 151 f.) GESPRÄCH

Sollte unser musikalisches Schicksal von Neuentdeckungen in der Harmonie abhängen, so wäre es ratsam, mit ein paar soliden Dreiklängen den letzten Trauermarsch zum Tode der Musik zu schreiben.
(Hindemith, Komponist in seiner Welt, S. 151)

Gesonnen sein, denselben Weg zur Vollkommenheit zu suchen, mehr kann keiner tun . . . Die Frage nach dem Stil Bachs oder nach irgendeinem anderen Stil verliert hier gänzlich an Bedeutung . . . Es kann dann nur eine Musikart geben: die im Sinne des Bachschen Musikethos, seinem von ihm hinterlassenen kostbaren Erbe r i c h t i g e Musik.
(Hindemith, Bach, S. 24)

Es ist ein kunstmoralisches Eiferertum, was ihn bewegt: der Gedanke, der Gefährdung der Musik, der Tendenz zur Enthumanisierung des Musizierens entgegenzuwirken.
(Borris, Hindemith, S. 69)

Musik muß in moralische Stärke verwandelt werden. Wir vernehmen die Klänge und Formen der Musik, aber sie bleiben bedeutungslos, wenn es uns nicht gelingt, sie in unsere geistige Tätigkeit einzubeziehen und ihre fermentierende Kraft dort im veredelnden, übermenschlichen und idealen Sinne wirksam werden zu lassen.
(Hindemith, Komponist in seiner Welt, S. 20)

Resümee: Daß Musik eine ethische Funktion zu erfüllen hat, steht für Hindemith außer Frage. Er zeigt sich mißtrauisch gegen die Betonung des „Neuen“ gegenüber der „Kunst“ und zieht das Bild der Spirale vor, um zu zeigen, daß wir „in deren höheren und tieferen Ebenen“ immer aufs Neue an die gleichen musikalischen Gehalte herangeführt werden.

3.2 Die „Unterweisung im Tonsatz“

(Kurzfassung der Gedanken aus der „Unterweisung . . “ in: Häusler, Musik im 20. Jahrhundert, S. 37 ff.)[1]

3.3 Neoklassizismus

Die Hauptaufgabe des Neoklassizismus liegt unstreitig in seinem antiromantischen Charakter vorgezeichnet. Es ist der erste geschlossene Vorstoß des objektiven Geistes gegen das Zuviel des Gefühls, die erste erneute Verwirklichung rein musikalischer Ausdruckskunst auf der breiteren Basis einer, wenn auch konstruierten, Stilform.
(Liess, S. 50)

Hinter dem Habitus einer luziden, spirituellen Reaktion gegen das chaotische Dunkel der Spätromantik verbirgt sich hier natürlich eine erst recht romantische Haltung, kristallisiert in der Vorstellung, man könne die hochgeschätzte Anmut und Würde, das edle Gleichmaß und die ewige Serenitá der Klassiker wieder erlangen, wenn man die vom Expressionismus wild gemachten Mittel zunächst ihres expressiven Charakters entkleide und dann nach Möglichkeit bändige und glätte.
(Křenek, S. 9)

Was das unmittelbare Vorbild Bachs anbelangt, so genügt der Hinweis auf den „Ludus tonalis“, Hindemiths Wohltemperiertes Klavier. Er hat mit seinen Sinfonischen Metamorphosen Carl Maria von Weberscher Themen einem der nobelsten Musiker aus der deutschen Romantik ein Denkmal gesetzt; er liebte es, Mozart zu dirigieren, fühlte sich Reger wahlverwandt, und manche seiner späteren Orchesterkompositionen bezeugen, wie sehr Hindemith dem Geist nach auch Anton Bruckner verbunden war.
(Häusler, Der Klassiker Paul Hindemith, S. 6)

. . . die Hin- oder, wenn man so will, Zurückwendung zur Geschichte . . . sein Werk ist einer der Angelpunkte, in dem sich diese Geisteshaltung bewegt und dreht.
(Nestler, Versuch, S. 240)

---

[1] Harmonische und melodische Analysen in Anlehnung an Hindemiths Satzlehre werden hier nicht vorbereitet. Sie würden in ihren allgemeinen Anforderungen die natürlichen didaktischen Grenzen überschreiten.

(Hindemith) ... steht für ein tonsetzerisches Handwerksideal im Sinn des deutsch-mittelalterlichen Zunftbegriffs ...
(Häusler, Der Klassiker Paul Hindemith, S. 5)

Hindemith verkörpert, soziologisch gesehen, den Typ des „Meisters". Traditionstreue und Sinnfälligkeit dienen als Voraussetzung für echte Kommunikation der Musik.
(Borris, Hindemith, S. 73) GESPRÄCH

Den Weg ins Konformistische droht die Richtung einzuschlagen, die man als „Neue Sachlichkeit" bezeichnen könnte ... Sie hat mit dem Neoklassizismus die Anti-Espressivo-Tendenz gemeinsam ... Die Affeklosigkeit und Abwesenheit von Gemütsbewegungen ... ist bedingt von einer gewissen Besessenheit im Handwerklichen, und das wesentliche Merkmal dieser Musik wurde eine Motorik, deren weniger talentierte Exempel oft an Wasserleitung und Nähmaschine gemahnen.
(Křenek, S. 12)

Die Wiederaufnahme der alten, strengen Formprinzipien des kontrapunktischen Tonsatzes gewährte seinem Schaffen schließlich die konstruktive Sicherheit und die Fähigkeit zur überpersönlichen Aussage; Eigenschaften, die unsere Kunstmusik im romantischen Zeitalter der Empfindsamkeit und Reizsamkeit eingebüßt hatte ... Das Bedürfnis nach Einheit der Tonkunst in bezug auf alle Äußerungsformen und Zweckbestimmungen gebar einen wahrhaft „klassischen" Stil, in der Haft seiner Maße, Regungen, Empfindungen und Spannungen jeder Art zu vermitteln.
(Holl, S. 229 f.)

Die deutsche Sprache kennt das Wort „Klassiker" in zwei verschiedenen Bedeutungen, einer historischen und einer qualitativen. Mit seiner Orientierung an stilistischen Gegebenheiten zurückliegender Zeiten wäre Hindemith ein Klassizist zu nennen. Aber sein schier unübersehbares Lebenswerk, das zwischen die Pole von Revolution und Bewahren gespannt ist, oder besser: das sich von einem Pol zum anderen bewegt, hat für die Position der erweitert tonalen Musik gültige Maßstäbe geschaffen. Und in diesem Sinne ist Paul Hindemith ein Klassiker der modernen Musik.
(Häusler, Der Klassiker Paul Hindemith, S. 7) GESPRÄCH

Resümee: Der Neoklassizismus, hier besonders bei Hindemith, wird, je nach Einstellung, gesehen als „Vorstoß des objektiven Geistes gegen das Zuviel des Gefühls" oder im Zusammenhang mit der „neuen Sachlichkeit" als eine „Anti-Espressivo-Haltung", deren Kennzeichen u. a. „Affektlosigkeit" und eine unkünstlerische „Besessenheit im Handwerklichen" sind. Hindemith erscheint in der Verankerung mit der Geschichte einerseits und durch die Breite seines Werkes andererseits als ein Klassiker der Moderne.

3.4 Der kompositorische Entwicklungsgang

Ganz allgemein gesehen, verkörpert Hindemiths stilistische Entwicklung ein Stück deutscher Musikgeschichte. Um 1922 repräsentierte er die deutsche Avantgarde. Zur Klärung des deutschen Expressionismus führte sein Prinzip polyphoner Strukturierung, die Verwendung konzertanter Formen und musikantischer Spielstücke. Trotz oft scharfer Chromatik herrscht bei Hindemith überall das Gesetz der immanenten Zentraltönigkeit. Seit 1934 tritt der harmonische Reichtum, mit lyrischem Pathos geladen, bei ihm immer stärker hervor. Diese Stilkriterien rechtfertigen die These, daß Hindemiths Musik ihre eigene

stilistische Qualifikation innerhalb der Neuen Musik hat. Sie steht in einem deutlichen Kontrast zur Schönberg-Linie, zu Strawinsky, zu Bartók, zur „Groupe des Six", zu Orff und auch zum Jazz.
(Borris, Hindemith, S. 73)

Hindemith machte gemeinsame Sache mit dem Expressionismus (der freilich selbst noch eine allerletzte Spätphase der Romantik war) und mit dem Dadaismus, und keiner gab dem antibürgerlichen Affront so deutlich und provokant Ausdruck wie er.
(Ruppel, S. 382)

Was am jungen Hindemith revolutionär wirkte, läßt sich am besten mit dem französischen Wort „rudesse" sagen. Seinen Sachen eignet eine gewisse Schnödheit in Ton und Habitus, ohne Scheu vorm Brutalen, wenig beirrt von Liebe zum Detail . . . Solche Musik zeigt der Kultur die kalte Schulter . . . Hindemith (hat) die Tradition, die ihm . . . keineswegs fremd war, rebellisch beiseite geschoben, aber gelassen, wie sie ist . . . Zur Autorität stand er ambivalent wie einer, der die Faust ballt, unbewußt erfüllt von der Begierde, so zu werden wie der Vater.
(Adorno, Ad vocem Hindemith, S. 81 f.)

Der Entwicklungsgang Hindemiths gibt sich von heutiger Sicht aus als ein Prozeß zu erkennen, der, ausgelöst vom impulsiven Abschnellen aus der Position der Endromantik . . . in steigendem Maße das Bewußtsein eigener Traditionsbildung erkennen läßt . . . Das Streben nach Aktualität ist allerdings spätestens seit dem „Mathis" aus seiner Sprache verschwunden. Dafür fand Hindemith allmählich zu einem traditionsbezogenen Sendungsbewußtsein, das ihn in seinen letzten Jahren in immer schärferen Gegensatz zu den neu anhebenden Entwicklungen junger Talente treten ließ.
(Häusler, Musik im 20. Jahrhundert, S. 225 f.)

Resümee: In seiner Frühzeit als musikalischer Avantgardist bekannt und gefürchtet, in seinen letzten Jahren als Traditionalist teils bewundert, teils gelästert, so gibt Hindemiths kompositorischer Werdegang immer wieder Anlaß zu kontroversen Wertungen.

3.5 Hindemiths Musikantentum

‚Ein Spielmann kommt in frohe Gesellschaft und breitet aus, was er aus der Ferne mitgebracht hat: ernste und heitere Lieder, zum Schluß ein Tanzstück. Nach Einfall und Vermögen erweitert und verziert er als rechter Musikant die Weisen und präludiert und fantasiert. Dieses mittelalterliche Bild war die Vorlage für die Komposition.' — Jedes Wort dieses Mottos ist für die musikalische Physiognomie Hindemiths aufschlußreich; der Spielmann, ein rechter Musikant, frohe Gesellschaft, ernste und heitere Lieder, Tanzstücke, Einfall und Vermögen, Präludieren und Fantasieren und (nicht zuletzt) die Beziehung von alter Zeit (Mittelalter) und Gegenwart. Bedenkt man, daß die Freude am instrumentengerechten Figurenspiel als kompositorischer Impuls ja für Hindemiths . . . instrumentale Gewandtheit bezeichnend ist, so ist die Identifikation zwischen dem, was er hier umschreibt, und der Gestaltung seiner Musik vollkommen.
(Borris, Hindemith, S. 66)

Hindemith war schon durch das Wesen seines Musikantentums prädestiniert für eine Begegnung mit den musikpädagogischen Bestrebungen seiner Zeit, die ihn in den Jahren von etwa 1928—1932 zu einem begeisterten Verfechter und zum Vorbild für die damals neue Gebrauchs- und Gemeinschaftsmusik werden ließ.
(Borris, Hindemiths musikerzieherisches Vermächtnis, S. 358)

Wir wollen das Gespenst des Musikanten vorderhand nicht soziologisch kritisieren, wo es am verwundbarsten ist, sondern nur feststellen, daß sich unter diesem Begriff, der etwas so rührend Harmloses und über allen Kummer hinweg Versöhnliches auszudrücken scheint, alles Faule, Dumpfe, Langweilige, Muffige verkriecht, das ohne ihn schon lange erkannt und durchschaut wäre. Nicht umsonst haben die erbarmungslosen Motoriker, als ihr Treiben mit der wiederauflebenden Schätzung von Gemütswerten allzu scharf zu konstrastieren begann, ihre Wahlverwandtschaft mit dem Wandervogeltum entdeckt.
(Křenek, S. 12) DISKUSSION

Das Musikantentum hat der kompositorischen Technik eins wiedergegeben: den Kontakt mit den instrumentalen Spielweisen. Die Schablone jener neudeutschen Klangfantasie, die nur den fertigen Klang, nicht aber dessen Produktion mehr beherrscht und damit den Klang in all seinem Glanze erstarren läßt, hat sie aufgelockert, indem sie beharrlich den Instrumenten nachhörte, was sie spielen möchten.
(Adorno, Ad vocem Hindemith, S. 67 f.)

... die Musikantenmusik steht in einem besonderen Verhältnis zu der Zeit ...: die Musik soll die leer ablaufende, ängstigende Zeit ‚füllen'. Darin nähert sich die Musikantenmusik der unteren Gebrauchs-: der Amüsiermusik an; mit dem Unterschied, daß diese falsche, unechte Inhalte in der Zeit exponiert, während jene in der Zeit sich selber setzt. Darin zeigt der lediglich fiktive Gebrauch sich an; für Menschen wird die Zeit ausgefüllt, aber nichts ist da, was sie ihnen füllte oder sie erreichte.
(Adorno, Ad vocem Hindemith, S. 65 f.)

Durch die bloße Zeitfüllung, die Motorik, die keinen Augenblick den rhythmischen Atem anhalten läßt, um nur ja die Zeit zu übertäuben, ist gerade das thematisch Einzelne ausgeschliffen und banalisiert: entweder als grobschlächtiges, rhythmisches Modell oder als konturloser Kontrapunkt.
(Adorno, Ad vocem Hindemith, S. 66)

Der neugotische Fachmann ... ist ein ästhetischer Verwaltungstechniker. Sein ordo ist die Routine ...
(Adorno, Ad vocem Hindemith, S. 70 f.)

Resümee: Das oft zitierte „Musikantentum" Hindemiths ist zu sehen im Zusammenhang mit dem musikalischen Handwerksideal im Anschluß an die Barockzeit. Es führt zur Verbindung mit der damaligen Jugend- und „Gebrauchs-" Musik und bietet besonders den Anhängern des Schönberg-Kreises Anlaß zur Kritik. Hauptangelpunkte solcher Kritik ist die Vernachlässigung espressiver Momente und eine Betonung des Motorischen.

3.6 Hindemiths Klangfeindschaft als Anlaß zu seiner kontrapunktischen Arbeit und seiner „kammermusikalischen Gesinnung"

Hindemiths Klang ist die Tonalität. Von der Klangfarbe spricht Hindemith in seinem neuen Lehrbuch nicht.
(Nestler, Von und über Paul Hindemith, S. 145)

Die ganze Sphäre der Klangkombination, der eigentliche Ort von Klangfantasie, ist in der Musiziermusik ausgelassen.
(Adorno, Ad vocem Hindemith, S. 68)

Im begrenzten Gebiete unseres Musikgenießens . . . bedeutet das Erkennen des Gipfels, daß wir keine klingende Form mehr in uns aufnehmen können, ohne sie an den Werten zu messen, die uns Bach gezeigt hat. Das Äußere der Musik, der Klang, schrumpft dann zur Nichtigkeit.
(Hindemith, Bach, S. 24 f.)

Wir müssen die Musik aus dem Gebiet amorphen Klanges herausheben, müssen über die rein sinnliche Wahrnehmung hinaus ihrer klanglichen Gestaltwerdung teilhaben.
(Hindemith, Komponist in seiner Welt, S. 17)

Was sind aber die musikalischen Werte, die in uns den Eindruck unantastbarer Stabilität erwecken? Sicherlich nicht die äußere Erscheinungsform der Musik, der Klang, obwohl gerade der Klang für viele, die mit Musik in Berührung kommen, die einzige musikalische Tatsache von Wichtigkeit, ja von ausschließlicher Gültigkeit zu sein scheint.
(Hindemith, Komponist in seiner Welt, S. 15)

Hindemiths Vorschlag, auch andere Instrumentalisten könnten diese Sonaten spielen, läßt eher vermuten, daß er die Instrumente als umfassende Einheit sieht und seine Musik ziemlich unabhängig vom instrumentalen Klangbild als ein abstraktes Gebilde aus Form, Harmonik, Melodie und Kontrapunkt konzipiert.
(Mason, S. 174)

Die Künste des Kontrapunkts bewirken zuweilen eine bewußte Negierung der klanglichen Werte.
(Strobel, S. 32)

Für klanglich-dekorative Schreibweise bleibt in Hindemiths Musik nur wenig Platz. Hindemith verläßt sich vor allem auf die Wirkung seines musikalisch anspruchsvollen Kontrapunkts, einem größtenteils ziemlich verknüpften Gewebe freier Stimmen, das von der Imitationstechnik reichlich Gebrauch macht.
(Mason, S. 175)

Ein . . . bedeutsamer Zug in der musikalischen Physiognomie Hindemiths ist seine kammermusikalische Gesinnung . . . Unter kammermusikalischer Gesinnung verstehen wir das Spezifische der strukturierten Mehrstimmigkeit, des disziplinierten Zusammenspiels.
(Borris, Hindemith, S. 67)

Kein Bereich innerhalb der Musik scheint für jene antiromantischen Tendenzen so prädestiniert zu sein wie die Kammermusik. Erstens kann sie als Gegenpol zur Oper betrachtet werden, die den Hort des Subjektivismus im 19. Jahrhundert darstellte, zweitens ist sie in der Lage, kraft ihrer Durchorganisation und Konstruktion im Detail, tradierte Schemata am ehesten aufzuweichen. Nicht zufällig nimmt daher im Werke Paul Hindemiths die Kammermusik eine zentrale Stellung ein.
(Zietsch, S. 24)

Hindemith sah es als das Wichtigste an, daß man imstande war, eine nach Art der Gregorianik gut gebaute und organisch ablaufende Melodie zu erfinden und später auf eine solche Melodie eine selbständige ebenfalls gut verlaufende Gegenstimme zu setzen.
(Kind, S. 396)

Der Wille zur Linie ist stärker als das harmonische Bewußtsein.
(Strobel, S. 19)

Resümee: Die betont antiromantische Haltung Hindemiths ist ein Kennzeichen des Gesamtwerks. Sie wendet sich bewußt von dem Phänomen Klang ab als der Erscheinung, die in der Romantik unbestrittene Priorität genoß. In der Kontrapunktik und der Feinstruktur kammermusikalischer Komposition findet Hindemith ein Äquivalent. Auch dient ihm wiederum — berechtigt oder nicht — J. S. Bach als Vorbild.

3.7 Die Gegenposition zur Wiener Schule

Zwei Wege standen offen, sich vom 19. Jahrhundert zu lösen: Man konnte die Entwicklung konsequent fortsetzen, das geschah in der zweiten Wiener Schule, die Romantik wurde dort übersteigert, hat sich schließlich zersplittert und ein Ende gefunden: die Musik wurde zunehmend elementarisiert. Oder man ging den antiromantischen Weg.
(Zietsch, S. 24) GESPRÄCH

Der Radikalismus der Schönberg-Schule besteht also, summarisch gesprochen, in einem grundsätzlich unveränderten Verharren in einer inhaltlich bestimmten Haltung bei gleichzeitigem und daraus folgendem grundstürzendem Wandel des musikalischen Materials, der Tonsprache, mit allen daraus sich ergebenden Konsequenzen. Die andere Seite der neuen Musik, für die ein Sammelname bisher nicht geprägt wurde, ist gekennzeichnet durch den Willen, eine von der früheren abweichende inhaltliche Einstellung mit den alten musikalischen Mitteln, mit einer fast gar nicht gewandelten Tonsprache auszudrücken, wobei die neue inhaltliche Einstellung vorwiegend bestimmt ist als Kritik an eben den Gehalten, die das alte, unverwandelte Material traditionsgemäß in Erinnerung ruft.
(Křenek, S. 15)

Es ist heutzutage Mode geworden, sich statt der einfachen, naheliegenden Affinitätsgrade (der Intervalltöne) fast ausschließlich der entlegenen zu bedienen — das ist verständlich, sie waren ja noch verhältnismäßig unverbraucht. Man glaubt, dadurch der Tonalität entsprungen zu sein und ein Gebiet unbeschränkter Freiheit erobert zu haben. Die Erkenntnis der naturbestimmten Beschaffenheit melodischen und tonalen Geschehens lassen diesen Glauben reichlich kindisch erscheinen. Was man für Atonalität hält, ist unvermeidlicherweise doch wieder nur ein Teil der Tonalität, nur bewegt man sich in der „atonalen" Arbeit in einer anderen der verschiedenen Ecken des tonalen Raumes.
(Hindemith, Komponist in seiner Welt, S. 108) DISKUSSION

Den Tonverwandtschaften können wir nicht entgehen. Wo immer zwei Töne zusammen oder nacheinander erklingen, haben sie einen bestimmten Intervallwert; wo immer Akkorde oder Intervalle verbunden werden, gehen sie ein Verhältnis mehr oder weniger enger Verwandtschaft ein. Und wo Tonverwandtschaften gegeneinander ausgespielt werden, treten tonale Beziehungen auf. Es ist darum gänzlich unmöglich, Tongruppen ohne tonale Bezogenheit zu erfinden. Die Tonalität ist eine Kraft wie die Anziehungskraft der Erde ...
(Hindemith, Unterweisung I, S. 183)

... er erwies sich gleichzeitig als Theoretiker weitaus gefährlicher als Strawinsky. Dessen „Musikalischer Poetik" stellte er wenige Jahre später eine „Unterweisung im Tonsatz" an die Seite, mit der Absicht, die tonale Tonsprache vollkommen zu erneuern und so die Wertlosigkeit der Zwölftonmusik zu beweisen. Diesem Lehrbuch folgte nach einigen Jahren die Sammlung „Ludus tonalis" für Klavier, ein Werk, . . . das . . . durch sein bloßes Dasein beweist, daß das antiexpressive Ideal Strawinskys auch dasjenige Hindemiths ist.
(Goléa, S. 51)

Hindemith erfand sein harmonisches System, um gleichzeitig den alten tonalen Ausdruck und den neuen atonalen Expressionismus umzubringen und dafür sein Ideal der Entsagung und Objektivität zu verherrlichen.
(Goléa, S. 54)

Im Gegensatz zu Hindemith ging die zweite Wiener Schule von der Harmonik aus, spaltete sie auf durch zerklüftete, entlegene Intervallik, um des Prinzips der Einmaligkeit willen, während Hindemith sich schon durch den Bewegungstypus, durch die strikte thematische Anlage, die keine Aufspaltungen verträgt, von der Wiener Schule abgesetzt hat, ja absetzen mußte.
(Zietsch, S. 25)

Und worin mündet ein ganzes Leben des Nachdenkens und Forschens? In dem Aufbau einer Theorie und eines Werkes, die einen einzigen gewaltigen Hemmschuh für die unaufhaltsame Entwicklung der Musik bilden und deren prinzipielle Bedeutung unendlich größer ist als die der kleinen Scherze Strawinskys.
(Goléa, S. 58)

Es ist bekannt, daß Hindemith lange Zeit Schönberg bekämpft hat; aber ich habe ihn zwei Jahre vor seinem Tod nach einer Berliner Aufführung von Schönbergs „Moses und Aron“ unter Hermann Scherchens Leitung ehrlich und begeistert klatschen sehen, was mich heute noch glücklich macht.
(Kind, S. 396)

Resümee: Hindemiths kompositorische Grundkonzeption konnte mit der der Wiener Schule nicht übereinstimmen, nicht mit der „übersteigerten Romantik“, ihrer Klangkultur und dem Espressivo ihrer Tonsprache, aber auch nicht mit dem „grundstürzenden Wandel des musikalischen Materials“, kulminierend in der Zwölftonmusik. Für Hindemith ist Musik ohne Tonalität nicht vorstellbar, infolgedessen bestreitet er die Möglichkeit von Atonalität. Sein pädagogisches Werk „Unterweisung im Tonsatz“ ist im wesentlichen als ein gegen die Wiener Schule gerichtetes Programm zu verstehen.

4. ÜBERLEGUNGEN ZUR DIDAKTIK UND LERNZIELE

4.1 Einordnung in verschiedene Unterrichtssequenzen

a) Bindung an die Tradition: Geistige Beziehungen zu J. S. Bach (vgl. Material 3.6) — Strawinsky (Bezug individueller Gestaltung auf historische Stilmodelle) — Bartók (Folklore, „Bauernmusik“) — Orff (antike Stoffe, tonale Basis).
b) Kammermusik: Soziologische Aspekte des 17. bis 19. Jahrhunderts (Wechsel vom höfischen zum öffentlichen Musizieren; Entstehung eines Orchesterapparates als Voraussetzung für ein Selbstverständnis der Kammermusik), des 19. Jahrhunderts (Hausmusik und öffentliche Darbietung von Kammermusik) und des 20. Jahrhunderts (Krise der Kammermusik, Massenmedien, Pop-Gruppen als neue kammermusikalische Gruppe unter anderen Vorzeichen) ... — Hindemiths Position in dieser Phase.
c) Musikantentum: Das musische und das musikantische (etwa als anti-expressives) Moment in der Jugendbewegung — Auseinandersetzung mit kontroverser Literatur, etwa Th. W. Adorno: „Kritik des Musikanten“ in „Dissonanzen“, Ffm. 1956 bzw. Fritz Jöde: „Unser Musikleben. Absage und Beginn“, Wolfenbüttel 1924 bzw. Georg Götsch: „Musische Bildung“, 3 Bde., Wolfenbüttel 1949—55 (ggf. interdisziplinär).

4.2 Lernziele

4.2.1 Situationsanalytischer Aspekt

Der Lernende soll in der Lage sein, die Bedeutung von Kammermusik in unserer Zeit zu reflektieren und begründet zu folgenden Aspekten Stellung zu nehmen:

— Stellenwert von Kammermusik im Gesamtrahmen des Angebots im gegenwärtigen öffentlichen Musikleben
— soziologische Gründe für einen möglichen Rückgang kammermusikalischen Musizierens (Problematik der „Freizeit", Änderung der Sozialstrukturen, Massenmedien . . .)
— Möglichkeiten kammermusikalischen Laienmusizierens im Bereich avantgardistischer Musik.

4.2.2 Kognitiver Aspekt

Der Lernende soll in der Lage sein, mit Hilfe konkreter Belege das vorliegende Werk als ein für Hindemith bezeichnendes Beispiel zu erläutern, und zwar im Hinblick auf

— neoklassizistische Erscheinungen insgesamt (etwa: Übernahme traditioneller Formprinzipien, Bekenntnis zur Tonalität, Bemühungen um eine Synthese der Stile . . .)
— „musikantische" Züge
— eine antiromantische, sachliche Haltung
— eine Distanzierung vom „Klang"
— eine Absetzung gegenüber der Wiener Schule.

Der Lernende soll das formale Konzept der vorliegenden Sonate von dem einer klassischen Sonate unterscheiden können; er soll in der Lage sein, aus vorgelegtem Notentext selbständig kontrapunktische sowie allgemein-thematische Bezüge zu erkennen und diese in Beziehung zueinander zu bringen; er soll mit Hilfe des Notenbildes tonale Zentren verstehen und ggf. bestimmen können.

4.2.3 Historisch-kritischer Aspekt

Der Lernende soll in der Lage sein, das Werk Hindemiths so weit, wie es aus der Periodisierung hervorgeht, mit der Entwicklung der Neuen und Neuesten Musik in Beziehung zu setzen und in dem ihm eigenen musikalischen Erfahrungsbereich eine Position zu beziehen, die es ihm erlaubt, sachgemäß zu den aufgeführten kritischen Äußerungen Stellung zu nehmen.

5. BIBLIOGRAPHIE

Adorno, Theodor, W.
Ad vocem Hindemith, in: Th. W. Adorno, Impromptus, Frankfurt/M 1968, S. 81 ff. (vgl. hierzu auch Werner a. a. O.)
Adorno, Theodor, W.
Kritik des Musikanten, in: Th. W. Adorno, Dissonanzen — Musik in der verwalteten Welt, 2. Aufl., Göttingen 1958
Adorno, Theodor, W.
Nervenpunkte der Neuen Musik, Hamburg 1969 (darin: S. 7 ff., 16 ff., 67 ff.)
Bekker, Paul
Paul Hindemith, Plöner Musiktag, in: Die Musik 1932, S. 389
Berger, Gregor
Der Weg Paul Hindemiths, in: Musik im Unterricht (B) 11/1960, S. 321

Borris, Siegfried
Paul Hindemith, in: Stilportraits der Neuen Musik. Veröffentlichung des Instituts für Neue Musik und Musikerziehung, Darmstadt, Bd. 2, Berlin 1961
Borris, Siegfried
Hindemiths musikerzieherisches Vermächtnis, in: Musik im Unterricht (B) 11/1965, S. 358
Briner, Andreas
Paul Hindemith, Zürich/Mainz 1971
Cazden, Norman
Hindemith and Nature, in: The Music review 15/1954, S. 275
Cobbett, W. W.
Cyclopedic Survey of Chamber Music, London 1963
Cooke, Arnold
Paul Hindemith, in: Music survey II (1949), S. 8—14; 80—83
Doflein, Erich
Klassizismus in der Musik, in: Melos 7/8 — 1947, S. 193
Einstein, Alfred
Von Schütz bis Hindemith. Essays über Musik und Musiker, Zürich 1957, darin: Paul Hindemiths ‚Unterweisung im Tonsatz', S. 148
Fecker, Adolf
Elementare Einführung in das Werk Paul Hindemiths, in: Musik im Unterricht (B) 4/1957, S. 97
Goléa, Antoine
Musik in unserer Zeit, München 1955
Hasslwanter, Klaus
Paul Hindemiths Cellowerke und ihre Stellung im Rahmen seines Gesamtschaffens und seiner ‚Unterweisung im Tonsatz', Diss. Innsbruck 1958 (maschschr.)
Häusler, Josef
Der Klassiker Paul Hindemith, in: Melos 1/1964, S. 7
Häusler, Josef
Musik im 20. Jahrhundert, Bremen 1969
Hindemith, Paul
Johann Sebastian Bach, ein verpflichtendes Erbe (Rede Paul Hindemiths auf dem Bachfest 1950 in Hamburg), Mainz 1950
Hindemith, Paul
Komponist in seiner Welt. Weiten und Grenzen, Zürich 1959
Hindemith, Paul
Unterweisung im Tonsatz I u. II, Mainz 1940, III: Übungsbuch für den dreistimmigen Satz, Mainz 1970
Hindemith-Jahrbuch 1971/I, Mainz 1971, darin (u. a.): L. Finscher: Paul Hindemith-Versuch einer Neuorientierung; A. Briner: Hindemith und Adornos Kritik des Musikanten. Oder: Von sozialer und soziologischer Haltung; A. Zabrsa: Hindemiths Opernprojekte; H. Rösner: Zur Hindemith-Bibliographie und -Literatur
Hindemith-Jahrbuch 1972/II, Mainz 1972, darin (u. a.): W. Kirsch: Der späte Hindemith; W. B Hilse: Hindemith und Debussy; B. Billeter: Ist Hindemiths „Unterweisung im Tonsatz" für die harmonische Analyse geeignet?
Holl, Karl
Zu Hindemiths ‚Mathis der Maler', in: Das Musikleben 9/1954, S. 229
Homer
Chamber Music, New York 1948, S. IX u. 430
Hymanson, William
Hindemith's Variations. A comparison of early and recent works, in: Musik review 3/1952, S. 21
Kemp, Ian
Hindemith, London, New York, Toronto: Oxford University Press 1970

Kind, Livia
Mein Lehrer Paul Hindemith, in: Melos 11/1965, S. 396
Koch, Peter
Hindemiths ‚Unterweisung' im Schulunterricht, in: Musik im Unterricht (B), 11/1954
Krenek, Ernst
Über Neue Musik, Wien 1937
Laaff, Ernst
Vom Expressionismus zur Neoklassik, in: Melos 1946/47, S. 321
Laaff, Ernst
Klassizismus — eine Gefahr? In: Melos 1946/47, S. 202
Landau, V.
The harmonic theories of Paul Hindemith in relation to his practice as a composer of chamber music. Diss. New York 1957
Liess, Andreas
Twentieth Century Counterpoint, London 1954
Schilling, Hans Ludwig
Hindemiths Passacagliathemen in den beiden Marienleben, in: Melos 23/1956
Vom Wesen des Neoklassizismus, in: Anbruch, Monatsschrift für Neue Musik, 16. Jg., Jan./Febr. 1934, S. 30
Mason, Colin
Hindemiths Kammermusik, in: Melos 9/1957, S. 258
Nestler, Gerhard
Versuch über Hindemith (Rezension der Hindemith-Biogr. von A. Briner), in: Melos 6/1971, S. 240
Nestler, Gerhard
Von und über Paul Hindemith (Rezension des III. Teils der ‚Unterweisung im Tonsatz'), in: Melos 4/1971, S. 145
„Plöner Musiktag" — Bericht im Nachrichtenmagazin DER SPIEGEL 1950, Nr. 24 u. 29
Reti, R.
Tonality — Atonality — Pantonality, London 1958
Rösner, Helmut
Orchesterwerke, in: Paul Hindemith, Katalog seiner Werke, Diskographie, Bibliographie, Einführung in das Schaffen, hg. v. d. Städt. Musikbibliothek Frankfurt/M 1970, S. 38
Ruppel, K. H.
Paul Hindemith. Leben und Wirken oder Bild und Denkmal, in: Melos 11/1965, S. 382
Searle, Humphrey
Schilling, Hans Ludwig
Melodischer Sequenzbau im Werk Paul Hindemiths, in: Schweiz. Musikzeitung 11/1956, S. 430
Strobel, Heinrich
Paul Hindemith, 3. Aufl., Mainz 1948
Stuckenschmidt, Hans Heinz
Paul Hindemith, in: H. H. Stuckenschmidt: Schöpfer der Neuen Musik, Frankfurt/M 1958 — auch dtv — TB 67
Weishaupt, Horst
Das Pädagogische Werk, in: Paul Hindemith, Katalog seiner Werke, Diskographie, Bibliographie, Einführung in das Schaffen, hg. v. d. Städt. Musikbibliothek Frankfurt/M. 1970, S. 22
Werner, Eric
Zu Theodor W. Adornos ‚Impromptus' (u. a. zu ‚Ad vocem Hindemith'), in: Die Musikforschung 2/1970, S. 192
Wörner, Karl H.
Hindemith, Kepler und die Zahl, in: Melos 11/1955, S. 319
Zietsch, Heinz
Kammermusik, in Paul Hindemith, Katalog seiner Werke, Diskographie, Bibliographie, Einführung in das Schaffen, hg. v. d. Städt. Musikbibliothek Frankfurt/M 1970

Roderich Fuhrmann

Pierre Boulez (1925)
Structures I (1952)

1. INFORMATION

1.1 Werkauswahl[1]

Trois psalmodies für Klavier (1945)
Le visage nuptial, Fünf Gedichte von René Char für Kammerorchester, Sopran- und Altsolo (1946; Umarbeitung 1951/52 für Sopran- und Altsolo, Frauenchor, Orchester)
II. Klaviersonate. Le soleil des eaux, zwei Gedichte von René Char für Sopran-, Tenor- und Baß-Solo und Orchester (1948; 1958 Neufassung mit Chor)
Livre pour quatuor I—VI. Polyphonie X für 18 Soloinstrumente (1949)
Structures I für zwei Klaviere (1952)
Le marteau sans maître auf Texte von René Char für Alt und sechs Instrumente (1954)
III. Klaviersonate (1957)
Poésie pour pouvoir für Orchester und Tonband nach Henri Michaux. Doubles für großes Orchester (1958)
Structures II für zwei Klaviere (1961)
Pli selon pli — Portrait de Mallarmé für Sopran und Orchester (1962)
Eclat für 15 Instrumente (1965)
Figures — Doubles — Prismes für Orchester (1966)
Domaines für Klarinette und 21 Instrumente. Livre pour cordes (1968)
Piece for Dr. K. für Flöte, Klarinette, Viola, Violoncello und Klavier (Beitrag zu einer Gemeinschaftskomposition für den Verleger Dr. Alfred Kalmus in London) (1969)
„Cummings ist der Dichter" für 16 Solo-Stimmen und 23 Instrumente (1970)
„Über das, über ein Verschwinden" für Chor, zum Tod Th. W. Adornos[2] mit Clytus Gottwald[3] (1970)
Eclat/Multiples für Orchester (1971)
explosante-fixe für wechselnde Besetzungen (1972).

---

[1] Vgl. Vogt, S. 265 und Brennecke.
[2] Theodor W. Adorno und Pierre Boulez arbeiteten lange Zeit in den Darmstädter Ferienkursen zusammen. Vgl. Adorno: Das Altern der Neuen Musik, in: Dissonanzen, Göttingen, 4. Auflage 1969, S. 144 f., worin er sich über Boulez durchaus kritisch äußert.
[3] Clytus Gottwald, geb. am 20. 11. 1925 zu Bad Salzbrunn (Schlesien), ist Gründer und Leiter der Stuttgarter Schola Cantorum, eines Ensembles für Vokalpolyphonie des 15. u. 16. Jahrh. und der Musik der sog. Avantgarde, sowie seit 1967 Referent für Neue Musik beim Süddeutschen Rundfunk Stuttgart. Vgl. Riemann PE 1972.

Für den Unterricht eignen sich besonders „Le marteau sans maître“ als Dokumentation des von Boulez vertretenen Sinn-Zusammenhanges von literarischen und musikalischen Werken und die III. Klaviersonate wegen der dort angewandten Aleatorik.[4]
Literarische Werke siehe unter Literaturverzeichnis.

1.2 Daten zu den Structures I

a) Komponiert 1952, angeregt durch die 1949 in Darmstadt entstandene Klavieretüde „Mode de valeurs et d'intensités“ von Olivier Messiaen (siehe 2.3).
b) Noten: Universal-Edition, Wien Nr. 12267
c) Komponiert für zwei Klaviere zu vier Händen.
d) Spieldauer: Structure 1a: 3,5′, 1b: 8,5′, 1c: 2′.
e) Uraufführung[5] am 4. 5. 1952 in Paris in einem „concert de l'oeuvre du 20 ième siècle“ vom Komponisten und seinem Lehrer Messiaen, wobei es zu einem Skandal kam.
f) Schallplatte: Wer 60011

1.3 Voraussetzungen, die eine intensive Behandlung erleichtern

Bewußte Hörerfahrungen mit
— Klangexperimenten der Pop-Kultur,
— der orientalischen und der elektronischen Musik,
— der Dodekaphonie,
— moderner Ballettmusik
fördern die Bereitschaft des Schülers erheblich, sich von der herkömmlichen Dominanz von metrisch eingebundener Rhythmik, Melodie und Dur-Moll-Kadenz zu lösen. Dabei müssen kompositionstechnische und formale Kriterien keinesfalls vorausgesetzt werden.

2. ANALYSE[6]

2.1 Grundsätzliches

Analysen neuester Musik sind auf eine Mitteilung des Komponisten angewiesen, die entweder erklärt, welches technische Verfahren oder welche geistigen Intentionen die Komposition bestimmen. Auch Ligetis ausführlicher Analyse der Structure I von Boulez (vgl. Anmerkung 6) lag eine Notiz des Komponisten zugrunde; ohne eine solche wäre sie nicht möglich gewesen[7]. Später hat Boulez seine Konstruktionsgeheimnisse für sich

[4] Vgl. die Analyse von „Le marteau sans maître“ von Hans Vogt und Maja Bard in Vogt S. 266 f. sowie die Aufsätze „Alea“ und „Zu meiner Dritten Klaviersonate“ von Pierre Boulez in den Werkstatt-Texten, (s. Bibliographie), auch György Ligeti „Zur III. Klaviersonate von Boulez“ in: die Reihe 5, Wien 1959, S. 38 f.; sowie Boehmer, S. 84 f.
[5] Nach freundlicher Mitteilung von Dr. Fritz Kaiser, Mainz und dem Internationalen Musik-Institut in Darmstadt; die Angabe 1957 bei Vogt, S. 267 ist wohl ein Druckfehler.
[6] Vgl. Ligeti, Boehmer S. 53 f., Kirchmeyer u. a. S. 179 f., Oesch S. 41 f. und Siegele S. 13 f. An dieser Stelle sei Herrn Peter Cahn, Frankfurt/M., gedankt, der seine aus den Unterrichtserfahrungen hervorgegangenen Notizen und Tabellen für diese Arbeit zur Verfügung stellte.
[7] Siehe Stephan, Über Schwierigkeiten der Bewertung.

behalten, wohl um die Überbewertung technischer Analysen zu verhindern (vgl. Material 3.2a). Ein anderes Problem besteht darin, ein Werk durch die Interpretation dem Hörer transparent zu machen. Hier jedoch stößt die serielle Technik, zumal in den Lautstärken-Reihen, an ihre Grenzen. Überorganisation zerbricht an der wachsenden Möglichkeit unkontrollierbarer Zufälle, die sich aus der begrenzten Konzentrationsfähigkeit der Interpreten und Hörer ergeben. Diese Probleme sind Boulez wie keinem anderen Komponisten der Gegenwart bewußt; er behandelte sie in seinem Aufsatz „Alea"[8] theoretisch und sucht sie seither immer wieder in seinen Kompositionen zu bewältigen. Man denke an den „gelenkten Zufall" in seiner III. Klaviersonate[9].

2.2 Serielle Technik: Die in Reihen geordneten Parameter[10]

Während sich die Reihen der Zwölftonmusik lediglich auf die Tonhöhe beziehen, werden in der seriellen Musik auch die anderen Parameter wie Dauer, Intensität (Dynamik) und Anschlagsart in Reihen organisiert und streng aufeinander bezogen. Rhythmische Reihen entstehen durch Multiplikation von kleinsten Zeitwerten, z. B.

Lautstärken- bzw. Intensitätsreihen und Klangfarben- bzw. Anschlagsartenreihen lassen sich nur sehr bedingt mathematisch fixieren: z. B.
1 = ppp, 2 = pp, 3 = mp, 4 = mf, 5 = f u.s.w. und

1 = >, 2 = ', 3 = ·, 4 = – usw.

Derartige Größen sind durchaus willkürlich und auch nicht unbedingt der Zahl 12 verhaftet, bewirken aber eine große Klang-Differenzierung. Wenn man die Zahlen der einzelnen Parameter-Reihen gleichsetzt oder in einem bestimmten mathematischen Verhältnis aufeinander bezieht, können die einzelnen Töne keine motivischen Bindungen im herkömmlichen Sinne eingehen; metrische Betonung und Tonhöhen-Dynamik werden so überwunden.

2.3 Das Vorbild der Structures: Einige Werke von Olivier Messiaen

a) Die „Mode de valeurs et d'intensités"[11] eine 1949 in Darmstadt komponierte Klavieretüde (Editions Durand & Cie Paris Nr. 13494), beeinflußt entscheidend die nachfolgende Entwicklung der Musik.[12] In diesem Stück benutzt Messiaen sog. Modi: 36 verschiedene Tonhöhen, 24 Tondauern, 12 Anschlagsarten und 7 Intensitätsgrade.
Der Tonhöhen-Modus ist — auf drei Systemen notiert — in die „Divisions" I, II, und III geteilt, die jeweils 12 Töne für den oberen, mittleren und unteren Bereich des Klaviers enthalten, wobei sich aber die Stimmen überkreuzen.

---

[8] Boulez, Werkstatt-Texte „Alea", vgl. Anmerkung 4.
[9] Siehe Anmerkung 4.
[10] Sehr übersichtlich bei Vogt, S. 108 f. und Stephan/Riemann.
[11] Vgl. Kirchmeyer u. a. S. 175 f., Oesch S. 40, Siegele S. 12 und Wörner S. 177.
[12] Vgl. Wörner S. XXV.

Beispiel 1:

Der Tondauer-Modus geht in jeder Division von einem anderen Wert aus:

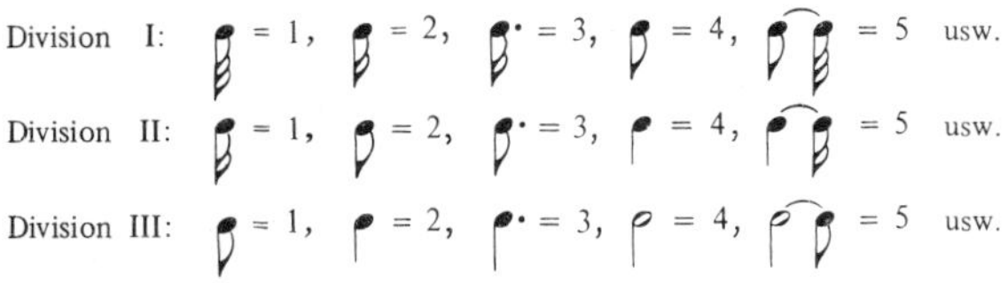

Da sich dadurch 12 Zeitwerte überlagern, ergeben sich im Ganzen 24 verschiedene Dauern. Tonhöhen und Dauern werden in jeder Division unlösbar miteinander verknüpft, wobei die einzelnen Reihenzahlen gleichgesetzt werden, z. B. der 1. Ton wird an den 1. Zeitwert gekoppelt, der 2. an den 2. u.s.w.

Die 12 Anschlagsarten („Attaques"):

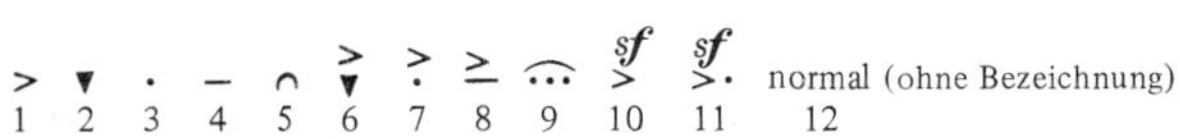

und die 7 Intensitätsgrade („Intensités"):

ppp pp p mf f ff fff
1 2 3 4 5 6 7

setzte der Komponist so zu jeder Division, daß gleiche Töne in verschiedener Höhe immer deutlich voneinander unterschieden werden können. Folgende Übersicht gibt die Anwendung der verschiedenen Modi in den 3 Divisions wieder:

Division	Dauern *	Intensitäten	Anschlagsarten („Attaques“)	Ambitus
I	von 𝅘𝅥𝅰 bis 𝅘𝅥.	ppp—ff	7 Arten, viel normal, keine scharfen Akzente	es''''—h'
II	von 𝅘𝅥𝅯 bis 𝅗𝅥.	pp—ff	4 Arten, viel ⌒ – ⌒ . . . nur 1. Note scharf	g''—A
III	von 𝅘𝅥𝅮 bis 𝅝.	fff—pp	8 Arten, viele Akzente	es''—Kontra-Cis

* (Werte vergrößern sich)

Die Konsequenzen dieser Verknüpfungen ist die vollkommene Isolierung der Töne voneinander: Jeder Ton ist vollständig determiniert, z. B. ist der Ton cis''' in der I. Division immer ein ♩ , mf und ohne Anschlagsbezeichnung (normal), und a'' ein 𝅘𝅥𝅯 , ff und ▾ . Lediglich die Tonfolgen sind nicht durchorganisiert, so daß man hier nicht von einer Zwölfton-Organisation der Tonhöhen im Sinne Schönbergs sprechen kann. Wenn man die Zahlen der Divisions nach Takten tabellarisch aufschlüsselt, lassen sich symmetrische Folgen, ungerade und gerade Zahlenordnungen feststellen:

Reihenfolge: Zusammen angeschlagene und übergebundene Töne, die jeweils als 1 Zahlenwert angesehen werden müssen, sind gekennzeichnet. *(Siehe Tabelle auf Seite 175)*

Trotz aller kunstvollen Rechnerei handelt es sich bei „Mode de valeurs et d'intensités“ um ausdrucksvolle, lebendige Musik: *(Siehe Beispiel 2 auf Seite 176)*

b) Dem Klavierstück „Ile de feu II“[13] aus dem Jahre 1950 (Edition Durand & Cie Paris Nr. 13493) liegen 12 Halbtöne, 12 verschiedene Tondauern von 1—12 Sechzehnteln, 5 Intensitätsgrade und 4 Anschlagsarten zugrunde. Die Grundreihe, eine Allintervallreihe (Interversion I), beginnt bei der halbierten C-Oktave bei fis und schreitet jeweils abwechselnd von dieser Mitte aus nach unten und oben chromatisch fort:

Beispiel 3

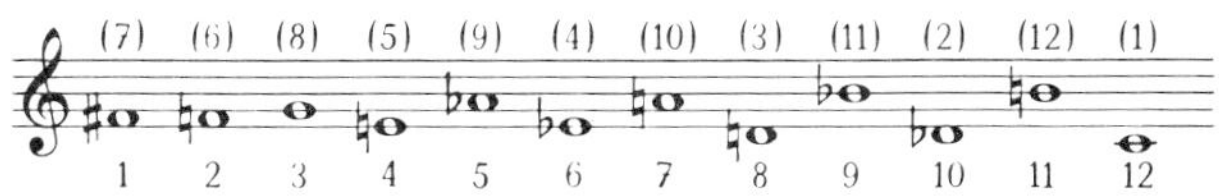

Später (Interversion II) gewinnt Messiaen dadurch eine neue Reihe, daß er die 12 Töne nach ihrem Halbtonabstand von C bemißt, siehe Beispiel 3 die in Klammern gesetzten Zahlen. In den jeweils paarweise auftretenden Interversionen I—X werden jeweils verschiedene Intervalle als Bausteine verwandt, so der Tritonus in II, kleine Terzen in III, wodurch immer neue Akkordfolgen entstehen, die jedoch nicht mehr Konsonanz- und Dissonanzgesetze oder Motive im herkömmlichen Sinne berücksichtigen.

c) Ferner sei hier noch auf „livre d'orgue VI“ hingewiesen[14].

---

[13] Vgl. Borris, Der Schlüssel zur Musik von heute S. 133 f.
[14] Vgl. Wörner S. 251

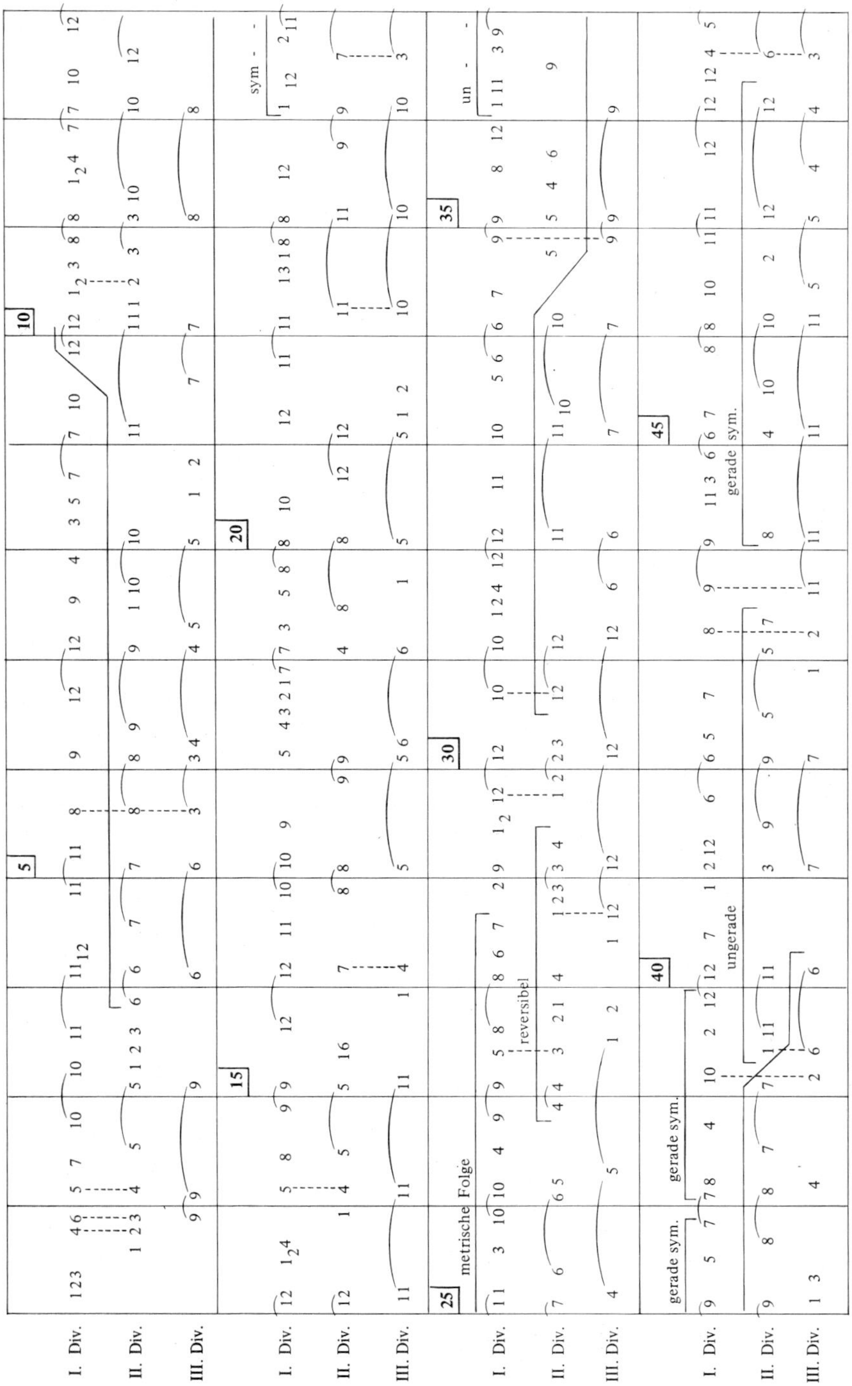
I. Div.
II. Div.
III. Div.
metrische Folge
reversibel
gerade sym.
ungerade
sym
un
5
10
15
20
25
30
35
40
45

Beispiel 2 Olivier Messiaen

(Durand & Cie 1950 Nr. 13494)

2.4 *Analyse der „Structures I"*

a) Allgemeine Gliederung:
Das Werk besteht aus drei Teilen von ungleicher Länge, Ia, Ib, und Ic bezeichnet (vgl. 1.2 d), die man wegen der deutlichen Gliederung der Tempi, Dynamik und Dichte der Klanggewebe trotz des Fehlens thematischer Beziehungen als „Sätze" betrachten kann, die erst im Zusammenhang des ganzen Werkes ihren Sinn finden:

Structure	Tempo	Dynamik	Dichte
I a	ruhig bis bewegt	Bevorzugung des Piano-Bereiches mit einigen Akzenttönen zu Beginn	Transparenz des Satzes
I b	häufiger Wechsel zwischen schnell und langsam, zum Schluß hin sich auf einen mittleren Wert einpendelnd	Konfrontation und jäher Wechsel zwischen pp + ff-Stärken, gegen Schluß Beruhigung	von der Transparenz punktueller Gebilde bis zu dichten Klanggeweben und -komplexen und zur Entzerrung des Gewebes gegen Schluß
I c	ziemlich schnell — sehr schnell — schnell	ausgewogenes Verhältnis zwischen den verschiedenen Stärkegraden	Wiederherstellung der Transparenz durch das schnelle Tempo im Sinne einer größeren Konzentration

Die Tempo-Gliederung der Sätze sieht folgendermaßen aus, wobei T die Taktzahl des Abschnittbeginns angibt:

I a (11 Tempi)	a ♪ = 120 T. 1	b ♪ = 144 T. 8	c 𝅘𝅥𝅯 = 120 T. 32	b ♪ = 144 T. 40	a ♪ = 120 T. 57	
	c 𝅘𝅥𝅯 = 120 T. 65	b ♪ = 144 T. 73	a ♪ = 120 T. 82	b ♪ = 144 T. 90	c 𝅘𝅥𝅯 = 120 T. 98	a ♪ = 120 T. 106
I b (10 Tempi)	a ♩ = 180 T. 1	𝅘𝅥𝅯 = 100 b 120 138 T. 18	c ♩ = 80 T. 41	𝅘𝅥𝅯 = 100 b 120 138 T. 60		
		b' 𝅘𝅥𝅯 = 138 160 T. 71	a' ♩ = 152 T. 116	b'' 𝅘𝅥𝅯 = 80 100 T. 133		
	c' ♩ = 96 T. 251	𝅘𝅥𝅯 = 100 b 120 138 T. 287	c'' ♩ = 120 T. 325			
I c (3 Tempi)	a ♩ = 80 T. 1	b ♩ = 120 T. 49	c ♩ = 100 T. 105 (= mittleres Tempo zwischen a und b)			

Aus allen angeführten Skizzierungen geht hervor, daß trotz der Neuartigkeit der Kompositionsmethode die Gesetze von Spannung und Entspannung gewahrt bleiben und somit eine direkte Verbindung zur traditionellen Musik zu erkennen ist.

b) Zur Konstruktion der Structure I a[15]

Den Modus „Division I" aus der Etüde „Mode de valeurs et d'intensités" von Messiaen (vgl. Beispiel 1) benutzte Boulez als Rhythmus- und Zwölftonreihe. Durch Transposition gewann er von jedem Ton dieser Reihe aus noch 11 weitere Reihen hinzu. Dadurch entstanden mit den dazugehörigen Umkehrungen zwei Zahlenquadrate: Magische Quadrate, deren Additionsreihen waagerecht und senkrecht die Zahl 78 ergeben.

R

1	2	3	4	5	6	7	8	9	10	11	12
2	8	4	5	6	11	1	9	12	3	7	10
3	4	1	2	8	9	10	5	6	7	12	11
4	5	2	8	9	12	3	6	11	1	10	7
5	6	8	9	12	10	4	11	7	2	3	1
6	11	9	12	10	3	5	7	1	8	4	2
7	1	10	3	4	5	11	2	8	12	6	9
8	9	5	6	11	7	2	12	10	4	1	3
9	12	6	11	7	1	8	10	3	5	2	4
10	3	7	1	2	8	12	4	5	11	9	6
11	7	12	10	3	4	6	1	2	9	5	8
12	10	11	7	1	2	9	3	4	6	8	5

U

1	7	3	10	12	9	2	11	6	4	8	5
7	11	10	12	9	8	1	6	5	3	2	4
3	10	1	7	11	6	4	12	9	2	5	8
10	12	7	11	6	5	3	9	8	1	4	2
12	9	11	6	5	4	10	8	2	7	3	1
9	8	6	5	4	3	12	2	1	11	10	7
2	1	4	3	10	12	8	7	11	5	9	6
11	6	12	9	8	2	7	5	4	10	1	3
6	5	9	8	2	1	11	4	3	12	7	10
4	3	2	1	7	11	5	10	12	8	6	9
8	2	5	4	3	10	9	1	7	6	12	11
5	4	8	2	1	7	6	3	10	9	11	12

Beispiel 4 (siehe Seite 179)

Die dort gewonnenen Zahlen legte er auch seiner zwar von Messiaen übernommenen, doch verselbständigten Tondauer-Reihe zugrunde (1 = 𝅘𝅥𝅰, 2 = 𝅘𝅥𝅯 usw.) (vgl. 2.2 u. 2.3a), wodurch sich Rhythmik und Taktarten im permanenten Wandlungsprozeß befinden, der vom Ohr nicht mehr distinkt registriert werden kann. Die Intensitäten-Skala Messiaens ergänzte Boulez zu 12 verschiedenen Stärkegraden, die jedoch sich genauer Interpretation entziehen (vgl. 2.1):

1	2	3	4	5	6	7	8	9	10	11	12
pppp	ppp	pp	p	quasi-p	m p	mf	quasi-f	f	ff	fff	ffff

Durch Verwendung der Zahlenquadrate als Schachbrett[16], wobei er die Zahlen automatisch dadurch gewann, daß er „Läufer"-Diagonalen zog, erhielt er 4 Dynamik-Reihen (vgl. die umrandeten Zahlen im Beispiel 4):

I) 12/ 7/ 7/11/11/ 5/ 5/11/11/ 7/ 7/12
II) 5/ 2/ 2/ 8/ 8/12/12/ 8/ 8/ 2/ 2/ 5
III) 2/ 3/ 1/ 6/ 9/ 7/ 7/ 9/ 6/ 1/ 3/ 2
IV) 7/ 3/ 1/ 9/ 6/ 2/ 2/ 6/ 9/ 1/ 3/ 7

Die Zahlen 4 und 10 wurden nicht berührt, wodurch der 4. Stärkegrad „p" und der 10. „ff" wieder entfielen — was immer noch eine Übersensibilisierung bedeutet. (In den Structures Ib und Ic erscheinen alle Stärkegrade.)

[15] nach Peter Cahn und G. Ligeti, siehe Anmerkung 6.

[16] Vgl. Ligeti S. 42 und Rohwer S. 35. Dennoch ist zu bedenken: Das Brett für das Schachspiel hat nur 64 Felder statt der hier benutzten 144; möglicherweise hat Boulez sich mehr von der Mathematik (magisches Quadrat, Seiten- und Winkelhalbierende etc.) inspirieren lassen.

Beispiel 4

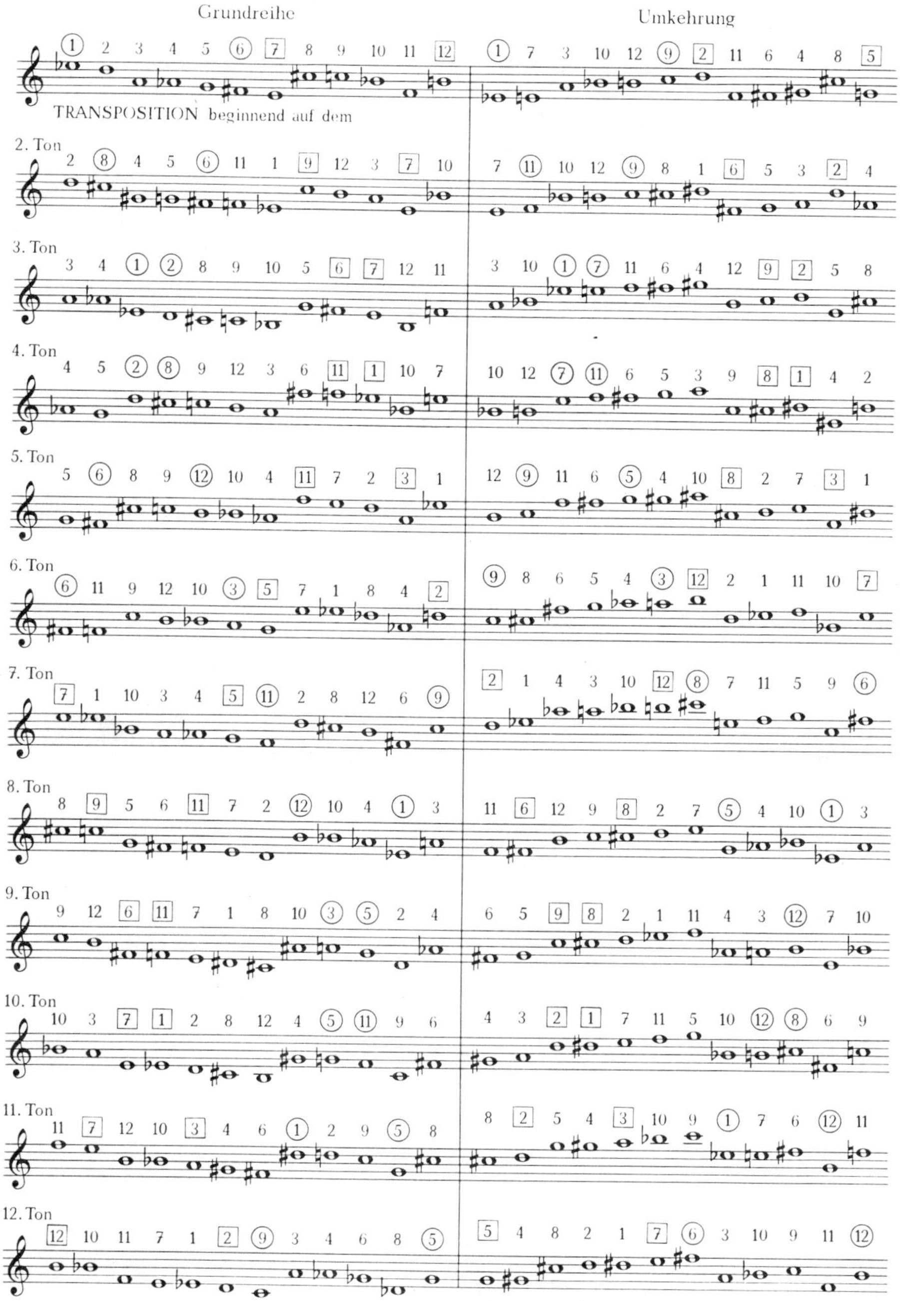
Grundreihe
Umkehrung
1 2 3 4 5 6 7 8 9 10 11 12
1 7 3 10 12 9 2 11 6 4 8 5
TRANSPOSITION beginnend auf dem
2. Ton
2 8 4 5 6 11 1 9 12 3 7 10
7 11 10 12 9 8 1 6 5 3 2 4
3. Ton
3 4 1 2 8 9 10 5 6 7 12 11
3 10 1 7 11 6 4 12 9 2 5 8
4. Ton
4 5 2 8 9 12 3 6 11 1 10 7
10 12 7 11 6 5 3 9 8 1 4 2
5. Ton
5 6 8 9 12 10 4 11 7 2 3 1
12 9 11 6 5 4 10 8 2 7 3 1
6. Ton
6 11 9 12 10 3 5 7 1 8 4 2
9 8 6 5 4 3 12 2 1 11 10 7
7. Ton
7 1 10 3 4 5 11 2 8 12 6 9
2 1 4 3 10 12 8 7 11 5 9 6
8. Ton
8 9 5 6 11 7 2 12 10 4 1 3
11 6 12 9 8 2 7 5 4 10 1 3
9. Ton
9 12 6 11 7 1 8 10 3 5 2 4
6 5 9 8 2 1 11 4 3 12 7 10
10. Ton
10 3 7 1 2 8 12 4 5 11 9 6
4 3 2 1 7 11 5 10 12 8 6 9
11. Ton
11 7 12 10 3 4 6 1 2 9 5 8
8 2 5 4 3 10 9 1 7 6 12 11
12. Ton
12 10 11 7 1 2 9 3 4 6 8 5
5 4 8 2 1 7 6 3 10 9 11 12

Die Anschlagsarten legte Boulez durch die „Läufer"-Diagonalen (vgl. O in Beispiel 4) des Ton-Zahlenschachbrettes fest: Wiederum fehlen die Zahlen 4 und 10. So ergeben sich folgende 10 Anschlagsarten, die sich jedoch nur sehr ungenau voneinander unterscheiden lassen:

1	2	3	(4)	5	6	7	8	9	(10)	11	12
>	>.	·		normal	⌒.	▾	sfz ^	> ▾		-.	⌒

Anschlagsarten und Dynamik setzt Boulez flächig ein. Für jeden Abschnitt gilt eine bestimmte Dynamik und Anschlagsart; z. B. ist im 1. Abschnitt das 1. Klavier ständig „ffff" und „legato", das 2. „quasi p sempre" und unbezeichnet — im 2. Abschnitt (ab T. 8) die Oberstimme des 1. Klaviers ständig „mf" und „legato", die Unterstimme sfz sowie die Oberstimme des 2. Klaviers indifferent und „ppp", die Unterstimme u.s.w. Die einzelnen Reihen-Fäden, aus denen das ganze Stück besteht (Transposition der Tonqualitätsreihe in Originalform, Umkehrung, Krebs und Krebs der Umkehrung sowie die aus dem Zahlenquadrat gewonnenen Dauer-Reihen-Permutationen), sind zu Bündeln verschiedener Dichte vereinigt (von Ein- bis Sechsstimmigkeit). Während Tonhöhen und Dauern sich stets ändern, bleiben Dynamik und Anschlagwert relativ konstant. Im Ganzen ergeben sich 14 Sinn-Abschnitte, die genau den 11 Tempi (vgl. Tempo-Gliederung 2.4 a) entsprechen, wobei lediglich der 2. Tempo-Abschnitt dreimal (T. 8—15, T. 16—23, T. 24—31) und der 4. Tempo-Abschnitt zweimal (T. 40—47, T. 48—56) unterteilt werden.

Wie die Fäden zusammengewoben sind, zeigt folgende Tabelle des Anfangs von Structure I a:

														Anfangs- ton:	Reihe d. Quadr.	Gestalt d. Reihe
Primo	Töne	1	2	3	4	5	6	7	8	9	10	11	12	es	1	TR
	Dauern	12	11	9	10	3	6	7	1	2	8	4	5		12	DUK
Secondo	Töne	1	7	3	10	12	9	2	11	6	4	8	5	es	1	TU
	Dauern	5	8	6	4	3	9	2	1	7	11	10	12		12	DRK
Primo	Töne	7	1	10	3	4	5	11	2	8	12	6	9	e	7	TR
	Dauern	11	12	6	7	1	9	10	3	4	5	2	8		11	DUK
	Töne	3	4	1	2	8	9	10	5	6	7	12	11	a	3	TR
	Dauern	9	6	8	12	10	5	11	7	1	2	3	4		10	DUK
Secondo	Töne	2	1	4	3	10	12	8	7	11	5	9	6	d	7	TU
	Dauern	8	5	9	2	1	6	4	3	10	12	7	11		11	DRK
	Töne	3	10	1	7	11	6	4	12	9	2	5	8	a	3	TU
	Dauern	6	9	11	5	4	12	8	2	1	7	3	10		10	DRK

u.s.w.

Die hier folgende von Ligeti zusammengestellte Übersicht[17] des Werkes vermag am besten die einzelnen Strukturen zu veranschaulichen: *(Siehe Seite 181)*

[17] Die Tabelle von Ligeti ist hier korrigiert: die Dauernreihe DUK 5 im 1. Abschnitt von Klavier I in DUK 12.

	TEIL A							
	⌒			[·]	[·]		⌒	⌒
	Abschnitt I	Abschnitt IIa	Abschnitt IIb	Abschnitt IIc	Abschnitt III	Abschnitt IVa	Abschnitt IVb	Abschnitt V
	Très modéré	Modéré presque vif			Lent	Modéré presque vif		Très modéré
Klavier I	TR_1DUK_{12} 12 12 ffff ⌒	TR_7DUK_8 7 12 mf ⌒ TR_3DUK_4 7 8 mf sfz ∧	$TR_{10}DUK_4$ 11 3 fff . $TR_{12}DUK_{11}$ 11 5 fff normal		TR_4DUK_2 5 8 quasi p sfz ∧ TR_2DUK_{12} 5 3 quasi p . $TR_{11}DUK_3$ 11 5 fff normal	TR_4DUK_{10} 10 11 ff ‒̣	TR_4DUK_3 7 1 mf > TR_8DUK_7 7 11 mf ‒̣	TR_5DUK_1 12 1 ff >
Klavier II	TU_1DRK_{12} 5 . 5 quasi p normal	TU_2DRK_{11} 2 5 ppp normal TU_3DRK_{10} 2 11 ppp ‒̣	TU_2DRK_4 8 3 quasi f	TU_5DRK_8 5 12 quasi f ⌒	TU_6DRK_7 11 3 fff . TU_7DRK_6 11 11 fff ‒̣ TU_6DRK_3 8 12 quasi f ⌒	TU_5DRK_4 8 8 quasi f sfz ∧	$TU_{10}DRK_3$ 2 1 ppp > $TU_{11}DRK_2$ 2 8 ppp sfz ∧ $TU_{12}DRK_1$ 5 1 quasi p >	

	TEIL B					
	[·]	⌒	⌒	[·]	[·]	
	Abschnitt VI	Abschnitt VII	Abschnitt VIII	Abschnitt IX	Abschnitt X	Abschnitt XI
	Lent	Modéré presque vif	Très modéré	Modéré presque vif	Lent	Très modéré
Klavier I	TUK_3DU_{12} 2 6 ppp ⌒ TUK_6DU_{11} 3 1 pp > TUK_4DU_{10} 1 12 pppp ⌒	TUK_6DU_4 6 12 mp ⌒	$TUK_{11}DU_8$ 9 1 f > TUK_2DU_7 7 6 mf ⌒	TUK_9DU_6 7 9 mf ≳ $TUK_{12}DU_5$ 9 9 f ≳	$TUK_{10}DU_4$ 6 7 mp ‒̣	TUK_2DU_3 1 7 pppp ‒̣ TUK_7DU_2 3 9 pp ≳ TUK_1DU_1 2 9 ppp ≳
Klavier II	$TRK_{12}DR_5$ 7 6 mf ⌒ $TRK_{11}DR_6$ 3 6 pp ⌒	$TRK_{10}DR_4$ 1 2 pppp > TRK_8DR_6 9 2 f >	TRK_8DR_{11} 6 6 mp ⌒ TRK_7DR_2 2 6 ppp ⌒	TRK_6DR_4 2 9 ppp > TRK_5DR_{12} 6 1 mp >	TRK_4DR_{10} 9 5 f normal	TRK_3DR_3 1 5 pppp normal TRK_2DR_7 3 1 pp > TRK_1DR_1 7 9 mf ≳

Abkürzungen:

TR	für die Originalformen	der Tonqualitätsreihe		DR	für die Orginalformen	der Dauernreihe
TU	für die Umkehrungen	der Tonqualitätsreihe		DU	für die Umkehrungen	der Dauernreihe
TRK	für die Krebse	der Tonqualitätsreihe		DRK	für die Krebse	der Dauernreihe
TUK	für die Umkehrungskrebse	der Tonqualitätsreihe		DUK	für die Umkehrungskrebse	der Dauernreihe

3. MATERIAL

3.1 Pierre Boulez: „Zu meiner III. Klaviersonate"

zuerst veröffentlicht in: Darmstädter Beiträge, Mainz 1960; hier zitiert nach „Werkstatt-Texte", Berlin 1972, aus dem Französischen übersetzt von Josef Häusler, S. 164 f. und 178:

„. . . Was hat mich dazu veranlaßt, solcherart eine ‚Sonate' für Klavier zu schreiben? Weniger musikalische Erwägungen als literarische Fühlungnahmen. Im Grunde genommen ist mein gegenwärtiges Denken mehr aus Reflexionen über die Literatur als über die Musik hervorgegangen.

. . . Wenn man die Struktur der beiden großen Romane von Joyce näher untersucht, wird man nicht ohne Bestürzung gewahr, wie weit hier die Konzeption des Romans fortentwickelt wurde. Nicht nur die Erzähltechnik hat eine Umwälzung erfahren; vielmehr schaut der Roman, wenn man so will, sich selber an, er reflektiert über sich, wird sich seines Roman-Seins bewußt: von daher rühren Logik und Zusammenhang dieser erstaunlichen, ständig wachen Technik, die expandierende Welten hervorbringt. Genauso ist meiner Meinung nach die Musik nicht einzig und allein zum ‚Ausdruck' bestimmt; sie muß ihrer selbst bewußt, zum eigentlichen Objekt ihrer Reflexion werden. Für mich ist das eine jener vordringlichen Notwendigkeiten, welche die dichterische Sprache sich schon mit Mallarmé zu eigen gemacht hat: durch ihn ist die Dichtung zu einem Ding an sich geworden, das seine Rechtfertigung in erster Linie aus dem dichterischen Streben als solchem zieht. DISKUSSION

. . . Ein Wort noch zum Schluß: die Form erlangt ihre Autonomie, sie strebt nach einer Absolutheit, die sie vorher nie gekannt hat; sie weist das Eindringen von rein persönlichen Zufälligkeiten ab. Die großen Werke, auf die ich mich bezogen habe — Mallarmé, Joyce — stellen die Grundgedanken einer Epoche heraus: der Text wird dort gewissermaßen ‚anonym', ‚spricht aus sich selbst, ohne die Stimme des Autors'. Gelte es, den tiefsten Beweggrund aufzuspüren für das Werk, das zu schreiben ich versucht habe, so läge er im Streben nach solcher ‚Anonymität'."

3.2 Form und Analyse

a) Pierre Boulez, aus „Musikdenken heute 1" Darmstädter Beiträge zur Neuen Musik, Mainz 1963, S. 15.

„Ich bleibe davon überzeugt, daß der Autor, so scharfsinnig er immer auch sei, die näheren oder ferneren Konsequenzen dessen, was er schrieb, nicht erfassen kann, und daß sein Blick nicht unbedingt schärfer ist als der des Analytikers (eines Analytikers, wie ich ihn verstehe). Bestimmte Verfahren, Resultate, Erfindungsweisen, die dem Komponisten zunächst erstrangig zu sein schienen, mögen veralten oder rein persönlich bleiben; auf der anderen Seite mag er Aperçus als nebensächlich oder als untergeordnete Details betrachtet haben, die sich dann später von geradezu kapitaler Tragweite erweisen. Es ist ein schwerwiegender Schaden, wenn man den Wert eines Werkes oder seine unmittelbare Neuheit mit seiner möglichen Kraft verwechselt, Humusboden zu sein.

Schließen wir diesen Punkt mit einer Definition ab. Wir wollen bestimmen, was wir als unerläßliche Konstituanten einer aktiven analytischen Methode ansehen: Ausgangspunkt ist eine möglichst minuziöse wie auch möglichst exakte Beobachtung der musikalischen Fakten, denen wir gegenüberstehen; dann heißt die Aufgabe, ein Schema zu finden, ein Gesetz der inneren Organisation, das uns mit einem Maximum an Kohärenz Rechenschaft über diese Tatsachen gibt; danach folgt schließlich die Interpretation der Kompositionsgesetze, wie sie von diesem speziellen Ansatzpunkt abgeleitet wurden. Alle diese Stufen sind notwendig; aber es hieße sich der Arbeit eines ganz und gar untergeordneten Technikers ausliefern, wenn man nicht bis zur wichtigsten Stufe vordränge: der *Interpretation* der Strukturen; von hier aus und nur von hier aus kann man sich dessen versichern, daß das Werk richtig aufgenommen und verstanden wurde. Es wäre übrigens Illusion und eine Nutzlosigkeit in sich, zu glauben, daß man mit diesem Verständnis eine Bürgschaft und Ehrenerklärung in der Hand hielte."

S. 85

„. . . Es scheint mir illusorisch, sämtliche Strukturen eines Werkes obligatorisch mit einer Struktur zu verknüpfen, der die Funktion allumfassender Erzeugung zukäme und von der alle Strukturen sich notwendigerweise herleiten müßten, damit Zusammenhang und Einheit — ebenso wie Einmaligkeit — des Werkes gesichert wären. Dieser Zusammenhalt und diese Einmaligkeit lassen sich meines Erachtens nicht auf derart mechanische Weise erreichen; vielmehr sehe ich in diesem Prinzip der Unterordnung unter eine Zentralkraft ein Zufluchtnehmen zu Newtonschen Modellen, und das widerspricht den Entwicklungen des aktuellen Denkens. Das Problem ist übrigens keineswegs neu; es hat sich auf dem Gebiet der Tonhöhenreihen bereits der vorigen Generation gestellt."

S. 88

„. . . Dennoch wollen wir nicht übersehen, daß die einzige Organisation einen Einzelfall darstellt, der andere keineswegs ausschließt; wenn man will, erweitert dies den Schönbergschen Reihengebrauch. In diesem Licht kann man auch die Ausweitungen von Webern und Berg betrachten. Verstehen wir uns recht: ich beziehe mich hier auf die vorhin explizierten Fälle; um aber jede Unklarheit zu beseitigen, will ich die drei Typen der Reihenverwendung aufführen:

— Einmaligkeit der seriellen Hierarchie; fixierte Typologie und Charakterologie (Ausgangspunkt: Schönberg);
— Einmaligkeit der Reihe; Selektivität bei den innerstrukturellen Charakteristiken (Ausgangspunkt: Webern);
— Vielförmigkeit der Reihe(n) mit veränderlichen Typologien und Charakterologien (Ausgangspunkt: Berg)."

b) Carl Dahlhaus in: Darmstädter Beiträge zur neuen Musik-Form, Mainz 1966 S. 72 f.

„. . . Die Aushöhlung des Formbegriffs der Formenlehre hatte zur Folge, daß dem Begriff der Struktur eine Bedeutung zuwuchs, die man, ohne zu übertreiben, als Überfunktion bezeichnen kann. ‚Struktur' ist zu einem Modewort geworden. Modewörter aber dienen manchmal zu nichts anderem, als über Schwierigkeiten hinwegzutäuschen; sie sind Ideologie, falsches Bewußtsein, in Gestalt von Vokabeln.

Der Strukturbegriff hält sich in der Mitte zwischen Kategorien, die in der traditionellen Musiktheorie deutlich voneinander unterschieden wurden: zwischen ‚Form' und ‚Satztechnik'. Und der vermittelnde Charakter, der ein quid pro quo erlaubt, verführt zu Trugschlüssen. Im Schutz der Vieldeutigkeit des Begriffs gedeiht der Irrtum, daß es genüge, satztechnische Schwierigkeiten zu lösen, um zugleich die formalen gelöst zu haben. Das Problem, das durch den Gebrauch des Ausdrucks Struktur als Modewort verdeckt wird, ist das der Form.

. . . Erstens läßt der Ausdruck Struktur an Details denken, an Beziehungen auf engem Raum, das Wort Form dagegen an den Umriß des Ganzen, an Zusammenhänge über weite Strecken.

... Zweitens kann der Ausdruck Struktur auf abstrakte Teilmomente bezogen werden, auf Tonhöhen oder Zeitwerte, abgetrennt von den übrigen Toneigenschaften.
... Drittens ist Struktur ein eher technischer Begriff, der an die Entstehung eines Werkes, an das Verfahren der Herstellung denken läßt, während Form eine ästhetische Kategorie ist, die sich auf das Resultat, das hörbare Gebilde bezieht ...
Läßt man die Analyse des Wortgebrauchs als angemessen gelten, so erscheint die Tatsache, daß der Ausdruck Struktur in den letzten fünfzehn Jahren zum Modewort geworden ist, als Symptom. Die Akzentuierung des Terminus ist charakteristisch für die Sache selbst: für ein kompositorisches Verfahren, das im Begriff der Struktur zum Bewußtsein seiner selbst zu kommen suchte." GESPRÄCH

4. ÜBERLEGUNGEN ZUR DIDAKTIK UND LERNZIELE

4.1 Einordnung in verschiedene Unterrichtssequenzen

a) Die Emanzipation des Klanges in der Musik:
Berlioz — Wagner — Liszt — Richard Strauss — Gustav Mahler — Debussy — Honegger — Messiaen — Stockhausen — Boulez — Zimmermann („pluralistischer Klang" = Gleichzeitigkeit des Erklingens).
b) Kompositionstechnik: (vgl. Analyse 2.2)
Dodekaphonie (Schönberg — Berg — Webern) — streng serielle Musik (Klavierwerke von Messiaen und Boulez) im Vergleich zu den gleichfalls aus der 12-Tonreihe entstandenen Gruppenfolgen (Tonfolge — Tondichte — Zeitwerte — Dynamik — Anschlag und Pedal) in den „Perspektiven" für 2 Klaviere von Zimmermann[18] — Aleatorik (Klavierstück XI von Stockhausen und III. Klaviersonate von Boulez im Vergleich zu Werken von John Cage).
c) Gattungsgeschichte: Musik für zwei Klaviere vom Barock bis zur Gegenwart, wobei durch Vergleiche der Unterschied zu Solo-Klavier-Werken zu 2 und 4 Händen, zur Cembalo-, Clavichord- und Pianofortemusik herausgearbeitet werden kann. (Hier ist Carl Philipp Emanuel Bach besonders interessant!)
d) Auditive Kommunikation: Umweltgeräusche — Musique concrète (Pierre Schaeffer — Stockhausen — Varèse — Penderecki — Berio)[19] — Geräusche aus dem Laboratorium (Destillationsanlage) — punktuelle Musik (Boulez, Zimmermann),
e) fächerübergreifende Besprechung des Begriffes „Struktur" (vgl. Material 3.2b): Musik — Literatur — Naturwissenschaften — Politik — Wirtschaft — Sozialbereich u.s.w.

Die hier zusammengestellten Unterrichtssequenzen lassen sich beliebig variieren und teilweise miteinander kombinieren, so a) mit c) und d) sowie b) mit e).

[18] Vgl. Andreas von Imhoff „Warum Zimmermann in seinen letzten 3 Klavierwerken für 2 Klaviere schrieb" in: Melos Heft 1, 1973, S. 30 und Reinhold Schubert: „Bernd Alois Zimmermann" in: die Reihe 4, junge Komponisten, Wien 1958, S. 103 f.
[19] Vgl. in diesem Band, die Beiträge Berio, Varèse, Penderecki und Stockhausen.

4.2 Lernziele

4.2.1 Analytischer Aspekt

Der Lernende sollte eine Gliederung der Structures nach folgenden Kriterien vornehmen können:

a) Klanggewebe nach dem Grad der Dichte,
b) variable und relativ konstante Parameter,
c) Klangfelder nach Intensitäts- und Anschlagsgraden („Attaques“),
d) Zeit-Sektionen.

4.2.2 Kognitiver Aspekt

Je nach der vom Lehrer gewählten Unterrichtssequenz (vgl. 4.1) sollte der Lernende folgende werkimmanente Fakten nennen und ihren Stellenwert bestimmen können:

a) die wichtigsten Regeln der seriellen Technik,
b) formale Gestaltungsprinzipien,
c) die Stellung von Pierre Boulez in der aktuellen Musik (auf den Begriff „avantgardistische Musik“ sollte hier auf Wunsch des Komponisten[20] verzichtet werden) und sein Verhältnis zu Olivier Messiaen,
d) die klanglichen und technischen Möglichkeiten des Klaviers, besonders in der Musik für 2 Klaviere,
e) die klanglichen Entsprechungen im naturwissenschaftlichen Bereich.

4.2.3 Kritischer Aspekt

Da eine objektadäquate Rezeption an Decodierung (Gewinnung einer Nachricht aus geeignet verschlüsselten Signalen) auf der Basis vorhandener Repertoirekenntnisse und an Relationierung (Superzeichen-Bildung) gebunden ist[21], diese aber in der Regel nur unvollkommen vorausgesetzt werden können, hängt die Effizienz einer kritischen Betrachtung mehr vom Grad der Korrespondenz mit der Zielgruppe als vom Unterrichtsgegenstand selbst ab. Es kann so der Fall eintreten, daß der Emanzipation der subjektiven Urteilsbildung ein höherer Stellenwert eingeräumt werden muß als üblich: Die moderne Musik lebt von der Diskussion, was nicht bedeuten soll, daß auf Begründung der eigenen Meinung verzichtet werden kann. Wesentlich ist hier ein langsam reifender, kritischer Entscheidungsprozeß, der nicht von Anfang an determiniert sein darf.
Mobile, für Innovationen aufgeschlossene, demokratische Verhaltensweisen werden aktiviert, wobei schließlich auch der oft vernachlässigte hedonistische Aspekt („Lustgewinn“) im Unterricht zu seinem Recht kommt. Hier finden sich ebenfalls Ansatzpunkte zu fächerübergreifenden, eingehenden kulturpolitischen und soziologischen Studien (Verhältnis: Majorität — Minorität etc.).

---

[20] Siehe Boulez, Werkstatt-Texte S. 179 f. „Wie arbeitet die musikalische Avantgarde?“
[21] Vgl. Rauhe: a) S. 126, b) S. 114.

4.2.4 Kreativer Aspekt

Da die totale Determination der Structures die Umkehr in die Aleatorik impliziert, vermag dieses Werk Improvisationen in gruppendynamischen Prozessen anzuregen[22]. Ein Lernziel wäre hier nicht eine Komposition in serieller Technik, sondern der zeitlich zu begrenzende Versuch, spontan Klangfelder zwischen Punkten und Flächen bis zu dichtesten Komplexen hin zu gestalten mit anschließender retrospektiver Emotionskontrolle und Feedback.

5. BIBLIOGRAPHIE

a) Grundlegende Literatur

Boulez, Pierre
Musikdenken heute 1, aus dem Französischen übersetzt von Josef Häusler und Pierre Stoll, in: Darmstädter Beiträge zur Neuen Musik, Mainz 1963

Boulez, Pierre
Werkstatt-Texte, aus dem Französischen übertragen von Josef Häusler, Frankfurt-Berlin 1972 (Es handelt sich hier um eine Sammlung verschiedener zuerst an anderer Stelle publizierter Aufsätze)

Ligeti, György
Pierre Boulez: Entscheidung und Automatik in der Structure Ia, in: die Reihe 4, junge Komponisten, Wien 1958, S. 38—63

b) Spezielle Literatur zu diesem Beitrag

Adorno, Theodor W.
Vers une musique informelle, in: "Quasi una fantasia", Musikalische Schriften II, Frankfurt 1963, S. 365 f.

Adorno, Theodor W.
Kriterien der Neuen Musik, in: Nervenpunkte der Neuen Musik, ausgewählt aus „Klangfiguren", Musikalische Schriften I, Rowohlt Taschenbuch Verlag, Reinbek bei Hamburg 1969 (Originalausgabe bei Suhrkamp Frankfurt 1959) S. 87 f.

Boehmer, Konrad
Zur Theorie der offenen Form in der Neuen Musik, Darmstadt 1967

Borris, Siegfried
Pierre Boulez — Ein Komponistenporträt, in: Musik im Unterricht Heft 5, 1968, S. 180 f.

Borris, Siegfried
Der Schlüssel zur Musik von heute, Düsseldorf-Wien 1967

Brennecke, Wilfried
Artikel in „Die Musik in Geschichte und Gegenwart" (MGG) Supplement, herausgegeben von Friedrich Blume, Kassel, S. 1008 f.

Dahlhaus, Carl
Darmstädter Beiträge zur Neuen Musik, „Form", Mainz 1966, S. 72 f.

---

[22] Vgl.
1. Lilli Friedemann: Kollektivimprovisation als Studium und Gestaltung neuer Musik, in: rote Reihe 7, Wien 1969
2. Gertrud Meyer-Denkmann: Klangexperimente und Gestaltungsversuche im Kindesalter, in: rote Reihe 11, Wien 1970
3. Günter Noll: Zur didaktischen Position der musikalischen Improvisation — heute, in: „Forschung in der Musikerziehung", 5/6, Mainz 1971, S. 1 f.

Dibelius, Ulrich
Moderne Musik 1945—1965, München 1966, S. 112 f.
Gottwald, Clytus
Artikel Pierre Boulez in Riemann, herausgegeben von Carl Dahlhaus, Mainz — Personenteil-Erg.-band 1972
Häusler, Josef
Musik im 20. Jahrhundert, darin: „Pierre Boulez", S. 122 f. und „Olivier Messiaen", S. 281 f., Bremen 1969
Karkoschka, Erhard
Das Schriftbild der neuen Musik, Celle 1966, S. A I—III
Kirchmeyer, Helmut und **Schmidt,** Hugo Wolfram
Die Garbe — Musikkunde Teil IV „Aufbruch der jungen Musik — Von Webern bis Stockhausen", Köln 1970
Meyer-Denkmann, Gertrud
Struktur und Praxis neuer Musik im Unterricht, Experiment und Methode, Wien 1972
Oesch, Hans
Zwischen Komposition und Improvisation, in: „Die Musik der Sechziger Jahre", herausgegeben von Rudolf Stephan, Mainz 1972, S. 39—45
Rauhe, Hermann
a) Fächerübergreifende Verankerung und Erweiterung des Musikunterrichts und Perspektiven seiner Integration in den Gesamtbereich Ästhetischer Erziehung in „Musik in Schule und Gesellschaft", Vorträge der 9. Bundesschulmusikwoche Kassel 1972, Mainz 1972, S. 116 f.
b) derselbe Aufsatz gekürzt: Interdisziplinäre Verflechtung der Musikpädagogik, in: Musik und Bildung, Heft 3, 1973, S. 110 f.
Rohwer, Jens
Neueste Musik — Ein kritischer Bericht, Stuttgart 1964, S. 45
Schmidt, Hugo Wolfram
siehe Kirchmeyer
Siegele, Ulrich
Entwurf einer Musikgeschichte der Sechziger Jahre, herausgegeben von Rudolf Stephan, Mainz 1972, S. 11—19
Stephan, Rudolf
Über Schwierigkeiten der Bewertung und der Analyse neuester Musik, Musica Heft 3, Kassel 1972, S. 225 f.
Stephan, Rudolf
in Riemann-Musiklexikon Sachteil, Mainz 1967, Artikel „Serielle Musik"
Stockhausen, Karlheinz
Arbeitsbericht 1953 „Die Entstehung der Elektronischen Musik", in: Texte zur elektronischen und instrumentalen Musik, Du Mont Dokumente Bd. 1, Köln 1963, S. 43 f.
Stürzbecher, Ursula
Pierre Boulez, in: „Werkstattgespräche mit Komponisten", Köln 1971, S. 46 f.
Vetter, Hans Joachim
Die Musik unseres Jahrhunderts, in: Bausteine für Musikerziehung und Musikpflege 16, Mainz 1968
Vogt, Hans
Neue Musik seit 1945, Stuttgart 1972
Wörner, Karl H.
Das Zeitalter der thematischen Prozesse in der Geschichte der Musik, Regensburg 1969
Zillig, Winfried
Variationen über neue Musik, München 1959, S. 195 f.

Dieter Zimmerschied

John Cage (1912)
Variations I (1958)

1. INFORMATION

1.1 Noten: Ed. Peters 6767

Realisation auf Schallplatte: Wer 60033 — DaCa 932 37

1.2 Periodisierung (nach Häusler S. 139 f.):

In den Jahren 1933 und 1934 pflegte Cage einen chromatischen Stil, bei dem er in Analogie zum Wiederholungsverbot der Zwölftontechnik die Wiederholung der einzelnen Töne so weit wie möglich hinausschob. Dann komponierte er drei Jahre lang unter Verwendung fixierter rhythmischer Muster oder von Tonreihenfragmenten. In den Jahren 1938 bis 1951 legte er besonderen Wert auf den ausdruckshaften Charakter seiner Werke. Was ihren Aufbau betrifft, entwickelte er 1939 ein Verfahren, das jeder Komposition eine unverändert durchgehaltene rhythmische Struktur zugrundelegt, wobei er ein proportionales Verhältnis zwischen Gliederung von Großform und rhythmischer Struktur herstellte. Dieses Prinzip behielt er bis 1956 bei. 1951 begann er, Zufallsoperationen in den kompositorischen Prozeß einzuführen und gab diesem Aktionsfeld des Unvorhersehbaren im Laufe der folgenden Jahre immer mehr Raum: seit 1954 schreibt Cage Werke, bei denen zwischen Instrumentalstimmen und Partitur keine festgelegten Beziehungen existieren, und seit 1958 entstehen Kompositionen, die gänzlich abstrakt entworfen sind, ohne den Gedanken an Art und Besetzung einer Wiedergabe.

1.3 Werkauswahl

Bei der naturgemäß seltenen Realisierung von Werken bzw. Aufführungsanweisungen des Komponisten ergeben sich hierfür keine Gesichtspunkte. Es sei daher verwiesen auf Werkverzeichnisse in der Literatur (Katalog; Dibelius, Moderne Musik, S. 212 ff.; Häusler, S. 144).

1.4 Voraussetzungen, die eine intensive Behandlung erleichtern

Im Grunde können Betrachtung und Diskussion von Variations I voraussetzungsfrei erfolgen. Erleichtert würde die Arbeit bei Vorliegen von
— Kenntnissen der seriellen Kompositionstechnik sowie
— Erfahrungen in der Kollektivimprovisation.

2. ANALYSE

Eine Analyse im traditionellen Sinne — in welcher Ausrichtung auch immer — läßt Variations I nicht zu. Es handelt sich hierbei weder um ein „Werk“ noch um eine geleitete Improvisation, so daß eine verbale Darstellung und Reflexion allein von dem Material und der vom Komponisten (besser wohl: „Inspirator“) beigegebenen Aufführungsanweisung ausgehen kann.

Das Material: Es liegen 6 Transparente in dem fast quadratischen Format 15,7 auf 16,1 cm vor. Sie sind durchnumeriert. Nr. 6 läßt eine gewisse Anzahl von unterschiedlich großen schwarzen Punkten erkennen, während alle übrigen Transparente je 5 sich meist schneidende Geraden aufweisen, wobei jedoch niemals die Geraden-Konstellation auf zwei Transparenten ähnlich oder gar gleich ist.

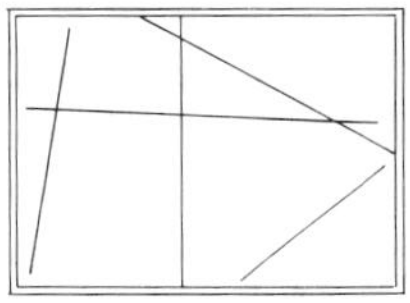

Verkleinertes Abbild der Geradenkonstellation auf dem Transparent Nr. 1

Die Aufführungsanweisung im Wortlaut (übersetzt aus dem Englischen): „Sechs quadratische Transparente liegen vor, eins davon ist bedeckt mit Punkten in vier verschiedenen Größen: Die 13 ganz kleinen stehen für einzelne Laute (sounds), die 7 kleinen, aber etwas größeren für je zwei Laute, die 3 größeren für je drei und die 4 größten für je vier oder mehr.

Mehrstimmige Realisationen können gleichzeitig erfolgen oder als beliebige Folge einzelner Realisationen von beliebigen Positionen aus (as constellations). Bei mehrstimmiger Realisation ist zur näheren Bestimmung eine beliebige Anzahl der anderen 5 Transparente — jedes hat 5 Linien —zu benutzen bzw. eine ebenso beliebige Anzahl verschiedener Positionen, von denen jedes Transparent 4 hat.

Die 5 Linien bezeichnen: die geringste Tonhöhe, die einfachste Obertonstruktur (simplest overtone structure), die größte Lautstärke (greatest amplitude), die geringste Dauer und das früheste Erklingen innerhalb einer zeitlichen Festlegung.

Lote von den Punkten auf die Linien ergeben die entsprechenden Abstände, die zu messen oder aber auch nur einfach zu beachten sind (to observe).

Anzahl der Spieler sowie Art und Anzahl der eingesetzten Instrumente sind beliebig.“

Widmung: „For David Tudor“. David Tudor war früher sein pianistischer Interpret und ist heute sein technischer und künstlerischer Mitarbeiter.

Hans Oesch schreibt zu Variations I: „John Cage hat die Idee der Grafik als Stimulans zur Hervorbringung von Musik in mannigfacher Weise abgewandelt. Die VARIATIONS I FOR ANY KIND AND NUMBER OF INSTRUMENTS aus dem Jahre 1958 sind auf sechs durchsichtigen Folien notiert; eine davon enthält dicke und dünne Punkte, welche einzelne Töne oder Akkorde darstellen, auf der anderen Folie sind sich schneidende Geraden aufgezeichnet, welche die Eigenschaften dieser Töne oder Akkorde —

ihre Höhenlage, ihre Dauer, ihre Lautstärke, den Zeitpunkt ihres Erklingens oder ihre Beziehungen zueinander —definieren sollen. Um sich seine jeweilige Version von VARIATIONS I zu erarbeiten, wird eine der Folien mit Geraden auf die Folie mit den Punkten geworfen. Wie — nicht die Würfel, sondern — die Folien fallen, so sind die Punkte zu interpretieren.
Man wird auch diese Zufallsmusik als Improvisation zu verstehen haben, umfaßt Improvisation doch seit jeher all das, was nicht in den Noten steht, sondern in den Entscheidungsbereich des Interpreten gehört. Hier beschränkt sich der Anteil des Komponisten in extremster Weise nur noch darauf, die Initialzündung zur musikalischen Erfindung eines reproduzierenden Musikers zu liefern." (S. 45 f.)

3. MATERIAL

3.1 Erläuterungen zur „Aleatorik"

Aleatorik ist zum pauschalierten Oberbegriff für eine Reihe sehr verschiedenartiger Verfahren geworden, die den Zufall einbeziehen — allerdings den durch Spielregeln gebändigten oder, wie man kurz sagt: den gelenkten Zufall. Es handelt sich lediglich um die Beliebigkeit der Auswahl unter einer größeren oder kleineren Zahl gegebener Möglichkeiten. Darin besteht die Analogie zu den Verhaltensnormen des fallenden Würfels, auf die das Wort (von lat. alea) hinweist.
(Dibelius, Moderne Musik, S. 314)

Entweder sind . . . die Teile oder Materialien fixiert, und die Anordnung des Gegebenen ist variabel, oder der Komponist zeichnet gerade umgekehrt einen bloßen Umriß vor, den der Interpret auszufüllen hat.
(Dahlhaus, Komposition und Improvisation, S. 496)

(Die Aleatorik kennt „zwei Grundmöglichkeiten", eine), . . . bei der der Verlauf im groben festliegt, im einzelnen aber durch den Zufall geregelt wird . . . Bei der zweiten Möglichkeit liegt der Verlauf im einzelnen fest, hängt aber im groben vom Zufall ab . . .
(Häusler, S. 54)

Schematisch ließe sich sagen, daß vieldeutige Form dort vorliegt, wo der Komponist verschiedene Fahrbahnen offenhält, deren Richtung und Detailverlauf, wenn auch nicht unbedingt in jeder Einzelheit fixiert, so doch global kontrolliert sind. Das trifft auf Werke zu wie das Klavierstück XI und den „Zyklus" von Stockhausen, die Dritte Klaviersonate und das zweite Kapitel aus dem zweiten Buch der „Structures" von Boulez. Für die „offene Form" hat John Cage Beispiele gegeben . . . Hier handelt es sich um Arbeiten, die einen kaum noch zu steigernden Grad von Freiheit in sich bergen.
(Häusler, S. 56)

. . . wären bei den aleatorischen Verfahren . . . drei Typen zu unterscheiden, die sich gleichwohl mischen oder gegenseitig überlagern können. 1. . . . die Komposition ist mit der Niederschrift der Teilstrukturen abgeschlossen; Form, Dauer, Anfang und Ende sind frei. 2. Der Komponist hält umgekehrt an einer verbindlichen Gliederung des Ganzen fest; dafür scheint ihm im Inneren des Stückes manche Einzelheit von untergeordneter Bedeutung zu sein . . . 3. Für den Komponisten . . . (geht es) um die Aktivierung des Interpreten . . . Baut der Komponist aleatorische Zonen ein . . ., so schlägt Undiszipliniertheit in Mitverantwortung um.
(Dibelius, Moderne Musik, S. 315 f.) GESPRÄCH

Resümee: Aleatorik (lat. alea = Würfel) bezeichnet ein Kompositionsverfahren, das sich dem gelenkten Zufall unterwirft. Dabei können entweder die Inhalte oder der Rahmen indeterminiert sein (der Verlauf „im einzelnen" bzw. „im groben"). Zu diesen beiden Möglichkeiten der „vieldeutigen Form" tritt noch die der absolut „offenen Form", wie sie etwa in den Variations I vorliegt (das 3. aleatorische Verfahren nach Dibelius).

3.2 Aleatorik im historischen Kontext

Einerseits ist Interpretation dadurch, daß Musik immer genauer notiert wurde, zurückgedrängt worden. Die Geschichte der Komposition erscheint als Rationalisierungs- und Integrationsprozeß, der sich über Jahrhunderte erstreckte und in dessen Verlauf immer weitere Merkmale der Musik — zunächst die Tonhöhe und die Tondauer, später das Tempo, die Dynamik und die Klangfarbe — in die Schrift übergingen, also aus einer Sache der Interpretation zu einem Teilmoment der Komposition wurden. Andererseits hat jedoch die Interpretation . . . ihre Bedeutung in der Konzertpraxis nicht nur behauptet, sondern sogar erweitert. Im allgemeinen musikalischen Bewußtsein verschiebt sich der Akzent immer mehr vom Werk auf die Ausführung.
(Dahlhaus, Komposition und Improvisation, S. 498) GESPRÄCH

. . . die Geschichte der abendländischen Musik untersteht der Dialektik von musikalischer Aktion und Notation. Die Notation, die der Aktion, zunächst als Gedächtnisstütze, folgte, hat eine Eigengesetzlichkeit entwickelt, die sie bald der Aktion vorgeordnet hat: die Orthographie nahm Einfluß auf die Grammatik. Die Reihenfolge Aktion — Notation, das meint Improvisation — Tradition, ist in die Reihenfolge Notation — Aktion, das meint Komposition — Interpretation, umgeschlagen.
(Siegele, S. 19) GESPRÄCH

. . . die Verlagerung von einer produktorientierten Musik zu einer prozeßorientierten provoziert eine Beteiligung der Hörer-Betrachter-Akteurs . . .
(Meyer-Denkmann, S. 59)

Die Musik von John Cage . . . will . . . das unmittelbare Erlebnis im Augenblick des Erklingens. Und das heißt: Diese Musik muß die Erinnerung an frühere Erlebnisse rigoros ausschalten, alles dazu tun, daß man ihr ja nicht einen falschen Sinn unterschiebt, der im Ungeordneten eine Ordnung wahrnimmt und über erinnerte Ähnlichkeiten Beziehungen herstellt.
(Dibelius, John Cage, S. 377)

Wir haben das „Zu Ende" eines abendländischen Werks, seinen geschlossenen Kreis, respektiert und doch die „Chance" des orientalischen Werks, seinen geöffneten Verlauf, eingeführt.
(Boulez, S. 53)

Es sei hier ein Begriffspaar zur Diskussion gestellt: Nennen wir die eine musikalische Gestaltungsweise *Erwartungsstruktur*, die andere *Aktionsstruktur*. Die Erwartungsstruktur wäre unbestimmt im Gegensatz zur bestimmten Aktionsstruktur, wäre divergierend im Gegensatz zu konvergierend. Die Erwartungsstruktur wäre in bezug auf die Vortragsweise frei in der Temponahme im Gegensatz zur strikt festgelegten Aktionsstruktur.
(Oesch, S. 214)

Es handelt sich um eine Neubelebung orientalischer Strukturprinzipien . . . In dieser Synthese von abendländischer Musik der Gegenwart und uralten Musizierformen der asiatischen Hochkulturen kann man einen ersten, künstlerisch vollwertigen musikalischen Ausdruck einer integrierten Welt, ein Stück „Weltmusik" erblicken.
(Oesch, S. 212)

. .. . es gibt in den sechziger Jahren in Europa neue Musik, die — unter der Voraussetzung, daß Komposition und ihre Schriftlichkeit ein Spezifikum abendländischer Musik sei — keine abendländische Musik (mehr) ist. Sie beruft sich auf Cage . . .
(Siegele, S. 10) DISKUSSION

Ob die Erwartungen, die sich an Improvisation und Aleatorik knüpfen, Erwartungen, die um emphatische Vorstellungen von Spontaneität, Neuheit und revolutionären Gehalten von Musik kreisen, real oder irreal sind, ist einstweilen kaum absehbar. In der Musik gilt, nicht anders als in der Politik, daß sich das Gegenwärtige im gleichen Maße, in dem es sich aufdrängt, andererseits verbirgt: Die Bedeutung dessen, was gerade geschieht, mag vom Gefühl unmittelbar erfaßt werden; die Ausprägung von Begriffen aber, die nicht bloße Parolen im Parteienstreit sind, setzt Distanz voraus. Von Gegenwart zu reden und nicht nur zu stammeln, ist schwierig.
(Dahlhaus, Komposition und Improvisation, S. 497) GESPRÄCH

Resümee: Aleatorik kann verstanden werden als Reaktion auf die wachsende Bedeutung der Notation einerseits, aber auch als natürliche Konsequenz aus der zunehmenden Gewichtung der Interpretation. Es erfolgte zunächst ein Umschlag der Folge AKTION—NOTATION in NOTATION—AKTION, später eine „Verlagerung von einer produktorientierten Musik zu einer prozeßorientierten" und damit zu Realisationsvorgängen, wie sie der orientalischen Musik eignen. Oesch spricht in diesem Zusammenhang von einer „Erwartungsstruktur" bzw. einer „Aktionsstruktur" und nimmt eine „Synthese von abendländischer Musik der Gegenwart und uralten Musizierformen der asiatischen Hochkulturen" an, die eine Art „Weltmusik" erwarten lassen. Damit könnte das Ende der abendländischen Musik erreicht sein.

3.3 Werk und Form als neu gestelltes Problem

. . . Bandaufnahmen . . . halten das Einmalige fest und ermöglichen seine unveränderte Wiederholung — ganz entgegen dem, was Cage beabsichtigt. Und das mehrmalige Abhören derselben Stelle ist geradezu ein unerlaubter Eingriff.
(Dibelius, John Cage, S. 378) DISKUSSION

Man kann davon ausgehen, daß Musik in Aufführungen ihre einzige Realität besitzt und nicht in Werken; daß es also darauf ankommt, Aufführungen zu komponieren, die unbeeinflußt von einem vorausgewußten Resultat ablaufen. Man kann folgern, daß der Komponist, um dies zu bewerkstelligen, die vordem behauptete Einmaligkeit des Werkes, die sowieso nur auf dem Papier besteht, entschieden zu negieren und dafür jetzt der Einmaligkeit des unmittelbar Erklingenden zu ihrem Recht zu verhelfen hat . . .
(Dibelius, Moderne Musik, S. 205)

Es wird möglich, Prozesse nur noch zu planen, . . . den tatsächlichen Ablauf des Prozesses aber nicht mehr auszuarbeiten . . . All das ist eine Signatur für die Schleifung der letzten Bastion der bürgerlichen Musik, für die Zerstörung des autonomen Werks.
(Siegele, S. 20) DISKUSSION

. . . würde der Zerfall des Kompositions- und Werksbegriffs nichts Geringeres bedeuten, als daß die zentrale Kategorie der europäischen Musik eines halben Jahrtausends preisgegeben würde. Zum tragenden Grundbegriff würde statt der Komposition die Improvisation, wie sie das Wesen der Musik in der europäischen Frühzeit und außerhalb Europas ausmacht.
(Dahlhaus, Komposition und Improvisation, S. 496)

(Der) musikalische Werkbegriff hat sich im Abendland erst relativ spät herausgebildet, er ist im 16. Jahrhundert, anfänglich nur zögernd, von der Musikästhetik übernommen und dann im 18. Jahrhundert allgemein akzeptiert worden. In der Zeit nach dem zweiten Weltkrieg, als auch die Tradition des bürgerlichen Konzerts grundsätzlich in Frage gestellt war, schwand auch der Glaube an das autonome Kunstwerk wieder dahin.
(Oesch, S. 40)

GESPRÄCH

Solche Komposition ist notwendigerweise experimentell. Eine experimentelle Aktion ist eine solche, deren Ergebnis nicht absehbar ist. Da die Aktion nicht absehbar ist, ist sie nicht um ihre Entschuldigung bekümmert. Wie die Erde, wie die Luft: sie bedarf nichts. Die Aufführung einer Komposition, deren Aufführung nicht festgelegt ist, ist einmalig. Sie kann nicht wiederholt werden. Wird sie ein zweites Mal aufgeführt, ist das Ergebnis ein anderes als zuvor. Nichts also wird durch eine solche Aufführung erreicht, da die Aufführung als Objekt in der Zeit nicht begriffen werden kann. Eine Tonbandaufnahme eines derartigen Werks ist nicht wertvoller als eine Groschenpostkarte; sie vermittelt Wissen um etwas, das sich noch nicht begeben hatte.
(John Cage, zit. nach Dibelius, Moderne Musik, S. 205 f.)

DISKUSSION

Cage geht es überhaupt nicht um Kompositionen, und ihn mit musikalisch-logischen Gesetzmöglichkeiten kritisieren zu wollen, ist im Ansatz falsch. Cage möchte hingegen experimentelle Erfahrungsmöglichkeiten vermitteln, die in einer Aufführung ihre einzige, nicht wiederholbare Realität erhalten.
(Meyer-Denkmann, S. 50)

Resümee: Die aus dem Expressionismus stammende Aversion gegen Wiederholungen wird hier auf die gesamte Realisation bezogen und gerät damit zum Extrem. „Das mehrmalige Abhören derselben Stelle“ auf dem Tonband „ist geradezu ein unerlaubter Eingriff“. Statt eines Werkes wird eine Aufführung komponiert, die ihren Wert in ihrer Unwiederholbarkeit hat. Damit wird der Begriff „Werk“ inhaltslos. Statt einer „Komposition“ werden „experimentelle Erfahrungsmöglichkeiten“ vermittelt.

3.4 Aleatorik und serielle Kompositionsweise

Mit der rhythmischen und dynamischen Differenzierung, die der konsequente Ausbau der seriellen Technik mit sich brachte, wuchs jedoch der Anspruch an die Wiedergabe in manchen Fällen über die Grenze der Ausführbarkeit hinaus. Die gewünschten Grade und Folgen der Dynamik, die schwierigsten Kombinationen metrischer Werte ließen sich zwar in graphischen Zeichen niederlegen; aber die durch eben diese Zeichen geforderte Präzision war nicht mehr vollkommen zu realisieren . . . Die Lösung dieses Problems bot sich dadurch, daß man den Unbestimmtheitsfaktor einer Wiedergabe von vornherein in die Komposition einbezog . . . Damit erhielt der Zufall innerhalb gegebener Grenzen die Funktion eines wirkenden Elements. Hier liegen die Wurzeln der sogenannten „Aleatorik“.
(Häusler, S. 53)

Daß um 1958 der Zufall, unter dem Namen Aleatorik, zu einem Grundprinzip der Musik erhoben wurde, war eine Reaktion auf innere Widersprüche der seriellen Musik. Das serielle Verfahren war in ein Dilemma, in eine Unstimmigkeit zwischen Teil und Ganzem, geraten. Wurden die Einzelheiten eines musikalischen Textes in sämtlichen Toneigenschaften, in der Tonhöhe, Dauer, Lautstärke und Klangfarbe, durch Reihen bestimmt, so war, wenn man nach der Setzung der Regeln und der Anfangsbedingungen die serielle Mechanik sich selbst überließ, die Gesamtform zufällig. Und umgekehrt: Wurden die Merkmale der Gesamtform, die Dauer der Teile, die Ordnung der Zeitmaße und der Wechsel in der Dichte des Tonsatzes, durch eine Reihendisposition festgesetzt, so war es unmöglich, die Details konsequent seriell auszuarbeiten. Die Idee einer Musik, die restlos aus einem einzigen Prinzip erwächst, in der also sowohl das Ganze als auch die Einzelheiten seriell determiniert sind, erwies sich als utopisch; entweder entzog sich die Gesamtform oder aber das Detail dem Reihenprinzip und blieb, nach seriellen Kriterien, dem Zufall überlassen.
(Dahlhaus, Komposition und Improvisation, S. 496)

Das Komponieren (im seriellen Rahmen) möchte zur vollkommensten, spiegelglatten, unantastbaren Objektivität geraten. Und mit welchen Mitteln? Die Schematisierung tritt ganz einfach an die Stelle der Erfindung; die Vorstellungskraft beschränkt ihre Dienstleistung darauf, einen komplexen Mechanismus zu ersinnen . . . In seiner All-Objektivität stellt das Werk . . . (dann) einen Ausschnitt des Zufalls dar, der so sehr (oder so wenig) wie jeder beliebige andere Ausschnitt zu rechtfertigen ist.
(Boulez, S. 45)

. . . Spekulationen mit der Aleatorik . . . breiten sich um so mächtiger aus, je mehr man erkannte, daß die Ergebnisse einer ganz und gar vorausgeplanten seriellen Komposition denen einer frei eingesetzten Zufallsmanipulation zum Verwechseln ähnlich sind.
(Dibelius, Moderne Musik, S. 209)

Es hat sich schon herausgestellt bei einigen Komponisten, die das Zufallsmoment zu weit getrieben haben, daß die Ergebnisse gleich sind, ob es sich nun um total determinierte . . . oder um total indeterminierte, also nicht festgelegte Musik handelt. Mit anderen Worten, um mit Lieschen Müller zu sprechen, es klingt alles gleich, ob man komponiert oder nicht.
(„Kann man serielle Musik hören?" Claus-Henning Bachmann, S. 228) GESPRÄCH

Man könnte sich vielleicht diese ganze mühselige serielle Arbeit sparen, weil es ja doch so viel einfacher ist, die Hasardprozeduren anzuwenden (gemeint ist das aleatorische Verfahren). Und dazu kann ich persönlich nur sagen, daß die mir viel langweiliger vorkommen als die schöne serielle Arbeit. Ich plage mich lieber mit diesen arithmethischen Sachen, als daß ich immerfort Münzen werfe, wenn ich komponiere.
(„Kann man serielle Musik hören"? Ernst Krenek, S. 229)

Resümee: Die fehlenden Möglichkeiten einer Realisierung der in der seriellen Musik geforderten Präzision sowie die Erfahrung, daß die einheitlich serielle Konstruktion von Gesamtform u n d Detail „utopisch" bleiben muß, erleichterten die Entscheidung für die gezielte Aufnahme des Zufallselements in die Komposition. Hinzu kam die Erkenntnis, „daß die Ergebnisse einer ganz und gar vorausgeplanten seriellen Komposition denen einer frei eingesetzten Zufallsmanipulation zum Verwechseln ähnlich sind".

3.5 Kritik am aleatorischen Verfahren

Daß die gewohnten Sinnkriterien versagen, daß die Funktion der Musik unkenntlich, der Zusammenhang zerstückt und der Sprachcharakter ausgelöscht ist, scheint von einer ratlosen Avantgarde, deren Unbehagen an der Kultur übermächtig geworden ist, als Grund zu befreitem Aufatmen empfunden zu werden. Musikalische Sinnlosigkeit aber, die sich als Emanzipation aufspreizt, ist ein bloßes Trugbild dessen, was sie proklamiert.
(Dahlhaus, Sinn und Sinnlosigkeit, S. 99) DISKUSSION

. . . über irgendein Moment des Eventuellen muß der Zufall doch verfügen. Warum dann aber diese sorgfältige Disposition des Netzes, warum nicht es selber auch dem Versehen anheimstellen? Dies vermochte ich niemals aufzuklären. Man spielt ein halbehrliches Spiel . . .
(Boulez, S. 45)

Was selbstverständlich war: daß Musik einen Sinn ausprägt, statt sich in tönender Mechanik zu erschöpfen, ist zweifelhaft geworden. Fragt man, als wäre nichts geschehen, unbefangen nach dem Sinn eines Stücks Musik, dem die Prinzipien der Aleatorik oder der Klangkomposition zugrundeliegen, so hat man das unangenehme Gefühl, sich bei den Eingeweihten als pedantisch oder zurückgeblieben zu entlarven, als wäre es eine veraltete Vorstellung oder Erwartung, daß sich Musik mit dem Anspruch präsentiert, mehr zu sein als tönendes Ereignis oder ein akustisches Objekt, das bloß da ist und nichts sonst. Über manche Fragen scheint ein Verbot verhängt zu sein, das wirksam ist, ohne daß es ausgesprochen werden müßte.
(Dahlhaus, Sinn und Sinnlosigkeit, S. 90) DISKUSSION

Den Zufall als eine Quelle der Erkenntnis zu behandeln, kann nur eine Methode von Leuten sein, die Angst vor dem Fällen ihrer eigenen Entscheidung haben und vor der Freiheit, die dafür Voraussetzung ist.
(Luigi Nono, zit. nach Lutoslawski, S. 457)

Er (der Interpret) wird diese Pause verlängern *können,* jenen Ton auslassen *können,* hier beschleunigen *können,* er wird . . . er *kann* in jedem Augenblick . . . kurz, es ward beschlossen, hinfort alle Sorgfalt auf die Ungenauigkeit zu verwenden. — Wurde deutlich genug, woraufs wiederum hinausläuft? Allemal aufs Ausweichen vor der Entscheidung.
(Boulez, S. 46)

In dem Vertrauen auf die Unmittelbarkeit und in dem Argwohn gegen Reflexion steckt ein romantisches Vorurteil.
(Dahlhaus, Komposition und Improvisation, S. 499) GESPRÄCH

Der Zufall sollte es wiederum möglich machen, daß in ein in hohem Maße objektiviertes, ja oft gar völlig entmenschlichtes musikalisches Gebilde wieder das Moment der freien Wahl des Interpreten, ein in jedem Augenblick eine Überraschung bereithaltendes freiheitliches Element einkehre.
(Oesch, S. 212)

Seine Kompositionen . . . lassen oft die Direktheit einer spontan wirkenden schöpferischen Kraft vermissen. Aber sie enthalten ebenso oft anregende Elemente. Cage ist ein Katalysator.
(Häusler, S. 144)

Das Ärgernis an John Cage beruht genau auf dieser Mischung aus lächelnder Naivität und bohrender Intransigenz, mit der er auftritt, seine Ideen vorträgt und in seiner Musik dementsprechend verfährt. Die einen halten ihn für einen Scharlatan, weil er die punktförmigen Unregelmäßigkeiten im Papier, auf das er gerade schreibt, in Notenköpfe verwandelt. Die anderen halten ihn für einen Weisen, weil er viel von Meister Eckhart und von chinesischer Philosophie spricht und Zufallsoperationen aus dem I-king, dem „Buch der Wandlungen", ableitet.
(Dibelius, Moderne Musik, S. 206)

Resümee: „Musikalische Sinnlosigkeit", „ein halbehrliches Spiel", die „Flucht aus der persönlichen Entscheidung" sind gängige und immer wieder erscheinende Vorwürfe gegen das aleatorische Kompositionsverfahren. Dagegengehalten werden „freiheitliche" und „anregende Elemente", die diesen Kompositionen die Funktion eines „Katalysators" erlauben.

3.6 Persönlichkeitsdeutungen

Die Musik, mit der ich mich beschäftige, muß nicht unbedingt Musik genannt werden. In ihr gibt es nichts, woran man sich erinnern soll. Keine Themen, nur Aktivität von Ton und Stille. Wem dies zu hören ein aufschlußreiches Erlebnis bedeutet, der wird bemerken, daß das Ohr das Tönende im Alltagsleben mit Freude und Befriedigung aufnimmt. Der ungerechten Auswahl ist ein Ende gesetzt, die Spaltung zwischen Geist und Ding, zwischen Kunst und Leben, ist überwunden.
(John Cage, zit. nach Dibelius, Moderne Musik, S. 210 f.) DISKUSSION

Die negative Ästhetik, der verspätete musikalische Dadaismus, mündet am Ende in blinde Naturverehrung. Kritik schlägt um in ihr Gegenteil, in Fetischismus. Absurde Musik, wie Cage-Adepten sie praktizieren, . . . unterscheidet sich prinzipiell von absurder Literatur und absurdem Theater, obwohl sie deren polemischen Grundzug teilt. Musik kann zwar ihre eigene Überlieferung . . . verleugnen . . ., aber sie kann, da sie Wirklichkeit weder abbildet noch auf sie verweist, sondern in sich selbst beruht und eingeschlossen ist, nicht ein Stück Realität als absurd kenntlich machen. Zielt absurde Literatur . . . auf Kritik an der Wirklichkeit, die durch Verzerrung durchschaubar gemacht werden soll, so ist absurde Musik auf Kritik an sich selbst eingeschränkt. Und aus dem Mangel an Bezug zur Realität . . . erwächst schließlich der Drang, sich in Naturmystik zu flüchten, damit die Destruktion der Musik, ihre Negation durch sich selbst, kein im Leeren kreisendes Spiel bleibt.
(Dahlhaus, Sinn und Sinnlosigkeit, S. 94) GESPRÄCH

(Frage: Wenn aber jemand Ihre Musik so aufführt, daß sie völlig verschieden ist von Ihrem ursprünglichen Konzept, also von Ihrer kompositorischen Idee, was würden Sie von ihm halten?) O, das wäre großartig! Wenn im Zen-Buddismus, der mich schon seit langer Zeit interessiert, der Schüler dem Lehrer eine Frage stellt und der Lehrer antwortet und dann der Lehrer dem Schüler die gleiche Frage stellt und der die gleiche Antwort gibt, bekommt er einen Schlag über den Kopf.
(John Cage in Gligo, S. 28)

Warum treiben wir Dinge, die recht kurios sind? Ich glaube, wir tun das, weil wir gut geschlafen haben und uns beim Aufwachen voller Energie fühlen, und wir versuchen zu denken, was wir tun könnten, und wir finden etwas zu tun und tun es.
(John Cage in Gligo, S. 28)

Cage möchte die Leute dazu veranlassen, daß sie statt ihrer vorfabrizierten Meinungen, Vorstellungen oder Assoziationen wieder die Musik selber hören, daß sie über zuhören, hinhören.
(Dibelius, John Cage, S. 379)

Cage möchte das musikalische Material von jedem Überbau befreien, von kompositorischen Systemen ebenso wie von subjektiven Assoziationen oder Erinnerungsbildern. Dazu bedarf es zunächst einmal der Ausschaltung der subjektiven Intentionen des Komponisten selbst und der konsequenten Zurücknahme seines Ichs, das sich im kompositorischen Werk manifestieren möchte.
(Meyer-Denkmann, S. 50)

. . . Die Veränderung, die („durch das, was ich in der Musik mache") stattgefunden hat, sieht so aus, daß ich, anstatt von der Musik abhängig zu sein beim Ausdrücken von Ideen oder dem Erleben von Emotionen, mein höchstes akustisches, ästhetisches Vergnügen ganz einfach in den Klängen meiner Umwelt finde. So kommt es, daß ich nicht nur anderer Leute Musik nicht mehr bedarf, sondern sogar auch nicht meiner eigenen. Ich bin glücklicher ohne Musik. Und der einzige Grund, weshalb ich immer noch weiter mache, ist, weil die Leute darauf bestehen.
(John Cage in Gligo, S. 27) DISKUSSION

Resümee: Cages Bestreben geht auf eine Sensibilisierung des Hörers gegenüber dem „Tönenden im Alltagsleben" aus, wodurch er „die Spaltung zwischen . . . Kunst und Leben" überwinden will. Dadurch provoziert er kritische Stimmen, die ihm eine „Flucht in die Naturmystik" vorwerfen, um der durch ihn praktizierten „absurden" Musik überhaupt ein sonst nicht erkennbares Ziel zu verschaffen. Die letzte Konsequenz aleatorischer Arbeit ist wohl ihre Selbstaufgabe, wozu Cage sich grundsätzlich zustimmend

3.7 Werkbeschreibungen bzw. Aufführungsanweisungen

Da gibt es ein Stück für zwölf Radioapparate, die von 24 „Spielern" bedient werden; die Radios spielen, was im Rundfunkprogramm gerade zu hören ist; der Dirigent gibt nach einem Zeitplan lediglich Zeichen für die Einstellung von Dynamik und Wellenlänge. Das Ergebnis wird natürlich zufällig; es wechselt je nach Aufführungszeit und Aufführungsort. Und schließlich gibt es von Cage auch jenes Stück, das „Vier Minuten, dreiunddreißig Sekunden" heißt und das radikalste Beispiel von Anti-Kunst in der Musik ist: der oder die Spieler deuten in den vorgeschriebenen viereinhalb Minuten die Abfolge von drei Sätzen lediglich mimisch an . . .
(Häusler, S. 142)

. . . Es wird eine Musterseite ohne Notationen irgendwelcher Art hergestellt; diese hat vier vollständige Liniensysteme (8 x 5 Linien) . . . (Es) werden Zufallsmanipulationen vom I-Ching (Der I-Ching, ein altes chinesisches Buch, wurde von Richard Wilhelm ins Deutsche übersetzt, mit einer Einführung von C. G. Jung) abgeleitet, um die Anzahl der Töne für jede Seite zu bestimmen. Diesen Zufallsmanipulationen sind gewisse Grenzen gesetzt, . . . die sich aus der relativen Schwierigkeit der Ausführung ergeben. — Ein leeres Blatt transparenten Papiers wird nun so gelegt, daß die punktförmigen Unregelmäßigkeiten im Papier leicht sichtbar werden. Diese werden mit Bleistift markiert, und zwar in einer Anzahl, die der durch die Zufallsmanipulationen bestimmten Tonzahl entspricht. — Das mit Bleistift markierte Blatt wird nun nach Art einer Registrierung auf die Musterseite gelegt; dabei werden zuerst die durch das Papier durchscheinenden Notenlinien und Zwischenräume und dann die Hilfslinien, soweit notwendig, mit Tinte auf dieser Seite nachgezogen. Sodann werden gewöhnliche ganze Noten überall dorthin geschrieben, wo ein Bleistiftpunkt in den Bereich der Notenlinien oder der Hilfslinien fällt . . . — Münzen werden nun achtmal geworfen (für die 4 x 2 Systeme), um Baß- oder Violinschlüssel (Kopf oder Adler) zu ermitteln; diese werden mit Tinte eingetragen. — Die 64 Möglichkeiten des I-Ching werden durch Zufallsmanipulationen in drei Gruppen eingeteilt, die verschiedenen Kategorien entsprechen: normal, d. h. auf den Tasten zu spielen; gedämpft, d. h. die anzuschlagende oder zu zupfende Klaviersaite mit dem Finger zu dämpfen; gezupft (die beiden letzten Gruppen werden auf den Saiten gespielt) . . . Auf ähnliche Weise wird bestimmt, ob eine Note normal, erhöht oder erniedrigt ist . . . Die Pianisten (können) ihr Spiel so kalkulieren, daß ihr Konzert die (vom Programm) gegebene Zeit ausfüllt. Die Dauer der einzelnen Töne und die Lautstärken sind freigestellt.

(Cage, Beschreibung, S. 43 f.) GESPRÄCH

4. ÜBERLEGUNGEN ZUR DIDAKTIK UND LERNZIELE

4.1 Situationsanalytischer Aspekt

Der Lernende soll in der Lage sein, das Aufkommen aleatorischer Kompositionsverfahren in unserer Zeit in Beziehung zu setzen mit

— dem Einfluß der Massenmedien
— dem Unbehagen an traditionellen Konzertveranstaltungen und -programmen
— einer Frage nach dem „Fortschritt“ in der Kunst
— ähnlichen Bestrebungen in Literatur und Bildender Kunst
— ihrer Resonanz in der Öffentlichkeit
— Fragen hinsichtlich Demokratisierung bzw. Elitebildung
— Fragen nach einer Zukunft von Kunst.

4.2 Kognitiver Aspekt

Der Lernende soll in der Lage sein, Auskunft zu geben über

— Entsprechungen und Unterschiede im Vergleich von serieller und aleatorischer Komposition
— unterschiedliche Verfahrensweisen aleatorischer Komposition.

Er soll ferner in der Lage sein,

— vorgelegtes Notenmaterial bzw. entsprechende Aufführungsanweisungen nach den gelernten Verfahrensweisen zu kategorisieren
— am Verlauf der abendländischen Musikgeschichte Veränderungen aufzuzeigen, die sich im Verhältnis von Komposition zu Interpretation ausmachen lassen.

4.3 Historisch-kritischer Aspekt

Der Lernende soll nach seinem persönlichen Verständnis die Aleatorik deuten können als

— Entwicklungsstufe in . . .
— Reaktion auf . . .
— Anregung zu . . .

— Gefahr für . . .
— Schutz vor . . .
— Wiederaufkommen von . . .
— Zerstörung von . . .
— Hoffnung auf . . . usw. usw.

4.4 Affektiver Aspekt

Der Lernende soll einen individuell motivierten Zugang zum aleatorischen Kompositionsverfahren erlangen, etwa durch
— Reproduktion: Versuch von Realisationen gegebener aleatorischer Anweisungen (z. B. Variations I)
— Produktion: Experimentieren mit dem Ziel, neue aleatorische Möglichkeiten zu entwickeln.

5. BIBLIOGRAPHIE

Boehmer, Konrad
Zur Theorie der offenen Form in der Neuen Musik, Darmstadt 1968
Boulez, Pierre
Alea. In: Darmstädter Beiträge zur Neuen Musik I, Mainz 1958
Cage, John
A great Bear Pamphlet, New York 1967
Cage, John
A Year from Monday. New Lectures and Writings, Middletown/Connecticut USA 1969
Cage, John
Beschreibung der in Music for Piano 21—52 angewandten Kompositionsmethode, in: DIE REIHE III, 1957, S. 43 ff.
Cage, John
Diary Part III, New York 1967
Cage, John
Diary Part IV, New York 1968
Cage, John
Notations, New York 1969
Cage, John
Silence. Lectures and Writings, Middletown/Connecticut USA 1960
Dahlhaus, Carl
Komposition und Improvisation, in: Neue Zeitschrift für Musik 1972/9, S. 496 ff.
Dahlhaus, Carl
Über Sinn und Sinnlosigkeit in der Musik, in: Rudolf Stephan (Hg.): Die Musik der sechziger Jahre, Mainz 1972, S. 90 ff.
Dibelius, Ulrich
John Cage oder Gibt es kritische Musik? In: Melos 1968/10
Dibelius, Ulrich
Moderne Musik 1945—1965, München 1966
Foss, Lukas
Über Ensemble-Improvisation, in: Melos 1961/10, S. 312 ff.
Gligo, Nikša
Ich traf John Cage in Bremen, in: Melos 1973/1

Globokar, Vinko
Man improvisiert . . . Bitte, improvisieren Sie! . . . Komm, laßt uns improvisieren! . . . In: Melos 1972/2, S. 84 ff.
Helms, Hans G.
Zu John Cages Vorlesung „Unbestimmtheit", in: DIE REIHE V, Wien 1959
Häusler, Josef
Musik im 20. Jahrhundert. Von Schönberg zu Penderecki, Bremen 1969
Kann man serielle Musik hören? Rundgespräch zwischen Claus-Henning Bachmann, Ernst Krenek, Franz Willnauer und Fritz Winckel, in: Melos 1961/7—8, S. 223 ff.
Katalog der Kompositionen von Cage: Peters-Verlag, Frankfurt/M., London, New York
Kostelanetz, Richard (Hg.)
John Cage, Köln 1972
Lombardi, Luca
Über kollektive Improvisation, in: Melos 1971/7—8
Lutoslawski, Witold
Über das Element des Zufalls in der Musik, in: Melos 1969/11
Malecki, Herbert
Spielräume. Aufsätze zur ästhetischen Aktion, Frankfurt/M. 1969
Meyer-Denkmann, Gertrud
Struktur und Praxis Neuer Musik im Unterricht. Rote Reihe 43, Wien 1972
Meyer-Eppler, Werner
Statistische und psychologische Klangprobleme, in: DIE REIHE I, Wien 1955, S. 22 ff.
MUSIK AKTUELL. Ein Musikbuch für die Sekundarstufe, Kassel, Basel 1971
Oesch, Hans
Wandelt sich das europäische Musikbewußtsein? In: Melos 1964/7—8
Oesch, Hans
Zwischen Komposition und Improvisation, in: Rudolf Stephan (Hg.): Die Musik der sechziger Jahre, Mainz 1972, S. 39 ff.
Siegele, Ulrich
Entwurf einer Musikgeschichte der sechziger Jahre, in: Rudolf Stephan (Hg.): Die Musik der sechziger Jahre, Mainz 1972, S. 9 ff.
Thomas, Ernst
Was ist Aleatorik? In: Melos 1961/7—8, S. 213 ff.

Karl-Josef Müller

Krzysztof Penderecki (1933)
Aus den „Psalmen Davids" für gemischten Chor und Instrumentalensemble (1958)

1. INFORMATION

1.1 Sachinformationen

Partitur: Edition Moeck Nr. 5002
Schallplatte: Wer 60020 (zus. mit Anaklasis, Flourescences, Sonate f. Cello und Orchester, Stabat mater);
Can 658225
Muza SXL 0260
Entstehung: 1958 (als eines von drei später preisgekrönten Werken für einen polnischen Komponistenwettbewerb)
Dauer: ca. 10 Min.
Besetzung: Gemischter Chor; Xylophon, Xilorimba, Vibraphon, 4 Pauken, Campana, Claves, 4 Becken, Gong, Tam-Tam, Bongos, 4 Tom-Tom, Celesta, 2 Klaviere, Harfe, 4 Contrabässe (pizz.)

1.2 Zu Person und Gesamtwerk

(siehe „Anaklasis", S. 215 ff.)

1.3 Zur Einordnung in das Gesamtwerk

Die Vokalkomposition „Aus den Psalmen Davids" gehört der Entstehung nach mit einigen Kammermusikwerken, den „Strophen" und „Emanationen" in die erste Phase der kompositorischen Entwicklung Pendereckis. Dennoch ist gerade dieses Werk — im Gegensatz zu den übrigen Kompositionen aus dieser Zeit — weit weniger vom Neo-Impressionismus der frühen Schaffensperiode geprägt. Die „Psalmen Davids" sind Pendereckis erstes Chorwerk; sein musikalischer Habitus — das sei vorweggenommen — schwankt noch zwischen dodekaphoner Distanziertheit und zupackender, zuweilen brutaler Expressivität, ohne dabei in die sprach-kompositorischen Experimentierbereiche der „Dimensionen der Zeit und der Stille" vorzudringen.

1.4 Der Text

Original	Übersetzung[1]
28. Psalm, Vers 1	
Ad te, Domine, clamabo, Deus meus, ne sileas a me, ne quando taceas a me.	Wenn ich rufe zu dir, Herr, mein Hort, so schweige mir nicht . . .

[1] Nach der deutschen Übersetzung Martin Luthers.

30. Psalm, Vers 2 Exaltabo te, Domine, quoniam suscepisti me, nec delectasti inimicos meos super me.	Ich preise dich, Herr; denn du hast mich erhöht und lässest meine Feinde sich nicht über mich freuen.
43. Psalm, Vers 2 Quia tu es Deus, fortitudo mea, quare me reppulisti et quare tristis incedo, dum affligit me inimicus?	Denn du bist der Gott meiner Stärke; warum verstößest du mich? Warum lässest du mich so traurig gehen, wenn mich mein Feind drängt?
143. Psalm, Vers 1 Domine, exaudi orationem meam, auribus percipe obsecrationem meam in veritate tua, exaudi me in tua iustitia.	Herr, erhöre mein Gebet, vernimm mein Flehen um deiner Wahrheit willen, erhöre mich um deiner Gerechtigkeit willen.

2. ANALYSE

Die musikalische Behandlung von Sprache in der 2. Hälfte unseres Jahrhunderts ist eines der interessantesten, wenngleich vielschichtigsten Probleme Neuer Musik, deren Kern immer die Zuordnung sprachlicher Elemente oder Komplexe zu musikalischen, Äußerungsmöglichkeiten und -formen der menschlichen Stimme und ihre Funktion in der jeweiligen Gesamtstruktur darstellt. Auch die Analyse der „Psalmen Davids" bedeutet primär Untersuchung des Verhältnisses von Sprache zu Musik, von Vokalpart zu Instrumentalensemble.

Die instrumentale Besetzung zeigt bereits in diesem frühen Werk, das Josef Häusler als „ein Werk des Übergangs" bezeichnet, deutliche Tendenzen zum Geräuschhaften. Den ausgesprochenen Geräuschinstrumenten (Pauken, Claves, Becken, Gong, Tam-Tam, Bongos, Tom-Tom) werden einerseits (wie auch später in „Anaklasis") Schlaginstrumente mit definierter Tonhöhe (Xylophon, Xilorimba, Vibraphon, Campana), zum anderen Tasten- (Celesta, Klaviere) und Zupfinstrumente (Harfe, pizz.-Contrabässe) zugeordnet.

Satzstruktur und Verhältnis der beiden Ensembles zueinander sind in den vier Teilen des Werkes von unterschiedlichem Gepräge und Gewicht — sicher auch ein Indiz für die noch nicht gefestigte stilistische Position.

Der Tradition am stärksten verhaftet scheint der dritte Satz. Rhythmische Motorik Strawinskyscher Provenienz, verbunden mit Ostinato-Bildungen und einer Chorbehandlung, die bereits aus der Venezianischen Schule bekannt ist, verweisen auf historische Bindungen.

Eine 15-taktige Instrumental-Einleitung prägt den rhythmisch starren Habitus dieses Satzes vor. Das Exponieren des ersten Textabschnitts „Quia tu es Deus, fortitudo mea" geschieht ab T. 16 in einem breit angelegten Crescendo, das durch allmähliche Chorteilung und Summierung der Instrumente unterstützt wird, und erreicht mit dem ff-Unisono „fortitudo mea" in T. 31 Höhepunkt und Abschluß des ersten Abschnitts:

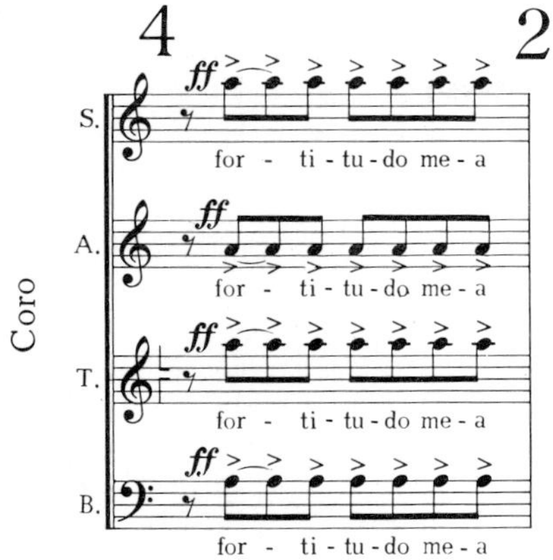

Ihm folgt eine instrumentale Ostinato-Überleitung zum Text „quare me reppulisti et quare tristis incedo dum affligit me inimicus“. Hier bedient sich Penderecki zum erstenmal in diesem 3. Teil einer Sprachbehandlung, die über das bis dahin geltende stilistische Vorbild hinausgeht: er teilt die Silben auf verschiedene Stimmen auf, eine Technik, die sich später auch im „Stabat mater“ und in der „Lukas-Passion“ wiederfindet:

Mit T. 51 wird eine neue instrumentale Ostinato-Figur eingeführt, die den folgenden Abschnitt prägt, der zunächst den Text „quare me reppulisti" (Alt I/II) wieder aufnimmt, dann aber unmittelbar in die Fortführung „quare tristis incedo" mündet und im crescendo zum „dum affligit me inimicus", einem erneuten Höhepunkt im 7-stimmigen Satz (f) führt; den Kulminationspunkt bildet das „me inimicus" mit T. 69 in einer starken Klangkomprimierung in Chor und Instrumenten.

Mit T. 70 beginnt der letzte Abschnitt, der in Struktur und Intention auf den ersten zurückgreift. Hier wird die Doppelchörigkeit genutzt zur Gegenüberstellung der zwei Chorgruppen mit Text-Kontrasten bzw. -Ergänzungen, die nach und nach wieder ineinander verschränkt werden und mit großer Eindringlichkeit das Ende des Satzes formen: „quare me reppulisti, et quare . . . (?)".

Ganz anders in Struktur und musikalischem Ausdruck stellt sich der letzte Teil (Psalm 143) dar. Eine Zwölftonreihe wird einleitend instrumental exponiert, indem die Einzeltöne durch die für Pendereckis Satzstruktur bezeichnende chromatische Stimmverknüpfung[2] summiert werden;

Die Töne 7—12 der Reihe stellen den Krebs der Töne 1—6 dar; der Reihenbau ist damit dem Anton Weberns verwandt. In der instrumentalen Einleitung wird dieses Tonmaterial nach dem o. g. Prinzip in Sept- bzw. Nonenabstand miteinander verbunden:

Psalm 143, T. 1—4

[2] Karl-Josef Müller, Traditionelles bei Penderecki, in: Musik und Bildung 1972, S. 234

[3] Die Zeichen bedeuten: 1 ↓ = kl. Sekund abwärts, 2 = gr. Sekund aufwärts, etc.

In T. 7 beginnt der Alt, „recitando ad libitum“ den ersten Teil des Psalmtextes vorzutragen:

Diese a-cappella-Passage erinnert in ihrem melodischen Duktus deutlich an Eigenarten des Gregorianischen Chorals. Eine kurze instrumentale Überleitung beginnt mit der Krebsform der Reihe, die nach dem 6. Ton vom Chor fortgesetzt wird und das Fundament für eine Passage linearer Struktur abgibt, der der Textabschnitt „exaudi orationem meam, auribus percipe obsecrationem meam“ z. T. in Silbenaufteilung auf die verschiedenen Chorstimmen unterlegt ist (vgl. Psalm 43):

Psalm 143, T. 20—23

Die folgende Zeile „in veritate tua, exaudi me in tua justitia“ formiert sich dagegen nach einer Tenor-Intonation („in veritate“) zu einem 6-stimmigen Chorsatz, der mit Unterstützung von Klavier I, Harfe, Campana, Vibraphon, Xilorimba, Pauken, Tam-Tam und Gong über ein crescendo zum 12-tönigen ff-Schluß des Werkes führt.

Reine Dodekaphonie, vergleichbar jener aus op. 27, Nr. 1—3 („Vier Stücke für gem. Chor“) oder op. 28, Nr. 1 und 2 („Drei Satiren für gem. Chor“) von Arnold Schönberg, bestimmt das Satzbild des nur 18 Takte umfassenden 30. Psalms, der im Untertitel als

„Choral" bezeichnet ist. Der Satz weist auffällige Übereinstimmungen mit Techniken des klassischen Fugenbaus auf. Der innere Zusammenhang aller das Satzgefüge bestimmenden Elemente liegt

a) in dem Verhältnis Original (O1) — Umkehrung (U1),

b) in der Quinttransposition beider Formen (O2 — U2).

Die engen strukturellen Zusammenhänge stellen sich grafisch folgendermaßen dar:

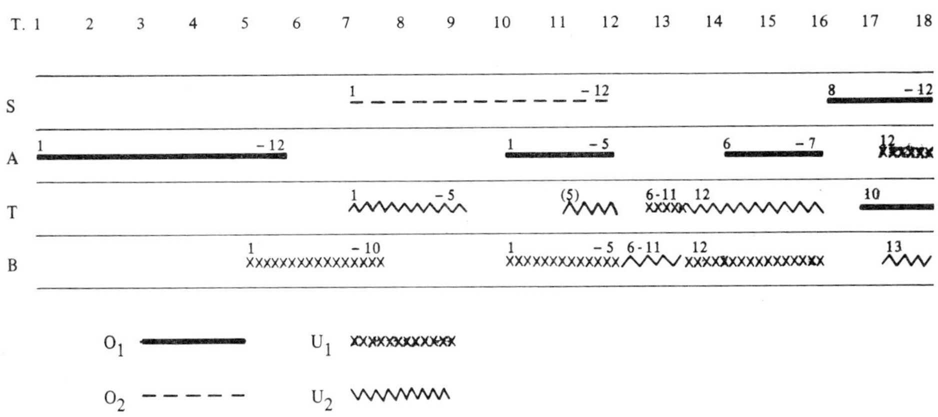

Die Zahlen über den grafischen Zeichen geben die Töne der Reihe an.

In seiner stilistischen Geschlossenheit und formalen Konzentration bildet dieser a-cappella-Satz ein eindrucksvolles Gegengewicht zum ersten (Psalm 28), dessen Satzstruktur Züge verrät, die später in Instrumentalwerken wie „Anaklasis“ wiederkehren und daher vermuten lassen, daß dieser Eingangssatz als letzter entstanden ist. Bereits die fünf instrumentalen Einleitungstakte weisen eine verblüffende Ähnlichkeit auf mit dem Satzbild in wesentlichen Passagen von „Anaklasis“. Hier wie dort liegen dem zeitlichen Ablauf rhythmische Modelle zugrunde, die aus der Zwei-, Drei- oder Vierteilung eines ♩-Wertes resultieren (vgl. die Beiträge „Anaklasis“ und „Lontano“). Becken (S.A.T.B.), Gong und Tam-Tam sind kombiniert mit den zwei Klavieren, von denen das zweite Halbtontriller in der Subkontra-Oktav zu spielen hat und damit die Geräuschkomponente wesentlich verstärkt; ab Takt 4 tritt das erste Klavier mit einem rhythmisch wie dynamisch differenzierten punktuellen Tonnetzwerk hinzu. Der Chor, hier noch ungeteilt, beginnt in Takt 6 und zeigt die schon erwähnte, für Penderecki typische chromatische Stimmverknüpfungstechnik, besonders deutlich auch im Instrumentalpart:

Der Text „Ad te, Domine, clamabo“ beherrscht diesen Abschnitt bis Takt 27. Zunächst reduziert Penderecki den Chorklang zum „quasi recitando“ auf definierter Sprechtonhöhe, eine Technik, die bereits durch Schönberg kompositorisch genutzt wurde (vgl. „Ein Überlebender aus Warschau“, 2.2, S. 132 ff.). Diese von 4 Tom-Toms begleitete Passage führt im crescendo zur Wiederholung der Worte „ad te clamabo“ auf sechsstimmigem Klang, der wieder die oben beschriebene Verknüpfungstechnik aufweist und damit den später für Pendereckis Musik typischen Clusters nahesteht:

(Siehe Notenbeispiel auf Seite 208)

2 3 2 3
20
Coro
S. I
S. II
A.
T.
B. I
B. II
quasi recit.
pp
mf
f
ff
ma - bo cla - ma-bo ad te cla-ma-bo ad te ad
ad te ad te cla - ma-bo ad te
ad te ad te cla-mabo ad te ad te cla-ma-bo ad
cla - ma - bo ad te cla-ma-bo ad te ad te cla-ma-bo
ad te ad te cla - ma-bo ad te
ad te ad te cla - ma - bo ad te

3 4
25
Coro
S. I
S. II
A.
T.
B. I
B. II
ff
sub. p
te cla - ma - bo
te cla - - - ma - bo
te cla - ma - bo
ad te cla - ma - bo
te te cla - ma - bo
ad te cla - ma - bo

Die Takte 28—45 bilden einen zweiten Abschnitt, dem der Text „Deus meus, ne sileas a me, ne quando taceas a me“ zugrundeliegt. Hier werden die beiden Chöre zum erstenmal einander gegenübergestellt: Chor II mit undefinierten, gesprochenen, Chor I mit definierten, gesungenen Tonhöhen. Dabei finden in beiden Chören sowohl Textzerstückelungen und -überlagerungen wie Synchron-Vortrag in verschiedenen Stimmen statt. Anfang und Ende des Abschnitts bildet Chor II, dessen Einsatz in T. 29 durch flächig (d. h. mit schnellem, nicht rhythmisiertem Tremolo) eingesetzte Tom-Toms und Piatti vorbereitet wird, während am Ende das erste Klavier mit einem gehaltenen cis und die Pauken I/II mit gliss. e—b bzw. f—h den Übergang zum folgenden Abschnitt schaffen, der wieder durch definierte, gesungene Klänge in Gegenüberstellung beider Chöre gekennzeichnet ist. Die Einleitung bilden punktuelle Strukturen von Xilorimba, Harfe, Contrabässen und Pauken, die zunächst zur Wiederholung des Textes „Deus, clamabo; ad te, Domine, clamabo“ führen. Beide Chöre haben dabei in unterschiedlicher Rhythmisierung fünfstimmige Klänge zu singen, die wiederum nach dem von Penderecki bevorzugten Sekund- bzw. Septim/Nonen-Verknüpfungsprinzip gebaut sind:

Diese harmonisch statische Passage führt ab T. 61 zum Schlußabschnitt „Deus meus, ne quando taceas a me“, wobei die Akklamation „Deus“ dem Sopran der beiden Chöre übertragen wird, während die geteilten Männerstimmen den übrigen Text synchron vor-

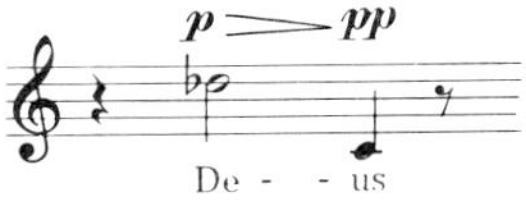

tragen. Nur der Alt rezitiert die letzten Worte auf definierter Sprechtonhöhe, bis der Satz in den pp-Klängen der Tom-Toms verklingt.

Die „Psalmen Davids“ stellen in Pendereckis erster Schaffensperiode gleichzeitig das letzte Beispiel von Sprach-„Vertonung“ dar, bevor er nach der Phase des Experimentierens im Geräusch-Klang-Bereich (dazu zählen auch die Versuche mit elektronischen Mitteln) mit dem „Stabat mater“ und danach mit der „Lukas-Passion“ wieder auf den Boden der „Vertonung“ zurückkehrt. „Vertonung“ wird hier verstanden „als Spezialfall einer Verwandlung von Sprache in Musik“[4], d. h. als derjenige Fall, in dem zu vorgegebener Sprache, die in ihrer Struktur unverändert bleibt, Musik *hinzugefügt* wird. Die Musik nach 1945 weist eine Reihe von Möglichkeiten des In-Beziehung-Setzens von Sprache und Musik auf und damit eine breite Skala von Äußerungs- und Kommunikationsformen menschlicher Stimme (vgl. L. Berio, Sequenza III).

Penderecki steht diesen Entwicklungen in seinem Gesamtwerk eigentümlich unberührt gegenüber. Einzig die „Dimensionen der Zeit und der Stille“ lassen Züge einer Sprachbehandlung erkennen, die im Rahmen der Klangexperimente im Instrumentalbereich die Grenzen von „Vertonung“ überschreiten.

Die vier Teile der „Psalmen Davids“ bilden zwei Satz-Paare, die in ihrer sprachlich-musikalischen Gestaltung miteinander vergleichbar sind. Die Teile I und III weisen neben mehrfacher Chorteilung ein beträchtliches Instrumental-Ensemble auf, Teil II und IV sind dagegen auf zurückhaltenderen Vokalklang gestellt. Hier werden im Verhältnis zum Text keine direkten Verbindungen sichtbar. Vielmehr lassen sich wahrnehmbare Beziehungen nur in Einzelheiten und zuweilen in der Analogie formaler Gliederung konstatieren. So bilden die Takte 18—27 aus Teil I ein Beispiel musikalischer Expressivität, die durch den Inhalt des „clamabo“ provoziert wird. Das zunächst kaum hörbare, auf Sprechtonhöhe „p, quasi recitando“ vorgetragene „clamabo ad te“, das sich vom Alt über Baß I, Sopran II, Tenor, Baß II und Sopran I zum 6-stimmigen Klang auf definierter Sprechhöhe erweitert, wird unter Beibehaltung der Tonhöhen ab T. 24 zum gesungenen und damit verstärkten, exakter artikulierten Klang, der sich zum ff des „ad te clamabo“ verstärkt. Dagegen wird der folgende, durch das „ne sileas“ und „ne quando taceas“ bestimmte Textabschnitt auf reines Flüstern in Chor II und punktuelle Klänge in Chor I gestellt, eine Formung, die neben dem semantischen Aspekt auch der Textgliederung entspricht.

[4] Rudolf Frisius, Musik — Sprache, in: Musik und Bildung 1972, S. 576

3. MATERIAL

3.1 Zum Werk

Deutlicher als die ‚Strophen' und die ‚Emanationen' ist die bereits 1958 entstandene Chorkomposition ‚Aus den Psalmen Davids' ein Werk des Übergangs. Von den vier Sätzen bilden je zwei ein Kontrastpaar. Der stilistischen Position nach scheint der dritte Satz am frühesten entstanden zu sein. Seine Taktwechsel, die motorische Metrik, die Ostinati der instrumentalen Begleitstimmen knüpfen bei Merkmalen der Neuen Musik aus den späten zwanziger und frühen dreißiger Jahren, insbesondere bei Strawinsky, an.

(Zum 3. Teil:)
Der Doppelchor-Effekt, als dynamischer Kontrast oder Charaktergegensatz zwischen zwei Chorgruppen angelegt, gibt vor allem dem ersten und dritten Teil physiognomische Prägung; vorab der Beginn des Satzes erhält von daher seine Ähnlichkeit mit einer antiphonischen Psalmrezitation nach liturgischem Vorbild der katholischen Kirche. Dem Respondieren der Chorgruppen stehen blockhafte Tuttistellen gegenüber, bei denen sich der Ausdruck zu machtvoller Eindringlichkeit steigert.
Es ist unverkennbar, daß dieser melodische Bogen trotz seiner totalen Chromatik sich geistig an der Tradition des Gregorianischen Chorals orientiert, und es ist überraschend, bei Penderecki bereits 1958 die Keime zu jener Verbindung von Zwölftönigkeit und Gregorianik vorzufinden, die bei der Uraufführung seiner ‚Lukaspassion' so sehr in Erstaunen setzte.
(J. Häusler, Beilage zur Schallplattenaufnahme der „Psalmen Davids", Wergo 60020).

Schon im ersten Teil begegnet man einigen für Pendereckis Stil charakteristischen Elementen; a) Rezitation auf einem sich nicht verändernden Klangblock, b) Wechsel von Sing- und Sprechchor, c) chromatische Toncluster, die hier noch ziemlich vorsichtig über verschiedene Oktaven auseinandergelegt werden. Der kurze langsame Teil II intoniert eine einstimmige 12-Ton-Reihe. Diese Reihe wird unmittelbar darauf vom Baß in Umkehrung vorgetragen, ohne daß dies zu einer orthodox-strengen dodekaphonen Konstruktion führt. Im Gegensatz dazu bietet der 3. Teil durch Einsatz von Ostinati, Akkordparallelen und Quartschichtungen (vermischt mit chromatischen Zusatztönen) ein weniger antitonales Klangbild. In Teil 4 wird, diesmal in einer sehr expressiven Musik, wieder eine 12-Ton-Reihe verarbeitet. Diese neue Reihe ist nach dem Vorbild Weberns in spiegelbildliche Teile zerlegbar.
(Harry Mayer, Der Entwicklungsgesang des K. Penderecki, in: mens en melodie, S. 167.)

3.2 Bericht

Daß man heute, angesichts einer erheblichen Stagnation der Entwicklung, auf unwahrscheinliche Überraschungen gefaßt sein muß, zeigt das Beispiel von Krzysztof Penderecki, der an diesem Abend mit dem Werk ‚Aus den Psalmen Davids' für gemischten Chor und Schlaginstrumente vertreten war. Hier ist das Entstehungsdatum wichtig: 1958, und zwar deshalb, weil der Komponist, den man heute zu den phantasiereichsten und kühnsten Musikern nicht nur Polens, sondern der ganzen europäischen Avantgarde zählen muß, damals im Alter von 25 Jahren, selbst in Polen noch völlig unbekannt war. Die rasche und heftige Kurve seiner künstlerischen Entwicklung steht ohne Vergleich da.

Sein jüngstes Werk ist ein ‚Stabat mater' für drei Chöre a cappella, in dem er einen linearen, ganz klaren und einfachen Stil aufgreift. Das ist ein ungewöhnlicher, ja einmaliger Vorgang, über dessen Sinn und Bedeutung im Augenblick niemand etwas sagen kann. Denn trotz jener Stagnation seit einigen Jahren ist bisher nirgendwo das geringste Zeichen für eine so exemplarische und radikale Stilwandlung sichtbar. Auch geschichtliche Parallelen wird man dafür kaum beibringen können, denn die bekannten Sprünge in der Musikgeschichte sehen wesentlich anders aus als dieser zunächst wohl nur als individueller Einzelfall zu wertende Vorgang, für den es vielleicht die Erklärung gibt, daß Penderecki von Haus aus geistlicher Musiker ist. Deshalb war es wichtig, die noch vor jenem Werkkomplex der Farb- und Geräuschkompositionen entstandenen ‚Psalmen Davids' kennenzulernen, in denen man hinter Elementen des Neoklassizismus und selbst des Jazz sofort die große Begabung in der präzisen kompositorischen Führung der fünfzehn Schlagzeugspieler, der Kontrabässe und zwei Klaviere (neben Celesta und Harfe) erkennt.
(H. Eimert, 2 Uraufführungen und 3 Erstaufführungen in Köln, in: Melos 1964, S. 65.)

4. ÜBERLEGUNGEN ZUR DIDAKTIK UND LERNZIELE

4.1 Thematische Zusammenhänge

— Musik im funktionalen Zusammenhang mit anderen Ausdrucksbereichen
— Psalm-Vertonungen in der Musikgeschichte
— Versuche stilistischer Sprachfindungen geistlicher Musik (im 20. Jahrhundert) (bis zu Jazz und Pop in der Kirche).

4.2 Lernziele

4.2.1 Analytischer Aspekt

Der Lernende sollte die „Psalmen Davids" als ein Werk Pendereckis identifizieren können, das in seiner stilisitischen Position schwankt und wesentliche Elemente von historischen Vorbildern bezieht, so
— Rhythmik und Instrumentarium z. T. nach Strawinskyschem Verfahren, z. T. auch aus dem Jazz (pizz.-Bässe),
— Dodekaphone Technik Schönbergs, aber auch
— Stimmverknüpfungstechnik nach Werbernschem Muster.

4.2.2 Kognitiver Aspekt

Aufgrund werkimmanenter Fakten sollte sich der Lernende zu folgenden Problemen äußern können:
— Das unterschiedliche Verhältnis von Sprache zu Musik in den vier Teilen des Werkes,
— Verschiedenartiger Umgang mit der Reihentechnik (z. B. in den Teilen 1 und 2),
— Hinweise auf die später von Penderecki bevorzugte Cluster-Komposition.

4.2.3 Kritischer Aspekt

Der Lernende sollte aufgrund seiner Kenntnisse dieses Werkes und im Vergleich zu anderen Kompositionen gleichen Genres (nicht nur Psalm-Kompositionen, sondern geistlicher Musik allgemein) reflektieren über
— Verwandtschaft sprachlicher und musikalischer Strukturen allgemein,
— das Verhältnis von Sprache zu Musik im geistlichen Bereich und „Lösungen" des Problems in Vergangenheit und Gegenwart,
— sprachliche und musikalische Semantik.

5. BIBLIOGRAPHIE

Dibelius, Ulrich
Moderne Musik 1945—1965, München 1966
Dibelius, Ulrich
Polnische Avantgarde, in: Melos 1967, S. 7
Engelbrecht, Christiane
Die Psalmvertonung im 20. Jahrhundert, in: Gestalt und Glaube, Fs. für Oskar Söhngen, Witten-Berlin, 1960, S. 153—161 und 239—246
Häusler, Josef
Musik im 20. Jahrhundert, Bremen 1969
Kaczynski, Tadeusz
Polnische Avantgarde am Scheideweg, in: Melos 1968, S. 6
Mayer, Harry
De ontwikkelingsgang van Krzysztof Penderecki, in: mens en melodie, Utrecht, Mai/Juni 1967, S. 166
Müller, Karl-Josef
Traditionelles bei Penderecki, in: Musik und Bildung 1972, S. 234 und in: Das Orchester 1972, S. 377
Müller, Karl-Josef
Informationen zu Pendereckis Lukas-Passion, Frankfurt/M. 1973
Zielinski, Tadeusz A.
Der einsame Weg des Krzysztof Penderecki, in: Melos 1962, S. 318
Zielinski, Tadeusz A.
Neue Klangästhetik, in: Melos 1966, S. 210

Karl-Josef Müller

Krzysztof Penderecki (1933)
Anaklasis (1959/60) für Streicher und Schlagzeuggruppen

1. INFORMATION

1.1 Sachinformationen

Partitur:
Edition Moeck, Nr. 5003
Schallplatte:
Wergo 60020 (zus. mit Fluorescences, Psalmen Davids, Sonate f. Cello u. Orchester, Stabat mater);
Muza SXL 0260
Entstehung: 1959/60 als Kompositionsauftrag des SWF Baden-Baden
Uraufführung: Donaueschinger Musiktage für zeitgenössische Tonkunst 1960, SWF-Orch., Ltg. Hans Rosbaud
Dauer: ca. 9 Min.

1.2 Zu Person und Gesamtwerk

Geb. 23. 11. 1933 in Debica (Polen). Studium an der Musikhochschule in Krakau, zu deren Direktor er 1972 gewählt wurde. 1959 Gewinn aller drei Preise eines polnischen Kompositionswettbewerbs mit drei anonym eingereichten Werken (Strophen, Emanationen, Psalmen Davids). In den folgenden Jahren weitere Auszeichunngen, u. a. 1961 Preis der „Tribune internationale des Compositeurs" der UNESCO für „Threnos". Ausgiebige Versuche mit elektronischen Klangmitteln im Warschauer Rundfunk, die aber außer einer Reihe von Filmmusiken nur die elektronische Komposition „Psalmus" (1961) zur Folge hatten.Seit der Mitte der 60er Jahre vornehmlich Komposition großer vokal-instrumentaler Werke wie der „Lukas-Passion" (1965/66), der Oper „Die Teufel von Loudun" (1967/69), „Utrenja", Grablegung und Auferstehung Christi (1969/71) und „Kosmogonia" (1970), 1. Sinfonie (1972/73), Canticum Canticorum Salomonis (1972/73).
Harry Mayer glaubt in seinem Aufsatz „Der Entwicklungsgang des Krzysztof Penderecki"[1], der sich mit den Werken bis zum Jahre 1963 beschäftigt, drei Stilphasen des Komponisten erkennen zu können:

1. Phase:
Übernahme der seriellen Technik und Entwicklung eines Neo-Impressionismus Boulez'scher Prägung: „Miniaturen" für Klarinette und Klavier (1954); Streichquartett (1955); Zwei Lieder für Bariton und Klavier (1955); „Epitaph" für Streichorchester und Pauken (1958); „Strophen" für Sopran, Sprechstimme und zehn Instrumente (1959).

---

[1] Harry Mayer, De ontwikkelingsgang van Krzysztof Penderecki, in: mens en melodie, Utrecht, Mai/Juni 1967, S. 166

2. Phase:
Stark bruitistische Einflüsse, Experimentieren mit neuen Klangmöglichkeiten im elektronischen, instrumentalen und sprachlichen Bereich: *„Anaklasis" (1959/60);* „Threnos" (1959/61); „Dimensionen der Zeit und der Stille" (1959/61); „Polymorphia" (1961); „Fluorescences" (1961/62).

3. Phase:
Asketische Beschränkung der musikalischen Mittel: „Stabat mater" (1962), das in einigen Merkmalen auf die „Psalmen Davids" (1958) zurückgreift.

Aus heutiger Sicht muß eine mit der „Lukas-Passion" beginnende Entwicklung als vorläufig letzte, die

4. Phase
angesehen werden. Sie ist charakterisiert durch die Kombination asketischer und bruitistischer Elemente zu einer „expressiven" Phase, der die oben genannten Werke nach der Passion angehören.

1.3 Zum musikalischen Material

„Anaklasis" ist eines der ersten Werke, die als Beginn der Ablösung serieller Techniken angesehen werden müssen;[2] ihr primäres Gestaltungsmittel stellt die Klangfarbe dar. Hatte die Klangfarbe in der seriellen Musik bereits einen den übrigen Parametern gleichrangigen Status, so wurde sie in dieser neuen Phase gegen Ende der 50er Jahre zum dominierenden Faktor, zur Basis des kompositorischen Denkens, „wobei unter Klangfarbe nicht primär Instrumentalfarbe, sondern Färbung eines homogenen Klanges"[3] zu verstehen ist. Der Klang als Bezeichnung aller zwischen Ton und Geräusch liegenden akustischen Erscheinungen stellt das Material dieser Komposition dar, die damit zum Prototyp einer Werkkategorie wurde, deren Spezifikum in der kompositorischen Nutzbarmachung von verschiedenartig strukturierten *Klangflächen,* d. h., auch von Geräuschen, liegt. „Daher rühren sowohl die seltsame übermäßige Bevorzugung von buntesten Schlagwerkbesetzungen, in denen ein Komponist den anderen zu überbieten sucht, als auch die Versuche, mit elektronischen Mitteln Klangfarben und Klangfarbenveränderungen zu komponieren. Mindestens ebenso interessant sind jene Werke, die neue, auf traditionellen Instrumenten produzierte Klangfarben verwenden."[4]
Die historischen Verflechtungen, die die Basis für diesen kompositorischen Standort bilden, entspringen nach J. Häusler[5] vier Bereichen: „Anregungen aus Schönbergs op. 16 verschmelzen mit den Clustern Cowells, mit bruitistischen Elementen und den Vierteltönen, die Alois Hába seit 1921 zu seinem bevorzugten Sprachmittel gemacht hatte."
Klangflächen sind als komplexe Gebilde mit definierter Frequenzdichte und -breite zu verstehen,[6] deren Bestandteile nur selten einzeln wahrnehmbar sind. Dies gilt nicht nur

---

[2] „Der Versuch, die Musik durch serielle Programmierung vollständig durchzurationalisieren, war also — darüber sind sich heute die meisten Komponisten einig — schon etwa im Jahre 1958 gescheitert" (R. Stephan, Das Neue der Neuen Musik, in: Das musikalisch Neue und die Neue Musik, hg. von H.-P. Reinecke, Mainz 1969, S. 62)

[3] R. Stephan, György Ligeti: Konzert f. Vc. u. Orch., in: Musik der sechziger Jahre, Mainz 1972, S. 119

[4] R. Stephan, a. a. O., S. 63

[5] J. Häusler, Musik im 20. Jahrhundert, Bremen 1969, S. 63

[6] Bereits H. Cowell vertrat die Ansicht: „Der Ton-Cluster muß als Einheit behandelt werden, als ob er ein einziger Ton wäre." (zit. nach U. Dibelius, Moderne Musik 1945—1965, München 1966, S. 320).

für die vertikale, d. h. die Tonhöhen-Komponente, sondern ebenso für die horizontale, also die zeitliche Struktur einer Fläche. Totale Kontinuität in beiden Richtungen läßt sich allein mit elektronischen Mitteln realisieren in der Form des weißen Rauschens; die Instrumentalmusik ist dagegen nur zu annähernden Werten fähig, denn selbst ein instrumentaler Viertelton-Cluster von maximalem Umfang ist weder in der Breite noch in der Dichte mit dem Kontinuum des weißen Rauschens identisch, wohl aber vergleichbar. Die instrumentale Flächenkomposition unterliegt also a priori anderen kompositorischen Bedingungen als die elektronische Musik, eine Tatsache, die bei aller scheinbaren Übereinstimmung beider Bereiche niemals übersehen werden darf.
Peter Kolman unterscheidet folgende Klangflächen-Modifikationen:[7]

1. Kontinuierliche Flächen, die er als Flächen „mit einem kontinuierlichen Spektrum" definiert (z. B. Rauschen).

2a. Regelmäßige Rasterflächen.

2b. Unregelmäßige Rasterflächen, die von gleichmäßiger oder unterschiedlicher Dichte sind und bei größtmöglicher Dichte zur kontinuierlichen Fläche werden. Auf den zur Verfügung stehenden Orchesterinstrumenten sind allerdings — auch bei Summierung einer großen Zahl von Melodieinstrumenten — keine kontinuierlichen, sondern nur Rasterflächen realisierbar.

3. Statistische Flächen, d. s. Flächen, die von einer „Vielzahl von Punkten oder Linien" gebildet werden, „die einzeln nicht wahrgenommen werden können."
Klangflächen als komplexe musikalische Materialien unterliegen damit ähnlichen Behandlungsmöglichkeiten wie in der traditionellen Musik Einzeltöne und -klänge, die durch verschiedenartige Kombination, Lagenveränderung, Komprimierung, Aufsplitterung oder Helligkeitsvariation formbildend wirksam werden.
Das Wesen der Klangflächen impliziert neben der vertikalen Dichte (Schichtung) die horizontale, die „rhythmische" Dichte. Auch in diesem Bereich sind nur wenige der gebräuchlichen Instrumente (im Grunde nur Orgel oder orgelähnliche Instrumente) in der Lage, zeitliche Kontinuität zu erzeugen, ebenso, wie eine kontinuierliche Frequenzänderung (Glissando) instrumental kaum realisierbar ist. Diese Tatsachen nimmt Boulez zum Anlaß, den Sinn instrumentaler Klangflächen-Strukturen grundsätzlich in Frage zu stellen: „Ich habe bisher (in diesem Beitrag) nur Komplexe einfacher Intervalle behandelt; um vollständig zu sein, muß ich noch auf die *Integration* eben dieser Intervalle hinweisen. Sie gibt uns sozusagen Klang-‚Oberflächen', die entweder wirklich das Kontinuum der denkbaren Tonhöhen benutzen, oder aber — durch die Anhäufung aller Intervalleinheiten innerhalb gegebener Grenzen — eine, übrigens ziemlich plumpe, Annäherung an dieses Kontinuum; das sind in der vertikalen Dimension die *Cluster,* in der diagonalen die *Glissandi.*"[8]

Die bisher gemachten Definitionsversuche dessen, was als Klangfläche und Klangflächen-Komposition bezeichnet zu werden pflegt, können nur fragmentarisch sein, weil der Modus ihrer Präzisierung von Komponist zu Komponist differiert; dies ist — in Analogie zur Historie — nicht anders denkbar und zwingt dazu, die musikalischen Sachverhalte in jedem Werk neuerlich analytisch zu durchleuchten.

---

[7] P. Kolman, Der Weg zur Flächenkomposition, Melos 1970, S. 8
[8] P. Boulez, Musikdenken heute I, Mainz 1963, S. 37

1.4 Voraussetzungen, die eine intensive Behandlung erleichtern

Erkennen und Wiedererkennen klanglicher Phänomene setzt Erfahrungen, wenn möglich, Vertrautsein mit ihnen voraus. Experimentieren an Schallquellen jeder Art, Einordnung der Klangerscheinungen in die Bereiche Ton und Geräusch, Reflexionen zur Notation sowie Orientierung und Übung an Werken entsprechender Machart bieten die besten Grundlagen dafür. Auf solche Versuche sollte selbst dann nicht verzichtet werden, wenn sie zum ersten Mal in der Sekundarstufe II stattfinden. Als Hinweis auf Arbeitsweise und geeignete Literatur seien folgende Veröffentlichungen empfohlen:

Detoni, Dubravko
Graphik IV für 4 bis 12 beliebige Instrumente, Edition Schott, WKS 8

Eckert, Alex
Galgenlieder, Aleatorische Komposition für Kinder, Solosprecher, Sprech- und Singchor, Bläser, Streicher, Stabspiel, Geräuschinstrumente und Schlagwerk, Edition Schott WKS 1

Erdmann, Veit
Ad libitum, Übungen und Stücke für Orchestergruppen, Edition Schott WKS 13

Friedemann, Lilli
Kollektivimprovisation als Studium und Gestaltung neuer Musik, Rote Reihe, UE 20007

Haubenstock-Ramati, Roman
Ludus musicalis, Modelle 1—6, Rote Reihe, UE 20015; Ludus musicalis, Modelle 7—12, Rote Reihe, UE 20016

Lisken, Gerd
Vibration, Modell für eine Gruppenimprovisation auf Orff-Instrumentarium oder anderen Instrumenten, Edition Schott, WKS 3

Rands, Bernard
Klangmuster 1—4 für Spielmusikgruppen, Rote Reihe, UE 20017

Hermann Regner
Chorstudien für gem. Chor, Edition Schott WKS 11

Self, George
Neue Klangwelten für die Jugend, Rote Reihe, UE 20001

2. ANALYSE

Die kompositorische Idee von „Anaklasis" beruht auf der klanglichen Antinomie von Streich- und Schlaginstrumenten, auf der gegensätzlichen Neigung zum Flächigen bzw. Punkthaften. Aber nicht allein die Antithese beider Klangspezifika, sondern vielmehr die dialektische Umkehrung der Funktionen und ihre Synthese, das Sich-Gegenseitig-Durchdringen und Changieren stellt den Kern des Werkes dar, eine Tatsache, die auch im Titel „Anaklasis" (Lichtbrechung) ihren Niederschlag findet. Im Hinblick darauf zeigen vor allem die Übergangsphasen zwischen den drei Großteilen besonders deutlich, wie Streichinstrumente zu Trägern von Geräusch-Klängen und Schlaginstrumente zu Repräsentanten von Klangflächen und -punkten werden. Dies ist nur möglich durch verfremdende Spieleffekte bzw. stark differenziertes Instrumentarium, wie es dieses Werk aufweist:

20 Violini (Vno/Vni)
8 Viole (Vla/Vle)
8 Violincelli (Vc)
6 Contrabassi (Cb)
Celesta (Cel)
Arpa (Ar)
Pianoforte (Pfte)
Claves

Batteria (6 esecutori)

Xilorimba (Xilor)
2 Congas (Cgs)
3 Casse di legno (Lgn)

Vibrafono (Vbf)
2 Bongos (Bgs)
3 Campane (Cmp^{ne})

2 Piatti (Ptti 1,2)
Campanelli (Cmp^{li})

2 Piatti (Ptti 3,4)
3 Tom-Tom (Tomts)
Campane (Cmp^{ne})
Triangolo (Trgl)

2 Piatti (Ptti 5,6)
3 Tom-Tom (Tomts)

Gong (Gng)
Tam-Tam (Tmt)
4 Timpani (Tmp)

Die Spielanweisungen und ihre Symbole sind z. T. von Penderecki entwickelt worden und für die meisten seiner Werke verbindlich:

Streichinstrumente

𝄲	Erhöhung um 1/4-Ton
𝄰	Erhöhung um 3/4-Ton
𝄳	Erniedrigung um 1/4-Ton
𝄭	Erniedrigung um 3/4-Ton
c. l.	col legno
l. batt.	legno battuto
ord.	ordinario
s. p.	sul ponticello
——	senza vibrato
〰〰	molto vibrato
∿	sehr langsames Vibrato mit 1/4-Ton Frequenzdifferenz durch Fingerverschiebung
....	Tonrepetition so schnell wie möglich
⌒	Ton ausklingen lassen
,	sofort abdämpfen
𝅘𝅥	sehr schnelles, nicht rhythmisiertes Tremolo

⊓ V	mehrere unregelmäßige Bogenwechsel nacheinander
†	zwischen Steg und Saitenhalter spielen
↑ △	höchster Ton des Instrumentes (unbestimmte Tonhöhe)
	Schlagzeugeffekt: mit offener Hand auf die Saiten schlagen
◇	flageolett

Schlagzeug

/	mit Triangelschlegel
	mit Trommelschlegel
	mit Paukenschlegel (weich)
	mit Jazzbesen
	Schlag auf die Mitte eines auf Trommel- oder Paukenfell gelegten Schlegels mit einem zweiten
	Trommel- oder Paukenfell und -rand mit demselben Schlegel gleichzeitig anschlagen
	Schlag auf den Rand des Instruments
	Instrument mit der Griffseite des Schlegels anschlagen

Teil A ist den Streichern zugeordnet und bildet den Raum für erste Flächen-Konstituierungen. Wie hier die Artikulation in Verbindung mit Lagen-Helligkeit und dynamischer Schattierung den Klängen Profil verleiht, soll folgende Übersicht verdeutlichen:

Klang	Instrumente	Dynamik	Lage	Artikulation
1	2 Vni-Soli Vla sola Vc solo Cb. solo	*pp*	g - ↑a	⟶ ord.
2	7 Vle	*mf* > *pp*	b	con sord.; Z gliss.
3	Vni 11–20	*ppp*	undefiniert hoch	senza sord. △
4	6 Cb	*p*	fis' – ↑g'	c. l.; s. p.; Z ◇ (am Ende gliss.)
5	Tutti	*ff*	c – a'	⊓ V
6	Vni 11 – 20 8 Vle	*f*	a'– ↑f''	∿∿∿∿
7	Vni 1 – 10	*pp*	fis'' – ♯a''	∿∿∿∿

8	8 Vcl. 6 Cb.	*ppp*	d'' – g''	◇ ∿∿∿∿ z
9	3 Vle.	*f*	e''', ‡e''' f'''	s. p.; z

Penderecki komponiert diesen ersten Abschnitt zwar „für Streicher"; der aus der traditionellen Musik bekannte Streicherklang (sound) kommt aber nicht zustande, weil jeder der in 1/4-Ton-Abständen geschichteten Geräuschklänge durch ständig wechselnde Artikulation, Dynamik, Breite und Helligkeit (Lage) zu einem Klangindividuum wird, dessen Primärmerkmal sein Farbwert ist.
Dazu: „Material" 3.1 und 3.2.

Mit dem 9. Klang (Ziffer 5) beginnt die Übergangsphase zu Teil B. Ab hier werden Taktart (2/4)und infolge der rhythmischen Zerfaserung der Cluster auch Tonhöhen in traditioneller Weise notiert:

Damit ist der rhythmische Impuls, der Ansatz zur Loslösung aus dem straffen Klangverbund (Cluster) und zu einer Verselbständigung einzelner Töne in Dynamik und Artikulation gegeben, die immer weiter fortschreitet unter allmählicher Profilierung dreier rhythmischer Zellen, von denen die gesamte rhythmische Struktur des Teiles B bestimmt wird; sie charakterisieren sich durch Teilung des gleichen Zeitabschnitts (= Wert) in Vierer-, Fünfer- oder Sechser-Gruppen:

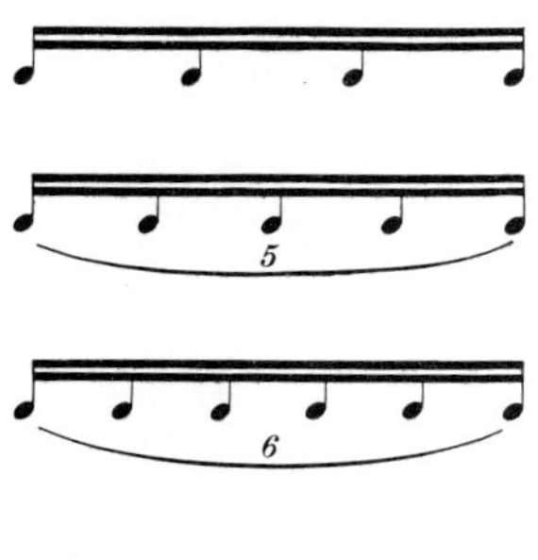

Jeder der Sechzehntel-Werte kann durch eine Pause ersetzt werden, ist aber in der Übergangsphase immer mit einem längeren Wert verbunden, z. B.:

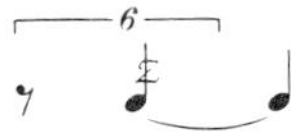

oder 

oder 

Solche rhythmischen Modelle sind bereits Grundlage der Takte 5—21, in denen der Wechsel von Streich- zu Schlaginstrumenten und damit auch der Übergang von Flächen zu Punkten stattfindet. An diesem Vorgang werden die Schlaginstrumente zum erstenmal mit den Piatti 1 und 5 ab T. 14 in sehr schnellem, nicht rhythmisiertem Tremolo, also noch flächig, beteiligt und vermischen sich mit einem hohen Streicher-Cluster in der dreigestrichenen Oktave, der für kurze Zeit durch ein schmales Klangband der Vc 1—4 und Cb 1/2 verstärkt wird. Mit Takt 21 ist die Streicherfarbe endgültig eliminiert: Teil B beginnt. Den allmählich sich ändernden Klangzustand verdeutlicht die beigefügte Grafik.

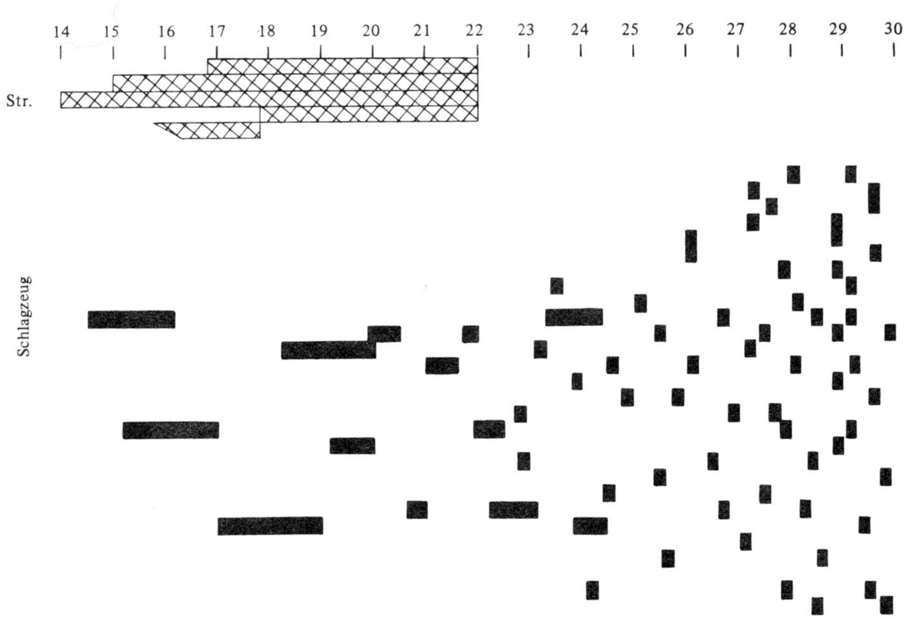

Penderecki, Anaklasis (14—30)

Im Verlaufe des Teiles B wird vor dem Hörer die gesamte Skala der Farbwerte und dynamischen Differenzierungsmöglichkeiten des Schlaginstrumentariums ausgebreitet. Schon die erste Phase (ab T. 14) läßt dies partiell erkennen: neben zunehmender Verdichtung des rhythmischen Geflechts und dem durch Summierung des Instrumentariums hervorgerufenen Farbwechsel verändert sich der Klangzustand von den zum Flächenhaften neigenden Metallinstrumenten (Ptti, Gng, Tmt) durch das Hinzutreten von Fellen (Bgs, Tomts, Tmp) und Holz (Lgn, Xilor, Claves) mehr und mehr ins Punkthafte.
Dazu treten Temposchwankungen, deren ungewöhnliche Notierung Penderecki seit seinen „Strophen" (1959) verwendet:

Die erwähnten klanglichen Differenzierungsmöglichkeiten werden auch in diesem Teil durch unterschiedliche Artikulation wahrgenommen: Spiel mit den Fingern oder verschiedenartigen Schlegeln, verschiedene Handhabung der Schlegel, unterschiedliche Spielflächen am Instrument usw. Vornehmlich aus der Artikulation, verbunden mit einer auf Kontrast wie Verschmelzung zielenden Dynamik resultiert ein Hörbild, dessen Mannigfaltigkeit dem Schlagwerk völlig neue farbliche Dimensionen abgewinnt.
Mit Ziffer 38 ist der erste Abschnitt von Teil B, an dem das gesamte Schlaginstrumentarium beteiligt ist, beendet; 6 Tom-Toms und 4 Pauken im ff bilden den Beginn eines zweiten Abschnitts, der ausschließlich von Fell- und Metallinstrumenten in ständiger Mischung von Flächen und Punkten gestaltet wird.
Den allmählch sich verdichtenden Hintergrund bilden Congas und Bongos, die sich auf die bereits erwähnten rhythmischen Modelle (Sechzehntel, Sechzehntel-Quintolen und -Sextolen) stützen:

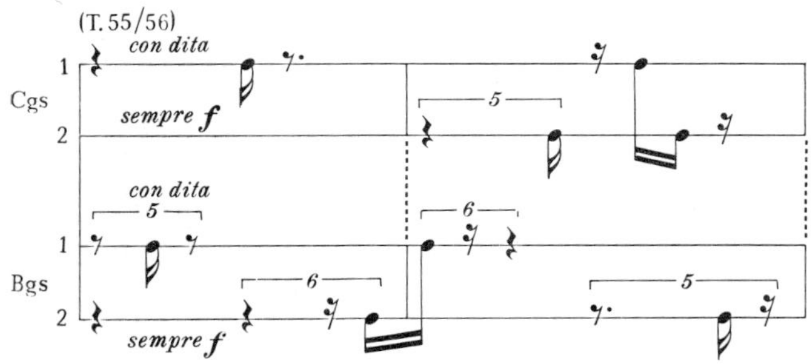

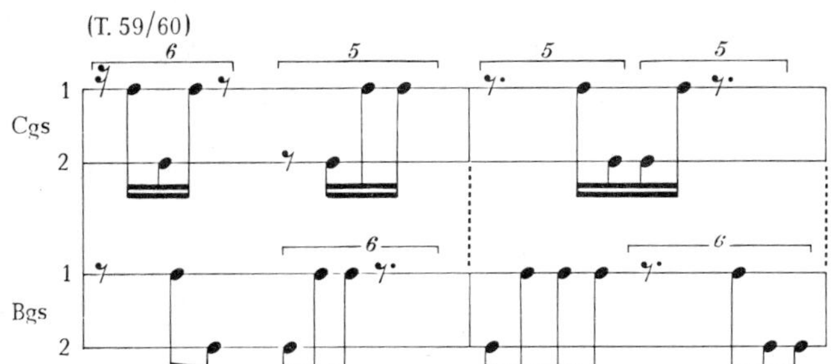

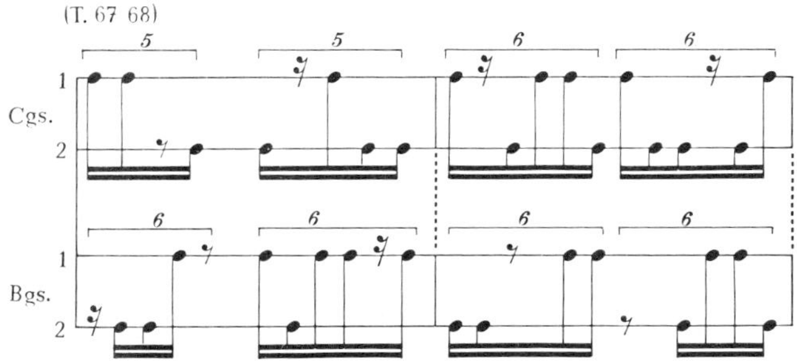

Die übrigen Schlaginstrumente bilden ergänzende Klangflächen, die in zunehmender Häufigkeit durch einen sf-Schlag eingeleitet werden oder vom p zum f crescendieren bzw. umgekehrt. Diese Fell/Metall-Phase mündet bei Ziffer 74 in einen Abschnitt, der durch das Hinzutreten von Campanelli, Triangel, Xilorimba, Vibraphon, Celesta, Harfe und Klavier an Farbe gewinnt; oder anders ausgedrückt: eine flächige Klangphase mit undefinierten Höhen verwandelt sich allmählich in einen Abschnitt von Punktklängen mit definierten Tonhöhen.
Die im Verlaufe der folgenden Takte stattfindende Steigerung beruht neben der Summierung der Instrumente auf den neuen Materialbedingungen: zu der bereits vorhandenen Möglichkeit der rhythmischen Verdichtung tritt nun das Element der vertikalen Klangbildung hinzu, wobei ab Ziffer 87 auch die Streicher einbezogen werden. Die zunächst noch punkthaften Doppelklänge lösen sich ab Ziffer 95 nach und nach in Ton*gruppen*gebilde auf, die nach dem schon in den Beispielen S. 221 und S. 222 zitierten rhythmischen Teilungsprinzip gestaltet sind. Die Tonhöhenstruktur der Simultan- wie Sukzessivklänge unterliegen dabei der für Penderecki charakteristischen Intervallverknüpfungstechnik:[9]

(Siehe Notenbeispiel auf Seite 225)

Nach dem in den Takten 97 bis 101 liegenden Höhepunkt findet eine kurze Rückentwicklung statt, die zum dritten Teil des Werkes überleitet. Übergang vom dichten Punktnetzwerk zum flächigen Tremolo, Verringerung der Instrumenten-Anzahl auf Vbf, Ptti 2/5, Campane und Gong, damit Reduzierung der Farbe auf Metallklang, und schließlich Decrescendo vom ff zum pp führen zum Ende dieser Phase, in das ab Ziffer 110 der Beginn des Schlußteils mit einem schmalen 1/4-Ton-Cluster der Violinen 11—20 verzahnt ist:

(Siehe Notenbeispiel auf Seite 225)

[9] Parallel-Beispiele aus vorangegangenen Werken Pendereckis sind zu finden in: Karl-Josef Müller, Traditionelles bei Penderecki, Musik und Bildung 1972, S. 234 und Das Orchester 1972, S. 377

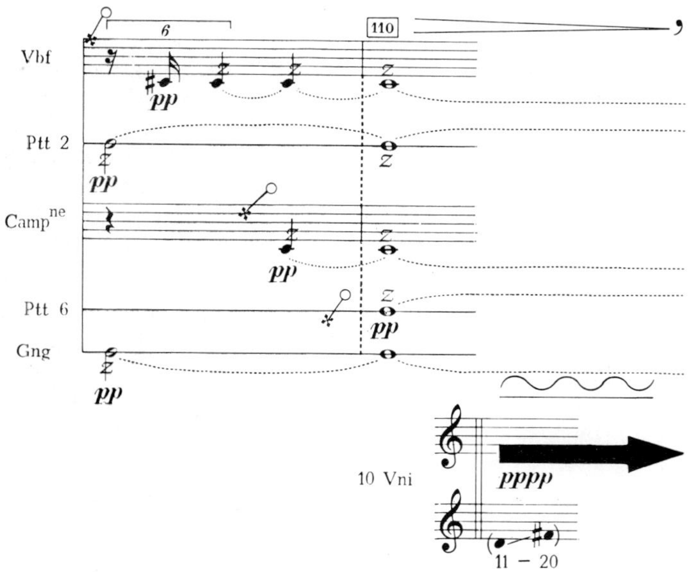

Damit beginnt die Synthese beider Struktur-Elemente (Fläche und Punkt) und die Verquickung der verschiedenen Klangträger (Streich- bis Schlaginstrumente), eine Phase, die im Verhältnis zum Ganzen nur einen kurzen Zeitabschnitt einnimmt. Die Flächenbildung, zunächst auf Streicher beschränkt, geschieht durch Summierung schmaler 1/4-Ton-Bänder im pppp:

1. Vni 11 – 20: d' – ♯ f'
2. Vle 1 – 8: g' – ♯ a' } h – ♯ a'
3. Vc 1 – 8: h – ♯ d'
4. Vni 1 – 10: d'' – ♯ f' + Oktavverdoppelung der Vni 11–20

Sie werden nach und nach von 1/2-Ton-Clustern im ff abgelöst, deren Teilflächen sich nach einem subito pp im glissando gegenseitig durchdringen und damit ihre Positionen im Klanggefüge austauschen. Nach einer kurzen Weile der Stabilisierung des Clusters findet in der Schlußphase Synthese und Auflösung zugleich statt: Flächen und Punkte der Metallinstrumente (Ptti 1/2 und 5/6, Trgl, Cmp^{ne}, Gong, Harfe [mit Jazzbesen anschlagen] und Pfte [ein Stück Holz auf die Saiten fallen lassen; mit Jazzbesen anschlagen; Saiten mit den Fingern anreißen]) werden mit dem im Aufwärtsglissando der Teilflächen allmählich verschwindenden Streicher-Cluster vermischt und bilden in dem Verklingen der gezupften Klaviertöne den Schluß dieses Werkes, dessen Wesen Penderecki im Titel „Anaklasis" (Lichtbrechung) zu fassen suchte, einem Vorgang kontinuierlicher Farbveränderung durch ständig wechselnde Beleuchtung (= Erzeugung) des Gegenstandes „Klang".

3. MATERIAL

3.1 Flächenkomposition — Geräusch-Musik

Penderecki befreit sich nicht nur von der überlieferten Melodik, Harmonik und Rhythmik, sondern auch von dem Ton mit bestimmter Tonhöhe, der noch bei Webern und in den frühen Werken von Boulez („Structures", „Le marteau sans maître") und Stockhausen („Kontrapunkte", „Zeitmaße") die materiale Grundeinheit bildet. Der Ausgangspunkt ist für ihn der von den anderen Elementen abstrahierte (und nicht ihre Summe darstellende) *Klang* an sich . . .
(T. A. Zielinski, Der einsame Weg des Krzysztof Penderecki, in: Melos 1962, S. 318)

Seine Klänge sind nur noch Gemische aus kombinierten Einzeltönen oder — wie beim Cluster — breite Frequenzbänder, die einen bestimmten Tonraum ganz ausfüllen. Wichtiger als fixierte Tonhöhen sind bei dieser Komposition aus sich ablösenden oder überlagernden Klangzuständen die Dynamik, die Artikulationsart und vor allem die Farbe. Das Ganze erinnert wirklich vielfach an die Brechung des Lichts, von der der Titel spricht, an aufgeschlüsselte und wieder gebündelte Spektralfarben.
(U. Dibelius, Polnische Avantgarde, in: Melos 1967, S. 7)

Der stärkste Einbruch in die traditionelle Orchesterstruktur und instrumentale Musik erfolgte innerhalb des letzten Jahrzehnts aber ohne Zweifel in Polen. Hier spielen sich seit der Mitte der fünfziger Jahre etwa die entscheidenden Vorgänge in bezug auf neue orchestrale Gestaltungstendenzen wie kaum in einem anderen Lande ab. Die Werke, die inzwischen von dort her in den Westen drangen, zeichnen sich besonders durch ihren eminenten Phantasiereichtum, ihre Kühnheit in der Erfindung musikalisch neuer Ausdrucksgestalten, ihre dramatische Wucht und ihr umfassendes handwerkliches Rüstzeug aus. Überraschenderweise vereinigen sich in Polen nunmehr die verschiedensten kompositorischen Strömungen, die hier eine Zusammenfassung und Intensivierung im höch-

sten Sinne erfahren: die Entwicklungen, die von Webern und Varèse ausgehen, Futurismus und Bruitismus, elektronische Musik und musique concrète. Hier vollzieht sich die vollkommene Verschmelzung von instrumentaler Klangsubstanz und Geräusch. Das Geräusch ist in diesen Werken völlig emanzipiert.
(P. Fuhrmann, Untersuchungen zur Klangdifferenzierung im modernen Orchester, Regensburg 1966, S. 64 f.)

Zielinski: Wollen wir doch nicht übersehen, daß das fundamental Neue Deiner Musik der Verzicht auf bestimmte Tonhöhen ist, und, was damit Hand in Hand geht, der Verzicht auf den Intervall-Wert, die Skalenordnung etc. — die doch, soweit man zurückdenken kann, die Grundlage des musikalischen Denkens waren. Du schaffst eine Geräusch-Musik, deren Grundelement der Klang als solcher ist, der um die traditionelle harmonisch-melodische Unterstützung gebracht worden ist. Und das ist eine tiefgreifende Revolution.
Penderecki: Aber ihre Wurzeln stecken tief in der Vergangenheit. Es ist bekannt, daß die Emanzipation der Klangfarbe zum gleichberechtigten Kompositionselement eine lange Tradition hat . . . Nehmen wir doch z. B. das glänzende Finale der Symphonie pathétique (von Tschaikowsky) mit dem stufenweise abnehmenden Klang der Streicher bis zu den sehr tiefen Tönen der Celli und Bässe im pppp. Die Wahl der Intervalle ist hier schon ohne Bedeutung, es geht hier vielmehr allein um den Effekt der tiefen Lagen der Streicher, der stufenweise im Geräusch verschwimmt.
Die Anfänge des musikalischen Denkens auf dieser Basis liegen wesentlich früher. In der späteren Musik nimmt es zu in Verbindung mit einer strengeren Auswahl der Klänge — das sieht man bei den Impressionisten und noch mehr bei Bartók: im 3. Satz der „Musik für Saiteninstrumente, Schlagzeug und Celesta“ (mittlerer Teil) sowie in einigen Quartett-Abschnitten — das Attackieren des Hörers mit verschiedenen Arten raffinierter koloristischer Artikulationsmittel, in denen sich schon der harmonische Inhalt und die Bedeutung der Tonhöhen verliert. Man hört dies geräuschartig. Für mich als Komponisten ist diese Schicht der Komposition, die um neue Artikulationsmittel bereichert wurde, die wesentliche. Ich sehe hier genügend Möglichkeiten, um in vielen Fällen vom Intervallverlauf absehen zu können. Dies erlaubt mir den Griff nach solchen Klängen, die im 12-Ton-System unerreichbar waren, weil durch definierte Tonhöhen eingeengt.
(T. A. Zielinski, Der zeitgenössische Komponist und die Tradition, [Interview], in: Ruch muzyczny 1973, Nr. 22.)

Resümee: K. Penderecki gehört mit einer Reihe anderer Polen (T. Baird, B. Schäffer, H. Gorecki, K. Serocki, W. Kotonski, W. Lutoslawski) zu jener Gruppe von Komponisten, deren Instrumentalmusik durch die kompositorische Verarbeitung von verschiedenen Impulsen der Vergangenheit (Webern, Varèse, Futurismus und Bruitismus, elektronische Musik, musique concrète) gekennzeichnet ist und eine Verschmelzung von instrumentaler Klangsubstanz und Geräusch darstellt. In dieser Musik tritt an die Stelle traditioneller Kompositionselemente (Melodik, Harmonik, Rhythmik, ausschließlich definierte Tonhöhen) der davon abstrahierte Klang, „ein neuer Klang, in dem die Grenze zwischen Ton und Geräusch wesenlos wird, der eine verschiedene Konsistenz und Stärke, eine verschiedene Breite und Länge besitzt und eine verschiedene Stelle in der Zeit und im vertikalen Raum einnimmt.“[10]

[10] T. A. Zielinski, Der einsame Weg, Melos 1962, S. 318

3.2 Neue Klanggestaltung — Verfremdungseffekte

In der Neuen Musik macht sich ein starker Trend zur Erzeugung neuer Klänge durch neue, ungewohnte Artikulation bemerkbar. „Entfremdete" Klänge entstehen: sul ponticello, das Spiel zwischen Steg und Saitenhalter, Spiel am Steg, ein Knurren bei starkem Druck des Bogens auf die Saiten, col legno, verschiedene Schlageffekte auf Streich- und Blasinstrumenten, verschiedene Dämpfer, das Anschlagen oder Reiben der Klaviersaiten mit verschiedenen Gegenständen und eine unübersehbare Anzahl weiterer Möglichkeiten und Kombinationen, wie etwa die Änderung der Qualität eines Instrumentalklanges mittels Ringmodulatoren (Stockhausen: „Mixtur").
(P. Kolman, Der Weg zur Flächenkomposition, in: Melos 1970, S. 8)

Diese Musik ist vor allem für das Ohr bestimmt, sie weist die Bemühungen des Komponisten um Klangschönheit, um die akustische Befriedigung des Publikums auf.
. . . der Autor holt aus den Instrumenten einen staunenerregenden Reichtum an Klängen hervor, so daß wir beim Zuhören immer wieder von Kontrasten, grundlegenden Änderungen der Klangfarbe und des musikalischen Ausdrucks überrascht sind.
. . .
Pendereckis Streben nach neuen Klängen ist kein Ziel an sich; es wäre ungerecht, wenn man in seinem Schaffen nur einen interessanten Katalog neuer Klänge sehen würde. Der Wert seiner Werke liegt in der Art, wie diese Mittel kompositionsfähig gemacht werden und eine Musik gestalten, die denselben Reichtum an Ausdruck besitzt wie die traditionelle Musik.
(T. A. Zielinski, Der einsame Weg, in: Melos 1962, S. 318) DISKUSSION

Erhardt: Sehr oft lachen die Zuhörer im Saal, wenn z. B. auf den Kasten des Cellos geklopft oder im Innern des Flügels gewühlt wird.
Penderecki: Wir sind an einem Punkt angelangt, wo die traditionellen Instrumente nicht mehr ausreichen. Entweder wir gehen ganz und gar zur elektronischen Musik über, was ich persönlich durchaus nicht möchte, oder es müßten neue Instrumente erfunden werden; zumindest aber müßten alle Möglichkeiten ausgenutzt werden, die noch in den traditionellen Instrumenten schlummern.
Erhardt: Gerade Du warst doch einer der ersten, die den Instrumenten neue Klangeffekte abgewonnen haben.
Penderecki: Ja. Aber das ist eigentlich das Verdienst des elektronischen Studios. Tausende von Stunden habe ich dort verbracht, und alle meine Erfahrungen in dem elektronischen Studio habe ich auf die Instrumente zu übertragen versucht.
(Interview im ZDF vom 20. 5. 1970; Gesprächspartner: L. Erhardt.)

Zielinski: . . . gerade Dein Schaffen ist doch der Beweis dafür, daß man die traditionellen Instrumente auf ganz neue Art nutzen kann und sich dadurch von der Tradition entfernt. Wie kann man sich auf den Klang traditioneller Instrumente berufen, wenn dies in Deinem Falle gerade das Element der Neuheit ist?
Penderecki: Die durch mich eingeführten Mittel stellen nur eine Verbreiterung des Klangcharakters eines Instruments dar, wie einst pizzicato, tremolo, flageolett, glissando oder col legno. Einige der von mir auf den Streichinstrumenten verwendeten Artikulationsmittel haben nur scheinbar einen Schlagzeug-Charakter, aber trotzdem verbinden sie sich mit dem charakteristischen Klang des Instruments. Das ist die gleiche Sache wie mit dem pizzicato auf den Violinen: obwohl hier scheinbar die Verwandlung des Streichinstruments

in ein Zupfinstrument vorliegt, haben wir es immerhin noch mit dem Klang einer Violine zu tun, der ein anderer ist als beispielsweise der einer Gitarre. Ob wir auf diese oder eine andere Weise streichen, zupfen oder schlagen, immer bearbeiten wir hier ein Instrument, das aus Saiten und einem Resonanzkörper besteht und eben diese und keine andere Bauweise hat — und dies gerade determiniert den Klangcharakter.
Ganz allgemein (das gilt für die verschiedensten Instrumente) bleiben wir in den Grenzen des charakteristischen „Instrumental-Klanges", der auch dann weiterbesteht, wenn wir ihn stufenweise um neue Effekte erweitern. Und das ist die Verbindung zu einigen althergebrachten musikalischen Denkschemata, die sogar die Gestaltung der musikalischen Struktur eines Werkes berühren.
(T. A. Zielinski, Zeitgenössischer Komponist.)

Resümee: Die Integration von Geräuschen in den Kompositionsprozeß ist neben den historischen Erfahrungen aus Futurismus und Bruitismus vor allem eine Folge der Entwicklungen im Bereich der elektronischen Musik. Deren Klangspezifika in Analogie (nicht in natura) auf die Instrumentalmusik zu übertragen, erfordert eine Erweiterung des Instrumentariums und eine Fülle neuer Spieltechniken, die z. T. von Penderecki entwickelt und als erstem verwendet wurden. Bemerkenswert ist, daß in der polnischen Avantgarde der sechziger Jahre die Kombination von Streich- und Schlaginstrumenten bevorzugt wird. Dabei können die Funktionen der traditionellen Instrumentalklänge ins Gegenteil verkehrt werden: Streicher werden zu Geräuschinstrumenten, Schlaginstrumente zu Trägern definierter Tonhöhen-Klänge.

3.3 Form

Die Form in Pendereckis Stücken ist eine Art Konfliktform, doch ihr Integral ist zweifellos bemerkbar. Eine äußerst deutliche und einfache Gegenüberstellung verschiedener Klangtypen, eine Reihe aufeinanderfolgender und miteinander kontrastierender Abschnitte tritt am Anfang des Stückes als Exposition auf; dann kommt ihre Synthese. Die letzten Teile eines Stücks weisen niemals neue „Klangmotive" auf. Es werden nur die gebraucht, wenn auch in veränderter Gestalt, welche die Exposition vorführten — der „Durchführungsprozeß" ist hier ein ziemlich wichtiges, formschöpferisches Element, obwohl sein Gegenstand nur Klangarten sind.
(T. A. Zielinski, Der einsame Weg.)

Zielinski: . . . das Arbeiten mit dem Kontrast, die allmähliche Evolution, jene dynamischen Spannungen, Anwachsen, Kulmination und Entspannung, Einteilung in deutliche Abschnitte u. ä. Dies sind Merkmale, die eine Verbindung zur traditionellen Musik bedeuten.
Penderecki: Das sind meiner Meinung nach Voraussetzungen jeder echten musikalischen Form. Und auch heute besteht kein Anlaß, sie zugunsten einer falsch verstandenen Modernität aufzugeben, zumal sie sich vorzüglich mit dem neuen Klangmaterial verbinden. Zumindest bedeutet dies nicht die Übertragung alter Formen auf neues Material; gerade dieses Material zwingt mir eine solche Gestaltung des Verlaufs auf in einer — wie mir scheint — natürlichen Weise, und wenn man in diesem Punkte allgemeine Konvergenztendenzen bezüglich der Entwicklung des musikalischen Denkens beobachten kann, ist das ein Beweis dafür, was bereits gesagt wurde: das Komponieren für Instrumente ist automatisch mit gewissen Gewohnheiten des ästhetischen Denkens verbunden, die nicht völlig neu sein können.

Zielinski: Das ist richtig, mit dem Einwand, daß die grundlegenden Elemente der Formentwicklung bei Dir nur die verschiedenen Arten von Klängen und nicht die melodisch-harmonischen Themen sind.
Penderecki: Das ist die endgültige Konsequenz aus der Entwicklung der Instrumentalmusik und — wie mir scheint — ein Eindringen in ihr innerstes Wesen. Mich interessiert ein Instrument als solches und die in ihm steckenden Möglichkeiten, nicht aber seine Nutzung für abstrakte Klangfiguren, die von den Ausführungsmitteln unabhängig sind.
Zielinski: Mir scheint, daß Deine Werke formal stärker der Tradition verpflichtet sind als z. B. punktualistische Werke, ganz zu schweigen von solchen, die aletorischen Formgesetzen gehorchen, obwohl Du mehr als andere Komponisten auf „normale" Klänge und Motive verzichtet hast. Deine Form ist nämlich eine integrale und geschlossene und bietet Möglichkeiten zu Entwicklungen auf der Basis von Wiederholung und Umgestaltung der am Anfang aufgezeigten Gedanken.
Penderecki: Meiner Ansicht nach sollte es keine andere Möglichkeit geben; denn eine Form, in der sich von Anfang bis Ende immer etwas Neues tut, ist gar keine Form. So verfahren häufig schlechte Komponisten. Ich ertrage keine Kompositionen, die an beliebiger Stelle anfangen und enden können; dies ist keine Neuerung, sondern beraubt die Musik eines wesentlichen Elements. Sowohl der Punktualismus als auch die Aleatorik, von denen Du sprichst, sind meinem Musikverständnis völlig fremd.
(T. A. Zielinski, Der zeitgenössische Komponist.) DISKUSSION

Resümee: In der Entwicklung der Musik unseres Jahrhunderts hat von allem Anfang an das Problem der Form eine gewichtige Rolle gespielt; dies um so mehr, seit die traditionellen formbildenden Kräfte wie Motive, Melodien, Akkorde, Metrik etc. durch „verschiedene Aggregatzustände des Materials" (Ligeti) abgelöst wurden. Mit der Aufweichung des tonalen Systems ging die Auflösung der formalen Denkschemata Hand in Hand, und mit ihr die Skepsis am Werkbegriff schlechthin. Angesichts der formalen Entwicklungen der 50er und 60er Jahre wirkt Pendereckis traditionsverhaftetes Formbewußtsein eigentümlich reaktionär. Daher erscheint hier anstelle eines Resümees der Form bei Penderecki der nachdrückliche Hinweis auf *Diskussion* dieses Problems auf möglichst breiter Grundlage von besonderer Wichtigkeit.

3.4 Inspiration

Penderecki: Wichtiger als alles andere ist die Eingebung, eigentlich ein Begriff aus dem 19. Jahrhundert, der uns heute überholt erscheint; aber es bleibt doch immer dasselbe: man muß etwas zu sagen haben und man muß es ausdrücken können, d. h. man muß eine gute Technik haben und eine klare Vorstellung von dem Werk, einen Rahmen von musikalischen Ereignissen, dessen Zwischenräume dann nur noch mehr oder weniger handwerklich auszufüllen sind.
(Interview im ZDF.) GESPRÄCH

(Hier wäre ein Vergleich mit Hindemiths Auffassung vom Handwerk naheliegend und interessant.)

3.5 Berichte und Kritik

Spontan brach stürmischer Beifall los, jaulten schrille Pfiffe und dumpfe Buhrufe auf, als K. Pendereckis „Anaklasis für Streicher und Schlagzeuggruppen" in einem sirrenden Geflirr der Saiteninstrumente magisch ausklang, gleichsam wie auf einem geraden, urplötzlich leicht schwankenden Lichtstrahl in ätherische Fernen entschwebend.
So hatten die Donaueschinger Musiktage für zeitgenössische Tonkunst auch in diesem Jahr ihre künstlerische Sensation. Heinrich Strobel, spiritus rector des Programms, konnte zufrieden sein. Dreimal wurde der junge polnische Komponist auf das Podium gerufen. Als dann Hans Rosbaud das Stück wiederholte, verdichtete sich der erste Eindruck eines großen Wurfs zur Gewißheit. Das Inspirative dieser Musik ließ alle detaillierten programmatischen Erklärungen vergessen. Wie von selbst erschloß sich die Struktur aus dem Reichtum der Einfälle und der Dichte ihrer Relationen, gab den Blick in eine intellegible Welt frei in der Weite unendlicher Aspekte, wie das eben nur der Fall ist, wenn alles Material bedingungslos der schöpferischen Phantasie unterworfen wird.
(H. Lohmüller zur Uraufführung von „Anaklasis", Melos 1960, S. 340)

Ebenfalls nach Farbgruppen hat der Pole K. Penderecki seine Komposition „Anaklasis" — der Titel ist der griechischen Metrik entlehnt und soll auf den rhythmischen Verlauf hinweisen — (!) angelegt. Diese Musik wie etwa die des Exilungarn Ligeti geht fast über die Konventionen des Orchesters hinaus; mit Virtuosität sind namentlich den auch vierteltönig geführten Streicherstimmen Effekte abgerungen, die von den unbegrenzten Frequenzmöglichkeiten der elektronischen Klangerzeugung inspiriert sein dürften. Der Geschmack, mit dem hier Klangballung und Klangauflösung in schier endlosem Vibrato konfrontiert werden, ist unbestreitbar, ein Formwille, eine präzise Formvorstellung in dem Achtminutenstück unverkennbar.
(E. Thomas zur Uraufführung von „Anaklasis", Neue Zeitschrift für Musik 1960, S. 430)

Natürlich handelt es sich bei den Werken dieser Richtung — hier wären vor allem auch die neuesten Werke des polnischen Komponisten Krzysztof Penderecki zu nennen — um Experimente mit unverbrauchten Klängen und Geräuschen.
Ob sie (diese Musik) mehr ist als bloße Klangkulisse, wie übrigens auch vieles Serielle, wird sich erst herausstellen, wenn sich der Überraschungseffekt abgebraucht hat, wenn die Werke in ihre eigene Geschichte eintreten und sich in ihr entfalten. Dann erst wird sich zeigen, ob hier durch Klangfarbenveränderung einzelner Töne oder von Tonkomplexen musikalischer Sinn sich herausstellt, ob die Mittel, die in solchen Werken angewendet werden, ausreichen, das zu produzieren, was Musik des Anhörens wert macht.
(R. Stephan, Das Neue in der Neuen Musik, in: Das musikalisch Neue und die Neue Musik, hg. H. P. Reinecke, Mainz 1969, S. 64. Interessant in diesem Zusammenhang ist auch die dort abgedruckte Diskussion zum gleichen Thema.)

Resümee: Die Berichte der Uraufführung von 1960 zeigen, daß die begeisternde Ahnung von völlig Neuartigem in der Luft lag. „Anaklasis" wurde z. T. aufgenommen als Indiz des Beginns einer neuen Epoche kompositorischer Möglichkeiten, die ihre Potenz aus dem scheinbar unerschöpflichen Repertoire der Klangfarben bezogen.
Jedes Werk — das zeigt die Bemerkung ein Jahrzehnt später — tritt nach kurzer Zeit in seine eigene Geschichte ein und muß sich bar jeder Sensation durch pure Substanz ausweisen. Anfang der 70er Jahre beginnt man, was 1960 noch Impuls einer vielversprechenden Entwicklung zu sein schien, in Frage zu stellen. Die kompositorische Wirklichkeit zeigt sich bereits weitgehend distanziert.

4. ÜBERLEGUNGEN ZUR DIDAKTIK UND LERNZIELE

4.1 *Thematische Zusammenhänge*

— Flächen- und Klangfarbenkomposition
— Notation als Indiz für Zustände bzw. Veränderungen musikalischer Denkweise
— Stellenwert von Geräuschen in der Musik (d. 20. Jahrhunderts).

4.2 *Lernziele*

4.2.1 *Analytischer Aspekt*

Der Lernende sollte in der Lage sein, zu Fragen einer Musik Stellung zu nehmen, deren wesentlichste Phänomene aus dem Bereich von Geräusch und Geräuschklang stammen. Er sollte die Musik Pendereckis verstehen als
— Reaktion auf die seriell-punktuelle Phase der 50er Jahre
— Versuch, Klangerscheinungen der elektronischen Musik auf traditionelle Instrumente zu übertragen
— beeinflußt von, aber nicht identisch mit den Bestrebungen von Futurismus und Bruitismus.

4.2.2 *Kognitiver Aspekt*

Der Lernende soll mit Material, Formung und Terminologie dieser Musik vertraut sein, im einzelnen:
— Geräusch, Fläche, Cluster, Dichte, Punkt etc.
— Verfremdungsmöglichkeiten auf Streich- und Schlaginstrumenten, d. h. auch mögliche Umkehrung der traditionellen Klangfunktionen und (in diesem Falle) daraus entstehender Formzusammenhang
— Neue Notation infolge veränderter Klangverhältnisse.

4.2.3 *Affektiver Aspekt*

Der Lernende sollte sich klar werden und Rechenschaft abgeben darüber, wieweit eine solche Musik ihn in assoziativem Hören beeinflußt und dies seinem persönlichen Musikverständnis entspricht.

5. BIBLIOGRAPHIE

Boulez, Pierre
Musikdenken heute I, Mainz 1963
Dibelius, Ulrich
Moderne Musik 1945—1965, München 1966
Dibelius, Ulrich
Polnische Avantgarde, in: Melos 1967, S. 7
Fuhrmann, Peter
Untersuchungen zur Klangdifferenzierung im modernen Orchester, Regensburg 1966
Gruhn, Wilfried
Avantgarde — auf der Suche nach einer neuen Form, in: Musik und Bildung 1970, S. 481

Gruhn, Wilfried
Strukturen und Klangmodelle in Pendereckis „Threnos“, in: Melos 1971, S. 409
Häusler, Josef
Musik im 20. Jahrhundert, Bremen 1969
Huber, Alfred
Pendereckis „Anaklasis“ für Streicher und Schlagzeuggruppen, in: Melos 1971, S. 87
Kaczynski, Tadeusz
Polnische Avantgarde am Scheideweg, in: Melos 1968, S. 6
Kolman, Peter
Der Weg zur Flächenkomposition, in: Melos 1970, S. 8
Lohmüller, Helmut
In Donaueschingen mußte Penderecki wiederholt werden (Bericht), in: Melos 1960, S. 340
Mayer, Harry
De ontwikkelingsgang van Krzysztof Penderecki, in: mens en melodie, Utrecht, Mai/Juni 1967, S. 166
Müller, Karl-Josef
Traditionelles bei Penderecki, in: Musik und Bildung 1972, S. 234 und in: Das Orchester 1972, S. 377
Müller, Karl-Josef
Informationen zu Pendereckis Lukas-Passion, Frankfurt/M. 1973
Schwinger, Wolfram
Magische Klanglandschaften. K. Penderecki und die polnische Avantgarde, in: Musica 1/1968
Stephan, Rudolf
Das Neue der Neuen Musik, in: Das musikalisch Neue und die Neue Musik, hg. von H.-P. Reinecke, Mainz 1969
Stroh, Wolfgang Martin
Penderecki und das Hören erfolgreicher Musik, in: Melos 1970, S. 452
Thomas, Ernst
Musiktage für zeitgenössische Tonkunst (Bericht), in: Neue Zeitschrift für Musik 1960, S. 430
Zielinski, Tadeusz A.
Der einsame Weg des Krzysztof Penderecki, in: Melos 1962, S. 318
Zielinski, Tadeusz A.
Der zeitgenössische Komponist und die Tradition, in: Ruch muzyczny 1963, Nr. 22
Zielinski, Tadeusz A.
Neue Klangästhetik, in: Melos 1966, S. 210

Wilfried Gruhn

Luciano Berio (1925)
Sequenza III (1965)

1. INFORMATION

1.1 Anmerkungen zur Biographie

Berio bezeichnet sich selbst als Schüler von Paribeni und Ghedini (bei Pinzauti, S. 177); die in allen Lexika erwähnte wichtige Begegnung mit L. Dallapiccola in Tanglewood war zu kurz, um eine fruchtbare Schülerschaft zu begründen: „Ich kann mich nicht sein Schüler nennen." (Berio, bei Pinzauti, S. 178)
1954 Gründung des Studio di Fonologia musicale bei der Radiotelevisione Italiana in Mailand, dessen Leiter er bis 1959 war. (In der Literatur sind unterschiedliche Daten genannt; hier nach den Interviews mit Pinzauti und Faure).

1.2 Werkauswahl

der für die Sprachbehandlung wichtigen Werke (s. Werkverzeichnisse bei Dibelius, S. 182 bis 183 und Riemann, Musiklexikon, Ergänzungsband, Mainz 1972.)
„Magnificat" f. 2 Sopr., Chor, 2 Klav., Bläser, Schlagzeug (1949)
„Chamber Music" (nach Gedichten von J. Joyce) f. Frauenstimme, Klar., Vc., Hfe. (1953)
„Nones" f. Orch. (ursprünglich als Oratorium konzipiert, nach einem Text von W. H. Auden) (1954)
„Tema — Omaggio a Joyce" f. Stimme und Tonband (Text: Anfang des 11. Kap. des ‚Ulysses' von J. Joyce, Kap. der Sirenen) (1958)
„Quaderni I" f. Bläser, Schlagzeug, 2 Hfn., Cel. (1960)
„Quaderni II" f. Orch. (1960)
davon Vokalfassung: „Epifanie" 1961/65 (Zitatmontage nach einer Idee von Umberto Eco mit Texten von Marcel Proust, James Joyce, Eugenio Montale, Antonio Machado, T. S. Eliot, Claude Simon, Bert Brecht.)
Epifanie steht in engem Zusammenhang mit
„Circles" f. Frauensti., Hfe., 2 Schlagzeuger (nach Gedichten von E. E. Cummings) (1960)
„Visage" f. Sti. und elektronische Musik (1961)
„Passaggio" (messa in scena) f. Sopr., 2 Chöre und Orch. (Text von Berio und E. Sanguineti) (1963)
„Laborintus II" f. Mezzosopr., 2 Kinderstimmen, Sprecher, 2 Schauspieler, Sprechchor, 8 Mimen, Instrumente und Tonband (Text: E. Sanguineti) (1964)
„Sequenza III" für eine Frauenstimme (Text: M. Kutter) (1965)
„Sinfonia" f. 8 Stimmen und Orch. (Textcollage mit Zitaten aus Beckett „The Unnamable", Joyce „Ulysses" u. a. (1968)
„Melodrama" f. Frauenstimme und Instrumente (1970)

1.3 zu den Sequenzen

Die 6 „Sequenza" betitelten Kompositionen sind Solostücke, „die es jeweils einem Solisten erlauben, die Grenzen seiner musikalischen Isolierung so weit wie möglich auszuweiten" (Pousseur).

Sequenza I (1958) f. Flöte; Sequenza II (1964) f. Harfe; Sequenza III (1965) f. eine Frauenstimme; Sequenza IV (1966) f. Klavier; Sequenza V (1966) f. Posaune; Sequenza VI (1967) f. Viola; Sequenza VII (1969) f. Oboe.

Der Titel Sequenza impliziert „keine Beziehung zur mittelalterlichen Kirchenmusik, sondern rührt von der Tatsache her, daß diese Stücke hauptsächlich auf Sequenzen harmonischen Charakters und verschiedenen Typen instrumentaler Aktionen basieren" (Berio, zit. bei Konold, S. 454.)

1.4 zu „Sequenza III"

Titel: sequenza III per voce femminile; gewidmet: to cathy (Cathy Berberian)
Dauer: 8′40″
Text: Markus Kutter
give me — a few words — for a woman
to sing — a truth — allowings us
to build a house — without worrying — before night comes
Noten: Universal Edition Wien 1968 Nr. 13 723
Schallplatten: Cand. CE 31027; Elec SHZW 800 BL; Wer 60021; Wer 304

1.5 Voraussetzungen, die eine intensive Behandlung erleichtern

- Kenntnis verschiedener Möglichkeiten der Stimm- und Textbehandlung, z. B. in Lied/Arie, im dramatischen Rezitativ, in der Musik des 20. Jahrhunderts vor Berio (etwa bei Strawinsky, Schönberg, Boulez),
- Kenntnis verschiedener Kompositions- und Vortragsweisen zwischen Singen und Sprechen (z. B. Parlando, Rezitativ, Schönbergs Sprechmelodie, Melodram),
- Fähigkeit der Unterscheidung zwischen syllabischem und melismatischem Gesang,
- Einblick in neue Notationsweisen mit graphischen Symbolen.

2. ANALYSE

2.1 Material und Struktur

In dem aus syntaktisch austauschbaren Einzelelementen bestehenden Text des Schweizers Markus Kutter ist schon durch die Austauschbarkeit der Elemente die Möglichkeit mannigfaltiger Kombinationen und Permutationen angelegt, wodurch immer neue Sinneinheiten entstehen können, bis im Extrem die semantische Sphäre sich in der phonetischen verliert, Sprache auf ihren Lautgehalt reduziert ist. Dies tritt notwendig in dem Moment ein, wo die „vorgespaltenen"[1] Elemente noch weiter zertrümmert werden bis auf ihre Lautkerne: [u] [ɛ] [e] [bl] [r] [t] oder Wortsegmente (Silben): to, me, be, co-, -tho-, -uth.

[1] Der Terminus zielt auf die besondere Struktur der onomatopoetischen Texte etwa von Joyce oder Cummings.

Auf der nächsthöheren Ebene bilden sich aus den segmentierten Klanggestalten einzelne zusammenhanglose Wörter: to [u] — [na] — [ait] (24. Abschnitt[2]) oder [t] [r] / uth / (26. Abschnitt) oder Einheiten wie for [o] a / wo / [u] / man / (13. Abschnitt), die sich gelegentlich zu Permutationsketten verbinden: to be to to me to sing a few words before to be us before . . . (Abschnitt 38 ff.). Selten werden zusammenhängende Sinneinheiten erkennbar (give me a few words for a woman = 12. Abschnitt). Zwischen diesen Verfahren gibt es mehrfach Übergänge, wenn ein Vokal aus einer Wortverbindung gelöst und um- und abgelautet wird: / wor / -[ø]-[o]-[a]-[i] (19. Abschnitt). Das Lautmaterial des Textes wird außerdem noch mit verschiedenen Geräuschen des stimmlichen Artikulationsprozesses (Keuchen, Flüstern, Husten, Schnalzen, Zähneklappern) und klangändernden Manipulationen (Hand vor den Mund halten, Trommeln auf den Mund) angereichert.

Den verschiedenen Artikulationsstufen (Spaltung in Laute und Silben — Bildung von Wörtern und Permutationsreihen — Bildung von Sätzen) entsprechen äußerlich drei unterschiedliche Notationsarten mit zunehmender Präzisierung. Auf eine Linie geschriebene Vorgänge gelten als überwiegend gesprochen, „auf drei Linien sind bloß Relationen der Tonlage angegeben“ (Berio, Erläuterungen zum Notentext), auf fünf Linien sind präzise Intervalle ohne absolute Tonhöhe festgehalten.[3] Die beiden letzten Notationsweisen bezeichnen gesungene Passagen und sind im Höreindruck nicht zu trennen. Die Fülle der überaus detaillierten Anweisungen für die begleitenden Aktionen und die Vortragsart dient einer möglichst eindeutigen klanglichen Realisierbarkeit. Wenn es um die genauere Bestimmung eines Lautwertes im Text geht, wird für die kleinen Lautpartikel die phonetische Umschrift gewählt.

Als Klangmaterial stehen die vollständige Artikulationsbreite stimmlicher Äußerungen und das gesamte Ausdrucksregister der menschlichen Stimme innerhalb ihrer technischen Grenzen zur Disposition. Von der Stimme unabhängige Geräusche und Aktionen treten unterstützend und ergänzend hinzu. Berio unterscheidet 6 verschiedene stimmliche und darstellerische Verhaltensmöglichkeiten der Interpretin: konventionelles Singen (1.) ohne und (2.) mit Veränderungen der Stimme (Summen, Nasaltöne), Erzeugung von Geräuschen (3.) ohne und (4.) mit Beteiligung des Stimmapparates (Keuchen, Husten — Fingerschnalzen, Zähneklappern), körperliche Bewegungen (5.) mit und (6.) ohne Klangbeeinflussung (Hand vor den Mund etc. — gehen, Hände senken u. ä.). Derartige Hand-, Gesichts- und Körperbewegungen sind auch in der Sequenza III möglich, bleiben aber je nach der Art der Vortragsbezeichnungen (vorwurfsvoll, verträumt, leichtsinnig, wild, ekstasisch etc.) dem Belieben der Sängerin anheimgestellt.

Die Analyse der Struktur der dritten Sequenza muß sich an der Textbehandlung orientieren. Hier besteht eine klare Zuordnung von konsonantischen Geräuschlauten zu Gesprochenem und von klingenden Vokalen zu den Tönen der gesungenen Partien. Ein entsprechendes Prinzip ist schon in den „Circles“ in der Zuordnung der Konsonanten zu Instrumenten mit hohem Geräuschanteil und der Vokale zu Instrumenten mit fixierbarer Tonhöhe ausgeprägt.[4] Die gesprochenen Teile der Sequenza enthalten insgesamt

---

[2] als Abschnitte sind die 10-Sekunden-Markierungen bezeichnet.

[3] Cathy Berberian, für die Sequenza III geschrieben ist, singt jedoch die gemäß dem Violinschlüssel in Abschnitt 8 notierten absoluten Tonhöhen.

[4] Die Zuordnung Geräusch — Konsonant, Vokal — Ton ist bereits in Stockhausens „Gesang der Jünglinge“ (1956) nachzuweisen, dessen Verfahren der elektronischen Sprachmanipulation nicht ohne Einfluß auf spätere Techniken auch bei Berio geblieben ist.

das meiste Lautmaterial bei zeitlich geringster Ausdehnung. Die deutliche Dominanz der Geräuschlaute (besonders Verschluß- und Reibelaute b, t, k, f, s) gründet auf der äußerst schnellen und dichten Abfolge der Silben und Wortsplitter (to, co, us, for, be . . .). Das extreme Tempo der sprachlichen Aktionen führt zu einem parlando-ähnlichen Vortrag.

In den gesungenen Teilen (drei und fünf Linien) überwiegen reine Vokale, die — oft gehalten — eine spürbare Verlangsamung der Bewegung bewirken. Umfang und Dichte des Lautmaterials sowie das Aktionstempo stehen in umgekehrtem Verhältnis zur zeitlichen Ausdehnung der Abschnitte. Mit zunehmender Präzisierung der Notation erfährt auch der Text eine zunehmende Verdeutlichung; überwiegt in den gesprochenen Partien der Anteil der Konsonanten und kleinen Wortsplitter, so in den Abschnitten mit relativer Lagenangabe der Anteil der Vokale und in den Teilen mit festen Intervallen der Anteil der Wörter und Wortverbindungen (s. Tab.). Eine derartige Materialaufteilung vollzieht sich aber nicht kontinuierlich nacheinander, sondern die verschiedenen Ebenen der Stimm- und Textbehandlung greifen, sich in wechselnden Abständen ablösend, ständig ineinander. Aus dieser Verflechtung schält sich das kompositorische Strukturprinzip heraus. Die gesprochenen Abschnitte werden gegen Ende des Stückes immer kürzer und episodischer, während die gesungenen immer mehr an Raum gewinnen. Zu Beginn werden 20 Sekunden nur gesprochene Lautfolgen vorgetragen, später unterbrechen Sprechfiguren nur den Gesang. Diese Entwicklung zunehmender Verkürzung der gesprochenen Teile spiegelt sich auch in der Gesamtverteilung der Abschnitte auf das Stück: im ersten Viertel (= 130 Sekunden Gesamtdauer) fallen ca. 60 Sekunden auf gesprochene Passagen, im letzten dagegen nur noch ca. 5 Sekunden.

Eine ähnlich gegenläufige Entwicklung ist auch in der Verwendung des Sprachmaterials in Bezug auf das jeweilige stimmliche Verhalten (Singen, Sprechen) zu erkennen. Die gesprochenen Teile kombinieren zunächst ausschließlich kleinste Textsplitter; nur zweimal tauchen ganze Wörter auf (Abschnitt 9/10 und 38), bis schließlich zusammenhängende Textausschnitte (give me a few words — for a woman — to build a house, Abschnitt 46/47) gebracht werden, die jedoch in einer so starken zeitlichen Raffung geflüstert werden, daß sie inhaltlich nicht mehr zu verstehen sind und sich zwischen den gesungenen Teilen gleichsam auflösen. Genau umgekehrt wird die geschlossene Sinneinheit (give me . . ., 12. Abschnitt) zu Beginn in den auf fünf Linien notierten gesungenen Passagen einer immer weitergehenden Auflösung entgegengeführt, während sich eine ruhige melodische Linie ausbreitet. Das gehetzte Parlando des Anfangs wird von dieser Melodik aufgesogen, wie auch der aus seiner syntaktischen Verknüpfung gelöste Text im reinen Singen aufgeht.

(Siehe Tabelle auf Seite 238/239)

In „Sequenza III" artikuliert sich eine extrem breite Skala menschlicher Emotionen (Angst, Freude, Sehnsucht, Entsetzen, Begeisterung, Trauer, Lachen, Weinen etc.) durch ein klanglich weit gefächertes Spektrum zwischen reinem Gesang und ekstatischem Schrei oder wisperndem Geräusch. Deutlich abgehoben sind auch nicht so sehr die oft gerade ineinander verfließenden gesprochenen und gesungenen Passagen als vielmehr zwei verschiedene Ausdrucksebenen und Stimmführungsarten. Kantable Linien werden von emotionalen Ausbrüchen zerschnitten; eine lyrisch ausgeglichene, lineare Stimmführung ohne extreme Sprünge wird von exaltierten, bizarren Figurationen, die durch alle Register

GESPROCHEN 	GESUNGEN  RELAT. LAGEN	GESUNGEN  PRÄZISE INTERVALLE
(to/co/us/for/be) (sing/to/me)		
(tome . . .) to		
([uta] be, fewo/co/)	[ø] [e]	
[e] [] [a] (to/co/be/words) [i]		
(to, be, for [ka])	[ø] . . [e] . . [i] . . [u] . . [o]	
(to, be,/co/for, us, lo)/gi/me/ut		
(ta [ta] be . . .)	α/wo/. . ./man/	[i] /al/ /wing/ [u] [o] [to]
allowing us /gi/ (a/tru/to, me)		
(allowing, us, to, be) (/co/ta/. . .) [ʔ]		
(be/lo/. . .) [a]		give me a few words for [o] a
		/wo/ [u] /man/
[u]		[a] [a] . . . [ɛ] . . . [e] . . . [i]
[uto . . .] [u]		me /tho/ we build for us be us [a]
(to/co/. . .) to		[a] [u] /si/ [i] [u] — [a] [i]
	/fo/ [i] be [u] [e] /fo/ [i]	a few /wor/ [ø] [o] [a] . . . [i] [o]
		/fo/sin/
([u]/ta/. . .) /ta/		me to give me
		to sing to be few words to [u] [na]
		[ait] [to] [u] me [ø] words to me
		[t] [r] /uth/ a truth
[ʔ] [a] . . . [r] [] /wor/ [] [] [L] [be] [u]	[u] [i] [e]	
(to/co/. . .)	[L]	
(be to . . .) be	a few to me —a— to sing	
a [r] [] for	[a] [a]	
[ʔ] [a] (be to . . .) [be]	to [a]	
[ʔ] [u] (to/co/) to [e] (ta [ka] ta		

[ka] . . .) [] [ʔ] ([u] to . . .) (me, to/co/. . .) (to/co/me, lo, be, few) (be/lo/. . .) to, be, to to me to sing α ⟶ [be/co . . .] be ([to]/co/be . . .) ([to]/co/be/lo/me . . .) (/tru/be/to/co/be . . .) (/lo/me . . .) (be/lo . . .) [a] give me a few words forawoman tobuildahouse	/fo/ ([bl] . . .) few words before to be us before a few words before to be us before give me to sing before [ha] [it] before [ʔ] [r] [l] [e] [lo] [a] [u] [o] [u] [i] [b] [L] [r] [i] [ʔ] [me] [ʔ] [me] be/fo/me to me to me [i] [L] before [o] to sing [u] to	[a] /wo/ [n] ([bl] . . .) [o] [a] [e] [i] to be /co/ [a] . . . /wing/ [us] to [u] build a allo [o] wing befo [o] /ore/ night [] comes to sing [] to [u] [u] sing [i] [n]
KONSONANTEN (Geräuschlaute)	VOKALE (Töne)	WÖRTER und SYNTAKTISCHE EINHEITEN (Töne, Terzsequenzen)
WORTSPLITTER ⟶ TEXT	PERMUTATIONEN ⟵ TEXT ⟶ PERMUTATIONEN	
schnelle, dichte Artikulationsfolgen parlando-ähnlich		langsame Artikulationsfolgen Entwicklung melodischer Linien
VERKÜRZUNG DER ABSCHNITTE	VERBREITERUNG DER ABSCHNITTE	
GESAMTDAUER ca. 120 sec.	GESAMTDAUER ca. 175 sec.	GESAMTDAUER ca. 225 sec.

GESPROCHEN ——	GESUNGEN relative Tonlage	GESUNGEN präz. Interv.
KONSONANTEN (Geräuschlaute)	VOKALE (Töne)	WÖRTER (Töne)
Wortsplitter ↓ Text		Text
	Permutationen ←	↓ Permutationen
schnelle, dichte Folgen	langsame Folgen	
parlando-ähnlich	Entwicklung melodischer Linien	
Verkürzung der Teile	Verbreiterung der Teile	
Gesamtdauer: ca. 120"	Gesamtdauer: ca. 175"	Gesamtdauer: ca. 225"

gleiten, gestört. Die melodisch ruhigen Phrasen stabilisieren sich dabei in quasi-motivischen Gestalten, die strukturell durch kleine und/oder große Terz, artikulationsmäßig durch kurzen Vorschlag und Glissando charakterisiert sind.

Gegen Schluß bahnt sich eine Entspannung der Gegensätze in einer deutlicher hervortretenden Kantabilität an, in der zuletzt Vorschlag und Glissando aus der Verbindung mit der Terz gelöst sind, während diese, nach unten absinkend (b-g, b-ges), als Substrat (to sing) übrigbleibt. Es handelt sich insgesamt jedoch nicht um motivisch entwicklungsfähiges Material, sondern vielmehr um Sequenzen im wörtlichen Sinn (Titel!) von Permutationen aus kleiner und großer Terz[5] entsprechend der Permutationen der Wörter und Wortpartikel, wobei eine zunehmende Vermehrung der Anzahl der Töne in den einzelnen Terz-Sequenzen erkennbar wird.

[5] Entsprechendes hat P. Santi für Berios „Nones per orchestra" aufgedeckt. Dem Werk liegt eine Intervallreihe zugrunde, die „tatsächlich als eine Sequenz angesehen werden (kann), die in den Intervallfunktionen von großer Terz und kleiner Terz permutiert ist." (a. a. O., S. 99. Anm. 2).

Die Gesamtstruktur, die bisher nur aus der formalen Aufteilung des Textes hergeleitet wurde, ist aber auch in Verbindung mit dessen Inhalt zu sehen. Das Singen von Wörtern wird in Kutters Text als Schutz (to build a house) vor Bedrohung (before night comes) genommen. Singen imaginiert zugleich eine Welt der Wahrhaftigkeit (a truth), im Singen wird die Alltagswelt ihrer Ängste und Nöte enthoben. Und eben diese Aufhebung von emotionalen Ausbrüchen im Singen vollzieht sich auch kompositorisch. Pousseur spricht von einer Art Katharsis, „die das Geschehen des Alltags (. . .) in seiner Unmittelbarkeit überwindet" (vgl. Bibliographie).

2.2 *Textbehandlung*

In der „Sequenza III" wird nicht mehr ein Text im üblichen, sondern in einem ganz wörtlichen Sinn vertont; die Textbehandlung steht an der Grenze, wo aus der Sprache selbst und ihrem Lautmaterial Musik wird. Der Begriff des Vertonens wäre daher durch den der Verklanglichung sinnvoll zu ersetzen (vgl. Häusler, Aspekte, S. 72). Alle Artikulationsformen einschließlich des sie konstituierenden Atems werden ausgenutzt. Ein geformtes Sprachmaterial, vorgespalten durch die syntaktische Vieldeutigkeit, wird weiter zergliedert und zerlegt, permutiert und variiert. Aus dem Klangfluß der stimmlichen Aktionen leuchten nur vereinzelt klar verständliche Wörter oder Wortgruppen heraus. Den übrigen Stellen soll aber wohl kaum der Sinn, die Bedeutung ausgetrieben werden, wie es Stockhausen bei Nonos „Il canto sospeso" zu erkennen glaubt (vgl. Texte, Bd. 2, S. 158 f.), Berio geht es vornehmlich um die Erweiterung des Ausdruckspotentials der Stimme und *die allmähliche Überführung von Sprache in Musik.* Immanent musikalische Strukturelemente (wie die Terzsequenzen) werden dabei aber nicht aufgegeben. Somit steht dieses Werk noch an der Schwelle reiner Sprachkomposition, wie sie etwa in Abschnitten von Schnebels „Glossolalie" verwirklicht ist.
Berio hat — und das spiegelt sein Gesamtwerk — eine besondere Affinität zur Sprache in ihrer dichterischen Gestaltung wie in ihrer stimmlichen Artikulation. „Alles, was mit der Stimme zusammenhängt, interessiert mich, sei es nun die natürliche Stimme oder die Stimme im Mikrophon, das Sprechen, die Resonanz, im Kopf, in der Nase, in der Brust und — wie soll ich sagen? — im Uterus . . ." (Berio, zit. bei Pinzauti, S. 179). Literarisch beschäftigte er sich mit C. Gadda, G. Ungaretti, P. P. Pasolini, E. Montale, J. Genet, S. Beckett und J. Joyce. Aus der Begegnung mit literarischen Tendenzen seiner Zeit erwuchs ein Teil seiner musikalischen Arbeiten.

2.3 *Aspekte des Szenisch-Theatralischen*

Das Mimisch-Gestische der Interpretin, die „Sängerin, Schauspielerin oder beides" (Berio) sein kann oder sein soll, fügt der Komposition ein Moment des Darstellerischen hinzu, das jedoch durch Berios Hinweis, die Ausdrucks- und Vortragsbezeichnungen nicht einfach theatralisch umzusetzen, sondern sie als Anregung für die stimmliche Klangfärbung, rhythmische Gestaltung, für Ausdruck und Intonation zu verstehen, doch wieder in seiner Bedeutung eingeschränkt wird. Theatralische Gestik und Mimik sind dennoch nicht ausgeschlossen, bleiben aber dem Belieben der Sängerin überlassen. Berios Anweisung zielt hier nicht auf eine Dramaturgie der Bewegungsabläufe und der Mimik, sondern auf eine stimmliche Dramaturgie, auf „vokale Gesten" (Prieberg, Gespräch, S. 164), die mit der Stimmtechnik und dem phonetischen Material sich verbinden.

Unter dem Aspekt des Szenischen ist der einkomponierte Begrüßungsapplaus (bis etwa zur 11. Sekunde) zu sehen. Hier zeigt sich, daß der Auftritt der Interpretin durchaus theatralisch ist. „Die Künstlerin . . . betritt die Bühne vor sich hinmurmelnd, als dächte sie gar nicht an ihren Auftritt. Noch vor Abflauen des Begrüßungsapplauses unterbricht sie ihr Gemurmel, um es nach einer kurzen Pause wieder aufzunehmen . . ." (Berio, Erl. zum Notentext). Erst nachträglich gibt sich das Anfangsgemurmel als erste Exposition des Lautmaterials zu erkennen, das Stück greift über seinen Rahmen hinaus. Zugleich wird aber auch das Zeremoniell des Applauses in das Stück integriert und als Geräuschfeld den geflüsterten Geräuschlauten des Textes an die Seite gestellt, die sich daraus entwickeln; so wird das Stück allmählich in Klang gesetzt.

3. MATERIAL

3.1 Musik und Sprache

Prima le parole, doppo la musica (Motto)
dagegen der Operntitel von de Casti/Salieri: Prima la musica e poi le parole.

. . . bey einer opera muß schlechterdings die Poesie der Musick gehorsame Tochter seyn. (W. A. Mozart, Brief an den Vater vom 13. 10. 1781; weitere Quellen zu diesem Komplex s. in: Musik aktuell, Kassel 1971, S. 139 f. / 142 f.) DISKUSSION

Die Musikentwicklung etwa seit Wagner ist u. a. geprägt von der Entdeckung des Musikpotentials im Ausdruck der freien Rede. Die Agogik freien Sprechens drang in die Musik ein und löste sie aus ihren metrischen Bindungen; die Imitation der Sprechkurve löste sie auch aus den tonalen Bindungen, die dem neuerfaßten freien Sprechklang nicht mehr genügen. Ich glaube, daß diese entscheidenden Entwicklungen ihren Grund in einem neuerkannten Verhältnis von Musik zur Sprache haben . . . Die Exstirpation von Lautmaterial aus einem Joyce-Text bei Berio oder die Phantasiesprache in Ligetis „Aventures", die Verschmelzung des Instrumentariums mit dem Laut — Sprache und Musik als Ganzheit also: Es ist dieselbe Sehnsucht: den Verlust an Gegenwart, den die ‚Versprachlichung der Sprache' bewirkt, zu verringern. Es ist, wie ich glaube, ein Ausbruchsversuch aus der Begriffsdressur durch Sprache . . .
(Killmayer, S. 41.)

Kompositorische Arbeit mit einem Text hat hinfort nicht mehr nur den Aspekt der Beibehaltung eines geschlossenen literarischen Gebildes, bleibt auch nicht eingeengt auf die Suche nach wie auch immer gearteten Entsprechungen zwischen dem semantischen Gehalt eines Textes oder/und seiner formalen Struktur mit der ihnen zugeordneten Musik. Die Zerdehnung und Zerstückelung des Textes hat sich zur Komposition des Textes selber gewandelt. Der Text allein schon wird — zumindest der Intention nach — Musik.
(Häusler, Aspekte, S. 73.)

In der Vokalmusik des letzten Jahrzehnts ist viel passiert. Insgesamt dies, daß alle möglichen Äußerungsformen der menschlichen Stimme in die Musik einbezogen werden. Da röhrt es und lallt's . . . Sänger fauchen, zischen, keuchen . . . sie sprechen aber auch . . . oder sie verlieren die Sprache und bilden durch sinnlose Laute den Übergang in Gesang. Solche Praktiken gehen über das, was bis in die sechziger Jahre in Vokalmusik üblich war, weit hinaus. Die Stimmen werden von den Konventionen des Kunstgesangs freigemacht, also entfesselt.
(Schnebel, Melos 1972, S. 198.)

Die Sprache wird hier (in den Circles, d. Verf.) grundsätzlich vieldimensional, polyphon, in den Raum ausgreifend, was sehr wohl als Vorbild neuer grammatischer Möglichkeiten angesehen werden kann.
Berio hat (in Sequenza III, d. Verf.) aus den phonetischen und semantisch-expressiven Elementen, die in jedem dieser Sprach-Moleküle enthalten sind, eine große Zahl von Abteilungen gestaltet. Die Skala der stimmlichen Ausdrucksmöglichkeiten wird auf eine erstaunliche Weise vervielfältigt.
(Pousseur, Sp. 6/7.)

Berio:
. . . Auch wenn es sich . . . um musikalische Stimuli und Suggestionen handelt, stellen diese sich niemals . . . als ein expressives M e h r , als Dekoration zur Essenz der Dichtung dar.
(Berio DB, S. 41.)

. . . habe ich versucht, experimentell eine neue Möglichkeit zu verifizieren, die Lesung eines dichterischen Texts mit der Musik zusammenzubringen, ohne daß die Verbindung darum notwendig sich zugunsten eines der beiden Ausdruckssysteme entscheiden müßte: ich habe eher versucht, das Wort in den Stand zu setzen, den musikalischen Sachverhalt völlig zu assimilieren und zugleich zu bedingen.
Dies ist die Möglichkeit, durch die hindurch vielleicht eines Tages die Realisation eines ‚Gesamtkunstwerks' absehbar werden könnte, in welchem eine tiefgründige Kontinuität und vollkommene Integration aller Komponenten (. . .) zu entfalten wäre, so daß es auch möglich würde, ein neuartiges Verhältnis von Wort und Ton, von Dichtung und Musik zu realisieren. Das wirkliche Ziel wäre dabei weder die Konfrontation noch die Vermengung zweier verschiedener Ausdruckssysteme, sondern es gälte, ein Verhältnis von Kontinuität zwischen ihnen zu stiften, den Übergang vom einen zum anderen zu ermöglichen, ohne daß er merklich wäre . . ..
(Berio DB, S. 37.) GESPRÄCH

zu „Tema — Omaggio a Joyce“:
Es war keine eigentliche Komposition. Es waren Dokumente über die onomatopoetische Qualität der dichterischen Sprache . . . Mir ging es um die Identität von Laut und Bedeutung. Im Leben der Sprache kommt ein Augenblick, in dem das Wort vor jeder anderen Konvention als reines Symbol mit dem benannten Gegenstand eins wird. Das ist der Augenblick der Onomatopöie.
(Prieberg, Gespräch, S. 161.)

Resümee: Waren früher Musik und Sprache, wo sie eine Verbindung eingingen, zwar in dem Sinne einander zugeordnet, daß die Musik die formale Struktur des Textes sinngemäß unterstützte oder ihn expressiv verstärkte oder zum Wortsinn interpretierend hinzutrat, bestanden aber doch beide mit unterschiedlicher Betonung nebeneinander für sich, so ist nun eine solche Unterscheidung vollends aufgehoben, indem die Lautgestalt der Wörter schon die Musik selber einschließt. Der semantische Bereich rückt dabei immer weiter von dem phonetischen ab. „Das Wort wird Klang und oft nichts weiter als Klang“ (Prieberg, Gespräch, S. 164). Klang und Bedeutung des Wortes suchen aber eine neue Vereinigung, indem sie aus eingeschliffenen Bahnen ausbrechen. Einem solchen Bestreben kommen onomatopoetische Texte wie die von Joyce oder Cummings mit ihren „vorgespaltenen“ Elementen in besonderem Maße entgegen, als hier die sprachlichen Strukturen direkt in musikalische umzusetzen sind und mannigfache Transformationsmöglichkeiten im Text prädisponiert sind. Hierdurch wird das Feld zwischen Musik und Sprache durch kontinuierliche Übergänge ausgefüllt. Ähnliche Tendenzen der Grenzüberschreitung sind allenthalben in der Literatur der Gegenwart festzustellen und bis zu Mallarmé zurückzuverfolgen; vom Surrealismus, Dadaismus bis zur konkreten Poesie wurde Sprache durch die Betonung von deren phonetischer Seite immer weiter musikalisiert bis zur Entlehnung serieller Verknüpfungstechniken. Mittels der elektronischen Klangerzeugung wurde es möglich, sprachähnliche Klänge synthetisch herzustellen wie auch das Spektrum gesprochener Worte in musikalische Klänge umzuwandeln und mit elektronischen zu verbinden. Berio wendet in seiner wichtigen Arbeit „Tema-Omaggio a Joyce" elektronische Klänge jedoch nur an, um „die Transformation der von einer Stimme dargebotenen Vokalfarben zu multiplizieren" (Berio DB, S. 42), und verzichtet darauf, „die kontinuierliche Entfaltung des vokalen Materials synthetisch weiterzutreiben" (ebd., S. 43). Ihm kommt es in erster Linie auf die Erweiterung des stimmlichen Potentials zur Verarbeitung und Umformung von Sprache an.

3.2 Serielle Musik

Berio:
Die Ideologie der Kulturindustrie neigt dazu, Erfahrung zu Schemata und Stilen erstarren zu lassen . . . Mir dagegen ist es wichtig, daß ein Komponist in der Lage sein sollte, die relative Natur musikalischer Prozesse unter Beweis zu stellen: Ihre Strukturmodelle, die auf vorheriger Erfahrung beruhen, bringen nicht nur Gesetze hervor, sondern auch die Umwandlung und die Zerstörung eben dieser Gesetze.
(Berio, Meditation, S. 294.)

In der Musik dagegen schaffen wir bis zu einem gewissen Grade selbst das Material für die Analyse. Musiktheorie ist danach ein Werkzeug historischer Analyse, die unter der Bedingung wirksam wird, daß ein Musikstück nicht als einzelner Gegenstand, als isoliertes Kunsterzeugnis aufgefaßt wird, sondern als an einer komplexen und progressiven Umgebung teilhabend.
Darum bin ich so sehr gegen die formalistische und weltfremde Haltung der Zwölfton-Komposition. Wenn ein Komponist sich in der Manipulation von einem Dutzend Noten verliert, läuft er Gefahr zu vergessen, daß diese Noten einfach nur Symbole der Wirklichkeit sind.
(Berio, Meditation, S. 295.)

. . . an sich selber garantieren die seriellen Verfahrensweisen überhaupt nichts: keine Idee ist so miserabel, als daß sie nicht am Ende serialisiert werden könnte, wie man ja auch Gedanken und Bilder, die des Interesses entbehren, in Verse setzen kann.
(Berio DB, S. 45.)

Meiner Meinung nach bezeichnet es (das Wort seriell, d. Verf.) kein Kompositionssystem im echten Sinne. Es bedeutet auch nicht ein Zeichensystem, eine Sprache, einen mehr oder weniger losen semantischen Code, dessen Struktur so ausgerichtet ist, alles, was in ihm enthalten ist, zu bestätigen, kurz, es nach einem auf eine wohlkalkulierte Wirkung hinzielenden Prinzip zu bestätigen.
(Berio, bei Faure, S. 134.)

Es ist mir wahrhaftig passiert, daß ich sehr oft Musik hörte, bei der es legitim ist, sich zu fragen, warum der Komponist Töne für seine Manipulation ausgewählt hat und nicht Eier, Hemdenknöpfe, eine Reise nach Venedig, Horoskope oder Coca-Cola-Flaschen. Man muß feststellen, daß die größten Mißverständnisse hinsichtlich der seriellen Musik (. . .) von der Tatsache herrühren, daß die sogenannte ‚Technik der klassischen Dodekaphonie' für viele Komponisten und Musikwissenschaftler mit struktureller Kraft ausgestattet war.
(Berio, bei Faure, S. 136; dt. Übers. dieser Stelle bei Prieberg, Gespräch, S. 161.)

Die Musik ist nicht die klangliche Manifestation eines Codex, sie ist auch ein expressives Faktum oder, anders ausgedrückt, ein Codex der verschiedenen Codices, bzw. eine Polyphonie von Codices, die gelegentlich miteinander in Konflikt geraten.
(Berio, bei Pinzauti, S. 179.)

Resümee: Berios tiefes Mißtrauen gegenüber seriellen Verfahren als alleinigem Zusammenhang und Form stiftendem Prinzip wie gegenüber allem normativ Festgelegten und Systematisiertem gründet in einem Unbehagen einer Musik gegenüber, die nur aus der Anwendung eines Systems erwächst, während ihm Musik als „expressives Faktum" wichtiger ist und er nur „gelegentlich ein System als Möglichkeit für die Musik" gelten läßt (zit. bei Häusler, Musik, S. 115 f.). Wichtiger als ein theoretischer Methodenstreit sind ihm praktische klangliche Ergebnisse, die aus unterschiedlichen Verfahren resultieren und zugleich in Frage gestellt werden können.

3.3 Künstlerisches Engagement — Funktion der Musik

Berio:
Das Bewußtsein eines Komponisten von der Funktionspluralität seines eigenen Rüstzeugs bildet die Grundlage seiner Verantwortung . . .
(Berio, Meditation, S. 294.)

Wir alle wissen, daß die Musik den Brotpreis nicht herabsetzen kann, nicht in der Lage ist, Kriege zu beenden (. . .) und daß sie Elendsviertel und Ungerechtigkeit nicht ausrotten kann. Niemals zuvor aber haben verantwortungsbewußte Komponisten einen solchen inneren Zwang empfunden, den Sinn ihres Werks und die Gründe dafür im Verhältnis zur Tatsachenwelt in Frage zu stellen . . .

. . . jedes bedeutungsvolle Werk (kann) als Ausdruck eines Zweifels angesehen werden, als experimenteller Schritt in einen poetischen Prozeß hinein, als Bekenntnis zur Notwendigkeit fortwährender Veränderungen . . .
(Berio, Meditation, S. 294.)

dazu Dibelius (S. 178):
Er scheut die gesellschaftliche Isolierung der neuen Musik ebenso wie die Hermetik eines nur auf sich selbst bezogenen Kompositionssystems. Er will Austausch und Lebendigkeit, er sucht das Gegenüber und den direkten Kontakt. Antidogmatik ist für ihn ein Teil der recht verstandenen künstlerischen Freiheit, selbst wenn dabei die Schärfe der Formulierung, die Klarheit der Proportion oder die letzte Verbindlichkeit der Struktur einiges einzubüßen hätten. Wichtig ist der künstlerische Impuls, der sich direkt mitteilt.

zur Situation des Hörers:
Der Hörer wird weniger denn je in die Lage gebracht werden, die Augen zu schließen, um sich musikalischen Träumen hinzugeben: die Situation selber wird ihn dazu aufrufen, an der Aktion zu partizipieren.
(Berio DB, S. 44.)

4. ÜBERLEGUNGEN ZUR DIDAKTIK UND LERNZIELE

4.1 Überlegungen zur Didaktik

Die Gegenüberstellung einiger von Berio bevorzugter Textstellen von Joyce und Cummings soll einen Vergleich der sprachlichen mit musikalischen Verfahren der Textbehandlung ermöglichen. Besonders onomatopoetische Texte enthalten oft geradezu musikalische Elemente nicht nur in der melodischen Klangwirkung einzelner Lautverbindungen, sondern in gleichsam staccato oder legato klingenden Passagen, triller-ähnlichen Lautwiederholungen und glissando-ähnlichen Verbindungen (vgl. auch Berio DB, S. 39).

James Joyce: aus „Finnegans Wake“ (London ³1964, S. 207):
Then she made her bracelets and her anklets and her armlets and a jetty amulet for necklace of clicking cobbles and pattering pebbles and rumbledown rubble, richmond and rehr, of Irish rhunerhinerstones and shellmarble bangles.
dazu die Übersetzung von Wolfgang Hildesheimer (James Joyce, Anna Livia Plurabelle, Frankfurt/M. 1970, S. 83):
Dann macht sie sich Armband und Halsbind und Fesselbund und ein molliges Armulet als Halskett aus klickernden Kieseln und glitzernden Klinkern und Rumboldgeröll, reich mir und rar, aus kiltischem Runenrheinstein, aus muschelmarmornen Murmeln.

James Joyce: Ulysses, Anfang des XI. Kapitels (Paris 1928, S. 245):
Bronze by gold heard the hoofirons, steelyringing
Imperthnthn thnthnthn.
Chips, picking chips off rocky thumbnail, chips.
Horrid! And gold flushed more.
A husky fivenote blew.
Blew. Blue bloom is on the
Gold pinnacled hair.
A jumping rose on satiny breasts of satin, rose of Castille.
Trilling, trilling: Idolores.
...
Edward Estlin Cummings: Schluß des Gedichts 22:
        U
        n:starT birDs(lEAp)Openi ng
t hing;s(
-sing
)all are aLl(cry alL See)o(ver All)The(e grEEn
?eartH)N, ew

Berios „Sequenza III“ bietet sich für den Unterricht unter verschiedenen thematischen Akzentuierungen an: sie kann unter dem historischen Aspekt der Entwicklung der Vokalmusik (Zusammenwirken von Musik und Sprache) gesehen werden, unter dem Aspekt des Ausdrucks wie auch unter dem der Notation und mit ihr verbundener Probleme. In einer historischen Beispielreihe von Textvertonungen für Sologesang wären markante Entwicklungsstufen veränderter Stimmbehandlung herauszugreifen (z. B. Gregorianik — frühbarocke Monodie — romantisches Lied oder Arie — Schoenbergs „Pierrot lunaire" — Boulez' „Marteau sans Maître" — Berios „Sequenza"/„Circles" oder Nonos „Il canto sospeso" oder Schnebels „Glossolalie" oder Ligetis „Aventures" — Stockhausens „Gesang der Jünglinge"). Die verschiedenen Ausdrucksmöglichkeiten in der Vokalmusik können sich in einem Vergleich affektbetonter Musik des Frühbarock unter Verwendung musikalisch rhetorischer Figuren mit Berios „Sequenza" herauskristallisieren. Auch unter einem notationstechnischen Gesichtspunkt (Vergleich diastematischer Neumen mit Berios Notation) wird das Stück nach seiner Kompositionstechnik und dem intendierten Klang zu befragen sein, die die spezielle Notationsform verlangen.

4.2 Lernziele

4.2.1 Analytischer Aspekt

Der Lernende soll in der Lage sein, sich zu einigen Aspekten des Wort-Ton-Verhältnisses (Musik und Sprache) in der neuen Musik zu äußern, etwa zu

— verschiedenen Möglichkeiten der Textbehandlung und Sprachmanipulation,
— künstlerischen Absichten, die zur Erweiterung der stimmlichen Ausdrucksmöglichkeiten und zur Abkehr vom konventionellen Kunstgesang geführt haben,
— parallelen Entwicklungen auch in der Literatur,
— zur Funktion derartig erweiterter Vokalmusik.

Er soll im besonderen Struktur und Ausdrucksgehalt der „Sequenza III" im Vergleich mit älterer Vokalmusik sehen und prinzipiell verschiedene kompositionstechnische Verfahren in der Verbindung von Sprache und Musik erkennen und beschreiben können.

4.2.2 Kognitiver Aspekt

Der Lernende soll

— über Prinzipien der Sprachbehandlung bei Berio (evtl. im Vergleich mit anderen Vokalwerken) in einem mündlichen oder schriftlichen Bericht zusammenfassend Auskunft geben können,
— das Bauprinzip der „Sequenza III" gemäß der Verteilung des Lautmaterials nachweisen können,
(Kontrolle: Anfertigung einer tabellarischen Übersicht über Art und Verteilung des Lautmaterials auf die verschiedenen Sprech- und Singweisen)
— die Notation verstehen und hörend mitverfolgen können, um im Notentext Strukturmerkmale und Vokaltechniken nachprüfen und angeben zu können.
(Kontrolle: Der Lernende soll in einem begrenzten Abschnitt verschiedene stimmliche Verhalten beschreiben oder aus einem größeren Zusammenhang anhand des Notentextes vergleichbare Terz-Sequenzen heraussuchen und miteinander vergleichen)

4.2.3 Kritischer Aspekt

Der Lernende soll das jeweils andere kompositorische Verhalten der Sprache gegenüber aus der Sicht des jeweiligen Kunstverständnisses einer Epoche begreifen lernen und daraus eine begründete Meinung über den musikalischen Sinn und die kompositorische Fruchtbarkeit des Prinzips der Verklanglichung phonetischen Materials entwickeln und vertreten können. Dabei ist es ebenso wichtig, Fragen zu stellen wie fertige Antworten präsent zu haben.

5. BIBLIOGRAPHIE

5.1 zum Thema Musik und Sprache (Auswahl neuerer Aufsätze)

Berio, Luciano
Musik und Dichtung — Eine Erfahrung, in: Darmstädter Beiträge zur Neuen Musik, Bd. II, Mainz 1959, S. 36—45. (= Berio DB)
Bielitz, Mathias
Zur Verwendung von Sprache in der Neuen Musik, in: H. Vogt, Neue Musik seit 1945, Stuttgart 1972, S. 84—91
Boulez, Pierre
Ton, Wort, Synthese (Son, Verb, Synthèse), frz. und dt. in: Melos 25, 1958. dass. in: P. Boulez, Werkstatt-Texte, Frankfurt/M 1972, S. 114—120
Gruhn, Wilfried
Dieter Schnebels „Glossolalie". Ein Beitrag zum Thema Musik als Sprache — Sprache als Musik, in: Musik und Bildung, 1972, S. 580—585
Häusler, Josef
Einige Aspekte des Wort-Ton-Verhältnisses, in: Die Musik der sechziger Jahre, Veröffentlichungen des Inst. für neue Musik und Musikerziehung Darmstadt, Bd. 12, Mainz 1972, S. 65—76. (= Häusler, Aspekte)
Killmayer, Wilhelm
Sprache als Musik, in: Melos 1972, S. 35—41. (Behandlung der sprachlichen und phonetischen Aspekte)
Schnebel, Dieter
Sprech- und Gesangsschule, in: Denkbare Musik (Schriften 1952—1972), Köln 1972, S. 444 ff. dass. als Vorabdruck, in: Melos 1972, S. 198—206.
Stockhausen, Karlheinz
Musik und Sprache I—III, in: Texte zur elektronischen und instrumentalen Musik, Bd. 2, Köln 1964, S. 51—68; S. 149—166

5.2 zu Berio

Berio, Luciano
Commenti al rock, in: nuova Rivista musicale italiana, Rom 1967 (= Berio, Commenti)
Berio, Luciano
Du geste et de Piazza Carita, in: La musique et ses problèmes contemporaines, 1953—63, Bd. II, Paris 1963
Berio, Luciano
Interview mit Faure, s. unter Faure
Berio, Luciano
Interview mit Pinzauti, s. unter Pinzauti
Berio, Luciano
Meditation über ein Zwölftonpferd, in: Melos 1969, S. 293—295. (= Berio, Meditation)
Berio, Luciano
Musik und Dichtung — Eine Erfahrung, in: Darmstädter Beiträge zur Neuen Musik, Bd. II, Mainz 1959, S. 36—45. (= Berio DB)
Berio, Luciano
Remarks to the Kind Lady of Baltimore, in: Electronic Music Revue I, 1967.
Boehmer, Konrad
Zur Theorie der offenen Form in der neuen Musik, Darmstadt 1967. (darin Strukturanalyse der „Circles", S. 103—110)
Budde, Elmar
Zum 3. Satz der Sinfonia von L. Berio, in: Die Musik der sechziger Jahre, Veröffentlichungen des Inst. f. neue Musik und Musikerziehung Darmstadt, Bd. 12, Mainz 1972, S. 128—144

Dibelius, Ulrich
Luciano Berio, in: Moderne Musik 1945—1965, München 1966, S. 174—183.
Faure, Maurice
Entretien avec Luciano Berio, in: Lettres nouvelles X, 1962, S. 128—140. (Äußerungen zur Biographie, zur seriellen Technik, zum künstlerischen Engagement)
Häusler, Josef
Luciano Berio, in: Musik im 20. Jahrhundert, Bremen 1969, S. 115—119. (= Häusler, Musik)
Krieger, Georg — **Stroh,** Wolfgang Martin
Probleme der Collage in der Musik — aufgezeigt am 3. Satz der Sinfonia von L. Berio, in: Musik und Bildung, 1971, S. 229—235
Konold, Wulf
Musik zwischen Sprache und Aktion, in: Musica, 1971, S. 453—457
Pinzauti, Leonardo
Ich sprach mit Luciano Berio, in: Melos 1970, S. 177—181
Pousseur, Henri
Berio und das Wort, in: Textbeilage zur Schallplatte WERGO 60 021; dass.: Musik und Bildung, 1969, S. 459 f.
Prieberg, Fred K.
Imaginäres Gespräch mit Luciano Berio, in: Melos, 1965, S. 156—165. (= Prieberg, Gespräch) (authentische Äußerungen aus verschiedenen Quellen; „Berios imaginäre Stimme spricht dokumentarisch")
Prieberg, Fred K.
Musica ex machina, Berlin, Frankfurt/M, Wien 1960 (Mailänder Studio, S. 137—150)
Santi, Piero
Luciano Berio, in: Die Reihe IV, Wien 1958, S. 98—102. (zu Nones, Quartetto per archi, Variazioni per orchestra da camera)
Zillig, Winfried
Variationen über Neue Musik, München 1959; dass. wie: Die Neue Musik —Linien und Porträts, München 1963, S. 198

Roderich Fuhrmann

Karlheinz Stockhausen (1928)
Telemusik (1966)

1. INFORMATION

1.1 Werkauswahl[1] *(Sämtliche Werke sind in der Universal Edition Wien erschienen.)*

Kreuzspiel für Oboe, Baßklarinette, Klavier und Schlagzeug (Nr. 1/7, 1951)
Kontrapunkte für zehn Instrumente (Nr. 1, 1953)
Klavierstücke I—IV (Nr. 2, 1952—53)
Elektronische Studie I (Nr. 3, 1953 und II (Nr. 3, 1954)
Klavierstücke V—VIII (Nr. 4, 1954/55) und IX, X (Nr. 4, Neufassung 1961)
Zeitmaße für fünf Holzbläser (Nr. 5, 1955/56)
Gruppen für drei Orchester (Nr. 6, 1955/57)
Klavierstück XI (Nr. 7, 1956)
Gesang der Jünglinge, elektronische Musik (Nr. 8, 1955/56)
Zyklus für einen Schlagzeuger (Nr. 9, 1959)
Carré für vier Orchester und vier Chöre (Nr. 10, 1959/60)
Kontakte für elektronische Klänge (Nr. 12, 1959/60)
(auch Nr. 12 1/2 in der Ergänzung mit Klavier und Schlagzeug)
Momente für Solosopran, vier Chorgruppen und 13 Instrumentalisten (Nr. 13, 1962/64; auch in der „Kölner Version“, Nr. 13 1/2)
Mixtur für fünf Orchestergruppen, vier Ringmodulatoren und Sinusgeneratoren (Nr. 16, 1964, auch in der kleinen Besetzung, Nr. 16 1/2)
Telemusik (Nr. 20, 1966)
Hymnen, elektronische und konkrete Musik (Nr. 22, 1966/67, Fassung mit Solisten Nr. 22 1/2 und Orchester Nr. 22 2/3, 1969)
Fresco für vier Orchestergruppen, Wandklänge zur Meditation (Nr. 28, 1969)
Mantra für 2 Klaviere 1970
Literarische Werke siehe unter Literaturverzeichnis.

1.2 Daten zur Telemusik

a) Widmung: „Telemusik ist dem japanischen Volk gewidmet“.

---

[1] Titel und die in Klammern hinzugefügten Werkzahlen sind dem Katalog der Universal-Edition „Musik der neuen Generation“ Wien 1972, S. 133—139 entnommen. Die Werkauswahl erfolgte nach zwei Grundsätzen:
a) Verdeutlichung der Entwicklung des Komponisten,
b) Werke, die zum Vergleich mit Telemusik geeignet erscheinen.

b) Entstehung: Vom 23. 1. bis 2. 3. 1966[2] im Studio für Elektronische Musik des japanischen Rundfunks Nippon Hoso Kyokai (NHK) realisiert in Zusammenarbeit mit dem Leiter des Studios Wataru Uenami und den Studiotechnikern Hiroshi Shiotani, Shigeru Satô, Akira Honma.
c) Partitur: Werk Nr. 20, Universal Edition Wien Nr. 14807.
d) Originaltonband: 5-kanalig, befindet sich im Studio für Elektronische Musik des japanischen Rundfunks (NHK) und kann wegen der einzig in Japan vorhandenen Sechsspur-Magnetophonanlagen nur dort aufgeführt werden. Ferner fertigte der Komponist mehrere Zweispur-Stereo- und Monokopien an.
e) Schallplatte: DG Avantgarde 137012 (Rückseite: Werk Nr. 16 1/2 „Mixtur . . .“); Pol 261 2023.
f) Spieldauer: 17 1/2 Minuten.

1.3 Problemkreise und Stil

Stockhausens Schaffen läßt sich nicht in Perioden einteilen. Schon früh, spätestens nach seinem Studium bei Olivier Messiaen in Paris (1952—53), prägen es mehrere Problemkreise: Klang, Zeitmaße und Raum. Innerhalb dieser drei Bereiche verschiebt sich der Akzent bei jedem Werk, für das der Komponist jedes Mal eine individuelle Lösung sucht, in dem Bestreben, vom speziellen Experimentierfeld her eine universale Musiksprache zu finden.
Phänomene nie gehörter klanglicher Visionen verlangen alle Arten der Tonverschmelzung und Klangerzeugung. Daher beanspruchen Vokal- und Instrumentalmusik Stockhausens den gleichen Rang wie seine elektronische Musik; über allem steht sein Ziel der totalen Klangintegration. Es ist daher kein Zufall, daß einige seiner Hauptwerke wie die Momente und die Hymnen sowohl in rein elektronischer Klangrealisation als auch in instrumentaler bzw. vokaler Fassung existieren. Wie für Boulez (siehe dort Structure 2.3) war auch für Stockhausen Messiaens Etude „Mode de valeur et d'intensité“ Ausgangspunkt seiner Überlegungen. Konsequent wendet er die Reihe, die Schönberg ja nur als Tonhöhenreihe postuliert hat, auf sämtliche Parameter (Dauer, Dynamik u.s.w.) an, was die totale Durchorganisation der Komposition bedeutet.
Während sein Mitstreiter Boulez später dieser minuziösen sog. seriellen Technik entsagte, weil sie in ihrer Totalität vom Adressaten, dem Hörer, nicht erfaßt werden kann und das Spiel, den Zufall als schöpferische Komponente mit in die Komposition einbezog (sog. „Aleatorik“), akzeptierte Stockhausen, solange er seine Instrumentalmusik von seinen elektronischen Kompositionen scharf getrennt wissen wollte (bis 1960), diese Entwicklung nur zum Teil. In seiner elektronischen Musik wandte er weiterhin konsequent die serielle Technik an, da sie die präzise Erfüllung ihrer Forderungen erst in der Perfektion der Sinusgeneratoren und Magnetophonbänder findet. Dabei können die Sinustöne, die wegen der ihnen fehlenden Obertöne etwa wie sehr blasse Flötentöne klingen, nur als „Bausteine“ verwandt werden, die erst in der Zusammensetzung mit anderen Sinustönen, also künstlich beigemischten Schwingungen, die der Komponist nach ausgeklügelten Berechnungen beimischt oder aus dem weißen Rauschen herausfiltert, einen nun allerdings unerhört neuen Charakter gewinnen.

[2] Datum nach der Partitur in Stockhausen, Texte Band 3, S. 75; statt März ist April angegeben.

Wenn der bis ins kleinste Detail seiner Farbe nach dem Willen des Komponisten geschaffene Klang an sich das Wesentliche der Musik für Stockhausen bedeutet, folgt daraus, daß er *alle* Arten von Tönen und Geräuschen nicht nur gedanklich in seiner Phantasie vorbereitet, sondern auch experimentell erproben muß, wenn er seinem sich selbst gestellten Postulat treu bleiben will.[3]
Wendet man ohne jede Voreingenommenheit Begriffe wie „Klang", „Individualität", „Einsamkeit des kompositorischen Schaffensprozesses", „Ansprache an die ganze Menschheit" verbunden mit „Virtuosität und Spezialistentum" überhaupt in der Musikgeschichte an, so ordnet man sie der sogenannten Romantik zu. Sollte aber Stockhausen, auf den diese erwähnten Epitheta sämtlich zutreffen, als Romantiker bezeichnet werden, so wird dagegen immer die Neuartigkeit der Formen und Strukturen seiner Kompositionen ins Feld geführt, als ob nicht jeder der sogenannten Romantiker sich selbst seine Formen geschaffen hätte, in denen er seine Ideen ex cathedra *der ganzen Menschheit* kundzutun sich bemühte. Hinzu kommt das Bestreben Stockhausens, seine Musik als tönende Botschaft philosophischer Ideen zu formen, sein Appell an seine Hörer „unbefangen" zu hören, „eigene Erlebnisse in der Musik einer Revision zu unterziehen" und sich „stets neu dem lebendigen, spontanen Eindruck des Hörens auszusetzen" (Wörner). Kritische Distanz beim Hören dagegen hält er nicht für erstrebenswert. Seine Argumentation erinnert hier an die Richard Wagners, der Partiturlesen während einer Aufführung für ein Sakrileg hielt.[4] Später als für Boulez stellt sich für ihn das Problem „Freiheit — Bindung". Alles das stellt eine konsequente Entwicklungslinie der Musikgeschichte seit Schubert dar. Die Statik der Klangmusik steht im Gegensatz zur formalen Ablaufsmusik bis Beethoven, in der die rein klangliche Realisation des Werkes sekundär erschien (vgl. die zahlreichen Bearbeitungen für die verschiedensten Besetzungen). So geschehen, sollte die Neuheit der technischen Verfahrensweise nicht überbewertet werden und nicht den Blick für das Problem verstellen, was sich hinter dem technischen Aufwand an wesentlicher Aussage verbergen mag. Daß sich das bei neuester Musik so schwer realisieren läßt, entbindet uns nicht von der Forderung, es zu versuchen.

2. ANALYSE

2.1 Vorbemerkung

Die elektronische Musik (siehe Boulez 2.1—2.3) entzieht sich vorläufig einer materialgerechten Analyse[5]; nur ein verschwindend geringer Teil der Musikexperten besitzt genügend Erfahrung im Umgang mit den dort verwandten Klangerzeugern, den Ton-

[3] s. Wörner, S. 92 f.
[4] Vgl. Einstein, Die Romantik . . ., S. 273 f. über Wagner: „. . . Er appelliert nicht mehr an die Kennerschaft, ohne die, beispielshalber, die rechte Freude an einer Mozartschen Oper . . . undenkbar ist; er appelliert im Gegenteil an eine Gemeinde der Laien, der Hinnehmenden, der Kritiklosen. Seine Forderung: Man muß glauben, an sein Werk, an seine Sendung . . ." In einem Brief an Bülow (vom 7. Oktober 1859) schreibt Wagner aus Anlaß einer Besprechung des Tristanvorspieles über den Kritiker Richard Pohl (Mitarbeiter der Neuen Zeitschrift für Musik), daß es indiskret sei, Kompositionsgeheimnisse vor aller Welt auszuplaudern, für eine solche Indiskretion sei er nicht autorisiert. Vgl. Brinkmann, S. 86: „Stockhausen . . . als Künder höherer Mächte . . ."

Technikern wiederum fehlt meist die musikalische Kompetenz. Es wird daher — darin kann man Stockhausen zustimmen — in diesem Fall nichts gewonnen, wenn eine endlose Folge differenziertester Berechnungen vorgenommen wird, deren klangliche Konsequenzen verborgen bleiben.[6] Es bleiben noch zwei Möglichkeiten einer näheren Betrachtung des Werkes:

a) Als Ausgangspunkt wird das Klang-Ergebnis genommen, werden die Spannungskurven und Gliederungen festgestellt;
b) es wird nach den Intentionen des Komponisten gefragt[7] und das Werk dahin untersucht, ob diese in irgendeiner Form für den Hörer erkennbar sind oder nicht, wobei man zwangsläufig trotz aller geistigen Askese bedenklich die Welt des Subjektiven berührt, da noch keine zeitliche Distanz eine größere Gelassenheit des Urteils garantieren kann.

2.2 *Was ist elektronische Musik?*[8]

Der Begriff wurde um 1950 von Werner Meyer-Eppler eingeführt. Man versteht darunter nicht Musik herkömmlichen Charakters, die auf elektronischen Instrumenten (Hammond-Orgel etc.) gespielt wird, sondern Musik, in der elektronisch erzeugte Töne von einem Tongenerator unmittelbar — ohne Vermittlung eines Spielinstrumentes oder eines Mikrophons — auf das Tonband aufgenommen wird. Nicht Ton- sondern Ordnungssysteme liegen ihr zugrunde. Ihre klanglichen Möglichkeiten sind unendlich mannigfaltig. Geht man von einem Hörbereich des Menschen von 50—15 000 Schwingungen pro Sekunde aus, so lassen sich z. B. allein zwischen a′ = 440 und h′ = 492 Schwingungen zusätzlich 52 Töne mit dem Tongenerator herstellen, von denen jeder 4. Ton unterscheidbar ist. Hinzu kommen die Vielfalt der Tondauern, gemessen in Zentimeterlängen des Bandes und 40 verschiedene Lautstärken (die herkömmliche Musik kennt zwischen ppp und fff 7 verschiedene Grade), von den vielfachen Kombinationsmöglichkeiten aller Parameter einmal abgesehen.[9]

2.3 *Einige technische Möglichkeiten der Magnetophonband-Manipulation (nach Eimert)*[10]

1. Übereinanderschichten von Klängen,
2. das Nacheinanderspielen von zwei musikalisch gleichen Bändern,

[5] Vgl. Tibbe, S. 18 und Kaegi, S. 197: „Worüber in musikalischen Dingen gesprochen werden kann, darüber habe ich mit aller mir möglichen Präzision zu sprechen versucht. Worüber sich hingegen nicht reden läßt, darüber habe ich zu schweigen mich bemüht. Und das ist mir schwer gefallen. Denn es betraf den größeren Teil meines Gegenstandes." Vgl. ferner die Partitur von „Telemusik": Das Bild auf der Umschlagsrücken-Innenseite zeigt Stockhausen mit vorgehaltener Maske.

[6] Siehe Stockhausen, Texte Band 3, S. 223, Material 3.1 b.

[7] Es ist kein Zufall, daß die modernen Komponisten auch als Interpreten ihrer Gedanken auftreten und sich selbst das Vokabular der Beschreibung der Vorgänge in ihrer Musik schufen, vgl. Brinkmann, S. 86 f. sowie Schnebel, Nachwort . . .

[8] Vgl. Eimert MGG und den Artikel „Elektronische Musik" im Riemann Sachteil S. 256 f.; Kaegi, Wörner, S. 83—86, Meyer-Eppler in „Musik und Bildung" und die Reihe I mit wesentlichen Beiträgen von Eimert, Goeyvaerts, Stuckenschmidt, Klebe, Meyer-Eppler, Koenig, Krenek, Gredinger, Pousseur, Boulez und Stockhausen.

[9] Vgl. Eimert, Probleme . . ., S. 148 f.

[10] Siehe Eimert MGG, vgl. Kaegi und Kleinen.

3. der Bandschnitt,
4. die dynamische Gestaltung durch Lautstärkeregelung,
5. die rhythmische Gestaltung durch Übertragung der Zeitwerte in Zentimeterlänge,
6. Änderung der Bandgeschwindigkeit, die Tempo und Klangspektrum ändert,
7. Umkehrung der Bandlaufrichtung,
8. endlose Bandschleife (ostinate Formen),
9. die beliebig rhythmisierte Folge von Tonband und Weißband zur Herstellung rhythmisierter Ausschnitte an einem gegebenen Klanggeschehen,
10. Überblendung von Bändern zur Herstellung von Klangfarbenübergängen,
11. die Verhallung des Klanges durch
    a) natürlichen Hallraum
    b) Rückkopplung
    c) Zeitphasenverschiebung bis zu 1/10 Sekunde von zwei gleichen Bändern,
12. Verteilung des Klanggeschehens auf mehrere im Raum verteilte Lautsprecher.

2.4 Analyse der Telemusik

Das Stück besteht aus 32 Strukturen, die pausenlos aneinandergereiht sind.
Elemente verschiedenster Kulturen wie japanische Tempelinstrumente, Glocken und ein Gagaku „E Ten Raku", sowie Musik aus Bali, China, Vietnam, Afrika, Brasilien (Amazonas-Indianer), Spanien und Ungarn wurden verfremdet und nahtlos in die elektronische Komposition eingebaut, ein Verfahren, das Stockhausen mit Modulation bezeichnet[11].
Dadurch entsteht ganz allgemein der Eindruck kultischer orientalischer Musik, zumal in Verbindung mit Nachhalleffekten und auslaufenden, retardierenden Knackgeräuschen. Auffallend ist die klare zeitliche Begrenzung des Werkes: Beginn mit einem Schlag — Schluß allmählich verhallend mit einer kurzen intensiven „Coda" in den letzten 1 1/2 Minuten. Pausen wendet Stockhausen nur selten an, jeweils vor einem Gongschlag, der wohl den Beginn einer kultischen Handlung anzeigen mag, in Zusammenhang mit den verfremdeten Klängen der noch erkennbaren menschlichen Stimme. Die Kunst des vorsichtigen Übergangs der Klänge wird vom Komponisten virtuos beherrscht, immer wird ein Klangelement leise, beinahe nebensächlich eingeführt, tritt dann bis zum Höhepunkt immer mehr hervor und verhallt, während neue Elemente in den Vordergrund rücken. Die folgende graphische Tabelle mag das veranschaulichen, wobei nur die wichtigsten Klänge und Aktionen berücksichtigt werden[12], als Gliederung diene, was wohl nicht im Sinne des Komponisten, jedoch in Hinblick auf die Unterrichtsgestaltung und auf die vorhandenen Mittel (meist Schallplatte allein) praktikabel ist, eine Zeiteinteilung in halbe Minuten[13].

---

[11] Stockhausen, Texte Band 3, S. 80, siehe Material 3.3 b. Obwohl in der Partitur die Quellen genau, teilweise in Notation, sowie das angewandte Verfahren der Verfremdung angegeben sind (Partitur: Besetzungsangaben zu Beginn, die Seiten 3, 9, 10, 11, 16, 22, 24, 29, 30, 35, 38 und 45), führt ein Zitat-Katalog nicht weiter, es sei denn, man hielte vergleichsweise bei der Analyse einer Beethovensonate die Strukturen der Obertonreihe eines beliebigen Tones für wesentlich für den Bau der Sonatenform an sich.

[12] Vgl. Günther.

[13] Siehe Stockhausen, Kriterien, Material 3.4 b, Kirchmeyer, S. 156 und die Reihe IV, S. 129 f.

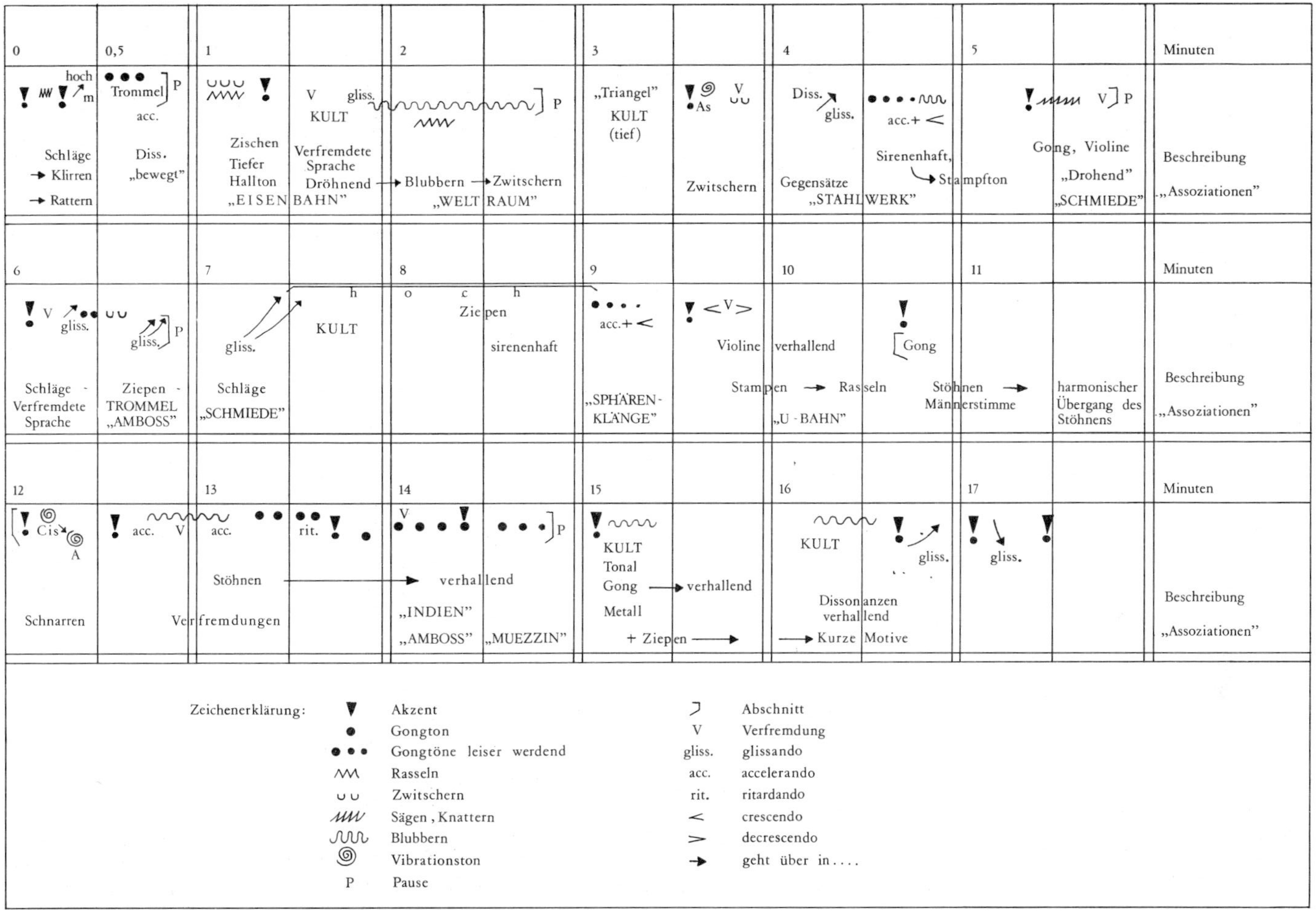
0
0,5
1
2
3
4
5
Minuten
hoch
m
Trommel
P
acc.
gliss.
KULT
P
„Triangel"
KULT
(tief)
As
V
Diss.
gliss.
acc.+
V
P
Schläge
Klirren
Rattern
Diss.
„bewegt"
Zischen
Tiefer
Hallton
„EISEN BAHN"
Verfremdete
Sprache
Dröhnend
Blubbern
Zwitschern
„WELT RAUM"
Zwitschern
Gegensätze
„STAHL WERK"
Sirenenhaft,
Stampfton
Gong, Violine
„Drohend"
„SCHMIEDE"
Beschreibung
„Assoziationen"
6
7
8
9
10
11
Minuten
V
gliss.
P
gliss.
gliss.
h o c h
KULT
Ziepen
sirenenhaft
acc.+
V
Violine
verhallend
Gong
Schläge -
Verfremdete
Sprache
Ziepen -
TROMMEL
„AMBOSS"
Schläge
„SCHMIEDE"
„SPHÄREN-
KLÄNGE"
Stampen
Rasseln
„U-BAHN"
Stöhnen
Männerstimme
harmonischer
Übergang des
Stöhnens
Beschreibung
„Assoziationen"
12
13
14
15
16
17
Minuten
Cis
A
acc.
V
acc.
rit.
V
P
KULT
Tonal
Gong
Metall
verhallend
KULT
gliss.
gliss.
Stöhnen
verhallend
„INDIEN"
„AMBOSS"
„MUEZZIN"
+ Ziepen
Dissonanzen
verhallend
Kurze Motive
Schnarren
Verfremdungen
Beschreibung
„Assoziationen"
Zeichenerklärung:
Akzent
Gongton
Gongtöne leiser werdend
Rasseln
Zwitschern
Sägen, Knattern
Blubbern
Vibrationston
P
Pause
Abschnitt
V
Verfremdung
gliss.
glissando
acc.
accelerando
rit.
ritardando
crescendo
decrescendo
geht über in....

Wer sich bemüht, „Telemusik" unvoreingenommen zu hören[14] und bereit ist, auf Melodie und Rhythmus im üblichen Sinne zu verzichten, bemerkt, daß Stockhausen nicht aus einer flüchtigen Laune heraus das Werk dem japanischen Volk gewidmet hat. Eine andere Folge von Zeit-Impulsen wirkt hier nach, alles ist Gegenwart, so daß die Zeit gleichsam in sich ruht. Diese deutlichen Anregungen des japanischen Nô-Theaters[15] (vgl. auch Material 3.4 b) prägen weitgehend die Stellen, die in der graphischen Darstellung als kultisch bezeichnet sind: Die Elemente der Musik anderer Nationen gehen hierin auf. Die neuartige Modulation von einer Stilebene in die andere beruht ebenso auf einer Anregung Japans, wo es völlig getrennte Sprachebenen gibt und das Problem der Integration westlicher Formen noch zusätzlich bewältigt werden muß. Daher vermag Japan den Europäern manches zu bieten, wenn sie asiatische Lebens- und Geistesformen zu verarbeiten beginnen.
Das assoziative, punktuelle Aufleuchten gewisser Gedankenfetzen (vgl. Material 3.3 a) stellt sich für den Musikhörer bei jeder Art von Musik ein, — hier ist es gewollt und vom Komponisten bewußt in die Komposition mit einbezogen, ein Vorgang, der den ganzen Komplex „Werbung in der Musik" prägt, kritisches Hören jedoch ausschließen möchte.[16]
Ob eine vom Komponisten angestrebte Verschmelzung der Nationalstile zu einer „Weltmusik" durch Verfremdung der Materialien und ihre Integration in einen neuen Zusammenhang erreicht werden kann, darf bezweifelt werden. Denn schon die sogenannten „Nationalstile" in der Musik gingen aus Komplexen vielfältiger Anregungen der verschiedensten Völker hervor; meist prägen große Persönlichkeiten den Musikstil ihres Landes: Was ist deutsch an Mozart, was polnisch an Chopin?[17]
Abschließend sei die Bemerkung gestattet: Selbst wenn nur ein winziger Bruchteil der vom Komponisten gewünschten Signale den Hörer erreichen, muß der Versuch, eine Telemusik, die die Musik aller Richtungen und Zeiten umfaßt, zu schaffen als notwendig angesehen werden.

3. MATERIAL (ausschließlich Äußerungen Stockhausens über sein Werk)

3.1 a) Interview durch Dr. Hanspeter Krellmann für ‚Die Welt', 1969; hier zitiert nach Stockhausen, Texte Band 3, S. 320—321

Krellmann: Herr Stockhausen, die Definition dessen, was wir bisher als Musik bezeichnet haben, bedarf einer neuen Formulierung, gerade im Hinblick auf Ihre eigene Musik. Stimmen Sie dem zu?
Stockhausen: Ganz gewiß. Ich bin an der Musikhochschule noch so erzogen worden, daß man von Musik als von einem rationalen Produkt sprach, kaum aber von ihren intuitiven Quellen. Man sprach zwar, den Blick in eine Ecke gerichtet, von Intuition, wußte aber nie so recht, was man damit meinte. So war meine praktische Ausbildung in allen musikalischen Disziplinen immer ganz rational. Dasselbe trifft auch zu für Prozeduren, die ich in den ersten zehn Jahren meiner eigenen kompositorischen Arbeit verwendet

[14] Vgl. Klausmeier.
[15] Vgl. Fukushima, S. 109: „Der Spieler muß eigenständig die ‚Zeit' bei jedem Schlag bestimmen, und jeder ‚Augenblick', der dann ‚erschaffen' worden ist, wird von den anderen isoliert."
[16] Vgl. Adorno, Leichte Musik und Adorno, Die gegängelte Musik
[17] Vgl. Einstein, Die Romantik, S. 251 f. und 345 f.

habe. Bewußt waren mir stets die Denkvorgänge im Bereich musikalischer Ordnungsgrößen. Ich habe mir dann immer wieder Gedanken gemacht über das Überbewußte. Ich habe versucht, von Werk zu Werk Entscheidungen zu treffen, die keiner allgemeinen Musiklogik folgen. Ein Wandel ist dann sichtbar geworden in den ersten Stücken, in denen ich Raum und Zeit geschaffen habe für intuitiv Spielende im Moment der Aufführung. Raum und Zeit, worin sich Intuitives, nicht nur Rationalisierbares ereignet. Das hat nichts mit Irrationalität oder Romantik zu tun und nichts mit Stadien des Unbewußtseins. Gemeint ist, daß das Denken im Moment des Komponierens und Spielens auf ganz neue Weise in den Dienst einer höheren Eingebung gestellt wird. Man muß alle gedanklichen Akte relativieren und sich der Intuition öffnen. Wichtig ist das *Hören* auf das, was man selber spielt und was die anderen spielen. Das ist bisher in der Neuen Musik auf ein Minimum reduziert worden durch die Überbewertung des Denkaktes und durch komplizierte Umwandlungsprozesse von Denken in Aktion. Die Musiker wurden immer mehr voneinander getrennt lebende Magnetophone. Ich will das radikal ändern, um das Hervorbringen jedes Tones mit einer geistigen Intention und damit maximale Tonqualität zu erreichen. Ich muß deshalb auch andere qualitative Vorschriften suchen. Und darum die Reduktion meiner Partituren auf zum Beispiel nur wenige Wortsätze für eine Musik, die dreißig Minuten und mehr dauern kann.
Krellmann: Das Ergebnis scheint eine völlig indeterminierte Musik zu sein. Was kann der Komponist unter diesen Umständen überhaupt noch als ein gültiges Resultat hinstellen, wenn es ihm darum geht, Anregungen zum Spielen zu geben?
Stockhausen: Wir wissen aus der Tradition, daß die Momente der intuitiven Eingebung von Komponisten stets als die entscheidenden bezeichnet worden sind. Vom Standpunkt des Intellektuellen her ist das nach den Maßstäben der Tradition ‚Indetermination'. Jedoch vom Standpunkt der Intuition aus, die ja ebenso eine menschliche Erfahrung ist, wenn sie heute auch nur wenig benutzt wird, ist das Ergebnis wieder eine sehr bestimmte, ‚determinierte' Musik. Wir müssen uns fragen: welche Kraft im Menschen determiniert primär die Musik, die intellektuelle oder die intuitive?

S. 322 f.

Krellmann: Soll Ihr Publikum über die Vorgänge, die Hintergründe, vor denen Ihre Musik entsteht, etwas erfahren?
Stockhausen: Ich bin davon überzeugt, daß wir uns entwicklungsgeschichtlich an einer Schwelle befinden, die dem Sprung vom Tier zum Menschen vergleichbar ist. Wir befinden uns heute nach einer langen Periode, in der sich der Mensch in zunehmendem Maße zu einem Denker entwickelte, auf dem Sprung zu einem Wesen, das höher entwickelt ist, und zwar zunächst nur in wenigen Exemplaren. Diese neuen Menschen werden fähig sein, Telepathie, Teletransportation, Telekommunikation, Vielzeitigkeit, raum-zeitliche Transformationen, universelles Bewußtsein zu erleben. Sie werden sich mit kosmischen Kräften bewußt und gezielt in Kontakt setzen können. Der gefeierte Champion des Denkens, der allmählich durch einen Computer ersetzt werden kann, wird seine Bedeutung verlieren und relativiert werden.
Krellmann: Welche Bedeutung hat die Kommunikation zwischen den Musikern und dem Publikum in Ihrer Musik?
Stockhausen: Wenn man spürt, daß feindliche oder intellektualistisch-kritische, d. h. zerstörende Wellen vom Publikum ausgehen, gelingt intuitive Musik viel weniger gut, als wenn auf verwandter Wellenlänge sich bewegende Ströme auf die Musiker zukommen.

Die Musiker brauchen das Bewußtsein: jemand findet es wichtig, uns zuzuhören. Und vom Publikum muß das Bewußtsein ausgehen, daß es für das Spiel der Musiker dankbar ist. Das erst ermöglicht, daß wir mit geistigen Bereichen, Bereichen der Intuition oder gar der Erleuchtung, die zu Klang werden, Kontakt aufnehmen.

b) Kriterien (Sechs Seminare für die Internationalen Ferienkurse für Neue Musik, Darmstadt 1970, Sonderdruck des Programmheftes) hier zitiert nach ***Stockhausen,*** *Texte Band 3, S. 223:*

„1969 spielten wir — die ‚Kölner' zusammen mit Globokars ‚Parisern' — in sechs Darmstädter Seminaren alle Texte AUS DEN SIEBEN TAGEN. Ich habe in diesen Seminaren — in denen nur gespielt und auf Fragen geantwortet, aber nichts ‚erklärt' wurde — erfahren, daß es kein tieferes Geheimnis gibt, als die alte Weisheit ‚wer Ohren hat, der höre'. Wer keine ‚Ohren' hat — wer nicht auf unserer Wellenlänge ist —, wird verzweifelt diskutieren, analysieren, reden, reden: er möchte ES ja auch haben und wird verrückt, aggressiv, destruktiv, wenn andere ES einfach tun, und er ES nicht kann — obwohl er doch sooo intelligent ist . . ."

3.2 a) Elektronische Musik und Automatik (geschrieben Juni 1965 für einen öffentlichen Vortrag im WDR Köln, erschienen in Melos, Oktober 1965), hier zitiert nach Stockhausen, Texte Band 3, S. 235 f.

„Ich komme zur automatischen Klangposition. Im folgenden werde ich den Begriff ‚Klang' in einer besonderen Weise verwenden. Um verständlich zu machen, was ich unter einem Klang verstehe, lassen Sie mich bitte skizzieren, was eine der Voraussetzungen zur Klangkomposition ist, die neue Prozesse fordert; nämlich: alle klanglichen Ereignisse, die in einer Komposition verwendet werden, für diese Komposition besonders herzustellen, zu komponieren — im wörtlichen Sinne zusammenzusetzen; das Klangmaterial nicht als allgemein gegeben vorauszusetzen (durch Instrumente, Stimmen, wie sie nun einmal sind), sondern speziell für jedes Werk neu zu erfinden oder zu entdecken und zu komponieren. Unter Klang versteht man heute nicht einfach einen Ton, sondern ein mehr oder weniger kompliziertes Gebilde mit einmaligen Eigenschaften, mit einer bestimmten Innen- und Außenstruktur, meistens aus vielen Elementen, aus vielen Teilchen zusammengesetzt: ein mehr oder weniger reiches Gefüge, das sich — so wie in früherer Musik ein Motiv oder ein Thema, also eine Gestalt aus Tönen — genügend *variieren* und *transformieren* läßt. Es ist dabei wichtig zu wissen, daß in der modernen Klangkonzeption die einzelnen Teilchen gar nicht als einzelne wahrnehmbar zu sein brauchen, sondern daß im Gegenteil eine größere Zahl an Klangelementen zu einer einheitlichen Klangform verschmilzt. Ferner kann *ein* Klang beliebig lang sein, also z. B. ein paar Minuten dauern. In einer derart geformten Komposition von Klängen ist jeder einzelne Klang eine Individualität mit charakteristischen Eigenschaften. Um eine genügend eigenartige Individualität zu komponieren, müssen die Elemente, aus denen sich ein Klang zusammensetzt, bestimmte Regelmäßigkeiten, Gemeinsamkeiten aufweisen, ähnlich den Zellen eines Körpers. Mit kleineren oder größeren Abwandlungen ist also das innere Gefüge eines Klanges, die Klangstruktur, auf *Wiederholung,* Ansammlung charakteristischer Verhältnisse und Elementeigenschaften angewiesen. Und in der elektronischen Klangkomposition der letzten Jahre wurden zur Gewährleistung solcher konstanter und in begrenztem Umfang variierter Eigenschaften der Elemente einer Klangstruktur, zur Gewährleistung struktureller Integrität, halbautomatische Prozesse verwendet (d. h.: mit den Händen *während* der Klangherstellung veränderbare Apparaturen bedienen, die noch einen, zwei oder drei Gestaltungsvorgänge ‚von selbst' — also *automatisch* — hinzufügen). Im Kölner Studio haben wir einzelne Klangstrukturen quasi-automatisch komponiert, also keine größeren Teile eines Werkes oder gar ganze Werke."

b) Kriterien (siehe Material 3.1 b), hier zitiert nach Stockhausen, Texte Band 3, S. 223:

MIKRO- und MAKRO-KONTINUUM
Neue Prozesse der Diminution und Augmentation
„Das kompositorische Bewußtsein ist tiefer in die inneren Gesetzmäßigkeiten des Klanges gedrungen und hat sich technische Prozesse geschaffen, mit denen ‚Klangfarben' aus komponierten *Verbindungen* kleinster Teilchen entstehen, die die ursprüngliche Konzeption der Komposition mit Sinustönen, farbigem Rauschen, Impulsen aus den 50er Jahren übersteigen. Durch kontinuierliche, große Beschleunigungen solch kleinster Partikel ergab sich die — theoretisch schon Ende der 50er Jahre angekündigte — Möglichkeit, im Kontinuum zwischen winzigsten Verkleinerungen (Stauchungen) und riesigsten Vergrößerungen (Spreizungen) musikalischer Konfigurationen ‚Koloristik' (Textur) — ‚Methodik, Harmonik, Rhythmik' (Gestalt) — ‚Form-Architektonik' (Struktur) zu vermitteln. Extreme: die ‚Sinfonie' als Klangfarbe einer Sekunde — oder die Schwingungsform *eines* Klanges als Großarchitektur eines zweistündigen Werkes. Beispiele KONTAKTE → HYMNEN (IV. Region)."

3.3 a) Telemusik (geschrieben im April 1966 für das Programm der Uraufführung), hier zitiert nach Stockhausen, Texte Band 3, S. 75 f.:

„TELEMUSIK wurde von Januar bis April 1966 im Studio für Elektronische Musik des Japanischen Rundfunks Nippon Hoso Kyokai realisiert. Während der ersten 8 oder 9 Tage in Tokyo konnte ich nicht schlafen. Ich war froh darüber, denn ununterbrochen gingen mir Klangvisionen, Ideen, Bewegungen durch den Kopf, wenn ich wach lag. Nach vier Nächten ohne Schlaf und vier Tagen acht- oder neunstündiger Arbeit im Studio für Elektronische Musik ohne irgendein brauchbares Ergebnis — nicht nur fremde Sprache, Speise, Wasser, Luft, die Ja- und Nein-Konfusion mußte ich assimilieren, sondern auch eine völlig andere technische Einrichtung im Studio — kam eine Vision immer öfter wieder: es war, was ich mag: eine Vision von Klängen, neuen technischen Prozessen, formalen Beziehungen, Bildern der Notation, von menschlichen Verbindungen usw. — alles auf einmal und in einem Netzwerk, das zu verschlungen war, um in *einem* Prozeß dargestellt zu werden: Es sollte mich für lange Zeit beschäftigen.
Zu alledem wollte ich einem alten und immer wiederkehrenden Traum näherkommen: einen Schritt weiterzugehen in die Richtung, nicht ‚meine' Musik zu schreiben, sondern eine Musik der ganzen Erde, aller Länder und Rassen. Sie werden sie in der TELEMUSIK hören — ich bin gewiß —: jene mysteriösen Besucher vom japanischen Kaiserhof, die Gagaku-Spieler, von der glücklichen Insel Bali, aus der südlichen Sahara, von einem spanischen Dorffest, aus Ungarn, von den Shipibos des Amazonas, von der Omizutori-Zeremonie in Nara, an der ich drei Tage und Nächte lang teilnahm, aus dem phantastisch-virtuosen China, vom Kohyasan-Tempel, von den Bewohnern des Hochgebirges in Vietnam, . . .

Einschub 1969: Heute, drei Jahre später, kann ich schon sagen, daß TELEMUSIK zum Anfang einer neuen Entwicklung geworden ist, in der die Situation der ‚Collage' der ersten Jahrhundert-Hälfte allmählich überwunden wird: TELEMUSIK ist *keine* Collage mehr. Vielmehr wird — durch Intermodulationen zwischen alten, ‚gefundenen' Objekten und neuen, von mir mit modernen elektronischen Mitteln geschaffenen Klangereignissen — eine höhere Einheit erreicht: Eine Universalität von Vergangenheit, Gegenwart und Zukunft, von weit voneinander entfernten Ländern und ‚Räumen': TELE-MUSIK.
Fortsetzung des Textes von 1966:
In der Nacht, in der mir zum ersten Mal der Name des Werkes einfiel, erlebte ich plötzlich einen Ausbruch an assoziativen Begriffen. Ich will einige dieser ‚Vokabeln für Telemusik' zitieren: *Ultra — Laserstrahlen — Sternstaub — Nord — Glast — Wolkenschatten — Helium — Pol —Spiegel — Ich des Ich — Hochfrequenz — Weiß auf Weiß — Reflexion — Schneetapse — Helle — Nô Kan — Skyskrapers — Gletscher — Ringmodulation — Silberstille — Resurrection — High fidelity.*
TELEMUSIK möchte ich den Menschen des Landes, in dem ich zu Gast war, widmen, die ich so grenzenlos bewundere und die so unglaublich engagiert sind im Widerstreit zwischen dem alten und neuen Japan. Ich wünsche von ganzem Herzen, daß sie — die Japaner — ein neues Japan hervorbringen, während oder nach der gefährlichen Verletzung, die ihnen durch den Integrationsprozeß der Welt und durch die notwendige Übergangszeit der Zerstörung und Gleichmachung von jedem und allem zugefügt wird. Denn ich habe gelernt — besonders in Japan —, daß Tradition nicht einfach existiert, sondern daß sie jeden Tag neu erschaffen werden muß. Was heute modern ist, wird morgen Tradition sein. Wir wollen nicht vergessen, daß alles, was wir tun und sagen, als Moment einer kontinuierlichen Tradition aufgefaßt werden muß, sonst ist Tradition tot, tot und dreimal tot."

b) Interview über Telemusik (Christ und Welt, 7. Juni 1968), hier zitiert nach Stockhausen, Texte Band 3, S. 79 f.:

CuW: Wählten Sie also Folklore und Kultmusik als Bestandteil einer Komposition der Weltmusik?
STOCKHAUSEN: Sie hören diese gefundene Musik nicht etwa so, wie sie original ist, sondern ich habe versucht, diese anscheinend so heterogenen Erscheinungen in enge Beziehungen zueinander zu bringen — und zwar mit verschiedenen Prozessen der Modulation. Der alte Begriff des ‚Modulierens', des Wechselns in andere Tonarten, wird hier auf Stile angewendet. Ich moduliere von einem musikalischen Ereignis in ein anderes, beziehungsweise ich moduliere ein Ereignis mit einem anderen, wie ich es aus den Erfahrungen der jüngsten Zeit gelernt habe.
CuW: Können Sie ein Beispiel nennen für die neue Art des Modulierens?
STOCKHAUSEN: Ja, ich moduliere den Rhythmus eines Ereignisses mit der Lautstärkekurve eines anderen. Oder ich moduliere elektronische Akkorde, die ich selbst herstelle, mit der Lautstärkekurve eines Priestergesanges, dann diese mit dem monotonen Gesang (also der Tonhöhenlinie) eines Shipiboliedes, und so weiter. So habe ich erstmalig in der TELEMUSIK fremde Musik mit meiner eigenen vereinigt. Ich hatte bis dahin in meinen Kompositionen keine Musik akzeptiert, die es schon gibt, die vorgeformt ist. Aus diesem System der Exklusivität wollte ich aber heraus. Und so, wie ich immer mehr in Klängen integrierte, was im Leben vorkommt (nicht nur die künstlich gebauten Instrumente), so versuche ich auch, jedwede Musik, ob sie nun dreitausend Jahre alt, gestern oder heute

entstanden ist, in eine neue Beziehung zu bringen, da die Zeitabstände ja künstlich sind und alles in unserem Bewußtsein gleichzeitig existiert.
CuW: Ist das mit dem Collage-Verfahren verwandt?
STOCKHAUSEN: Nein, Collage-Arbeit war das Problem der ersten Jahrhunderthälfte — Dinge nebeneinanderzusetzen, so, wie heute noch die Menschen in New York leben, zunächst noch beziehungslos; doch sie prallen schon aufeinander. Das nächste Stadium ist eben, eine wirkliche Integration anzustreben — so etwas wie eine universale Musik."

S. 82—84:

... Jetzt wird es hochinteressant, eine Polyphonie der Stile zu komponieren. Früher hat man an eine Polyphonie der *Stimmen* gedacht — oder auch von harmonischen Ebenen. Das war symbolische Technik. Aber ich sehe jetzt ‚Polyphonie' als eine qualitativ bestimmbarere Konzeption — als Polyphonie der Stile, der Zeiten, der Räume.
CuW: Dann gelangen also auch so auseinanderklaffende Formen wie Folklore hier und Elektronische Musik dort tatsächlich zu einer neuen Einheit?
STOCKHAUSEN: Ja, wenn man es schafft — da liegt die ungeheuer aufregende Aufgabe, zwischen den neuen und den vorgeformten Gebilden ständig Brücken zu komponieren, das eine durch das andere noch zu betonen, als das, was es ist ...
CuW: Glauben Sie, daß man nur mit den Möglichkeiten, die Sie vor allem mit der elektronischen Kompositionsmethode haben, diese ‚Weltmusik' gewinnen kann? Wäre also auch allein von der technischen Verfahrensweise her die Voraussetzung geboten, dieses Ziel zu erreichen, selbst wenn schon früher — etwa bei Beethoven — dieses Ziel bereits vor Augen gestanden haben mochte? Schließlich können wir gerade von der elektronischen Komposition her abstrahieren und stilisieren, wie es mit den herkömmlichen Mitteln nicht in derselben Art denkbar war.
STOCKHAUSEN: Das trifft völlig zu. Zeit und Raum in dieser Geschwindigkeit überwinden, daß die Zeitverzögerung und der Abstand fast Null werden, können wir eben erst dadurch, daß wir diese modernen technischen Möglichkeiten der Kommunikation anwenden. Sie machen es erstmals möglich, daß diese Welt *eine* Welt wird. Und die Mittel hierzu sind bei uns Musikern Mikrophone und Magnetophonbänder. Aus ihnen werden vielleicht andere Mittel noch hervorgebracht, die jene Möglichkeiten noch verbessern. Das ist der Anfang des Universalismus. Die integrierende Kraft drückt sich aus in den technischen Mitteln, die wir verwenden. Die Möglichkeit, daß ich nach Afrika telephonieren kann, um eine Tonbandaufnahme zu bestellen, deren Teile ich dann mit elektronischen Klängen, die ich in Tokio herstelle, verbinde, ist eine unerhörte Tatsache, die es erlaubt, Dinge in Beziehung zu bringen, die bisher völlig unbezogen waren. Früher war es nur dann möglich, Musik aus Afrika zu hören, wenn man dorthin reiste. Und wer hatte diese Chance schon? Heute können wir alle diese Musik hören.
CuW: Besteht da nicht die Gefahr einer Vergewaltigung der uns räumlich und manchmal auch zeitlich fernstehenden Kulturen, wenn wir sie heute in unsere Gedankengänge einbeziehen?
STOCKHAUSEN: Nein, nein. Man darf nur nicht versuchen, die Dinge zu nivellieren. Ich strebe nicht eine ‚Synthese' an, bei der alles in einem riesigen Mischmasch aufgeht, im Gegenteil: Man muß die charakteristischen Gebilde noch unterstützen in einem gewählten Kontext. Ich will ja nichts zerstören, sondern im Sinne der genannten Polyphonie die Selbständigkeit der einzelnen Phänomene erhalten. Es werden ja einzelne Momente eines Gebildes zu anderen Einzelheiten in Beziehung gesetzt. Die gegebene Musik soll nicht verwischt werden, sondern mehrdeutig wirksam sein. In TELEMUSIK werden Sie hören,

daß die quantitativ dominierende Klangwelt die elektronische ist, die ich selbst gemacht habe. Eine neue Erfahrung tritt ein: Etwas, das bereits geformt ist, sehr alt ist, hat eine ungewöhnliche Härte und Kraft — wie die alten kalifornischen Feuerbäume, die bis zu fünftausend Jahre alt und nicht zu zerfressen sind. So ist es auch mit der Musik: Man muß schon sehr starke neue Musik erfinden und ihr mehr Zeit und Raum geben, um sie den uralten vorgeformten Phänomenen zuordnen zu können, wenn man eine Balance finden will zwischen dem Neuen und dem Gewachsenen, oder sagen wir, zwischen dem, was uns unbekannt ist (nämlich demjenigen, was wir heute ad hoc machen) und dem, was uns mehr oder weniger bekannt ist. Darin sehe ich die Aufgabe: Bewußtseinsschichten in Balance zu bringen. Das ist unsere neue Aufgabe.
CuW: Werden dann auch Ihre nächsten Arbeiten dieser Aufgabe gewidmet sein, damit diese Gedanken auch wirklich Gestalt bekommen?
STOCKHAUSEN: Ja. Das neue Stück, die HYMNEN, schneidet auf einer noch objektiveren Ebene ein ähnliches Problem an."

3.4 a) Kriterien der neuen Musik, hier zitiert nach Stockhausen, Kriterien, S. 1 f.

METACOLLAGE UND INTEGRATION Gefundene und erfundene Musik
„. . . Durch Werke wie MOMENTE, TELEMUSIK, HYMNEN, KURZWELLEN ist der krasse Dualismus zwischen ‚alt' und ‚neu', ‚traditionell' und ‚modern', ‚primitiver Musik' und ‚Kunst-Musik' — ja, auch ‚asiatischer' und ‚europäischer Musik' aufgelöst worden. Was heute der beherrschende Ton der Musikkritik und die Meinung der meisten Komponisten-Kollegen ablehnt (mit jenem bedauernden Unterton: ‚Er ließ sich von irrationalen, fernöstlichen — japanischen, indischen — Ideen beeinflussen . . .'), wird sich als eines der wichtigsten Ereignisse herausstellen: der Beginn einer wirklichen ‚Symbiose' europäischer, asiatischer, afrikanischer und südamerikanischer Musik: TELEMUSIK."

b)

„EXPANSION DER TEMPOSKALA
Als ich zum erstenmal zahlreiche Live-Aufführungen des Nô-Dramas in Japan erlebte, wurde mir schlagartig klar, warum die ungewöhnlich ‚langsamen' und ‚langen' Passagen und Werkdauern von KONTAKTE, CARRÉ, MOMENTE, KURZWELLEN, HYMNEN, STIMMUNG und von unseren Aufführungen der Stücke ‚Aus den sieben Tagen' (letztere von Musikern gespielt, die all die früheren Werke vielmals interpretiert hatten und also ‚meine' Zeitproportionen übernahmen) dem europäischen Publikum ganz fremd vorkamen (‚viel zu lang', zu lange Stellen', ‚langweilige Momente' usw.): Unsere europäische Musiktradition der ‚Konzertmusik' hat eine relativ enge ‚*Bandbreite des Tempos*' in der ‚Mittellage', der mehrere ‚Zeitoktaven' unten (zum Langsamen, Langen hin) und oben (zum Schnellen, Kurzen hin) fehlen, wenn man sie zum Beispiel mit der Zeit des Nô-Dramas vergleicht (das trifft insgesamt zu für einen Vergleich mit der Temposkala der ‚japanischen Zeit', wie sie in der Tee-Zeremonie, im Sumo-Kampf, in Tempel-Zeremonien usw. deutlich wird). Damit will ich sagen, daß — eingedenk der Musik Bruckners, Wagners und Mahlers — die EXPANSION DER TEMPOSKALA in den erwähnten Werken erheblich zugenommen hat. Damit ist vor allem der zunehmend flexible *Wechsel* der Tempi zwischen ‚extrem langsam' und ‚extrem schnell' (auch zwischen ‚extrem lang' und ‚extrem kurz', zwischen ‚extrem vorhersehbar' und ‚extrem unvorhersehbar') innerhalb einer Komposition gemeint."

4. ÜBERLEGUNGEN ZUR DIDAKTIK UND LERNZIELE

4.1 Einordnung in verschiedene Unterrichtssequenzen

a) Linear und vertikal strukturierte Musik : Ablaufsformen bis einschließlich Beethoven im Vergleich mit der Klangmusik der Romantik seit Schubert und der Gegenwart.
b) Die Emanzipation des Klanges in der Musik (siehe Boulez 4.1 a)
c) Gruppendynamische Übungen der Klangimprovisation im Sinne von Mauricio Kagel, Gertrud Meyer-Denkmann und Lilli Friedemann[18]
d) Auditive Kommunikation (siehe Boulez 4.1 d)
e) Dodekaphonie und serielle Musik — die ersten Stücke elektronischer Musik in Eimerts Kölner Studio (seine Einführungsschallplatte „Elektronische Musik" Wergo Nr. 60006) — Vergleich verschiedener elektronischer Kompositionen (z. B. Stockhausens „Studie I und II", „Gesang der Jünglinge", „Hymnen" — Gottfried Michael Koenig u. a. „Funktion Blau", „Funktion Gelb", „Funktion Grün" sowie György Ligeti „Artikulation").
f) In Zusammenarbeit mit dem Physikunterricht : Magnetophonaufnahme — Reproduktionstechnik — Nachhall — Sinuston — Weißes Rauschen — Knack[19].
g) Der Anspruch des Übernationalen[20] und der Appell an die Weltöffentlichkeit : Beethovens 9. Symphonie — Mahlers Lied von der Erde — Revolutionsgesänge (z. B. die „Internationale") — Stockhausen „Telemusik" und „Hymnen".

4.2 Lernziele

4.2.1 Analytischer Aspekt

der Lernende sollte eine Gliederung der „Telemusik" nach Klanggruppen vornehmen können, dabei die Kunst des allmählichen Übergangs der Klänge bewußt wahrnehmen und graphisch skizzieren können.

4.2.2 Kognitiver Aspekt

Je nach der vom Lehrer gewählten Unterrichtssequenz (vgl. 4.1) sollte der Lernende folgende werkimmanente Fakten nennen können:
a) Technische Voraussetzungen und Grenzen der elektronischen Musik,
b) Determination der Parameter,
c) Klangverschmelzung als Kompositionsprinzip (Gegensatz: Klangtrennung),
d) die Realisation des Kultischen, des Anspruchs einer „Weltmusik" im Klang-Medium,
e) Statik und Dynamik des Zeitempfindens,
f) Integration konkreter Geräusche, natürlicher und synthetischer Töne in komplexe Klangfelder.

4.2.3 Kritischer Aspekt

Die Effizienz einer kritischen Betrachtung der Telemusik impliziert die Kenntnis der Weltanschauung des Komponisten. Soll der kritische Ansatz nicht im rein Formalen

[18] Vgl. Friedemann und Meyer-Denkmann, die eine Anregung von Mauricio Kagel in die pädagogische Praxis übersetzt.
[19] Vgl. Kaegli, Kleinen, Meyer-Eppler, Zur Systematik . . . und Taylor.
[20] Siehe Einstein, Nationale und universale Musik . . ., S. 231 und Häusler, S. 388.

steckenbleiben, muß der Mut zur Auseinandersetzung, der die Gefahren subjektiver Fehlurteile in sich birgt, gefördert werden — möglicherweise in direkter Konfrontation mit den Einsichten des Lehrers.
Fächerübergreifender Unterricht mit Physik und Gesellschaftswissenschaften könnten die Relevanz der Thesen sowohl des Komponisten wie auch des Musikpädagogen in Frage stellen und präzisieren. Für die Lernenden ergäbe sich daraus eine Urteilsfindung, die variabel am herkömmlichen Kunstwerkbegriff orientiert wird.

4.2.4 Kreativer Aspekt

Kreativitätsförderung bedingt geeignete Räume, in denen sich der Lernende ohne Zwänge frei bewegen darf. Nach gezielten gruppendynamischen Übungen kann ein heute weitgehend verlorenes Hörbedürfnis geweckt werden, nicht Ziel, sondern Ausgangspunkt produktiven Musikunterrichtes. Nach einer Vorbereitung mit Improvisationsübungen, die alle Arten von Geräuschen ohne hierarchische Ordnung implizieren[21], läßt sich an „Telemusik" die Ausweitung der Klangphantasie konstatieren, die wiederum als Anregung für eigene Klangphantasien genommen werden kann. Die Einheit zwischen Willen, Überlegung und Emotionen, die daraus erwächst, stellt Forderungen an die Lernenden, die geeignet sind, ihre aus dem bürokratischen Schulalltag genährten Aversionen, die zur Sterilität vieler möglicher kreativer Impulse führen, zu überwinden. Auch vorwiegend praktisch-technisch veranlagte Lernende können so einen Zugang zur Musik finden.

5. BIBLIOGRAPHIE

a) Grundlegende Literatur

Stockhausen, Karlheinz
Texte zur Musik, Köln, Band 1 1963, Band 2 1964 und Band 3 1971, der alle wesentlichen zwischen 1963—1970 entstandenen Texte enthält, siehe Material 3.1—3.3
Stockhausen, Karlheinz
Kriterien der Neuen Musik, in: Musik und Bildung 1971 Heft 1, S. 1—3, siehe Material 3.4
Stockhausen, Karlheinz
Die Reihe „Information über serielle Musik", herausgegeben von Herbert Eimert unter Mitarbeit von Karlheinz Stockhausen, Wien: a) Nr. 1 „Elektronische Musik" 1955; b) Nr. 4 „Junge Komponisten" 1958; c) Nr. 5 „Berichte/Analysen 1959
Wörner, Karl H.
Karlheinz Stockhausen, Werk und Wollen 1950—1962, Rodenkirchen 1963

b) Spezielle Literatur zu diesem Beitrag

Adorno, Theodor W.
Die gegängelte Musik, in: Dissonanzen, Göttingen 4. Aufl. 1969, S. 46—61
Adorno, Theodor W.
Leichte Musik, in: Einleitung in die Musiksoziologie, S. 31—48, Rowohlts deutsche Enzyklopädie Nr. 292, Reinbek bei Hamburg 1971
Boehmer, Konrad
Zwischen Reihe und Pop, Wien—München 1970, S. 131—163

---

[21] Vgl. Friedemann, Meyer-Denkmann, Klangexperimente . . . und Meyer-Denkmann, Struktur und Praxis . . .

Borris, Siegfried
Der Schlüssel zur Musik von heute, Düsseldorf—Wien 1967, S. 260—262
Brinkmann, Reinhold
Von einer Veränderung des Redens über Musik, in: Die Musik der sechziger Jahre, herausgegeben von Rudolf Stephan, Mainz 1972, S. 77—89
Eimert, Herbert
Artikel „Elektronische Musik“. in: MGG Band 3, 1954, S. 1263—1268
Eimert, Herbert
Probleme der elektronischen Musik, in: Prisma der gegenwärtigen Musik, herausgegeben von Joachim E. Berendt und Jürgen Uhde, Hamburg 1959, S. 145—161
Einstein, Alfred
Nationale und universale Musik, Zürich 1958
Einstein, Alfred
Die Romantik in der Musik, Wien 1950, S. 251 f. und 345 f.
Friedemann, Lilli
Kollektivimprovisation als Studium und Gestaltung neuer Musik, rote Reihe 7, Wien 1969
Fukushima, Kazuo
No-Theater und japanische Musik, in: Darmstädter Beiträge zur Neuen Musik 1961, Mainz 1962, S. 103—111
Günther, Ulrich
Mikrophonie I von Karlheinz Stockhausen im Musikunterricht, in: Musik und Bildung, 1972, S. 84—87
Häusler, Josef
Musik im 20. Jahrhundert, Bremen 1969, S. 374—388
Honolka, Kurt
Das vielstimmige Jahrhundert, Stuttgart 1960, S. 328 und 335
Kaegi, Werner
Was ist elektronische Musik?, Zürich 1967
Karkoschka, Erhard
Das Schriftbild der neuen Musik, Celle 1966, S. 155—163
Kirchmeyer, Helmut und **Schmidt,** Hugo Wolfram
Die Garbe IV „Aufbruch der jungen Musik, von Webern bis Stockhausen“, Köln 1970, S. 189 bis 210
Koenig, Gottfried Michael
Computerverwendung in Kompositionsprozessen, s. Schnebel, Nachwort . . ., S. 78—91 (Musik auf der Flucht . . .)
Klausmeier, Friedrich
Vorurteile in den Einstellungen zur Musik, in: Musik und Bildung 2/1972, S. 69—75
Kleinen, Günter
Tontechnik für Musikpädagogen — alphabetisch, in: Musik und Bildung 5/1971, S. 243—248
Kneif, Tibor
Adorno und Stockhausen, in: Zeitschrift für Musiktheorie 1/1973, Stuttgart, S. 34—38
Lindlar, Heinrich
Artikel Stockhausen in MGG, Band 12, 1965, S. 1368/69
Meyer-Denkmann, Gertrud
Klangexperimente und Gestaltungsversuche im Kindesalter, rote Reihe 11, Wien 1970
Meyer-Denkmann, Gertrud
Struktur und Praxis neuer Musik im Unterricht, Experiment und Methode, Wien 1972
Meyer-Eppler, Werner
Zur Systematik der elektronischen Klangtransformationen, in: Darmstädter Beiträge zur Neuen Musik 1960, Mainz 1960, S. 73—86

Meyer-Eppler, Werner
Informationstheoretische Probleme der musikalischen Kommunikation, in: Musik u. Bildung 10/1972, S. 458—461
Meyer-Eppler, Werner
Statistische und psychologische Klangprobleme, in: die Reihe I, Wien 1955, S. 22—28
Prieberg, Fred K.
Musik des technischen Zeitalters, Zürich und Freiburg 1956, S. 127—146
Raiß, Hans Peter
Karlheinz Stockhausen: Musik für ein Haus, in: Hans Vogt, Neue Musik seit 1945, S. 380—388, Stuttgart 1972
Rohwer, Jens
Neueste Musik, Stuttgart 1964, S. 47 f., 57, 112, 125, 131 sowie S. 145—148
Schmidt, Hugo Wolfram
siehe Kirchmeyer
Schnebel, Dieter
Nachwort zu Stockhausen, Texte Band 2, S. 264 f.
Schnebel, Dieter
Sichtbare Musik, in: Musik auf der Flucht vor sich selbst, herausgegeben von Ulrich Dibelius, Reihe Hanser 28, München 1969, S. 11—28, vgl. auch Koenig
Schnebel, Dieter
Karlheinz Stockhausen, in: die Reihe 4, Wien 1958, S. 119—133
Schneerson, Grigori
Die musikalische Avantgarde der sechziger Jahre, in: Musik und Gesellschaft 1971, Heft 12, S. 754—760, Berlin (Ost)
Stockhausen, Karlheinz
Musik und Graphik s. Meyer-Eppler, Zur Systematik . . ., S. 5—25
Stuckenschmidt, Hans Heinz
Karlheinz Stockhausen, in: Die großen Komponisten unseres Jahrhunderts, Band I, S. 207 bis 216, München 1970
Taylor, C. A.
Musik im Physikunterricht, in: Musik und Bildung 10/1972, S. 466—469
Tibbe, Monika
„Match" von Mauricio Kagel, in: Zeitschrift für Musiktheorie 2/1972, Stuttgart, S. 18—21
Zillig, Winfried
Variationen über neue Musik, darin das Kapitel „Die Jungen: Stockhausen, Boulez, Nono, Berio", München 1959, S. 190 f.

Roderich Fuhrmann

Hans Werner Henze (1926)
2. Konzert für Klavier und Orchester (1967)

1. INFORMATION

1.1 Werkauswahl:[1]
(Die hier verzeichneten Werke sind bei B. Schott's Söhne, Mainz erschienen)

Die mit * versehenen Werke eignen sich besonders gut für den Unterricht.
Kammerkonzert für Flöte, Klavier und Streicher (1946)
Violinkonzert (1947)
Das Wundertheater, Oper für Schauspieler nach Cervantes (1948; Neufassung für Sänger 1964)
Apollo et Hyacinthus für Cembalo, 8 Soloinstrumente und Altstimme (Text: Georg Trakl) (1949)
3. Sinfonie für großes Orchester (1949/50)
1. Klavierkonzert (1950)
Boulevard Solitude, Oper (Text: Grete Weil nach Abbé Prévosts Roman Manon Lescaut) (1951)
2. Streichquartett (1952)
Ode an den Westwind, Konzert für Violoncello und Orchester (nach dem Gedicht Shelleys) (1953)
Quattro poemi für Orchester (1955)
König Hirsch, Oper (Text: Heinz von Cramer nach Gozzi) Neufassung als Il Re Cervo, 1962 (1954/55)
* Fünf neapolitanische Lieder für Bariton und Kammerorchester (Texte: anonyme italienische Gedichte des 17. Jahrhunderts) (1956)
* Undine, Ballett in 3 Akten (Buch: Frederick Ashton) (1957)
* Der Prinz von Homburg, Oper nach Kleists Schauspiel (Texteinrichtung von Ingeborg Bachmann) (1958)
Elegie für junge Liebende, Oper (Text: W. H. Auden und Ch. Kallman) (1961)
* V. Sinfonie (1962)
* Being beauteous für Sopran, Harfe und 4 Violoncelli (nach dem Gedicht von Arthur Rimbaud) (1963)

[1] Vgl. Analysen
a) 5 Neapolitanische Lieder, s. Alt, S. 393 f.
b) Prinz von Homburg, s. de la Motte
c) Being beauteous, s. Vogt
d) Kirchmeyer u. a., S. 82 würdigt Henze als Ballett-Komponist.

* Der junge Lord, Oper (Text nach Hauff von Ingeborg Bachmann) (1964)
* Die Bassariden, Oper (Text nach Euripides von W. H. Auden und Ch. Kallman) (1965)
* Konzert für 2 Klaviere, Chor und Bläser „Musen Siziliens" (Text nach den Eklogen Vergils) (1966)
* *2. Klavierkonzert (1967)*
Das Floß der Medusa, Oratorio volgare e militare per Che Guevara (Text: Ernst Schnabel) (1968)
Versuch über Schweine (Text: Gastón Salvatore) (1969)
VI. Sinfonie für zwei Kammerorchester (1969)
El Cimarrón für Bariton, Flöte, Gitarre und Schlagzeug (deutsche Textfassung: Hans Magnus Enzensberger) (1969)
Bratschenkonzert Compases para preguntas ensimismadas für Viola und 22 Spieler (1970)
II. Violinkonzert für Violine solo, Stimmen, 33 Instrumente und Tonband (Text: Hans Magnus Enzensberger) (1971)
Der langwierige Weg in die Wohnung der Natascha Ungeheuer, Show mit 17 (Text: Gastón Salvatore) (1971)

1.2 Periodisierung

Ähnlich seinem Vorbild Igor Strawinsky[2] kann Hans Werner Henze nicht in eine bestimmte Kategorie gepreßt werden.[3] Sein umfangreiches Werk ist gleichzeitig von dem ernsthaften Willen geprägt, jede Schablone zu vermeiden (vgl. Material 3.1 a). Er versteht es, jeder musikalischen Gattung ihr Eigenrecht zu gewähren, so daß es schwierig ist, z. B. seine Opern und Instrumentalmusik stilistisch aufeinander zu beziehen. Nur mit den Einschränkungen, daß Henzes Werk organisch feinsten Übergängen gehorcht und daß sich die „Perioden" überschneiden, lassen sich gewisse Schaffens-Abschnitte feststellen:
I. Frühwerk: Einflüsse von Paul Hindemith und Wolfgang Fortner bis ca. 1950, z. B. im Violinkonzert 1947
II. Serielle Gestaltungsweise, gipfelnd in seinem 2. Streichquartett 1952
III. Die Lösung von der sog. Avantgarde, die Anregungen des neapolitanischen Volksgesanges, die zu einer neuen Kantabilität führten; wachsender Einfluß Igor Strawinskys sowie die Einbeziehung historischer Formen und Stilarten (vgl. Material 3.1 b und 3.2) und Ausprägung mehrerer Stilebenen. Diese können wie folgt umschrieben werden:
1. Volkstümlichkeit auf den Wogen des Erfolges, ohne indessen sich dem Vulgären auszuliefern, z. B. in der Oper „Der junge Lord" 1964
2. Großer literarischer und geistiger Anspruch, z. B. in den Werken „Der Prinz von Homburg" 1958, „Being beauteous" 1963 und „El Cimarrón" 1969
3. Werke, die von einer sozialistischen Geisteshaltung des Komponisten Zeugnis ablegen sollen, also Bekenntniswerke, die jedoch immer Gegenwartsprobleme in ästhetische Gestaltung transformieren wie das 2. Klavierkonzert, „Cimarrón" (vgl. Material 3.2) sowie die auf Kuba für die Kubaner komponierte 6. Sinfonie.[4]

---

[2] Vgl. Beitrag über Strawinskys Psalmensymphonie 1.5 Periodisierung.
[3] Vgl. Stuckenschmidt, Zillig, S. 259 f. sowie Vogt und de la Motte.
[4] Eine ausführliche Beschreibung der Ideen seiner 6. Sinfonie gibt Henze bei Lück.

1.3 Daten zum 2. Klavierkonzert

a) 1967 komponiert
b) Noten: Studienpartitur Edition Schott 6301, Mainz 1969
c) Orchester-Besetzung

3 Flauti grandi	2 Fagotti	Percussione (7 esecutori):
2. e 3. anche Ottavino	1 Contrafagotto	Gran cassa
2 Oboi	4 Corni in Fa	Tamburo militare
1 Corno inglese	2 Trombe in Do	3 Piatti sospesi
2 Clarinetti in Si	2 Tromboni	2 Piatti
2. anche Clarinetto in Mi	1 Tuba	3 Triangoli - Maracas
1 Clarinetto basso	Timpani	3 Bongos - 2 Tamtam
		3 Campanacci di metallo
		Campane tubolari
		Xilofono - Vibrafono
		Arpa
		Archi
		Tutta la partitura è scritta in Do

d) Spieldauer: ca. 45 Minuten
e) Uraufführung: am 29. 9. 1968 in Bielefeld mit dem Philharmonischen Orchester Bielefeld unter Leitung von Bernhard Conz, Solist: Christoph Eschenbach
f) Schallplatte: Deutsche Grammophon DG 2530056

1.4 Voraussetzungen, die eine intensive Behandlung erleichtern

Die Schwierigkeiten des 2. Klavierkonzertes liegen für viele Schüler in seinem auf lange Strecken hin introvertierten Charakter und in seiner Länge begründet. Die heutigen Hörgewohnheiten der Majorität sind auf rhythmisch-metrische Impulse ausgerichtet. Klangsensibilisierungen werden häufig auf Grund der fehlenden Konzentration der Schüler kaum wahrgenommen. Oft fehlt auch die Bereitschaft, sich neuen Eindrücken vorurteilsfrei hinzugeben: Längere Perioden im Piano-Bereich gelten fast als Provokation. Daher sollte das 2. Klavierkonzert von Henze am Ende einer Unterrichtssequenz stehen, die primär Differenzierung und Sensibilisierung des Gehörs intendiert. Formale und kompositionstechnische Aspekte treten dem gegenüber etwas zurück.

2. ANALYSE

2.1 Vorbemerkung

Die ausführliche Werk-Analyse stammt von Gregor Berger (siehe Bibliographie); ihr liegen authentische Äußerungen des Konponisten zugrunde (vgl. auch Material 3.2).
Für die Genehmigung dieses leicht gekürzten Nachdruckes aus Melos 1/1973 (es fehlen hier die reproduzierten Seiten 58 und 149 der Partitur) sei dem Autor an dieser Stelle gedankt.

2.2 Henzes zweites Klavierkonzert

Das 1967 entstandene und 1968 uraufgeführte Konzert besteht aus drei ineinander übergehenden Teilen. Der erste, Moderato, der die Takte 1—222 umfaßt, beginnt mit einer

Orchestereinleitung von sechs Takten. Nach einer Pause von zwei Vierteln setzt solistisch das Klavier ein. Es stellt eine elftönige Reihe auf, die vom es^1 des Englischhorns zur Zwölftonreihe ergänzt wird.

Beispiel 1

Mit dem gleichen dreitönigen Ansatz entwickelt die Oberstimme des Klaviers eine eigene Zwölferreihe, in der die Folge 3—6 wiederholt wird (Beispiel 2).
Die durch die Phrasierung verdeutlichte melodische Struktur läßt die Folge cis^1 (Ton 12)-b^1 (1) in T. 12 als kadenzartigen Abschluß verstehen, der dem „b“ fast Grundtoncharakter verleiht, eine Annahme, die der weitere Verlauf des Werkes bekräftigt. Die Unterstimme des Klaviers kontrapunktiert mit 7, 4, 1, 2—3, 6, 8—9, 5, 10—12 der Reihe des Notenbeispiels 1.
Das es^1 des Englischhorns in T. 7 unterstreicht die Struktur des beiden Reihen gemeinsamen Initials der Klavieroberstimme; seine Folge „Tritonus + kleine None (Sekunde)“ ergibt reihentechnisch:

Beispiel 2

Beispiel 3

Das es^1 läßt fast gleichzeitig mit der geraden die umgekehrte Form des Initials entstehen. In T. 8/9 folgt als Kontrapunkt Dis-E-B_1, die Krebsumkehrung; rechnet man den transponierten Krebs cis-c^1-fis^1 zu Anfang von T. 8 hinzu, so sind im Klavier- und Oboenpart der Takte 7—9 alle vier Möglichkeiten des Notenbeispiels 3 ausgeschöpft — ein sprechender Hinweis auf die Bedeutung des „Mottos“, wie wir die drei Töne und ihre Transpositionen bezeichnen.

Mit KU (dis-e^1-b^1) und R (b^1-e^1-f^1) des Mottos beginnt der zweite Melodieabschnitt der Takte 12—19, der sich als Variante der Exposition (T. 7—12) erweist. Das gleiche vollzieht sich T. 19—26 ein zweites und T. 28—35 ein drittes Mal, zuletzt in deutlicher Nähe zur Exposition, gleichsam als deren Reprise. Am Ende jedes dieser Unterabschnitte begegnet uns die „Kadenz“ cis-b. In T. 13 (g-A_1-Fis), 16 (g^1-a^1-fis^1), 19/20 (G_1-A-fis-H_1-Gis) und 27 (g^1-a^1-fis^1-h^1) greift die Unterstimme des Klaviers ihren Beginn im Notenbeispiel auf. Die Oberstimme repetiert in 27 ihre Reihentöne 1, 10, 11, 12. Eine knappe Koda endet mit einem Quartklang, der vom orchestralen Zwischenspiel der Takte 38—42 aufgenommen wird.

Zu Beginn des Abschnitts 43—85 führt das Klavier ein neues Zwölftonfeld vor:

Beispiel 4

Die Oberstimme des Klaviers gibt darin nur die Umkehrung des Mottos (ganze Noten). Ähnlich dem Verfahren in T. 7 bilden fis^2-c^3-h zugleich das Initial einer weiteren Reihe, die vom 3. Ton an einen aparten Kanon in der unteren kleinen Terz nach sich zieht: Das Englischhorn beginnt den Kanon in T. 44—46, die Oboe führt ihn in T. 47—51 zu Ende. Deren erste Töne weichen um eine kleine Sekunde ab (des^2-c^2 statt c^2-h^1), worauf der ursprüngliche Abstand wiederhergestellt wird. Die zu Anfang der nachahmenden Stimme fehlenden Reihentöne 1 und 2 holt in T. 50 das Klavier nach: es^3-a^1; doch war das „a“ schon da (Ob., T. 47). Vom Klavier wird der 11. Ton gegeben (T. 51 e^1), und das Englischhorn trägt (T. 51 h^1) den 7. Reihenton der Kanonstimme nach. Das Motto erklingt in den Takten 43—52 elfmal.

Ein zweites Kanonspiel schließt sich an. Die 1. Klarinette ahmt die Melodie des Klaviers as^1-g^2-f^1 eine große None tiefer nach (T. 52—54), wählt 56 wieder den Intervallabstand von T. 43—52, spielt noch den Tritonus c^2-fis^2 des Klaviers als a^1-es^2 nach und überläßt die Fortsetzung der Kanonstimme in T. 61 dem Fagott; das Motto erscheint in jeder Stimme von 57 an als U und anschließend als K. Die Nachahmungen werden schon im Fagott, dann auch in weiteren Instrumenten freier. Zugleich wird das Gefüge dichter, bis es 84/85 zu einem Zwölftonkomplex wird. Immer wieder sind Formen des Mottos zu beobachten.

Die Takte 86—98 bilden einen Abschluß eigenen Charakters. Kennzeichnend ist schon die Taktart: $^7/_{16}$, dreimal $^5/_{16}$, $^6/_{16}$, zweimal $^7/_{16}$, $^2/_4$, zweimal $^{11}/_{16}$, dreimal $^7/_{16}$. Das Motto (wir beschränken uns auf den Klavierpart) erklingt in mehreren Gestalten. T. 86 greift auf die Endfigur von 81, fis^3-c^3-g^2, zurück, die eine Mutation von K zu sein scheint; das gilt auch für die in 86 anschließende Figur gis^3-a^2-d^2. In 87 folgt e-B-H (R), in 89 sowohl f^2-h^2-c^4 (R) wie h^2-c^4-fis^3 (KU). T. 90 bringt vertikal d^1-a^1-es^2 (= a^1-es^2-d^1 = U); in 91/92 ist b^2-a^2-es^3 (K), in 94 cis-G-fis (U) und in 95 cis-G-Fis (U) festzustellen. Die verschränkten Quinten der letzten Takte 96—98 enthalten alle Mottogestalten, und zwar es^1-a^1-b^1 = R, b^1-a^1-es^1 = K, e^2-b^1-a^1 = U, a^1-b^1-e^2 = KU. Der Orchesterpart wirkt gliedernd durch die geraffte Wiederholung der Takte 85—89 in 90—92.

Nach dem Orchesterzwischenspiel 99—108 läuft das Geschehen der Takte 7—98 in fast wörtlichem Krebs zurück. Dabei werden die Takte 109—112 gegenüber 96—98 um einen Takt vermehrt. Das Zwischenspiel 38—42 wird in 168—178 stark erweitert. Fünf Töne des Klaviers aus 36/37 übernimmt 178/179 die Harfe.

In den vom Klavier beherrschten Abschnitten beschränkt sich das Orchester durchweg auf begleitende Aufgaben; es unterstreicht einzelne Töne, folgt im Kanon der Klaviermelodie oder gibt einen Klanghintergrund. Dieser enthält des öfteren das Motto. Es hat sich als Kernmotiv des Satzes erwiesen; die recte und im Krebs je viermal erklingende Reihe des Notenbeispiels 2 ist sozusagen sein „Thema".
Henze sagt vom ersten Werkteil, er sei in einem ruhigen Tempo gehalten; kontemplativ-meditativ bringt er persönliche Erinnerungen an eine in Asien verbrachte Zeit und konkretisiert dieses Gefühl durch die Evokation von Klängen des japanischen Gagaku-Orchesters (kaiserliche Hofmusik); es ist eine polyphone Struktur mit Gegenlinien und Spiegelungen.
Henzes „Erinnerungen" sind fast ausschließlich in den rein orchestralen Abschnitten der Takte 1—6 und 38—42 sowie ihren krebsgängigen Entsprechungen realisiert.
In das Zwischenspiel 99—108 dringen die ersten vier Töne der Zwölferreihe ein: 100/101 Ob. gis²-Vl. 1 d³-dis³-e³, 101 Hr. cis¹-g¹-gis¹-a¹. Zuletzt, 107/108, zitieren die 1. Violinen KU des Mottos: b¹-e²-dis². Auch das von 168 bis 178/179 führende Zwischenspiel bringt das Motto einige Male. Der Orchesterabschnitt 211—222 bezieht das Klavier thematisch ein, indem die letzten sechs Töne seines Parts — sie sind identisch mit der Folge 1—6 der im Notenbeispiel 1 notierten Reihe — in heftigen, zum sfff gesteigerten Vertikalen siebenmal in die Gagaku-Klänge geworfen werden. Im letzten Teil des Krebsganges ist übrigens das Orchester reicher bedacht als im entsprechenden Anfang.
Zu dem attacca folgenden Vivace (223—899) erklärt Henze: „Der zweite (sehr bewegte) Abschnitt besteht aus vier Klang-Blöcken, von denen jeder einzelne drei prismenartigen Veränderungen unterworfen wird. Diese Form erkennt sich wieder im Schema des alten Scherzo-Trio-Scherzo. Dies ist das Zentrum des Stücks, das Vorhergegangene und das Spätere sind ihm wie Prolog und Epilog zugeordnet."

Wenn man die Klangblöcke mit A, B, C, D und die ihnen zugeordneten „Trios" mit a, b, c, d bezeichnet, ergibt sich folgendes Bild: Block A vereint ein vorwiegend rhythmisch und ein vorwiegend melodisch bestimmtes Motiv. Das rhythmische ergreift von dem Orgelpunkt ‚G' aus angrenzende Töne, und zwar so, daß das Motto des Werkes zweimal auftritt: in 225 Fis-f-h und f-h-C (Vc. und Fg; K und R; f-h jeweils vertikal). Von weiteren Zitaten des Mottos sei nur der Abschluß des melodischen Motivs erwähnt, das die Violen 230/231 bringen:

Beispiel 5

Beide Motive werden kombiniert, getrennt und wieder vereinigt bis zu a, einem „Trio", das nur im forte auftritt, beim erstenmal den Blechbläsern zugeteilt ist und 266 das Motto zitiert:

Beispiel 6

Diese Melodie hebt sich ab von einem doppelten Klanggrund, dem permanenten, rhythmisierten e-Moll-Dreiklang (Violen, 3 Holzbl.) und Varianten des melodischen A-Motivs (Vln. 1/2, 4 Holzbl., Xyl.).

Ein knappes A′ (268—275) führt unmittelbar zu B, einer Art raschen Walzers im 3/8-Takt; die Es-Klarinette stimmt die Melodie an, die 1. Posaune betont die „Eins", Baßklarinette und Violinpizzicati geben — zunächst in Sexten — das 2. und 3. Achtel. Das dem Achttakter B folgende b bringen (meist oktavierende) Holzbläser (Beispiel 7).

Beispiel 7

Die Töne 1-2-3 und 2-3-4 lassen sich als Mutation des Mottos verstehen, das in 289 zum Auftakt wird. Die geteilten Geigen begleiten dolcissimo in vierstimmigen Akkorden. Der ostinate Begleitakkord zu a^1 (296) lautet f-as-h-c (f-h-c vertikales Motto); Vl. 2 und kl. Fl. 2 kontrapunktieren mit der von ‚as' aus achtmal in Sechzehnteln erklingenden Reihe von Notenbeispiel 2; nur ersetzt der 8. Ton das ‚b' durch ‚h', so daß die Reihe auf 11 Töne reduziert wird.

Als T. 310 ist eine längere Kadenz für den Solisten notiert; sie mündet in eine — vom Klavier gemeinsamen mit dem Orchester durchgeführte — Intensivierung von A, a und abermals A, wobei der melodische Kern von a dem Klavier zugewiesen ist.

Ihm wird 376 auch die „Valse" B^1 anvertraut, während b^1 (393) vom Orchester allein, und zwar ff erklingt; in den Bässen der Takte 400—403 fallen Zitate des Mottos auf, das u. a. schon 398 von den Trompeten und 399/400 zweimal von den Hörnern zu hören war.

Über dem Pauken-Orgelpunkt f vollzieht sich dann in der Art von T. 350 a^2, das in einer langen ff-Fermate endet (419). Aus ihr löst sich eine Kette von gegeneinandergeführten, chromatisch gleitenden, immer leiser werdenden Akkorden (420—426). Ihr antwortet gleichsam C, wo der Ausdruck „Block" in besonderem Maße zutrifft:

Beispiel 8

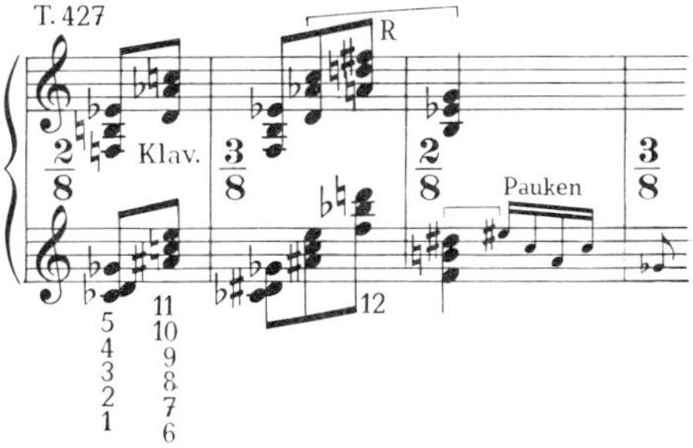

Zwölftondenken ist deutlich. Das eingezeichnete, aus den Tönen B-c-e-gis gebildete Paukenmotiv erweist sich während der Weiterführung des Klavierparts als Wesensbestandteil des C-Blocks; dessen Spitzentöne zeigen 428/429 das Motto in der geraden Form.
Von der Kompaktheit des C-Motivs hat auch das vom Blech intonierte Trio c etwas:

Beispiel 9

Wenn ab 452 das Klavier mit untereinander verwandten Figuren kontrapunktiert, behalten die Blechbläser ihre Akkordik in der Hauptsache bei. 479 meldet sich das Paukenmotiv und eröffnet eine knappe Wiederkehr des c-Kerns. Von 490—555 wiederholt sich das Geschehen der Takte 427—489 mit vertauschten Rollen. Das Orchester beginnt mit C^1, das Klavier übernimmt c^1 (513) sowie die von den Pauken 543 eingeleitete Wiederholung des c-Kerns. Die Musik zielt auf eine ausgeschriebene „Fermate“ (554—563), die durch eine hohe, einige Male das Motto einflechtende Sechzehntellinie (Vl. 1/2 und gr. Fl.) belebt wird. Diese Stelle entspricht der „Corona lunga“ des Taktes 419: Wieder entläßt der Akkord jene siebentaktige, kaum veränderte Klangkette. Daß auch sie dem Block C nahesteht, scheint das Paukenmotiv in 569—577 zu besagen.
Block D wird zu einer Domäne des Klaviers. Meno mosso überrascht es T. 582 durch seinen — beim ersten Hören kaum wahrnehmbaren — Rückgriff auf die in Notenbeispiel 2 notierte Zwölftonreihe. 582 bringt sie in der Folge 1-2-3-4-5-6-10 horizontal, 12-11-9-8-7 vertikal. 583 deutet ihren Krebs an: 12-11-9-8-7-10-2-4-6-1-3; 5 fehlt. In 584 wird die Reihe von A_1 aus (eine kleine Sekunde tiefer) transponiert, mit der Tendenz von der tiefen zur hohen Lage, 585 entspricht 582. In der Folge wird die Zwölftontechnik freier gehandhabt, bis der letzte Ton in T. 589 wieder die Reihe beginnen läßt, in der nur das ‚es‘ zweimal erscheint. Von 587 an treten zu dem harfenartig gebrochenen Klaviersatz Beckenschläge, ferner ab 589 Herdenglöckchen. Das Schlagzeug verstummt, wenn nach dem letzten Mottozitat des Klaviers gis-g^2-des^4 in 595/596 die verkürzte Akkordkette (Str. und Holz mit ausgetauschten Rollen) erklingt.

Beispiel 10

Nach einem Anlauf (601) bringt die Klarinette d (Beispiel 10).

Obwohl bei der darunterliegenden Es-Klarinette cantando dolcemente steht, scheint sie nicht die Hauptstimme zu haben. Holzbläser und Violinen begleiten; ab 608 ist der Begleitkörper bereichert. 625 übernimmt das Klavier den Anlauf zu d^1. Die drei Phrasen erscheinen jetzt in Klarinette (e in 625), kleiner Flöte, Klarinette, 1. Violine, wieder Klarinette und 1. Violine. Das Klavier umrankt und erhält 650 eine differenzierte Kadenz, in deren letzten Akkord das Tutti mit einer Corona lunghissima einfällt (651). Daran schließt sich 652—659 im Klavier eine Abwandlung der Takte 640—647. 660 beginnt das Klavier eine gespiegelte Reprise von D; das Schlagzeug ist von Anfang an dabei. Das Orchester allein vollzieht 682 d^2 in zunächst wörtlicher, dann freier Umkehrung (siehe Beispiel 10).

T. 710 übernimmt der Solist — nun im Piano — C^2; in neuer Rhythmisierung wird 739 das Paukenmotiv einbezogen, und 765 läßt das Klavier c^2 anklingen. Die zwölftönig angelegten Takte 770—774 scheinen D^2 zu repräsentieren; die Gegenlinie des Orchesters in 771—774 hat zu Beginn Ähnlichkeit mit dem d-Motiv.

Nach einer abermaligen Kadenz des Solisten setzt 783 das Tutti zur letzten Reprise von A an; ihr folgen als weitere Reprisen a^4, b^2, B^2, b^3 und a^5.

In a^4, T. 819, haben die Blechbläser (wie in 253) die führende, jetzt gespiegelte Hauptlinie (831—833 ist die Spiegelung freier); der permanente e-Moll-Dreiklang wird aus 253 und 350 übernommen; die Violinen erhalten einen beweglichen Ostinato, der d-, f- und es-Moll-Dreiklänge aufeinander folgen läßt; das Klavier wirft hochliegende Akkorde ein. 834—842 bereitet das Orchester pianissimo mit parallel geführten Sechsklängen — ähnlich der b-Begleitung in 284 und 393 — auf B^2, T. 843, vor; es steht eine kleine Sekunde tiefer als 276 und 376. Das Klavier führt; Holzbläser, später Violinen kontrapunktieren, wobei sie an der Substanz des Melos teilhaben. Wie die früheren wird die letzte b-Gestalt, 860 vom Orchester bestritten; sie geht 873 in a^5 über. Hier erhält wieder das Klavier die Thematik. Schon 872 beginnen erstens der Orgelpunkt F, zweitens die aus 296 bekannte, nur beim achtenmal leicht variierte Elftonreihe (1. kleine Flöte, diesmal von der 2. eine große Sekunde tiefer begleitet) und drittens der permanente f-Moll-Dreiklang (Violen und Xylophon). In 877/878 schachtelt das 1. Horn K und KU des Mottos ineinander. Nach der ausgeschriebenen Fermate 886—890 beschließt die aus 420, 562 und 597 bekannte Akkordkette in der Form von 562 den Hauptteil.

Noch im Schlußtakt 899 leiten gestopfte Hörner mit simultanem d^1/es^1 (901/902 kommt simultanes des^1 der Flöte hinzu) den dritten Konzertteil ein. Er ist das gerade Gegenteil des Prologs: Hat dieser eine leicht zu überschauende Gliederung, so überfällt der Epilog das Ohr mit einer Fülle neuen und bekannten Materials, die sich gewohnter Form zu entziehen scheint. Des Rätsels Lösung gibt der Komponist:

„Der Epilog, eine Phantasie, folgt in seinen Linien und Gebilden den Gedanken von Shakespeares Sonett ‚the expense of spirit in a waste of shame' — und vieles aus dem Gedicht könnte sich verstehen als Motto der ganzen Komposition. Die Musik versucht, aus der Sprachlosigkeit und Abstraktion auszubrechen, in der eine gewisse Ästhetik sie noch gefangenhält. Sie tröstet nicht, sie ist kein künstlerisches Paradies, sondern sie reflektiert Schmerz und Unglück, so, wie sie jeden Menschen in unserer beschädigten Welt befallen und heimsuchen."

Das Sonett wird offenbar nicht eigentlich „vertont", jedoch irgendwie in Musik umgesetzt; zugleich ist das Werk als Ganzes von Gedanken des Gedichts inspiriert. Es lautet in der Übersetzung von Otto Gildemeister:

Aufwand der Lebenskraft in wüster Schande
Ist Wollust, wenn am Ziel — und bis zum Ziel
Eidbrüchig, mörderisch, von wildem Brande,
Barbarisch, maßlos, grausam, falsch im Spiel;

Genossen kaum und nichts ist leerer, öder,
Sinnlos erjagt und dann, noch kaum erhascht.
Sinnlos verwünscht wie ein verschluckter Köder,
Der Tollheit zeugt, wenn einer davon nascht;

Im Suchen toll, toll im Besitz zumal,
Erlangt, verlangt, verlangend ohne Zaum,
Im Schmecken Wonn, im Nachschmack bittre Qual,
Erst ein ersehntes Glück, hernach ein Traum.

Dies weiß die Welt, doch niemand weiß zu meiden
Den Himmelspfad zu diesem Höllenleiden.

Nach Klaus Geitel folgt Henzes Musik „den Kurven des Gedichts, einmal auf einem Wort, einem Begriff hämmernd und zeitvergessen insistierend, dann wieder eine ganze Phrase in der Geschwindigkeit ihrer gesprochenen Dauer vorbringend".
Im Gegensatz zum ersten und zweiten Werkteil wechselt das Zeitmaß in der „Phantasie" stark. Wenn man den Terminus „Abschnitt" nicht zu eng faßt, beginnt 1034 ein zweiter und 1080 ein dritter.
Auf die „Gagaku"-Klänge 900—908 folgt ein von Oboe (Auftakt zu 909), Klarinette (915) und 1. Violine (921) gespieltes Melodiegebilde, das wir als Thema des Epilogs begreifen, es enthält 917 das Motto (dis^2-a^2-b^1 = R). Der Violinpart zielt auf den Sekundschritt h^2-ais^2 in 925, der 926/27 echoartig stehenbleibt (die Stelle erinnert an den klagenden Schluß des zweiten von Henzes Neapolitanischen Liedern). Ein erneuter Anlauf der Violinen führt 932 zu einem rhythmisch belebten Akkord im fff, der 935 in den ppp-Streicherklang des B-Dur-Dreiklangs (mit großer Sept) „umschlägt"; er wechselt 937 mit dem durch ‚g' verfremdeten D-Dur^7-Klang, kehrt 940 zurück und überläßt die Takte 943—950 wieder dem zweiten Akkord. Diese Klänge tragen kadenzartige („liberamente") Figuren des Klaviers von 935—950; es ist eine Kadenz, die dynamisch stark gesteigert und ebensosehr zurückgenommen wird. Der zweimalige Anstieg des Tempos in dem folgenden Orchesterpart — er zitiert das Motto mehrmals, wobei 966 sff E$_1$-B-h auffällt — wird 971 von einer Solokadenz des Klaviers abgelöst, die in den Unterabschnitt 972—977 mündet. Darin bringt seine Oberstimme je eine auf- und absteigende Zwölftonreihe. Die erste wird von festgehaltenen Flageoletts der Soloviolinen und -bratschen

klanglich gestützt; das Klavier selbst begleitet die Reihe arabeskenhaft, wobei sich als Initial die Umkehrung des Mottos ergibt: f^4-h^3-b^2. Die zweite Reihe bildet die Oberstimme eines reinen Klaviersatzes, der etwas vom Prologcharakter hat.
Das Vivace 978—1033 hat als unüberhörbares Merkmal den Paukenostinato H-F-e (U des Mottos), der wesentlich zu dem aggressiven Charakter des vielfältigen Abschnitts beiträgt. Das meist martellando verlangte Klavier erreicht 998/999 einen ersten und über ein accelerando 1017 einen zweiten Höhepunkt. In 1018 setzt es pp zu einer dritten Steigerung an; von ihrem Höhepunkt 1025 fallen nacheinander Pauken und Klavier jeweils zum ppp ab. Daß auch der Klavierpart am Motto Anteil hat, zeigen z. B. in 981 und 1005 das vertikale H-e-b, in 1001 das horizontale d^1-As-g^1; 1018 beginnt der Solist eine Zwölftonreihe mit g^3-cis^1-c^3, 1020 eine Elftonreihe, die mit dem Krebs der vier Endtöne der Zwölferreihe einsetzt und das Motto als c^1-cis^4-g^1 (1020/1021) zitiert.
Die — 935 und 972 abgebremste — Steigerung des Zeitmaßes erscheint für den ersten Abschnitt des Epilogs bezeichnend.
In ausgesprochenem Kontrast dazu steht das Lento, 1034 bis 1045. Die Oberstimme des Klaviers gibt das transponierte Motto (und den 4. Ton der Reihe, Beispiel 2) trotz anderer Taktart in genau den gleichen Notenwerten wie in den Takten 7—8. Dem Klavier sekundiert ein einstimmiger Kontrapunkt einander ablösender Instrumente, der 1034/1035 mit A_1-Es-D das umgekehrte Motto zeigt. Dieser Kontrapunkt nimmt am Crescendo des Klaviers teil, das vom dolce des Zitats zu heftig gehämmerten, achtmal zu hörenden Sechsklängen führt. Sie lösen 1046 einen Zehnklang des Tutti in vierfachem Forte aus. Der andeutenden Reprise in 1034 folgt 1050 ein fast wörtlicher Rückgriff auf den Klavierpart der Takte 7—12 (also der klavieristischen Prologeröffnung), jedoch mit der Tendenz von der Höhe zur Tiefe; dabei durchmißt die Oberstimme den Raum b^3 bis B_1 (ein Teil der 1. Geigen imitiert die vier ersten Reihentöne vom Notenbeispiel 2 eine kleine Sekunde höher). Der Ton ‚es', der 7. im Notenbeispiel 1, fehlt und wird 1052 nach dem letzten Reihenton D nachgeholt; damit steht KU des Mottos = Es-E_1B_1 im Klavierbaß an der gleichen Stelle wie im Prolog. Während dort die Gegenstimme weiterläuft, hört sie 1052/1053 mit dem Kontra-B auf. Mit demselben Ton schließt auch die Reihe Notenbeispiel 2 in 1054 und bestätigt damit seinen aus dem Prolog bekannten „Grundtoncharakter". Nicht genug damit, übernimmt der Kontrabaß den Ton als übergebundenen Auftakt zur Marcia funebre, 1055—1061.

Der Trauermarsch ist vom Klavierinitial des Konzerts in der Ur-Lage stark geprägt: 1055 B_1-E-F(-fis), 1057/58 F-e^2-b^1, 1058/1059 b^1-e^2-f^2. Das letzte, von Hörnern und Trompeten gebrachte Zitat behalten die Blechbläser 1060/1061 in der Vertikale bei; Holzbläser bringen 1059/1061 noch es^3, was mit dem b^1-e^2 des Blechs U des Mottos ergibt (in 1057 d^1-gis^1[-dis^1]-a^1 und 1061 f^2-e^1[-gis]-ais sind gleichsam verschleierte Mottozitate).
Das vom ppp zum fff wachsende Vivace (1062—1073) erinnert im Ansatz des fugenartig behandelten „Themas" an das melodische Motiv des A-Blocks. Nach jähem Abbruch kehren 1073—1079 leise Marcia-Klänge wieder.
Obwohl die Partitur kein Anzeichen für das Ende eines Abschnitts aufweist, fassen wir 1034—1079 als zusammengehörig: Das Mottozitat in 1034 und die Prologreprise 1050 bis 1054 bereiten den aus der gleichen Substanz gestalteten Trauermasch vor, der 1074 — nach der Vivace-Episode — weitergeführt wird.
Der Unterabschnitt 1080—1096, der Solopart und Orchester beansprucht, steht an Aggressivität dem „Vivace mit dem Paukenostinato" nicht nach. Das Motto bildet u. a. horizontal den Kopf von Klavierfiguren in 1088, 1089 und 1091 (hier U und R ver-

schränkt); vertikal bringen es 1096 sowohl der vorletzte wie der letzte Klavierakkord. Im Orchester laufen fast zugleich die fünf Schlußtöne der letzten Sextole mit dem sechsfachen Motto (Vc. + Baßklar. U, K, U; 2. Vl. + Es-Klar. U, K, R) aus.
Das Tutti variiert 1097—1100 über dem sechs Oktaven umgreifenden Orgelpunkt „E" die Gagaku-Musik der Prologtakte 1—6 und baut 1101—1102 den vertikalen Orgelpunkt d^1-es^1-cis^1 auf, mit dem der Epilog begann (nur, daß in 1104 und 1106 das cis^1 mit c^1 tauscht). Die Takte 1103—1106 bringen eine Reprise des Klavierparts der Takte 7 bis 10, jetzt eine kleine Sekunde tiefer. Zählt man die Töne des vertikalen Orgelpunkts als 1 bis 3, so ist die Reihe mit dem ‚h' in 1104 abgelaufen; nimmt man die Zählung nur im Klavierpart vor, schließt sie im gleichen Takt mit ‚D', dem ersten Ton des Mottos D-es^1-A_1 in 1104/1105. Schon 1104 hat ein Kanon begonnen: Die sordinierte Solobratsche imitiert die Oberstimme des Klaviers bis 1117 eine kleine Sekunde tiefer im Abstand von 5 Vierteln. Am Ende von 1106 greift die führende Klavierstimme bis 1123 auf das Epilogthema (908 bis 923) zurück. (Aus 1109 werden, 912 entsprechend, das d^2 und aus 1112 das fis^1 in die Stimme der Viola als cis^1 [1111] und f^1 [1113] hineingenommen.) Innerhalb des Epilogs erscheint also eine Reprise, die sich auf den Anfang der Prologs zum zweiten- und auf den des Epilogs zum erstenmal besinnt.
Nach dem letzten Kanonton cis^1 in 1111/12 geben alle Violen (ebenfalls con sord.) zur Reprisenlinie des Klaviers einen Kontrapunkt, der 1118, 1120 und 1123 das Motto einbezieht. Nach vier kraftvollen, von den Bläsern espressivo verlangten Tuttitakten erhält 1129 das Klavier (anfänglich über dem um ‚Ges' bereicherten Orgelpunkt von 1103) eine kurze Meditation, die in der rechten Hand mit dem Motto beginnt und 1133 mit dem zweifachen Motto schließt:

Beispiel 11

Diesmal folgt die 1. Violine der Klavierbaßstimme eine Quarte tiefer im Abstand von drei Vierteln.
Auch der polyphone, ebenfalls meditierende Streichersatz 1134—1142 verzichtet nicht auf das Motto; er mündet in ein Akkordgebilde (1142—1146), von dem sich eine Linie des Solocellos abhebt. Zugleich dienen 1045/46 der Vorbereitung des letzten Zeitmaßes (= 60); das geschieht mittels des dreimaligen, verschränkten, zum Kontra-B „kadenzierenden" Mottos:

Beispiel 12

Von 1147 an bis zum Ende des Werks bleibt das Klavier präsent. Der erste Takt enthält ein Zwölftonfeld:

Beispiel 13

Die Töne 2 und 6—12 sind horizontal oder vertikal dem Klavier übertragen, 3 und 4 den sordinierten Streichern, die auch 9, 10, 11 mitspielen; 1 ist den Bässen, 5 dem Kontrabaß und der Baßklarinette zugeteilt. Es fallen auf: der gemeinsame Akkord g-des^{1}-f^{1} und die zu einer Triole gehörende Tonfolge e-dis, die im folgenden Takt zweimal wiederkehrt und dann eine eigene Linie entwickelt. Es ist das letzte Mal, daß das Klavier mit dem Motto (hier d-gis-a) in der ursprünglichen Rhythmisierung einen Abschnitt einleitet, aber das einzige Mal, daß ihm auch die Umkehrung (d-gis-g) anvertraut ist, und schließlich das einzige Mal, daß vom Initial (1147) an bis 1164 Streicherakkorde (vorwiegend in Synkopen) begleiten, an denen das Soloinstrument selbst, wenn auch nur einmal, beteiligt wird. Die Töne e-dis könnten eine Erinnerung an T. 7 sein, wo sie vom Englischhorn gebracht werden; allerdings liegen in 1147 die Mottotöne eine große Terz tiefer. Mit dem Ton 5 beginnt, wie schon früher, ein die Instrumente wechselnder Kontrapunkt, der 1162 bis 1164 das Motto verschränkt. Diese Gegenlinie, die immer wieder cantando oder espressivo verlangt wird, ist dem Klavierpart ebenbürtig.

Das Klavier zitiert sein Initial melodisch zuletzt in 1172 (K), 1175 (R) und 1178 (R). Simultan enthalten es noch die Schlußakkorde: 1179 c^{2}-fis^{2}-g^{3}, wozu 1180—1182 gis-cis^{1}-cisis^{1} (bzw. cis^{1}-d^{2}-gis^{1}) und eis^{1}-fis^{2}c^{3} treten. Das Werk schließt mit dem transponierten und umgekehrten Intervall des Beginns: T. 1 e^{2}-f^{2}, T. 1183 Fis-eis.

Die Zwölftonreihe des Anfangs (Beispiel 2) hat sich als thematischer Kern des Konzerts erwiesen. Der vorwiegend lineare Prolog wird von der Reihe weitgehend bestimmt. Im Hauptteil liegt sie dem Block D zugrunde. Die Reprise T. 1050 im Epilog ist als eine Art Spiegel der Reihen Notenbeispiel 1 und 2 gestaltet, und der Trauermarsch, das Zentrum des Satzes, aus dem Motto entwickelt, das beiden Reihen gemeinsam ist. Dessen zahlreiche, nur zum Teil erwähnte, oft an bedeutsamer Stelle stehende Zitate sind offenbar bewußt. Zwölftontechnik, freie Atonalität und begrenzte Tonalität gehen einen unbefangenen Bund ein.

Im Anschluß an eine Aufführung im April 1972 hatte der Autor mit dem Komponisten ein Gespräch über den Bau des Konzerts. Dabei erklärte Henze den Prolog für das Ergebnis der Reihenarbeit, betonte beim Hauptstück das unaufhaltsame Vorwärtsstürmen („wie bei Mahler") und zeigte dem Verfasser — nachdem dieser ihn besonders berührende Stellen im Epilog erwähnt hatte — seine eigene Lieblingsstelle, ohne näher darauf einzugehen. Es handelt sich um die T. 1147 einsetzende, letzte Meditation des Klaviers, der eine leise, doch unüberhörbare Streicher-„Aureole" besonderen Charakters beigegeben ist. Der Autor vermutet hier eine Bezugnahme auf die Shakespeare-Worte „behind a dream" — wie denn das Werk als Ganzes ohne das Sonett kaum das geworden wäre, was es ist: eine bewußt gestaltete, erregende und bewegende Reflexion von (um mit Henze zu sprechen) „Schmerz und Unglück . . .". In der Rückschau möchte man die Reihen 1 und 2 und insbesondere deren gemeinsames Initial als Symbol für den in seine Leidenschaft verstrickten Menschen ansehen.

Gregor Berger

2.3 Stil (vgl. 1.2)

Klare formale Gliederungen der Abschnitte, die schon in der Reihe erkennbaren tonalen Bezüge, die mehr an Berg als Schönberg erinnern[5], beweisen deutlich die Absicht des Komponisten, eine universale Musik zu schaffen, die die Musikgeschichte als Ganzes bejaht und die historischen Stilarten zu integrieren wünscht (Vgl. Material 3.1 c).

Aus den Reminiszenzen seien drei Beispiele aufgeführt:

Henze T. 314 f ≅ Toccata op. 11 für Klavier von S. Prokofjew (1912)
T. 843 f ≅ Neobarocke Strukturen (Imitationen und Sequenzen) im Sinne der Zwanziger und frühen Dreißiger Jahre (Strawinsky)
T. 978 f ≅ Saint-Saëns „Fossilien" aus dem Karneval der Tiere.

3. MATERIAL

3.1 Hans Werner Henze „Essays", Mainz 1964

a) S. 48—50

„Ich habe mich nie von irgendeiner Gruppe akzeptieren oder bestätigen lassen. Ich liebe Musik sehr, aber ich hasse das Politisieren, den Kampf für oder gegen etwas in der Musik; die Musik kommt ganz von selbst zu den Menschen, wenn sie zu ihnen will. Man kann sie nicht aufdrängen, kaum erklären, nicht propagieren, sie wird durch Leitartikel nicht besser und nicht schlechter. Wir Deutschen mit unserem gerühmten, beispiellosen, tatkräftigen Musikleben neigen oft dazu, sie in Kategorien zu betrachten, in theoretischen Valeurs, statt liberale, individuelle Maßstäbe anzulegen. Viele lesen über Musik statt sie zu hören; das mag vergnüglich sein, aber es ist nicht das Gleiche wie Hören und nicht immer unbedingt dem Verstehen der Musik dienlich . . . DISKUSSION

Meine Sicherheit liegt in meinem Schwanken. Mein Schwanken ist Unsicherheit einer Welt gegenüber, die sich eben mit Leuten bevölkert hat, die alle ihre Papiere in Ordnung haben. Darf man ihnen gratulieren?"

(Zwischen „König Hirsch" und „Undine"; aus: Rheinische Post, Nr. 109, 11. Mai 1957.)

b) S. 109

„ . . . Eine Voraussetzung für die Arbeit bei mir ist die Beherrschung der traditionellen Harmonielehre und des traditionellen Kontrapunktes. Nur mit der Kenntnis und nur mit dem wirklichen Verstehen dieser für die europäische Musik elementaren Faktoren

[5] Vgl. Häusler, S. 202, während Stephan, S. 32 mehr Schönbergs Einfluß hervorhebt.

kann man sich der Materie der neuen Musik nähern, und wo diese Voraussetzungen nicht bestehen, sollte es abgelehnt werden, Einblicke in die modernen Techniken zu geben, da sie in einem meist unterschätzten, ja selbst verkannten Maße von den alten Lehren der früheren Jahrhunderte leben und ohne sie nicht existieren würden.
Es ist leicht, die modernen Techniken zu erklären; aber ich könnte auch meinem Barbier oder dem Kellner im Restaurant innerhalb von 24 Stunden das Zwölfton-Verfahren beibringen und ihn zur Niederschrift kleiner Zwölfton-Kompositionen befähigen. Damit ist weder etwas für noch gegen diese bereits zur Umgangssprache gewordenen Technik gesagt. Sie ist ein Material wie jedes andere, das nur dann zu Kunst wird, wenn Kunstverstand, guter Geschmack, geschichtliches Denken und vor allen Dingen schöpferische Kraft es dazu bringen, dies Material zu beleben und es in das zu transmutieren, was Kunst ist und daher die Menschen bewegen kann. . ."

c) S. 121/122
„. . . Man muß sich an die Einsicht gewöhnen, daß die Musik, auch wenn sie mit der größten Quantität an technischem Wissen und Können angegangen wird, gespickt mit verfeinerten, fortschrittlich gestimmten Vokabeln, nichts annimmt, wenn vergessen wird, daß sie mit den alten Schönheiten verwandt ist, daß sie von den gleichen oder doch verwandten Gedanklichkeiten leben will wie denen, die sie in zurückliegenden Jahrhunderten belebten, und daß sie nicht auskommt ohne jene alten Requisiten, die heißen: Idee, Phantastik, Erregung, und daß sie auch darin sich wohl nicht von Musik früherer Zeiten unterscheiden will, die darstellen, versinnbildlichen, anreden wollte. Erkenntnisse und Schlußfolgerungen moderner Denkweisen — was immer damit gemeint wird — können nicht auf direktem Wege in sie hineinpraktiziert werden; es bedarf der Brechungen, vielleicht eines kindlichen Glaubens an Wirklichkeiten und Bindungen, eines Kulturgefühls, das sich bewußt mit den Vergangenheiten und Abenteuern der Musik verwandt macht.
Jedes neue Stück ist das erste, das man überhaupt schreibt. Der ganze Raum von Empfindung ist leergemacht und auf Botschaften aus dem eigenen Unterbewußtsein eingerichtet. Komponieren ist ein Prozeß der Auswahl, der Entscheidung: Was aus dem Universum der immanenten Möglichkeiten mache ich dem Werk zu eigen? Nur einen Ausschnitt davon kann ich ja bewältigen . . ."

3.2 Hartmut Lück: „Der lange Weg zur Musik der Revolution, Fragmente zu einer Standortbestimmung des Komponisten Hans Werner Henze" in: Neue Musikzeitung, Regensburg, Februar/März 1971, S. 3 (aus einem Interview)

H.: Ich nehme keineswegs Abstand von dem was ich 1963 in einem Vortrag an der TU Berlin gesagt habe und wo das „klassische Schönheitsideal" in folgendem Zusammenhang erscheint: „Alte Formen erscheinen mir . . . wie klassische Schönheitsideale, nicht mehr erreichbar, aber doch in großer Ferne sichtbar, Erinnerungen belebend wie Träume, aber der Weg zu ihnen ist von größtem Dunkel des Zeitalters erfüllt, der Weg zu ihnen ist das Schwerste und das Unmöglichste." Allerdings weiß ich heute den Begriff des Schönheitsideals geschichtlich zu verstehen und nicht mehr als Traum von Geborgenheit und Verzicht (und Verstummen).
L.: Ist Musik etwas für die Freizeit, zum Spielen, Fantasie, Erbauung, Festlichkeit — oder sollte sie Informationen über gesellschaftliche Zustände in sich tragen, sollte sie eine Aussage vermitteln durch das Medium der Kunst?

H.: Alles was Sie erwähnen ist durch Musik möglich. Mit dem Medium der Musik kann man sogar Knechte schaffen. Auch Walzer und Tangos tragen Informationen über gesellschaftliche Zustände.
L.: Welche Aussage könnte in diesem Sinn künstlerischer Information z. B. Ihr 2. Klavierkonzert haben oder Ihre „Musen Siziliens", und im Gegensatz dazu etwa der „Cimarrón"?
H.: Das zweite Klavierkonzert (1967) beinhaltet eine Sklavenarbeit: Es ist die Arbeit von jemand, der seine Unzufriedenheit, seine Ohnmacht, seine Wünsche innerhalb der sogenannten bürgerlichen Konvention, sogar in den Termini und Parametern solcher Normen, zur Sprache bringt, der sämtliche Verbotstafeln und Tabus beachtet und dadurch den Grad der Verelendung und Unfreiheit erst erkennbar macht. In diesem Stück fehlt der Ausweg, deswegen stimmt die Form mit dem Inhalt überein. Es ist ein Protokoll der Unfreiheit und besitzt somit ein Moment von Bewußtsein.

3.3 Hans Werner Henze in der ‚Frankfurter Rundschau' über Musik „auf dem Weg zum Klassenkampf", nach: ‚Der Spiegel', 27. Jg. 12. 2. 1973, S. 103:

Wenn die Orchestermusiker veranlaßt werden, sich wie Affen auf dem Podium zu benehmen, also ihre Produktionsmittel zu entwürdigen, dann ist das wirklich kein sozialistisches Verhalten seitens des Komponisten. Ein sozialistischer Komponist wird beim Schreiben der Cellopartie mit Freundlichkeit und Freundschaft an diesen Spieler denken und etwas schreiben, was jenem Spaß macht und was ihn bestätigt, auch wenn es technisch schwere Musik sein sollte. Wenn sozialistische Inhalte auf freundliche Weise transportiert werden, ist das sicher gewinnender à la longue, wird ihn leichter auf unsere Seite bringen, als wenn man ihm sagt: Du bist ein Spießer, deswegen mußt du in dein Cello scheißen oder es zerschlagen. Ich weiß nicht, ob ich mich klar ausgedrückt habe.

DISKUSSION

3.4 Klaus Geitel: Hans Werner Henze, Berlin 1968, S. 40 f. (Zur Uraufführung der Sinfonischen Variationen, Festmusik zur Eröffnung des kleinen Hauses in Wiesbaden 1950):

„. . . . Die Proben finden nicht im neuen Theater statt, in dem, altem Brauch gemäß, die Handwerker noch bis zur letzten Minute die berühmte letzte Hand anlegen, sondern in einem Probenraum. Sehr spät erst stellt sich heraus, daß der Orchestergraben das von Henze gewählte Instrumentarium wider Erwarten nicht zu fassen vermag. Man beschließt, Harfe, Celesta und Klavier, denen in den Variationen eine ziemlich konzertante Rolle zufällt, auf der Bühne, neben dem Rednerpult, zu postieren. Als Henze abends im geliehenen Frack ins Theater kommt, alarmiert man ihn: die drei Instrumente sind auf Geheiß des Stadtkämmerers wieder entfernt worden, um das festliche Bild der Blumenarrangements nicht zu stören. Henze, fassunglos, macht sich auf die Suche nach dem Intendanten und findet ihn im Foyer, im Begrüßungszeremoniell mit den Würdenträgern des Landes. Henze zupft ihn am Ärmel und flüstert, er könne das Stück nicht spielen, wenn die drei Instrumente nicht sofort wieder aufgestellt würden. Intendant Köhler-Helffrich hat darauf nur eine Replik, und sie kommt, streng, durchbohrend und laut: ‚Herr Henze, gehen Sie und tun Sie Ihre Pflicht!' Ein Donnerwort: nie wieder wird es Henze vergessen. Er geht, tritt vor das Orchester und dirigiert benommen, aber pflichttreu, seine von törichter Autorität massakrierte Musik, ein Stück mit Löchern, gerissen durch das Fehlen der drei Instrumente. Es klingt schauderhaft. Henze fühlt sich in die Komponistenfolter Hieronymus Boschs gesperrt. Er lernt: nie wieder wird er sich einem Verdikt dieser Art beugen."

4. ÜBERLEGUNGEN ZUR DIDAKTIK UND LERNZIELE

4.1 Einordnung in verschiedene Unterrichtssequenzen

a) Klangdifferenzierungsübungen auf parallelen Wegen:
   1. Gehörübungen — Notendiktat
   2. Auditive Wahrnehmung der Umweltgeräusche, vom Eindeutigen zum komplexen Klanggebilde
b) Allmählich zunehmender Schwierigkeitsgrad der besprochenen Werke, deren Dauer zuerst nicht mehr als 15 Minuten betragen sollte. Ansatzpunkt könnte z. B. die Musik des 19. Jahrhunderts sein, etwa: Schumann Klavierkonzert a-moll letzter Satz — dasselbe Werk 1. Satz — Brahms 1. Klavierkonzert d-moll 1. Satz (Integration des Klaviers in das Orchester) — Schubert die große C-Dur Symphonie 1. Satz — ein Satz einer Bruckner- und einer Mahlersymphonie im Vergleich zum Tristan-Vorspiel, schließlich Klangstrukturen in Hindemith's Mathis-Symphonie und Strawinskys Petruschka, L' oiseau de feu und Psalmensymphonie sowie in Ravels Klavierkonzert und im Violinkonzert von Alban Berg.
c) Französische Musik, die schon von jeher Wert auf Klangdifferenzierung legte: Lully — Rameau bis Berlioz — Saint-Saëns — César Franck — Olivier Messiaen und Pierre Boulez
d) Mussorgsky — Debussy — Ravel
   Mussorgsky — Strawinsky — Prokofjew — Schostakowitsch — Eisler — Dessau — Henze
e) Die italienische Oper: Rossini — Bellini — Donizetti — Verdi und . . . Henze.

4.2 Lernziele

4.2.1 Analytischer Aspekt

Der Lernende sollte das Werk auf folgende Probleme hin befragen:
a) Klangliche Variabilität und die Kunst des „feinen Übergangs"
b) Formaler Aufbau des Konzertes und seine sinnvolle Einordnung in entsprechende historische Entwicklungsreihen
c) Probleme der Entsprechung von Form und Inhalt unter Berücksichtigung des philosophischen und ideologischen Kontextes.

4.2.2 Kognitiver Aspekt

Der Lernende sollte einige werkimmanente Fakten zu Henzes 2. Klavierkonzert nennen können, je nach der gewählten Unterrichtssequenz (vgl. 4.1):
a) Die Funktion der Reihe in ihren verschiedenen Erscheinungsformen
b) „Tonalität" — „Atonalität"

c) Motivgebundene Musik und Verselbständigung des Klanges
d) Die Stellung Henzes zur seriellen Musik[6]
e) Darstellung einiger stilkritischer Probleme und ihr Stellenwert für Henzes Werk.

4.2.3 Kritischer Aspekt

Der Lernende sollte in der Lage sein, seine eigene Position im weitgespannten Kräftefeld vielfältiger auditiv — haptisch — visueller Vektoren approximativ zu fixieren, seine Stellung zu Henzes Werk zu spezifizieren und von hier aus über problemorientierte Fragen zu reflektieren wie z. B.:
a) Ist Modernität progressiv und damit die Bewahrung des historischen Erbes reaktionär?
b) Gehorcht Musik eigenen Gesetzen rein musikalischer Art (Strawinsky[7]) oder ist sie ein Transformator objektiv oder subjektiv relevanter Bekenntnisse?

5. BIBLIOGRAPHIE

a) Grundlegende Literatur

Berger, Gregor
Henzes zweites Klavierkonzert, in: Melos, 40. Jahr, Heft 1, Jan./Febr. 1973, Mainz 1973, S. 33 f.
Geitel, Klaus
Hans Werner Henze, Leben und Werk bis 1968, Berlin 1968
Henze, Hans Werner
Essays, Mainz 1964

b) Spezielle Literatur zu diesem Beitrag

Alt, Michael
Das musikalische Kunstwerk, Musikkunde in Beispielen für Gymnasium Teil II, Düsseldorf 1965
Borris, Siegfried
Der Schlüssel zur Musik von heute, Düsseldorf 1967
Borris, Siegfried
Hans Werner Henze: „Musen Siziliens" und „Moralitäten", in: Musik und Bildung, Heft 6, Juni 1969, S. 282 f.
Dibelius, Ulrich
Moderne Musik 1945—1965, München 1966
Häusler, Josef
Musik im 20. Jahrhundert, von Schönberg zu Penderecki, Bremen 1969, S. 201 f.
Kirchmeyer, Helmut, **Schmidt,** Hugo W.
Die Garbe Musikkunde Teil IV „Aufbruch der jungen Musik, Von Webern bis Stockhausen", Köln 1970, S. 82 f.
Lück, Hartmut
Der lange Weg zur Musik der Revolution, Fragmente zu einer Standortbestimmung des Komponisten Hans Werner Henze, in: Neue Musikzeitung Febr./März 1971, S. 3

---

[6] Vgl. Stephan, S. 36.
[7] Vgl. Strawinskys Psalmensymphonie 3.4.1 Reflexionen zum Wesen der Musik (Strawinsky Erinnerungen, S. 150 f.).

Lück, Hartmut
Sozialist zwischen Wohlklang und Revolution. Zu den Henze-Einspielungen bei der Deutschen Grammophon-Gesellschaft, in: Neue Musikzeitung April/Mai 1971, S. 14
Motte, Diether de la
Hans Werner Henze, Der Prinz von Homburg, ein Versuch über die Komposition und den Komponisten, Mainz 1960
Ringger, Rolf Urs
„Von der Schwierigkeit, heute Musikerbiographien zu schreiben". Klaus Geitels „Hans Werner Henze", in: Die Weltwoche, 21. März 1969, S. 25 f.
Schmidt, Hugo Wolfram
siehe Kirchmeyer
Stephan, Rudolf
Hans Werner Henze, in: die Reihe 4, junge Komponisten, Wien 1958, S. 32 f.
Stuckenschmidt, Hans Heinz
Musik des 20. Jahrhunderts, München 1969
Stuckenschmidt, Hans Heinz
Die großen Komponisten unseres Jahrhunderts, Band I, München 1971, S. 197 f.
Stürzbecher, Ursula
Werkstattgespräche mit Komponisten, Köln 1971, S. 106 f.
Vetter, Hans Joachim
„Die Musik unseres Jahrhunderts", in: Bausteine für Musikerziehung und Musikpflege 16, Mainz 1968
Vogt, Hans
Neue Musik seit 1945, Stuttgart 1972, S. 306 f.
Zillig, Winfried
Variationen über neue Musik, München 1959

Karl-Josef Müller

György Ligeti (1923)
Lontano für großes Orchester (1967)

1. INFORMATION

1.1 Sachinformationen

Partitur: Edition Schott 6303 (Musik des 20. Jahrhunderts)
Schallplatte: Wer 60045 (zus. mit „Continuum“ und „Requiem“)
Entstehung: 1967 als Kompositionsauftrag des SWF Baden-Baden
Uraufführung: Donaueschinger Musiktage für zeitgenössische Tonkunst 1967, SWF-Orchester, Leitung: Ernest Bour
Dauer: 11 Min.

1.2 Werkauswahl (ab 1957)

„Artikulation“, elektron. Komposition (1958)
„Apparitions“ f. Orchester (1960)
„Athmosphères“ f. Orchester (1961)
„Volumina“ f. Orgel (1962; Neufassung 1968)
„Aventures“ f. Solostimmen und Instrumente (1963)
„Requiem“ f. Soli, Chöre und Orchester (1965)
„Nouvelles Aventures“ f. Solostimmen und Instrumente (1966)
„Lux aeterna“ f. Chor (1966)
„Konzert f. Violoncello und Orchester“ (1967)
„Lontano“ f. großes Orchester (1967)
„Continuum“ f. Cembalo (1968)
„Streichquartett Nr. 2“ (1969)
„Zehn Stücke für Bläserquintett“ (1969)
„Ramifications“ f. Streicher (1969)
„Kammerkonzert für 13 Instrumentalisten“ (1970)
„Melodien“ f. Orchester (1971)
„Konzert für Flöte, Oboe und Orchester“ (1972)
„Clocks and Clouds“ f. 12-stg. Frauenchor und Orchester (1973)

1.3 Voraussetzungen, die eine intensive Behandlung erleichtern

— Kenntnis wesentlicher Merkmale der Flächenkomposition und ihrer Abgrenzung gegenüber der seriellen Technik
— Kenntnis primär klangfarblich konzipierter Werke
— Kenntnis dodekaphoner Prinzipien
— Kenntnis polyphoner Satzprinzipien und Vertrautsein mit Gesetzen des Melodiebaus.

2. ANALYSE

2.1 Vorbemerkungen

Ligetis kompositorisches Werk nach der Emigration aus Ungarn im Jahre 1956 ist untrennbar verbunden mit der Phase nachseriellen Komponierens. Als einziger unter jenen Komponisten, die das Gesicht der Musik der 60er Jahre entscheidend mitgeprägt haben, hat Ligeti niemals ein Werk in serieller Technik geschrieben.[1] Seine Kritik am seriellen System, bestechend klar formuliert in dem in der „Reihe" Bd. V, erschienenen Aufsatz „Pierre Boulez — Entscheidung und Automatik in der Structure Ia", ging von der einem sorgsamen analytischen Verfahren folgenden Erkenntnis aus, daß totale Determinierung schließlich totaler Indeterminierung gleichkomme und somit in eine Sackgasse führe. Der Theoretiker Ligeti veranlaßte den Komponisten, aufgrund seiner kritisch-schöpferischen Auseinandersetzung mit dem Werk der Komponisten Westeuropas, von allem Anfang an ein individuelles kompositorisches Konzept zu entwickeln, das sich der zunächst schockierten Fachwelt mit dem 1960 beim Weltmusikfest der IGNM in Köln uraufgeführten Orchesterwerk „Apparitions" vorstellte. Die kompositorische Überwindung seriellen Denkens bedeutet hier, „die bereits fortschreitende Abstumpfung zur letzten Konsequenz zu treiben und die Intervallcharaktere einer vollständigen Destruktion zu unterwerfen . . . Durch die Beseitigung der Intervallfunktion wurde der Weg frei zum Komponieren von musikalischen Verflechtungen und von Geräuschstrukturen äußerster Differenzierung und Komplexität."[2]

Noch dichter in Anlage und Faktur erscheint das 1961 entstandene und seither meistgespielte Orchesterwerk „Atmosphères". „Ligeti hat hier sein Vokabular noch strenger gesichtet und alle insgeheim traditionellen Formrelikte — Figuren, Tonhöhenprofile, rhythmische Konturen — ausgemerzt. Das ganze Stück besteht gleichsam nur mehr aus ‚Hintergrund', aus einem gleichmäßig den ganzen Klangraum chromatisch ausfüllenden, extrem feinfaserigen Gewebe."[3] Nach zwei wichtigen Orchesterwerken und dem 1961/62 entstandenen Orgelstück „Volumina" folgen in den Jahren 1962 bis 1965 drei Vokalwerke: „Aventures", „Requiem" und „Nouvelles Aventures". Zum erstenmal nach seiner Emigration hatte sich Ligeti in der elektronischen Komposition „Artikulation" mit Sprache beschäftigt, und auch nach den „Aventures" und dem „Requiem" verfolgt er im „Lux aeterna" den Gedanken der Sprach-Komposition weiter; hier schafft er u. a. auch die kompositorischen Voraussetzungen für „Lontano": „‚Lux aeterna' spiegelt ein mildes Licht, das wie aus weiter Ferne von Zeit und Raum zu kommen scheint und sich ebenso unmerklich wieder in der Ferne verliert, ohne je konkrete Umrisse, diesseitige Realität zu gewinnen."[4] „Was die Großform betrifft, ist ‚Lontano' mit ‚Atmosphères' verwandt. Beide gehören dem kontinuierlichen Typus an. Die harmonische und polyphone Technik greift teilweise auf den ‚Lacrimosa'-Satz aus dem ‚Requiem' und auf ‚Lux aeterna' zurück, doch sind die kompositorischen Fragestellungen und Lösungen hier ganz anders . . ."[5]

---

[1] Bis zur Emigration war ihm diese Technik infolge der politischen Isolierung Ungarns vom westlichen Ausland so gut wie unbekannt.
[2] Kommentar zur Uraufführung am 19. 6. 1960 in Köln.
[3] Monika Lichtenfeld, György Ligeti oder das Ende der seriellen Musik, in: Melos 1972, S. 74.
[4] Monika Lichtenfeld, a. a. O., S. 77
[5] György Ligeti, Aus dem Kommentar zur Donaueschinger Uraufführung, Programmheft S. 15 bis 17

2.2 Lontano

„Lontano" zählt — wie Ligeti selbst feststellt — zu den Werken des „kontinuierlichen Typus", zu jener Gruppe von Kompositionen also, in denen die Parameter Höhe und Dauer zurücktreten gegenüber der Klangfarbe und damit flächenhaftem Klang und Geräusch entscheidendes Gewicht verleihen. Entwicklungshistorisch steht „Lontano" daher in einer Linie mit Pendereckis „Anaklasis" oder auch Zimmermanns „Photoptosis". Dennoch bestehen — und dies soll die vorliegende Analyse vor allem zeigen — wichtige Unterschiede gegenüber eigenen wie auch den Werken der Zeitgenossen.
In „Atmosphères" stellen klangfarbliche Mutationen das primäre Gestaltungsmittel dar, die Arbeit mit Intervallen und Harmonik fehlt dagegen fast vollständig. Ligeti spricht in diesem Zusammenhang von „neutralisierter" oder „eliminierter" Harmonik und stellt fest: „Die neutralisierte Harmonik — oder sagen wir: die eliminierte Harmonik, wie in Atmosphères und Volumina — hat sich sehr schnell verbraucht. Fast alle diese Stücke sind in bestimmten Randbezirken angesiedelt, in denen man dann nicht mehr weitergehen kann. Das heißt: man könnte weitergehen, aber man würde nichts Neues finden."[6]
Der Weg führt also in „Lontano" weg von der *ausschließlich* klangfarblichen Konzeption, ohne sie freilich aufzugeben. Der Anfang zeigt dies ganz deutlich: der Ton as, mit dem „Lontano" beginnt, bleibt über die ersten sechs Takte hinweg das einzige Ton*höhen*-Material, wird aber durch Hinzutreten oder vorübergehendes Ausblenden von Instrumenten klangfarblich modifiziert; hier die ersten vier Takte:

(Siehe Notenbeispiel auf Seite 289)

Das gleiche gilt für die Takte 111 ff., wo der Klang e-f-ges durch farbliche Mutationen Profil gewinnt. Dieser Aspekt bestimmt die gesamte Komposition mit, bildet aber nicht mehr die Primärkomponente; wesentlichstes Novum gegenüber früheren Werken stellt die Rückkehr zum Komponieren mit Intervallen und Harmonik dar. „Das erste Stück, das tatsächlich auf einer sehr klar organisierten Intervallstruktur basiert, ist das ‚Requiem'. Im ‚Requiem' spielen ganz bestimmte Intervallzusammenhänge eine formbildende Rolle, ohne daß Intervalle oder Intervallkomplexe tonal miteinander verbunden wären. Diese Technik aus dem ‚Requiem' habe ich in dem a-cappella - Chorstück ‚Lux aeterna' weitergeführt und ein Endprodukt wäre ‚Lontano'."[7]
Das Komponieren mit Intervallen und harmonischen Strukturen schlägt sich in „Lontano" in zweifacher Weise nieder:

a) in der durch „melodische" Selbständigkeit der Einzelstimmen hervorgerufenen „Polyphonie", die jedoch als Fläche hörbar wird,
b) in der formalen Gestaltung durch „Herauskristallisieren von Eckpunkten oder -pfeilern, die bestimmte Intervalle oder Einzeltöne oder Harmonien"[8] sind.

Die in „Requiem" und „Lux aeterna" entwickelte und in „Lontano" weitergeführte Polyphonie ist nicht identisch mit der polyphonen Setzweise vergangener Jahrhunderte, wenngleich Ligeti dem finnischen Musikwissenschaftler Erkki Salmenhaara gegenüber

[6] Ove Nordwall, György Ligeti. Eine Monographie, Mainz 1971, S. 128
[7] O. Nordwall, a. a. O., S. 129 f.
[8] O. Norwall, a. a. O., S. 130

geäußert hat, daß ihm „die polyphone Technik Bachs, besonders wie sie sich in der 8-stimmigen Motette ‚Singet dem Herrn ein neues Lied' ausgeprägt", als Vorbild gelte;[9] auch der Name Machaut erscheint im Skizzenmaterial zum „Requiem".[10]

[9] Erkki Salmenhaara, Das musikalische Material und seine Behandlung in den Werken Apparitions, Atmosphères, Aventures und Requiem von György Ligeti, Helsinki 1969, Regensburg 1969, S. 136

[10] E. Salmenhaara, a. a. O., S. 188

Jene „Mikropolyphonie", die Salmenhaara als das Charakteristikum der Satzstruktur des „Requiem" bezeichnet, ist ebenso typisch für das 1966 entstandene „Lux aeterna" wie auch für „Lontano"[11]. „Der Name Mikropolyphonie beschreibt den Charakter der Kontrapunktik: die polyphone Bewegung geschieht in dichten chromatischen Komplexen, innerhalb dichter Clusters".[12] Der erste Abschnitt läßt dieses Verfahren deutlich erkennen: aus einem Einzelton entwickeln sich Tonfolgen, deren Spezifikum eben in der Bewegung in dichten chromatischen Komplexen liegt:

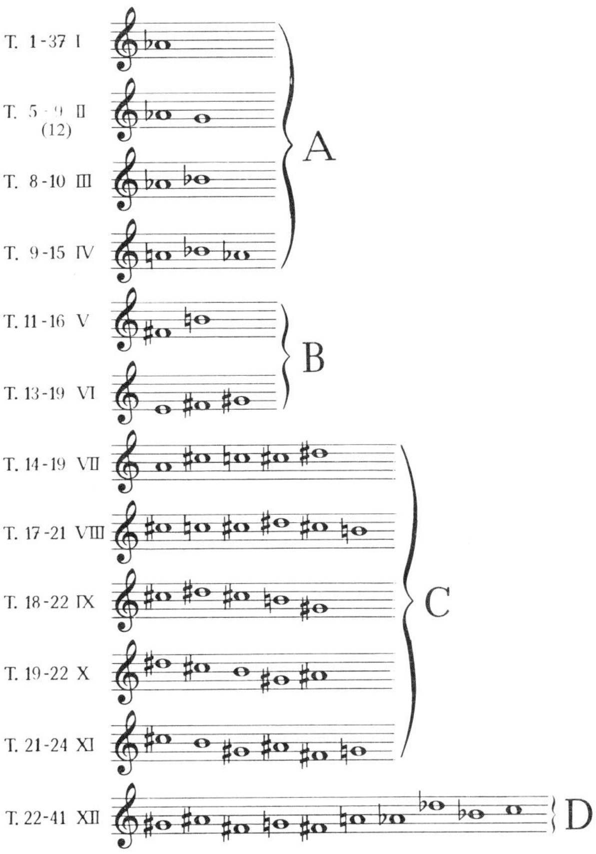

Der Bau solcher — hier unrhythmisierter — Melodie-„Formeln" und ihr vertikaler Zusammenklang unterliegen strengen, von Ligeti in den Skizzen zum „Requiem" selbst entwickelten Satzregeln; dort heißt es u. a.:

[11] Zur kompositorischen Verwandtschaft zwischen diesen Werken vgl. O. Nordwall, a. a. O., S. 53, 87 und 129 f.
[12] E. Salmenhaara, a. a. O., S. 136

„Stimmführung: ...
Nacheinander von Schritten: zwei Schritte in derselben Richtung sind nicht erlaubt. Zwei Schritte mit wechselnder Richtung sind erlaubt, aber nur dann, wenn die zwei Schritte aus zwei verschiedenen Sekunden bestehen.
Ein Nacheinander von mehr als zwei Schritten ist nicht erlaubt. Nacheinander von Schritten und Sprüngen: mit Richtungswechsel sind sie ohne Beschränkung erlaubt. Nacheinander ohne Richtungswechsel ist erlaubt, doch nur für zwei sukzessive Intervalle, nachher muß die Richtung gewechselt werden. Prim (Tonwiederholung) ist nicht erlaubt.
Harmonik (vertikale Zusammenhänge): Das vertikale Vorhandensein von minimal einer kleinen oder großen Sekunde ist vorgeschrieben. Ausnahme: bei gewissen Höhepunkten des Satzes ist ein reines Unisono möglich. Für Stellen, in denen die Stimmführung für kurze Zeit stillsteht, sich also ein ‚Akkord-Gefühl' ausbilden kann, überwiegen Akkorde aus kleiner Sekunde + Tritonus + Quart oder Quint.
Ökonomie mit den 12 Tonhöhen: Zwar gibt es keine 12-Tonreihen, doch werden vertikal-horizontal die Töne so verteilt, daß derselbe Ton möglichst nicht früher als die anderen wiederkehrt und also die 12 Töne (samt Oktavtranspositionen) möglichst gleichmäßig verteilt werden. Diese möglichst gleichmäßige Verteilung unterliegt aber den Regeln der Stimmführung und der Harmonik: verfrühte Tonwiederkehr ist möglich, wenn die andere, wichtigere Regel die gleichmäßige Tonverteilung nicht zuläßt."[13]

Dieses satztechnische Konzept des „Requiem" gilt — wie ein Blick auf die o. a. Melodie-„Formeln" bestätigt — weitgehend auch für „Lontano".
Die Entwicklung der „Formeln" läßt vier Phasen erkennen, die in sich bereits ein Steigerungsmoment darstellen:
Phase A (I—IV):
Ausgehen von einem Ton und erste Bewegung in kleiner, dann großer Sekunde und schließlich in beiden Schritten auf- bzw. abwärts.
Phase B (V u. VI):
Aufstellen der beiden für das Gesamtwerk wichtigen Intervalle Quart und Sekunde, d. h. auch: Gegensatz Sprung — Schritt, und durch Aneinanderreihung zweier Sekunden erstes Auftauchen der Terz (e — gis).
Phase C (VII—XI):
Entwicklung von 5- bzw. 6-tönigen „Formeln", bestehend aus der Intervall-Kombination Terz + Sekunde, wobei hier das Prinzip der Entwicklung auch darin besteht, daß von „Formel" zu „Formel" der erste bzw. die zwei ersten Töne weggelassen, dafür ein oder zwei neue Töne hinzugefügt werden. Diese Fortentwicklung bildet damit die Grundlage für den Endzustand des ersten Abschnitts, die
Phase D (XII):
In ihr sind alle Intervall-Elemente enthalten; sie stellt gleichzeitig die längste „Formel" dar und steht damit in Gegensatz-Verbindung zum „eintönigen" Beginn.
Die Melodie-„Formeln" sind Basis einer zweifachen Polyphonie. Zum einen bildet Ligeti aus jeder „Formel" eine Kanon-Struktur, d. h. eine mikropolyphone Schicht; andererseits werden diese Schichten wiederum ineinander verschachtelt und überlagern sich zu

[13] Zitiert nach E. Salmenhaara, a. a. O., S. 139—141; der Autor bemerkt dazu: „Der I n h a l t dieser Regeln ist natürlich ein anderer als im modalen oder tonalen Stil, das P r i n z i p jedoch ist gleich." (S. 139).

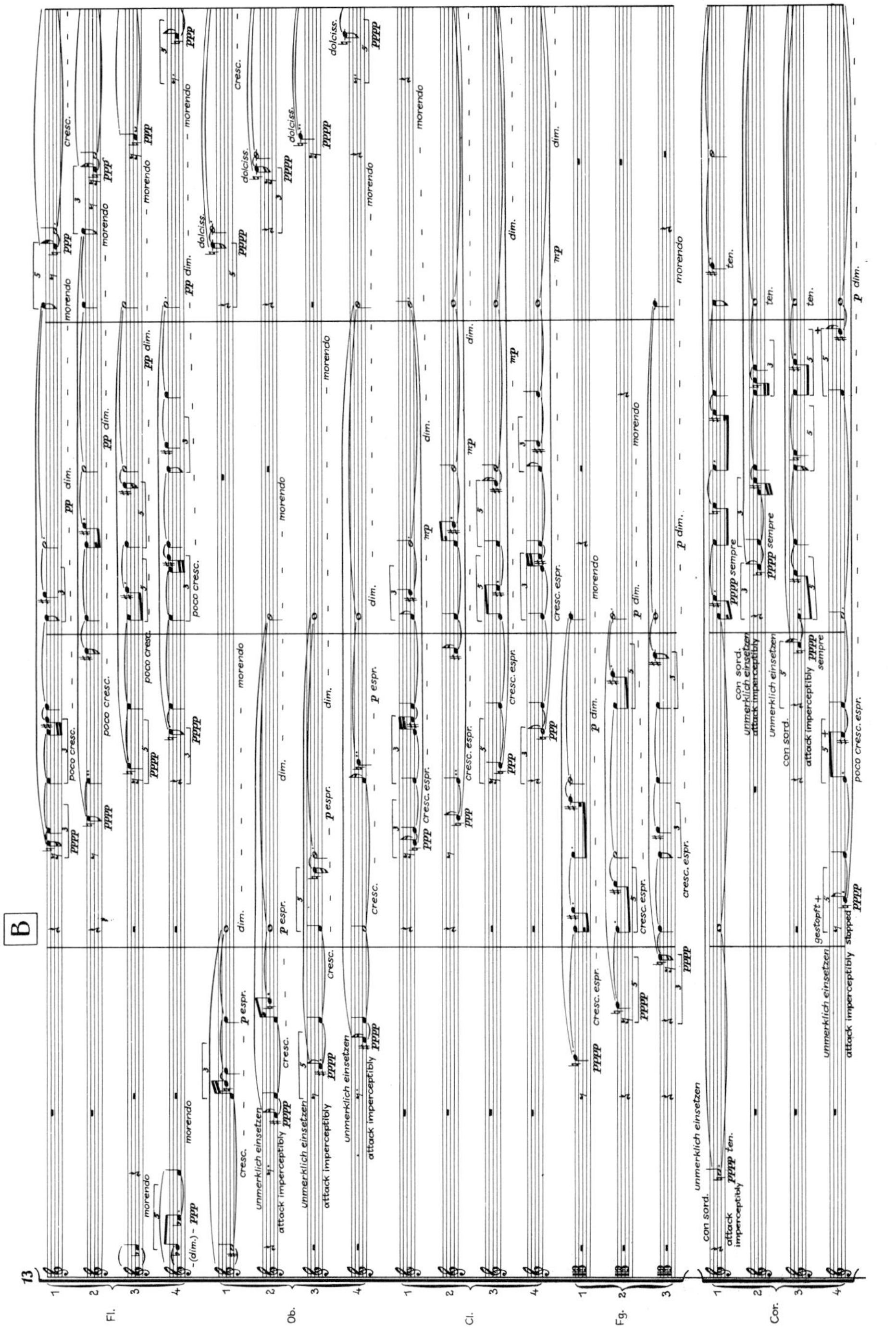
13
B
Fl.
Ob.
Cl.
Fg.
Cor.
morendo
cresc.
dim.
poco cresc.
dolciss.
p espr.
cresc. espr.
unmerklich einsetzen
attack imperceptibly
con sord.
gestopft +
stopped
ten.
pppp sempre
poco cresc. espr.

einer Art Makropolyphonie, die im Höreindruck flächig wirkt: geschrieben ist Polyphonie, hörbar wird Fläche. Beides — Mikro- und Makropolyphonie — läßt das Notenbild erkennen, hier am Beispiel der Bläserstimmen der Takte 13—16:

„Formel“ V: Oboen 1—4

„Formel“ VI: zunächst Fagotte 1—3 + Horn 4, dann Flöten 1—4 + Clarinetten 1—4 (in Oktavabstand)

„Formel“ VII: Hörner 1—3

Jede dieser „Formeln“ bildet in kanonischer Führung bei unterschiedlicher Rhythmisierung eine Mikrostruktur; ineinander verschlungen schießen sie zu jener Makropolyphonie von mehreren Schichten zusammen, die schließlich als Fläche hörbar wird. Erhöhter polyphoner Habitus wird wesentlich mitbestimmt durch die verschiedenartige Rhythmisierung der „Formeln“ in den einzelnen Stimmen:

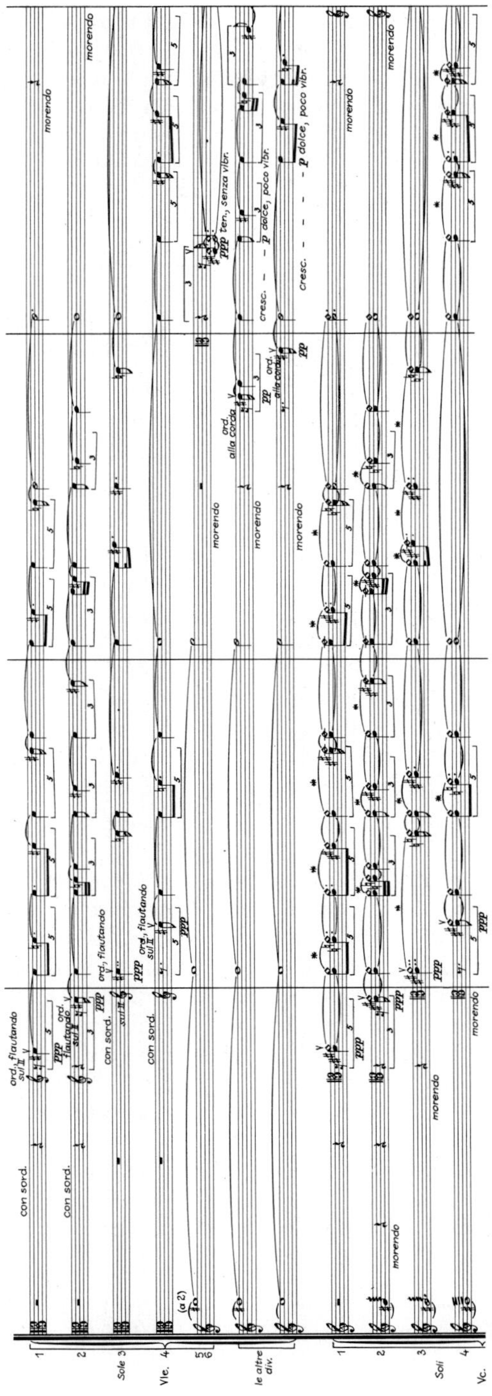

Diesen rhythmischen Figuren liegt ein ähnliches Prinzip zugrunde, wie dem B-Teil von Pendereckis „Anaklasis".[14] Eine bestimmte Zeitstrecke (♩) wird in Gruppen zu vier, fünf oder sechs gleichen Werten geteilt; jede Figur beginnt mit einer Pause und wird mit einem nachfolgenden längeren Wert verbunden:

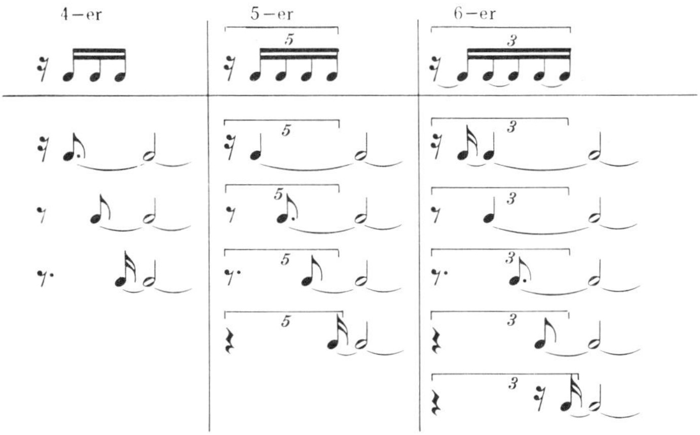

Damit vermeidet Ligeti jede Akzentuierung, fügt vielmehr meistens „unmerklich einsetzen" hinzu, gekoppelt mit pppp — ppp — Dynamik und erreicht dadurch flächenhafte Wirkung und — in Zusammenhang mit der Instrumentation (häufig Oktavverdoppelungen, große Klangbreite) — jene „unglaubliche Weichheit, wie Samt", von der er im Brief vom 22. 2. 1967 an Ove Nordwall spricht.[15]
Ligeti ist häufig auf die Fragwürdigkeit der Ökonomie seiner Notationsweise angesprochen worden — ein scheinbar äußerliches Problem.

Häusler: „Warum schreiben Sie eine Polyphonie, die man nicht hören kann?"

...

Ligeti: „Ja, es ist scheinbar ein Widerspruch. Für mich selbst wäre es auch viel einfacher und, fast würde ich sagen, ökonomischer für die kompositorische Arbeit, wenn ich eine globale Notation benutzen würde. Ich denke z. B. jetzt an Notationen, die Penderecki gebraucht. Wo ein Cluster gespielt wird in einer Instrumentengruppe, sagen wir ein hoher Cluster in den Geigen, wird in einer kleinen Notiz angegeben, welches Instrument welche Tonhöhe spielt; notiert wird dieser Cluster global, und wenn es dann Tonhöhenveränderungen gibt, dann verändert sich das Notationsbild, es verschiebt sich, d. h. alle spielen glissando, usw. Es ist eine sehr ökonomische, praktische und adäquate Notation für eine Musik, wie Penderecki sie schreibt. Für die Musik, die ich schreibe, wäre diese Notation nicht adäquat, und zwar aus folgendem Grund: ich will die separate Steuerung jeder einzelnen Stimme in der Hand haben.

...

Häusler: Sie wollen also das interne Fluktuieren innerhalb einer Fläche ganz bewußt steuern ...

[14] Vgl. den Beitrag „Anaklasis", S. 215 ff.
[15] O. Nordwall, a. a. O., S. 87

Ligeti: ... ganz bewußt steuern und bestimmen. So meinte ich die versteckte Polyphonie auch. Innerhalb dieser Flächen gibt es eine in der Komposition gearbeitete und in der Partitur aufscheinende Polyphonie, die nicht ohne weiteres zu hören ist, aber wir hören nicht die Polyphonie selbst, wir hören ihr Ergebnis. Wenn ich das global notieren würde, wäre das Ergebnis nicht dasselbe. Ich möchte als Beispiel folgendes sagen: ein Eisberg wird nur zu einem sehr kleinen Teil sichtbar, der größte Teil ist verborgen unter dem Wasser. Wie dieser Eisberg aber ausschaut, wie er sich bewegt, wie er verschiedenen Strömungen im Ozean unterliegt, das wird nicht nur vom sichtbaren, sondern auch vom unsichtbaren Teil mitbestimmt. Aus diesem Grunde sage ich: meine Kompositions- und Notationsweise ist unökonomisch, sie ist etwas verschwenderisch. Ich bestimme viele Details, die an sich nicht hörbar sind. Aber die Tatsache, daß diese Details bestimmt worden sind, ist wesentlich für das Gesamtergebnis, so hoffe ich jedenfalls ...“[16]

Das zweite wichtige Resultat der Rückkehr zur Arbeit mit Intervallen und Harmonik ist die Bildung von formalen Festpunkten oder „Eckpfeilern“. Zwischen diesen gliedernden Stadien der Komposition finden Phasen von Flächenaufbau oder Klangtrübung statt, die als harmonische Transformationen den Übergang zum nächsten „Pfeiler“ schaffen. Solche „Eckpfeiler“ können Einzeltöne, Intervalle oder Mehrklänge sein.
So entwickelt sich aus dem Anfangston as allmählich eine Fläche, die durch Hinzutreten benachbarter oder — wie Ligeti sie nennt — „parasitärer“ Töne gebildet wird:

T. 1—41

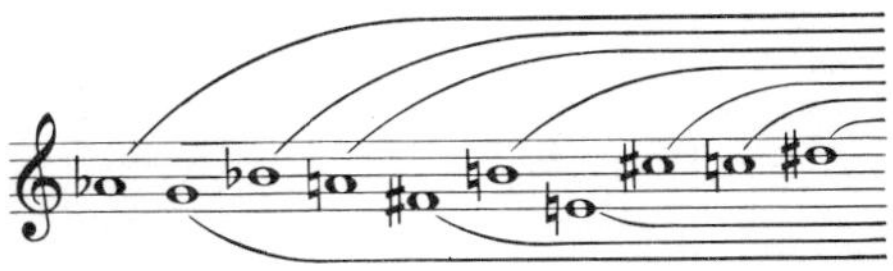

In dieser Fläche bildet sich, zunächst kaum feststellbar, ein neuer Mittelpunkt (nicht im tonalen Sinne), der ebenfalls von parasitären Tönen umgeben ist, bevor er sich aus dem polyphonen Stimmgeflecht herauskristallisiert (T. 39—41).
Ligeti beschreibt den Vorgang so: „... schließlich löst sich die ursprünglich klare, deutliche harmonische [oder Einzelton-] Struktur in eine neutrale Fläche auf. Inmitten dieser neutralen Fläche zeigen sich nun Spuren von einer später deutlich erscheinenden neuen Tonhöhenkonstellation. Die neue Konstellation ist zuerst kaum hörbar da. Aber allmählich versammeln sich die verschiedenen Stimmen auf den einzelnen Intervallen, die später dann in klarem Licht dastehen werden. Das heißt, es gibt eine harmonische Transformation, ähnlich wie es früher in meinen Stücken eine Klangfarbentransformation gegeben hat.“[17]
Im ersten Abschnitt findet eine solche Klangtransformation von as (T. 1) nach c (T. 41) statt.

Eine zweite Möglichkeit, nämlich Flächenbildung von einem Intervall aus, zeigen die Abschnitte F—H (T. 41—56). Das Ausgangsintervall des—c wird durch parasitäre Töne „aufgefüllt“. Unrhythmisiert stellt sich der klangliche Vorgang folgendermaßen dar:

[16] O. Nordwall, a. a. O., S. 135 f.
[17] O. Nordwall, a. a. O., S. 131

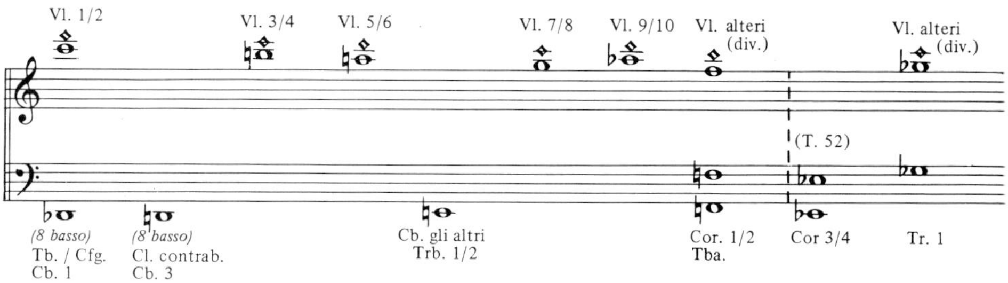

Alle Töne werden — mit Ausnahme von d und e —bei gleichzeitiger Klangfarben-Mutation bis zum Ende des Abschnitts H gehalten, so daß am Ende der Entwicklung sich folgender Klang aus dem Anfangsintervall des—c gebildet hat:

Der formale Ablauf von „Lontano" gliedert sich also in erster Linie durch Klangtransformation, d. h.: aus bestimmten Klang-Konstellationen, von denen keine im Verlaufe der Komposition wiederkehrt, entwickeln sich durch Hinzufügung parasitärer Töne Flächen, in denen bereits neue klangliche Konstellationen hörbar werden. Anläßlich „Lux aeterna" schreibt Ligeti am 10. 8. 1966 an Ove Nordwall zu diesem Vorgang: „. . . es gibt keine plötzliche harmonische Fortschreitung, sondern die einzelnen harmonischen Bildungen fließen allmählich ineinander über: es ist wie eine Wasserfläche mit einem Spiegelbild, die sich langsam kräuselt; und wenn sie wieder glatt wird, ist bereits ein neues Spiegelbild sichtbar."[18]
Die Ausgangspunkte oder — wie Ligeti sie bezeichnet — „Eckpfeiler" solcher Klangtransformationen sind Einzeltöne, Intervalle oder Mehrklänge:

Häusler: „Sie haben ein Orchesterstück ‚Lontano' genannt. Auch dieser Titel weist auf räumliche Gegebenheiten hin, ‚lontano' heißt auf deutsch ‚weit' oder ‚entfernt'. Wollen Sie mir dazu kurz ein Stichwort geben . . .?"
Ligeti: „Für mich spielen räumliche Assoziationen innerhalb der Musik eine sehr große Rolle, aber es ist ein rein imaginärer Raum. Es gibt auch Kompositionen von Cage, von Stockhausen — ich denke vor allem an ‚Gruppen' und ‚Carré' von Stockhausen —, in denen der reale Raum eine wesentliche, sogar konstruktive Rolle spielt.[19] Dagegen: Raum zu suggerieren, oder Raum assoziativ hervorzubringen, das war etwas, was ich in meinen Stücken angestrebt habe."[19]
Ligeti selbst gibt ein Beispiel für derartige räumliche Assoziationen. Es handelt sich um die Takte 120 ff.: *(Siehe Notenbeispiele auf Seite 298/299)*

Ligeti bemerkt dazu: „Ungefähr im letzten Drittel des Stückes gibt es nach einer stehenden, sehr sanften Klangfläche, gebildet aus einer großen Sekunde und einer kleinen Terz, ein allmähliches Schreiten in dumpfen, tiefen Regionen. Das schafft schon eine starke räumliche Assoziation. Nun, dieses dunkle Schreiten wird plötzlich aufgehellt, als ob die Musik von hinten durchleuchtet wäre . . . Dieses Fortschreiten, das einmal angefangen hat, geht weiter: die Bratschen, Celli und Contrabässe führen die angefangene Sequenz fort. Alle anderen Intstrumente, und später auch die Celli, fangen einen neuen Gestus an, plötzlich etwas Helles, oft nicht ganz konturiert; es kommt zu einer immer weitergehenden Aufhellung, die Musik scheint zu glänzen, zu strahlen. Das wird auch dynamisch durch ein Crescendo und in der Tonhöhe durch ein allmähliches Hinaufsteigen in immer höhere und höhere Regionen unterstrichen, bis dann ganz in der Höhe ein einziger Ton, ein dis, sich herausbildet und stehenbleibt . . ."[20]

[18] O. Nordwall, a. a. O., S. 78
[19] Vgl. dazu: K. Stockhausen, Texte I, S. 152 und Texte II, S. 71 und 102.
[20] O. Nordwall, a. a. O., S. 125 f.

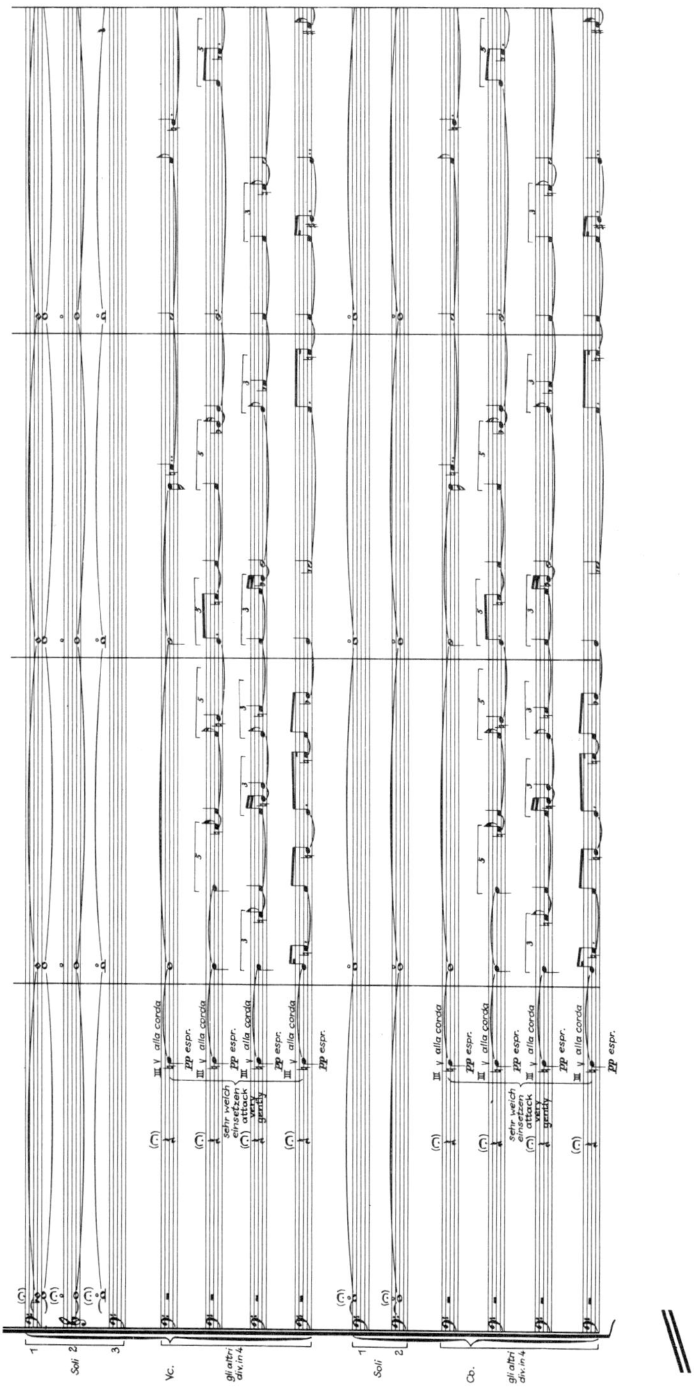
Soli 1 2 3
Vc.
gli altri div. in 4
Soli 1 2
Cb.
gli altri div. in 4
sehr weich einsetzen
attack very gently
III V alla corda
pp espr.

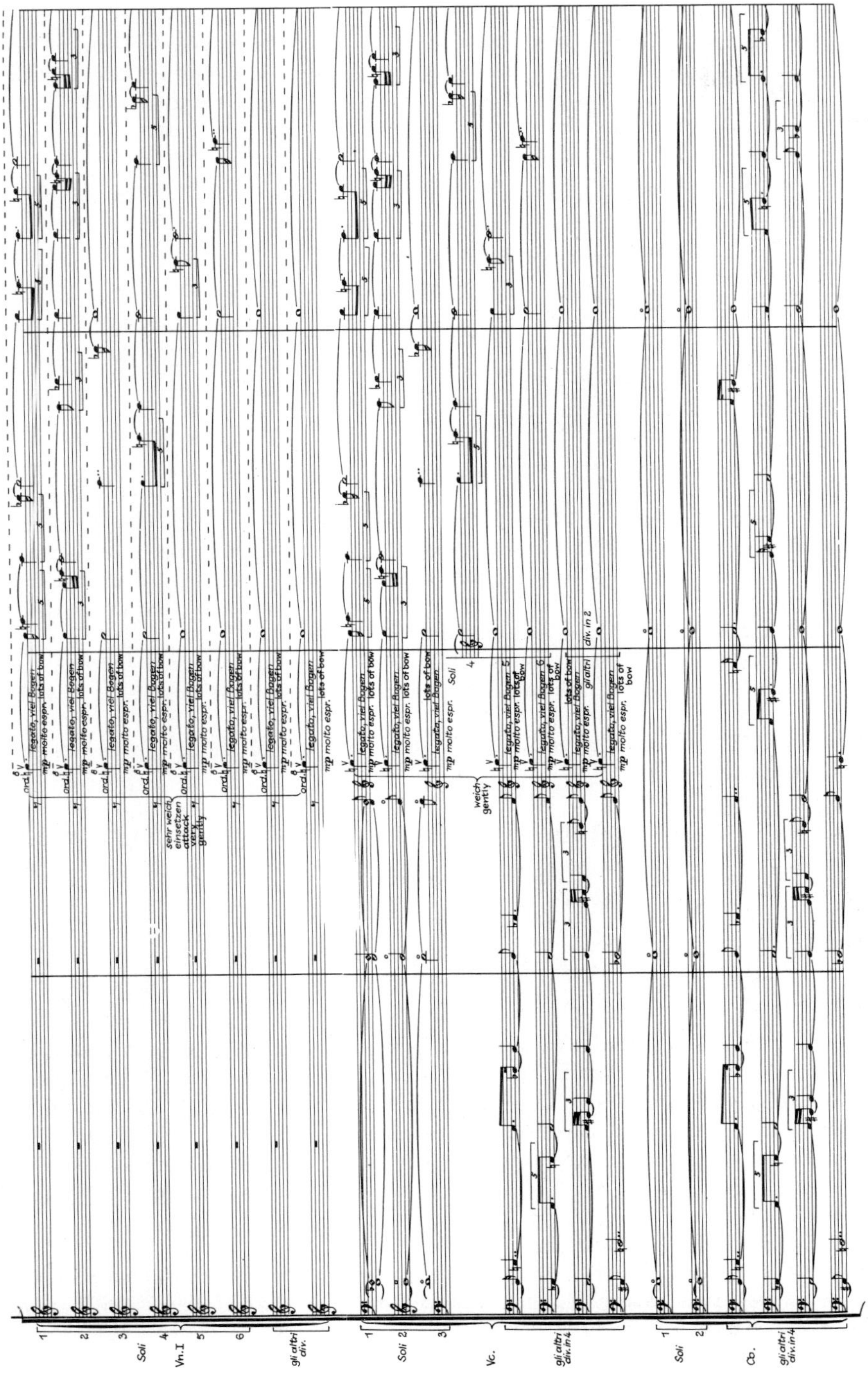
Soli
Vn. I
gli altri div.
Vc.
gli altri div. in 4
Cb.
ord.
legato, viel Bogen
mp molto espr.
lots of bow
sehr weich einsetzen
attack very gently
weich
gently
div. in 2
gli altri

Kompositorisch liegt den angesprochenen Abschnitten W—Z (Takte 120—145) ein Verfahren der Dodekaphonie oder — wenn man so will — der Polyphonie schlechthin zugrunde: Die Abschnitte X und Y sollen einen Gegensatz bilden; X suggeriert das „dunkle Schreiten", Y die „Aufhellung". Ligeti bedient sich zur Bildung dieses Gegensatzes der Umkehrung: die Tonfolge von Y stellt die Umkehrung der Tonfolge von X dar:

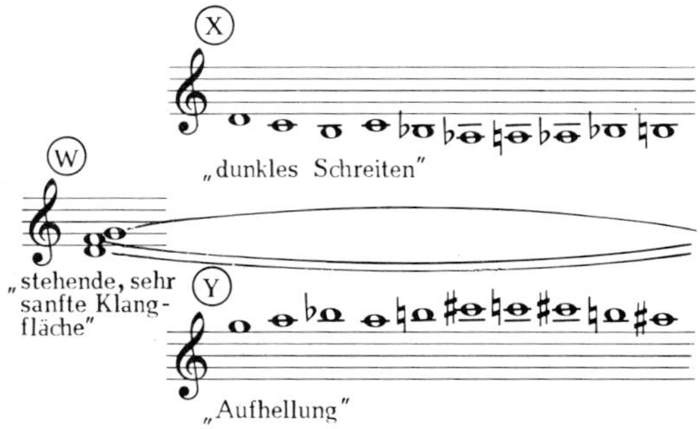

„Lontano" ist eine Komposition, die durch Titel und Kommentare Ligetis den Anspruch erhebt, assoziativ wirkende Musik zu sein, genauer: *räumliche* Assoziationen zu wecken. Es soll und kann hier nicht eingehend erörtert werden, wieweit Musik in der Lage ist, assoziativ wirksam werden zu können oder zu sollen. Die Diskussion darum ist permanent. Unterrichtserfahrungen des Autors zeigen folgendes:

a) „Lontano" wirkt durchaus assoziativ; die Musik regt die Phantasie von Hörern, die diesem Stück ohne jede vorausgehende Information zum erstenmal begegnen, in vielfältiger Weise an.
b) Die erweckten Assoziationen lassen sich im wesentlichen mit folgenden Worten fassen:
   Angst, Einsamkeit, Gefahr . . .
   unheimlich, traurig . . .
   In weniger als 1 % aller durchgeführten Hörtests wurden räumliche Assoziationen erwähnt.

3. MATERIAL

3.1 Assoziationen

. . . Das neue Orchesterstück wird viel Ähnlichkeit mit ‚lux aeterna' haben, jedenfalls in der Bewegung und in der Harmonik, doch selbstverständlich wird es ein weitaus komplexeres Stück (und auch länger) und durch Instrumentationskünste (unglaubliche Weichheit, wie Samt) auch reicher sein. Die ‚kontinuierliche Form' beruht freilich auf der Konzeption von ‚Atmosphères', doch das Aufgeben der Cluster-Komposition und die Möglichkeiten einer neuen ‚Harmonik' (die nichts zu tun hat mit der tonalen Harmonik), außerdem die in ‚Requiem' und ‚Lux aeterna' entwickelte Polyphonie, all das wird in dem neuen Stück ausreifen. (Ich hoffe es.) . . .
Zufällig fand ich in einer Ode von Keats Verse, die sehr nahe bei dieser Musik stehen — jedenfalls in meiner Vorstellung. Es sind sehr berühmte und wunderbare Zeilen von Keats, die ich bisher nicht kannte:

The same that oft-times hath
Charmed magic casements, opening on the foam
Of perilous seas, in faery lands forlorn.

... Die Musik ist freilich unabhängig davon, auch gar kein ‚programmatischer' oder ähnlicher Zusammenhang, doch als ich jetzt zufällig dieses Gedicht gelesen habe, sah ich, wie genau diese Zeilen die Stimmung ausdrücken, die ich in der Musik darstelle (faery lands forlorn, durch die Gläser des Ozeans ...)

... Wenn schon ‚programmatische' Zusammenhänge, so sind es die riesigen bunten Glasfenster der Saint-Chapelle, wo man, wenn von draußen die Sonne hineinscheint, sich fühlt, als wäre man in der Mitte eines Diamanten eingeschlossen; in tausend Funken scheint dieser Kristall-Kerker sich zu bewegen.
(Brief Ligetis an Ove Nordwall vom 22. 2. 1967, zitiert nach Nordwall, Monographie, S. 87—90.)

In meiner frühen Kindheit träumte ich einmal, daß es mir nicht gelinge, bis zu meinem Bettchen (das mit Gittern versehen war und als sicherer Zufluchtsort galt) vorzudringen; denn das ganze Zimmer war von einem dünnfaserigen, aber dichten und äußerst verwickelten Gewebe ausgefüllt, ähnlich dem Sekret von Seidenwürmern, die bei ihrem Einpuppen das ganze Innere der Schachtel, in der sie gezüchtet werden, bespinnen. Außer mir blieben auch andere Wesen und Gegenstände in dem riesigen Netzwerk hängen, Nachtfalter und Käfer aller Art, die den Lichtraum einiger spärlich leuchtender Kerzen erreichen wollten, große, feuchtschmutzige Kissen, deren faule Füllung durch Risse im Überzug herausquoll. Jede Regung der steckengebliebenen Lebewesen verursachte ein Beben, das sich dem gesamten System mitteilte, so daß die schweren Kissen fortdauernd hin und her wackelten und ihrerseits wieder ein Wogen des Ganzen bewirkten. Ab und zu wurden die einander gegenseitig beeinflussenden Bewegungen so mächtig, daß das Netz mancherorts einriß und einige Käfer unerwarteterweise frei wurden, um sich bald darauf mit erstickendem Summen neuerlich im wogenden Geflecht zu verirren. Diese hier und da eintretenden plötzlichen Ereignisse veränderten allmählich die Struktur des Gewebes, das immer verschlungener wurde: an manchen Stellen bildeten sich unentwirrbare Verknotungen, an anderen Kavernen, in denen einige aus dem ursprünglich zusammenhängenden Geflecht stammende Fetzen wie Sommerfäden umherschwebten. Die Wandlungen des Systems waren unumkehrbar; keinen einmal vergangenen Zustand konnte es wieder geben. Etwas unaussprechlich Trauriges war an diesem Prozeß, die Hoffnungslosigkeit verrinnender Zeit und einer nicht wiedergutzumachenden Vergangenheit.

Die Erinnerung an diesen weit zurückliegenden Traum hatte einen gewissen Einfluß auf die Musik, die ich Ende der fünfziger Jahre schrieb. Die Geschehnisse im durchgesponnenen Zimmer verwandelten sich in klangliche Phantasien, die das Ausgangsmaterial von Kompositionen bildete.

... Wenn ich als Grundschicht für einige meiner Kompositionen den geschilderten Traum nenne, so bedeutet dies nicht, daß er in meiner Musik als ‚Inhalt' diente. Die Absicht, illustrative oder gar programmatische Kunst zu schaffen, liegt mir durchaus fern. Der Trauminhalt wurde mehrfach umgesetzt, von anderen Vorstellungen und kompositorischen Vorgängen überlagert und manifestierte sich schließlich nur noch in einigen formalen und satztechnischen Aspekten sowie im allgemeinen Habitus der entsprechenden Werke.
(Ligeti, Zustände.)

Man kann sich freilich fragen, ob Ligetis Musik immer die ihr gemäßen und ihr entsprechenden Assoziationen erweckt. Sicher war kein Komponist der Gegenwart solchen ästhetenhaften Fehleinschätzungen ausgesetzt wie er. Seit den ‚Atmosphères' hatte Ligetis Klanggestik mit ihrem befreienden auch unbeabsichtigt einige vernebelnde Momente ins Spiel gebracht. Weiche Übergänge, verfließende Umrisse, das Aufsteigen aus tiefen Registern und das dauernde Changieren der Farbqualitäten weckten unzukömmliche Erinnerungen und schufen eine gefährliche Impressionabilität. Die Aufmerksamkeit des Hörers, vom Verfolgen irgendwelcher Strukturen nachdrücklich dispensiert, wurde wieder verleitet, sich den musikalisch stimulierten eigenen Phantasien hinzugeben. So stellte sich mit der wachsenden Anerkennung fast zwangsläufig auch Beifall von der falschen Seite ein. Nun kann man dafür den Komponisten, der ja alles andere als derlei Alfresco-Wirkungen erzielen wollte, nicht eigentlich verantwortlich machen. Dennoch möchte er eben nicht dauernd für jemand gehalten werden, der er nicht ist.
(U. Dibelius, Reflexion.)

3.2 „Bedeutung" der Musik — Semantik

Musikalische Bedeutung, die musikalische Kontexte in einigen Zügen als Sprach-analog erscheinen läßt, ist grundsätzlich anders geartet als sprachliche Bedeutung: musikalische Bedeutung bezieht sich nicht direkt auf Begriffliches und hat folglich bloß ein ‚als ob'-Substrat des Semantischen. Musik stimuliert Bedeutungen, die aber in nichts entgleiten, sobald man sie in einen eindeutigen semantischen Boden einzunageln versucht. Musikalische Momente erhalten Bedeutung nur, indem sie auf andere musikalische Momente hinweisen: nicht die Bedeutungen selbst, sondern nur die Bedeutungsverlagerungen und Bedeutungsänderungen sind erfaßbar. Noch enger begrenzt wird der Sprach-analoge Aspekt von Musik durch den Umstand, daß die musikalische Syntax wesentlich lockerer und ephemerer als diejene der Sprache ist: obwohl es teilweise berechtigt ist, Musik als syntaktisches System aufzufassen, ist dieses System doch von Lücken und internen Inkonsequenzen durchzogen; und darüber hinaus ist es keineswegs geschlossen, sondern ist, vornehmlich in der Richtung der Geschichte, offen für jede Umgestaltung. Daher genügt das System der Musik den Erfordernissen eines in sich konsequent gebauten Systems kaum, und Versuche, Musik und musikalische Form mit Kriterien der Logik beziehungsweise der Mathematik beschreiben zu wollen, sind äußerst fragwürdig. Wohl hat das System der Musik logische Aspekte, doch ergeben sich diese ebenso aus einem Schein wie die semantischen: Musik kann behaupten und aus den Behauptungen Folgerungen ziehen, doch gelten für diese keine Kriterien von unbedingter Richtigkeit oder Wahrheit. Musikalische Bedeutung und musikalische Logik verhalten sich zu tatsächlicher Bedeutung und tatsächlicher Logik wie Träume zur Realität.
(Ligeti, Über Form in der Musik.)

3.3 Form — Raum

Nähert man sich dem Begriff ‚musikalische Form' von dem umfassenderen Begriff ‚Form' her, ergibt sich ein weiterer Aspekt: der einer Raum-Analogie. ‚Form' ist ursprünglich eine Abstraktion von räumlichen Konfigurationen, von Proportionen der Ausdehnung von Objekten im Raum. Auf nicht räumliche Bereiche übertragen — Form von Poesie oder Musik — ist ‚Form' eine Abstraktion von einer Abstraktion. Entsprechend der Provenienz des Begriffes haftet den in der Zeit sich entfaltenden Formen Räumliches an. Dies wird dadurch unterstützt, daß in unserer Vorstellungs- und Gedankenwelt Zeit und

Raum stets miteinander gekoppelt auftreten: wo eine der beiden Kategorien primär vorhanden ist, stellt sich die andere assoziativ sofort ein. Bei der Vorstellung oder dem Anhören von Musik, wo der klangliche Vorgang primär zeitlich ist, entstehen imaginäre räumliche Beziehungen auf mehreren Ebenen. Zunächst auf der assoziativen Ebene, indem Veränderungen der Tonhöhe (bereits das Wort selbst weist auf Raum-Analoges hin) die vertikale, das Verharren auf derselben Tonhöhe die horizontale Raumdimension evoziert, während Lautstärke- und Klangfarbenveränderungen, etwa Unterschiede zwischen offenem und gedämpftem Klang, den Schein von Nähe und Ferne, im allgemeinen von Raumtiefe, erzeugen: musikalische Gestalten und Ereignisse werden von uns vorgestellt, als ob sie in dem, erst durch sie selbst fingierten, imaginären Raum Plätze einnähmen. Zweitens entstehen imaginäre räumliche Beziehungen auf der Ebene weiterer Abstraktion, wobei mehrere Arten von ‚Räumen' erdacht werden können. So sprechen wir von einem ‚harmonischen Raum', einer Abstraktion des assoziativ entstandenen Tonhöhen-Raumes, indem nicht die Tonhöhen als solche, sondern ihre harmonischen Beziehungen zueinander den Raum fingieren. . . . .
Dies gilt . . . ganz allgemein für jede Art von Musik, auch für die mit entwicklungsartigem Verlauf; denn dadurch, daß wir jedes in unser Bewußtsein eintretende neue Moment mit den bereits erlebten Momenten unwillkürlich vergleichen und aus diesem Vergleich Schlüsse auf das Kommende ziehen, durchschreiten wir den Bau der Musik, als ob dieser Bau in seiner Gesamtheit präsent wäre. Das Zusammenwirken von Assoziation, Abstraktion, Erinnerung und Prognose läßt überhaupt erst das Beziehungsnetz zustande kommen, das die Konzeption von musikalischer Form ermöglicht.
(Ligeti, Über Form in der Musik.)

Vergleichendes GESPRÄCH zum Thema Zeiterlebnis, Zeitbewußtsein (z. B. bei Zimmermann, Material 3.1.)

Auch daß über dem Choreinsatz [Introitus des ‚Requiem'] ‚Wie aus der Ferne, dolcissimo, legatissimo' steht, ist mehr als eine Vortragsanweisung; dadurch wird ein eigentümlicher und unverwechselbarer Gestus von Ligetis Musik bezeichnet. Ihr Klang scheint tatsächlich anderswoher, aus einer unwirklichen Ferne zu kommen, und er besitzt daher eine räumliche Dimension, in der er sich bewegt, bald näherrückt, bald in weite Distanz entschwindet, sich bald zu eindringlicher Kompaktheit zusammenballt und bald wie ein flüchtiges Gas in alle Richtung verteilt.
Freilich, das auslösende Moment für alle derartigen Bewegungen im Raum ist der Anfang. Es gibt da keinen demonstrativ behaupteten Einsatz, sondern ein sukzessives Entstehen, so als sei schon anderes in der Unhörbarkeit vorausgegangen und nun würden vorsichtig und behutsam Töne oder Tonmischungen von weit her in die klingende Wirklichkeit herübergeholt. ‚Lontano' heißt dementsprechend auch das letzte Stück für großes Orchester (1967), das mit dem Einklang beginnt und sich dann Stufe um Stufe verzweigt, also ganz allmählich mehr Boden und Realität gewinnt. . . . Schwingt die aufgefächerte Stimmenpolyphonie dann nach einiger Zeit wieder auf einen Einklang wie zu Anfang ein, so hat er eine ganz andere Schärfe, Intensität und Leuchtkraft erhalten. Die Musik ist in unmittelbare Nähe gekommen.
(U. Dibelius, Reflexion . . .)

Wie kein anderer Komponist dieser Dekade hat er die Kategorie des Raums in seine Musik einbezogen. Raum ist hier jedoch nicht im Sinne des Stockhausenschen Parameter ‚Tonort' zu verstehen — als Lokalität, in der Musik veranstaltet wird und die durch gezielte Organisation von Schallquellen und Schallrichtungen eine neue akustische Prä-

senz gewinnt. Raum bei Ligeti ist eine der Musik immanente Qualität, etwas im Detail auskomponiertes, das Distanz oder Nähe, plastisch greifbare Präsenz oder schattenhaften Reflex suggeriert. Freilich gibt es solche Nah- und Fernwirkungen schon in traditioneller Musik, beispielsweise bei Mahler oder noch früher bei Wagner, etwa zu Beginn des zweiten ‚Tristan'-Aktes. Doch haben sie dort stets eine deskriptive Funktion, sollen mehrschichtige Handlungsverläufe oder verschiedene Grade von Konkretion verdeutlichen. In Ligetis Werken jedoch nimmt die Musik — ohne daß dafür irgendein programmatischer Anlaß bestünde — quasi räumliche Gestalt an, und das wirkt so überraschend und faszinierend wie seinerzeit etwa die Entfaltung der Zeitdimension in der französischen Malerei des 19. Jahrhunderts.
Dieses Auskomponieren räumlicher Perspektive ist bereits in ‚Apparations' und ‚Atmosphères' präsent und deutlicher vielleicht noch im Orgelstück ‚Volumina' von 1961/62, das gleichsam eine Hohlform mit unendlich gedehnter Tiefe beschreibt. In Ligetis jüngstem Orchesterwerk ‚Lontano' liefert dieser Aspekt gar die Titelidee. Wie aus unwirklicher Ferne herbeigeholt hebt das musikalische Geschehen an, als müsse, was klingen soll, erst mühsam dem Nichts abgelauscht und zur tönenden Realität verfestigt werden. Und jener Gestus der Unschärfe, der weich verfließenden Konturen, der Ungreifbarkeit, die sich wie ein Vorhang vor jeden gestalthaften Kern schiebt, bleibt während des ganzen Stückes dominant.
(M. Lichtenfeld, G. Ligeti oder . . .)

3.4 Notation

Bei flüchtiger Betrachtung könnte man dazu neigen zu sagen, daß für neue Typen musikalischer Texte neue Typen von Notation unbedingtes Erfordernis seien. Dies wäre aber eine allzu simplifizierte und dadurch unwahre Folgerung.
Die Frage der Angemessenheit und der Ökonomie betrifft nicht nur die Korrespondenz zwischen Musik und Notation, sondern hat auch einen praktischen Aspekt. Es stellt sich die Frage der Angemessenheit und Ökonomie in Hinsicht auf die bestehenden Gewohnheiten der Interpreten, und da müssen wir zwischen hochdifferenzierten individuellen Interpreten und weniger differenzierten kollektiven (wie z. B. einem großen Orchester) unterscheiden. . . . Praktizität kann wesentlicher für die Angemessenheit und Ökonomie sein als Lückenlosigkeit und Logik des Zeichensystems. . . .
Ich bin also nicht für eine einzige Notation. Es können zur gleichen Zeit verschiedene mögliche Systeme der Sache dienen — entscheidend ist, wie man am besten zum gewünschten klanglichen Resultat kommt.
(Ligeti, Neue Notation . . .)

3.5 Bemerkungen zur seriellen Musik

Die Abnahme der Intervall-Empfindlichkeit verursacht einen Zustand, den man P e r m e a b i l i t ä t (Durchlässigkeit) nennen kann. Das bedeutet, daß Strukturen verschiedener Beschaffenheit gleichzeitig ablaufen, sich gegenseitig durchdringen und sogar vollständig miteinander verschmelzen können, wobei nur die horizontalen und vertikalen Dichteverhältnisse verändert werden, im Prinzip es aber gleichgültig bleibt, welche Intervalle im Detail aufeinanderprallen.
Der hohe Permeabilitätsgrad vieler serieller Strukturen hat entscheidende formale Konsequenzen:

1. Die so ermöglichte ... Verschiebbarkeit einzelner Gestalten bewirkt eine Auflockerung des zeitlichen Ablaufs, die ihrerseits eine simultane Steuerung von Bewegungen verschiedener Geschwindigkeiten, gleich der in Stockhausens ‚Zeitmaßen für fünf Bläser', zuläßt.

2. Aus gegenseitiger Durchdringung verschiedener Strukturen resultiert die Konzeption jener besonderen Formen, die durch Überlagerung mehrerer qualitätsverschiedener Schichten entstanden.
Die Gleichgültigkeit solcher Strukturen, Resultat aus Zufallsmanipulationen, ist eng verwandt der Gleichgültigkeit automatischer Erzeugnisse in der frühen seriellen Musik.
...
... das total Determinierte wird dem total Indeterminierten gleich.
...
Welche Wandlungen in der Art des Komponierens jedoch in der Zukunft sich vollziehen werden, ist schwer vorauszusehen ...
Dennoch sei es gestattet, auf einige Tendenzen hinzuweisen, die sich möglicherweise anbahnen:
(Anm. d. Verf.: Dieser Aufsatz Ligetis entstand November-Dezember 1958.)

1. Das Geflecht der seriellen Prästabilierungen scheint einer weiteren Auflockerung, einer Verflüssigung zuzuneigen, indem die Beziehungen zwischen dem vorgeformten Steuerungsplan und der daraus hervorgehenden Form nicht fixiert und einseitig bleibt, das Realisierte vielmehr stetig auf jenen Steuerungsplan zurückwirkt.
   . . .
3. Da die formbildende Funktion, die einst einzelnen melodischen Linien, Motiven oder akkordischen Bildungen vorbehalten war, in der seriellen Musik komplexeren Kategorien wie Gruppen, Strukturen oder Texturen überantwortet wurde, übernimmt die Art ihrer Verwebung eine eminente Rolle in der kompositorischen Gestaltung. Man könnte verschiedene ‚Aggregatzustände' des Materials unterscheiden.

Zwangsläufig drängen sich bei einem kompositorischen Verhalten, das sich hauptsächlich auf Materialzustände konzentriert, Assoziationen zu Visuellem und Ertastbarem auf. Jene ‚Pseudomorphose an Malerei', von welcher Adorno in Zusammenhang mit Debussy und Strawinsky schreibt, ist hier noch viel eindeutiger ausgebildet.
(Ligeti, Wandlungen ...)

Ligetis Komponieren erhält seine entscheidenden technischen Impulse aus einer Kritik am Seriellen. Er analysiert einen Zustand, zerstört eine Illusion, die aus dem schiefen Verhältnis zwischen theoretischer Vornahme und tatsächlicher klanglicher Erscheinung resultiert, und geht bewußt den nächsten Schritt: aus dem Verzicht auf das sowieso Hinfällige ein neues Konzept zu gewinnen, das nicht mehr durch falsche Voraussetzungen belastet ist. Dies ist die Ausgangslage seines Orchesterstückes ‚Apparitions' (1958/59). Ligeti war sich darüber klar geworden, daß die einstige Charakteristik einer Reihe, nämlich ihre Intervallproportionen, in dem Moment völlig nivelliert worden sei, in dem die Überlagerung mehrerer vorbestimmter Reihenabläufe für Tonhöhen und Dauern ein komplexes, aber ununterscheidbares Geflecht von geschichteten, automatischen Vorgängen erzeugt habe. Er verwendet dafür wieder ein Bild: Wenn man mehrere verschiedenfarbige Klumpen Plastilin zusammenknetet, entsteht zunächst ein Konglomerat, in dem die Farbflecken noch unterscheidbar sind, das Ganze dennoch schon kontrastlos wirkt. Knetet man noch weiter, so verschwinden die Farben völlig, und übrig bleibt eine graue Masse.
(U. Dibelius, Moderne Musik ...)

3.6 *Rhythmik*

Die folgenden Bemerkungen beziehen sich auf „Lux aeterna", treffen aber aufgrund der strukturellen Verwandtschaft mit „Lontano" auch auf dieses Werk zu.

Ligeti in einem Brief vom 5. 7. 1966 an Clytus Gottwald: . . . ich denke an eine sehr dicht gearbeitete 16stimmige polyphone Struktur, wobei ein streng geregeltes rhythmisches Netz (fern verwandt mit der Technik der Talea) und eine strenge Intervallik bestimmend sein werden . . .

Dazu Clytus Gottwald:

Ligeti behalf sich in einem seiner Briefe mit dem Begriff Talea, einem Terminus aus der Theorie der isorhythmischen Motette, wo er gleichbleibende rhythmische Reihen bezeichnet, deren Töne (Color) nicht identisch sein müssen. Wohl trifft der Terminus die Artikulation der Stimmen, vernachlässigt aber den Befund des kanonischen Hintereinander. Näher kommt dem Sachverhalt ein Terminus aus der Musik des späten 15. Jahrhunderts, der Proportionskanon. In Ockeghems Missa prolationum setzen die Stimmen mit gleichem Material zwar zusammen ein, entfernen sich aber, da sie unter verschiedenen Mensurzeichen singen, immer weiter voneinander.

(C. Gottwald, Lux aeterna . . .)

3.7 *Berichte*

In György Ligetis ‚Lontano für großes Orchester' ist die Farbschichten-Komposition noch über das eigene Modell seiner ‚Atmosphères' hinaus gediehen. Das Aufkeimen von kleinen Gestalten aus winzigen Sekundballungen, die auch koloristisch erweitert werden, scheint ein bevorzugtes Mittel der gegenwärtigen Musik zu sein. Ligeti wendet es auf eine Klangsprache von impressionistischer Süße an. Die Motiv- und Klanggerinnsel zeigen Debussysche Farben. Das ganze Stück (10′ 20″) läuft ohne Takt, ohne Akzent ab wie ein Spiel, in dem die Zeit beseitigt ist. Die geflissentliche Substanzlosigkeit suggeriert das Bild eines Schmetterlings, von dem nur der Flügelstaub übriggeblieben ist.

(H. H. Stuckenschmidts Bericht von der Uraufführung, in: Melos 1967, S. 460.)

Das eigenartigste Stück des Programms war zweifellos Ligetis „Lontano", das vor vier Jahren bei der Uraufführung anläßlich der Donaueschinger Musiktage so großes Aufsehen erregt hatte. Der 48jährige, im Westen lebende und schaffende ungarische Komponist hat in diesem statischen, rhythmisch auf beinahe ostasiatische Weise in sich ruhenden Werk eine Verbindung von Klangflächen und Klangfarben entfacht, die einander überlagern, die durch unerschöpfliche Brechungen und Spiegelungen eine irisierende Perspektive schaffen. Ligeti sagte einmal, seine Pianissimo-Studie ‚Lontano' müßte wirken, wie wenn der Hörer aus grellem Sonnenlicht in ein dunkles Zimmer treten und die Farben und Konturen erst nach und nach wahrnehmen würde.

(Erich Limmert, Bericht von einer Aufführung in Hannover, in: Melos 1971, S. 204.)

4. ÜBERLEGUNGEN ZUR DIDAKTIK UND LERNZIELE

4.1 *Thematische Zusammenhänge*

— Prioritäten und Zusammenwirken der musikalischen Parameter in der Musikgeschichte[21]

[21] Vgl. dazu: T. A. Zielinski, Neue Klangästhetik, in: Melos 1966, S. 210

— Konkreter und imaginärer Raum in der Musik
— Programmusik — assoziatives Hören — Musik als Sprache — musikalische Semantik.

4.2 Lernziele

4.2.1 Analytischer Aspekt

Der Lernende sollte in der Lage sein, „Lontano" als ein Werk primär klangflächenhafter Gestaltung zu erkennen, das sich aber von ähnlich gearteten Kompositionen wie „Anaklasis" oder „Photoptosis" unterscheidet durch
— „polyphone" Auffaserung der Fläche
— eine spezifische Gliederung, die auf Klangtransformation beruht („Eckpfeiler")
— sehr differenzierten, weil „polyphonen" Einsatz der Klangfarbe
— Vermeidung von Akzentbildungen

4.2.2 Kognitiver Aspekt

Die folgenden Fakten sollten dem Lernenden bekannt sein:
— Permanente klangliche Verwandlung in „Lontano"
— das Prinzip der Flächenbildung bzw. Klangeintrübung in diesem Werk
— Notwendigkeit der „unökonomischen" Notation zur Erzielung dieses klanglichen Resultats
— Ligetis Stellungnahmen zur seriellen Technik.

4.2.3 Kritischer Aspekt

Der Lernende sollte zu folgenden Problemen kritisch Stellung nehmen können:
— Kompositorische Absicht — Rezeption, ein Problem jeder Musik, die Ansprüche an das Assoziationsvermögen verschiedenster Hörer-Typen stellt,
— Welche Haltung kann ein Komponist einnehmen, wenn sein Werk u. U. mißverstanden wird und der Beifall „aus der falschen Ecke" kommt?
— Wie stellt sich das Verhältnis der „Autorität" des Komponisten zur „Freiheit" des Interpreten in dieser Musik dar, auch im Vergleich zu anderen Werken (z. B. Cage, „Variations I")?

5. BIBLIOGRAPHIE

Die Zahl der literarischen Arbeiten von und über G. Ligeti ist in den vergangenen Jahren sehr angewachsen, so daß hier nur ein Teil angeführt wird, der nach Ansicht des Verfassers von besonderer Bedeutung ist. Ein bis zum Jahre 1971 reichendes ausführliches Verzeichnis der literarischen Arbeiten Ligetis findet sich in der Monographie von Ove Nordwall.

5.1 Eigene literarische Arbeiten

Pierre Boulez — Entscheidung und Automatik in der Structure Ia, in: Die Reihe IV, Wien 1958, S. 38
Zur III. Klaviersonate von Boulez, in: Die Reihe V, Wien 1959, S. 38
Wandlungen der musikalischen Form, in: Die Reihe VII, Wien 1960, S. 5
Über die Harmonik in Weberns erster Kantate, in: Darmstädter Beiträge zur Neuen Musik, Bd. III, Mainz 1960, S. 49

Die Funktion des Raumes in der Musik, in: FORUM Nr. 76, Wien 1960, S. 152
Kompositorische Tendenzen heute, in: Neue Musik I, München 1960 (ganzes Heft)
Zur Geschichte und Gegenwart der elektronischen Musik, in: FORUM Nr. 91/92, Wien 1961, S. 292.
Neue Notation — Kommunikationsmittel oder Selbstzweck?, in: Darmstädter Beiträge zur Neuen Musik, Bd. IX, Mainz 1965, S. 35
Viele Pläne, aber wenig Zeit, in: Melos 1965, S. 251
Die Orgel sprengt die Tradition, in: Melos 1966, S. 311
Über Form in der Musik, in: Darmstädter Beiträge zur Neuen Musik, Bd. X, Mainz 1966, S. 23 und in: Neues FORUM Nr. 148/149, Wien 1966, S. 291
Weberns Melodik, in: Melos 1966, S. 116
Zustände, Ereignisse, Wandlungen, in: Melos 1967, S. 165
Auf dem Weg zu „Lux aeterna", in: Österreichische Musikzeitschrift, Heft 2, 1969, S. 80

5.2 Literatur über Ligeti

Bachauer, Walter
Gespräch mit György Ligeti, in: Melos 1971, S. 213
Dibelius, Ulrich
György Ligeti, in: Moderne Musik 1945—1965, München 1966, S. 183—193
Dibelius, Ulrich
Reflexion und Reaktion. Über den Komponisten György Ligeti, in: Melos 1970, S. 89
Gottwald, Clytus
Lux aeterna — Ein Beitrag zur Kompositionstechnik György Ligetis, in: Musica 1/1971
Gruhn, Wilfried
Avantgarde — auf der Suche nach einer neuen Form, in: Musik und Bildung 1970, S. 481
Häusler, Josef
György Ligeti, in: Musik im 20. Jahrhundert, Bremen 1969, S. 259—269
Häusler, Josef
Interview mit György Ligeti, in: Melos 1970, S. 496 (identisch mit dem ersten der beiden bei O. Nordwall abgedruckten Interviews, S. 114—138)
Hupfer, Konrad
Gemeinsame Kompositionsaspekte bei Stockhausen, Pousseur und Ligeti, in: Melos 1970, S. 236
Kaufmann, Harald
Strukturen im Strukturlosen, in: Melos 1964, S. 391
Kaufmann, Harald
Ligetis zweites Streichquartett, in: Melos 1970, S. 181
Lichtenfeld, Monika
„Zehn Stücke für Bläserquintett" von György Ligeti, in: Melos 1972, S. 326
Lichtenfeld, Monika
György Ligeti oder das Ende der seriellen Musik, in: Melos 1972, S. 74
Nordwall, Ove
Der Komponist György Ligeti, in: Musica 3/1968, S. 173
Nordwall, Ove
György Ligeti. Eine Monographie, Mainz 1971
Salmenhaara, Erkki
Das musikalische Material und seine Behandlung in den Werken Apparitions, Atmosphères, Aventures und Requiem von György Ligeti, Helsinki 1969. Regensburg 1969
Siegele, Ulrich
Entwurf einer Musikgeschichte der sechziger Jahre, in: Die Musik der sechziger Jahre, Mainz 1972, S. 9
Stephan, Rudolf
György Ligeti: Konzert für Violoncello und Orchester. Anmerkungen zur Cluster-Komposition, in: Die Musik der sechziger Jahre, Mainz 1972, S. 117

Karl-Josef Müller

Bernd Alois Zimmermann (1918—1970) Photoptosis, Prélude für großes Orchester (1968)

1. INFORMATION

1.1 Sachinformationen

Partitur: B. Schott's Söhne, Mainz, Ed. 6311 (Musik des 20. Jahrhunderts)
Schallplatte: Wer 60062 (zus. mit „Concerto pour violoncelle" und „Tratto II" von B. A. Zimmermann)
Entstehung: 1968 im Auftrag der Stadtsparkasse Gelsenkirchen zu ihrem 100jährigen Bestehen.
Uraufführung: 14. 2. 1969 in Gelsenkirchen durch das Städtische Orchester, Ltg. Ljubomir Romansky
Dauer: 13 Min.

1.2 Zu Person und Gesamtwerk

Geb. 20. 3. 1918 in Bliesheim bei Köln. Schulbesuch des Studienkollegs der Salvatorianer in Steinfeld/Eifel und des Staatl. katholischen Gymnasiums der Apostelkirche in Köln. Von 1938 bis 1947 mit kriegsbedingten Unterbrechungen Studium der Schulmusik an der Staatl. Hochschule für Musik in Köln bei Heinrich Lemacher und Philipp Jarnach; gleichzeitig Studium der Germanistik an der Kölner Universität. Später Schüler von Wolfgang Fortner und René Leibowitz. Ab 1950 Akademischer Musikdirektor an der Universität Köln. 1957 zum erstenmal Stipendiat der „Villa Massimo" in Rom. Im gleichen Jahr Nachfolger von Frank Martin als Leiter einer Kompositionsklasse an der Kölner Musikhochschule. 1960 Großer Kunstpreis des Landes Nordrhein-Westfalen, 1963 nochmals Aufenthalt in der „Villa Massimo", 1965 Mitglied der Berliner Akademie der Künste, 1966 Kunstpreis der Stadt Köln.
Im Werk Zimmermanns lassen sich fünf Schaffensperioden erkennen, von denen Klaus Kirchberg die ersten drei folgendermaßen charakterisiert[1]:
1. Die der wahrscheinlich sehr zahlreichen, aber noch nicht stark eigengeprägten Kompositionen der Studienzeit;
2. die der Nachkriegsjahre mit ihrer gründlichen Auseinandersetzung mit dem Werk der älteren Generation der Neuen Musik;
3. die der seriellen Musik von den „Perspektiven" (1955) für zwei Klaviere bis zur Kantate „Omnia tempus habent" (1957);
Diese Periodisierung ist bis zu Zimmermanns Tod im Jahre 1970 durch zwei weitere Phasen zu ergänzen:

[1] Entnommen dem Manuskript des am 18. 6. 71 vom Hessischen Rundfunk gesendeten Vortrags mit dem Titel „Omnia tempus habent".

4. die der bis zum Jahre 1967 unter dem Einfluß der kompositorischen Prinzipien der Oper „Die Soldaten“ entstandenen Werke mit dem für Zimmermann charakteristischen kompositorischen Pluralismus („Présence“, Ballet blanc en cinq scènes pour vilon, violoncelle et piano, 1961; „Concerto“ pour violoncelle et orchestre en forme de ‚pas de trois‘, 1965/66);
5. die der seit „Intercommunicazione“ per violoncello e pianoforte (1967) geschriebenen Kompositionen, die vom Prinzip der Zeitdehnung geprägt sind (Ausnahme: das letzte Werk „Ich wandte mich um und sah an alles Unrecht, das geschah unter der Sonne“, Ekklesiastische Aktion für 2 Sprecher, Baß-Solo und Orchester, 1970).

2. ANALYSE

2.1 Vorbemerkung

B. A. Zimmermanns zentraler schöpferischer Gedanke ist der eines philosophisch verstandenen Pluralismus. Seine Werke sind Dokumente eines Denkens, dem die Einheit aller Elemente Leitgedanke auch im künstlerischen Bereich wird. Schon der Internatsschüler spricht von einem „weitverzweigten Gebilde von Zeit- und Erlebnisschichten, . . . das der spontanen, ja traumhaften Assoziation vergangener und gegenwärtiger Epochen der Musikgeschichte, die uns täglich umgeben, unterworfen“[2] sei. Eindrucksvollstes Dokument dieser seiner pluralistischen Auffassung ist sein Hauptwerk, die Oper „Die Soldaten“, die zunächst wegen ihrer technischen und musikalischen Ansprüche als unaufführbar galt und erst 1965 nach einer vereinfachten Neufassung in Köln uraufgeführt wurde. Dieses Werk stellt die Konzentration all dessen dar, was Zimmermann unter pluralistischem musikalischem Denken versteht: szenischer Pluralismus durch Schichtung mehrerer Szenen der Textvorlage von Jakob Michael Reinhold Lenz (1751—1792); Pluralismus der künstlerischen Mittel in der Gleichzeitigkeit von Musik, Sprache, Tanz, Film, elektronischen Klängen und konkreten Geräuschen; musikhistorischer Pluralismus in Form von Zitaten (z. B. im „Intermezzo“ des 2. Aktes); Pluralismus musikalischer Struktur durch Überlagerung verschiedener Tempi etc.
Infolge der Verwendung von Zitaten ist Zimmermann immer wieder zu Unrecht als reiner Collage-Komponist bezeichnet worden. Seine Zitat-Technik kann aber nur verstanden werden aus der pluralistischen Auffassung des Zeitphänomens. Den Gedanken der Einheit der Zeit als einer Einheit von Vergangenheit, Gegenwart und Zukunft sieht Zimmermann in der Philosophie aller Zeiten bestätigt: bei Heraklit und Augustinus ebenso wie im Denken Edmund Husserls oder Henri Bergsons. Er selbst realisiert diese Vorstellung durch Zitattechnik bereits in frühen Werken wie der Bühnenmusik zu Saroyens „Sam Egos Haus“ oder dem Ballett „Alagoana“ (1940/50) ebenso wie in der „Musique pour les soupers du Roi Ubu“ (1966), einer totalen Zitat-Collage. Collagen aus dem Material der musikalischen Vergangenheit haben für Zimmermann niemals illustrative Qualität, sie rechtfertigen sich vielmehr allein aus der Perspektive einer „Kugelgestalt der Zeit“, jener Vorstellung, daß der Mensch in seinem „inneren Erlebnisbewußtsein“ der sich verändernden äußeren Zeitwirklichkeit, also auch der Vergangenheit, immer gleich nah ist, und daß damit die Zeugen der Historie jederzeit abrufbar, auf die Flächen der Kugel projezierbar und dadurch erlebnisverfügbar sind.

---

[2] Zitiert nach K. Kirchberg, a. a. O., S. 14

Seit „Intercommunicazione“ gewinnt ein weiterer Aspekt Bedeutung: die Zeitdehnung. Sie stellt sich für Zimmermann dar als Weiterentwicklung seriellen Denkens: „Gemessen an der generellen Vielschichtigkeit der zeitlichen Abläufe hatte die Frage nach der zeitlichen Organisation des musikalischen Kunstwerks in der seriellen Phase der Neuen Musik eine geradezu einseitige Interpretation gefunden. Dieser nach meiner Überzeugung lediglich partiellen Entsprechung mit dem Zeitganzen habe ich seit mehreren Jahren meine pluralistische Zeitauffassung entgegengestellt. Es ist hier nicht der Ort, darauf näher einzugehen. Eines der eigentümlichsten Phänomene jedoch, zu denen mich die Weiterführung dieser Kompositionstechnik gebracht hat, ist die Dehnung des Zeitablaufs, wie überhaupt des Zeitbegriffs. Diese Dehnung stellt ein neues Moment in der Musik unserer Zeit dar: die Gegenwart als Präsens der Zeit erhält dadurch eine besondere Artikulation.“[3] „Intercommunicazione“ für Violoncello und Klavier ist das erste Werk, in dem die Zeitdehnung eine strukturbestimmende Rolle spielt; der erste Abschnitt soll hier zur Demonstration dieses Prinzips dienen.
Basis sind zwei verschieden lange Zeitstrecken, deren Überlagerung eine Dehnung der Zeit ins Unendliche suggeriert. Die Länge der Zeitstrecken leitet Zimmermann von den Intervallproportionen ab.[4] Dem ersten Abschnitt liegt das Tritonus-Intervall es — a (die ersten Töne im Vc.) zugrunde, dessen Verhältnis der Schwingungszahlen zur Prime 45 : 32 (= 1,4) beträgt.[5] Dieses Zahlenverhältnis wird auf die Zeitstrecken übertragen; in diesem Falle wählt Zimmermann eine Strecke von $10^1/_2$ Takten und eine zweite von $7^1/_4$ Takten (10,5 : 7,25 = 1,4). Der erste Abschnitt wird mit diesen beiden Zeitstrecken so ausgefüllt, daß die obere in Takt 1, die untere vom Ende her (Takt 96) beginnt und jeweils durch $1^1/_2$ Takte unterbrochen wird. *(Siehe Notenbeispiel auf Seite 312)*

2.2 *Analyse von „Photoptosis“*

Zimmermanns musikalischer Pluralismus schlägt sich in „Photoptosis“ in zweifacher Weise nieder:
a) in der Zeitdehnung
b) in der Collage-Technik
Die Komposition, die zu den Werken flächenhafter Struktur zählt und dadurch in einer Linie mit „Anaklasis“ und „Lontano“[6] gesehen werden darf, entstand als Auftragswerk zum 100-jährigen Bestehen der Stadtsparkasse Gelsenkirchen. Wie der Zimmermann-Schüler Georg Kröll mitteilt, ließ sich der Komponist durch die monochromen Wandflächen von Ives Klein im Foyer des Revier-Theaters Gelsenkirchen anregen.[7] Prinzipien der bildenden Kunst werden ins Musikalische transformiert: farbige Wandflächen werden in „Photoptosis“ (übersetzt etwa „Lichteinfall“) zu Klangfarben-Flächen.
Das Material des ersten Teiles bilden zwei Klangflächen-Elemente, die nach dem an „Intercommunicazione“ demonstrierten Prinzip übereinandergeschichtet werden und damit die erwähnte Zeitdehnung hervorrufen.
Jedes der beiden Elemente besteht aus einem „Kopf“ und dessen Fortsetzung. Beide Bestandteile unterscheiden sich durch Bewegung und Statik. Der Kopf von Element a ist

[3] B. A. Zimmermann, Canto, Sonate, Konzert, in: Melos 1971, S. 525
[4] Zur Beziehung zwischen Intervall und Zeitstruktur vgl. Material 3.1.
[5] Der Tritonus ist eines der von Z. bevorzugten Intervalle.
[6] Vgl. hier S. 288 ff.
[7] Vgl. den Kommentar der Schallplattenhülle Wergo 60062.

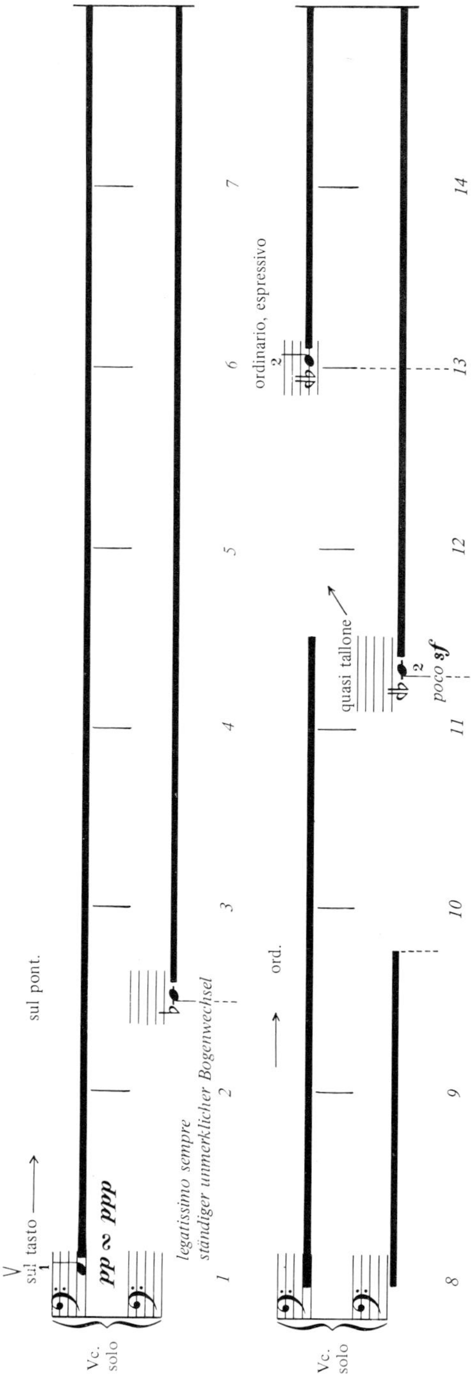

Intercommunicazione, T. 1—14

charakterisiert durch einen in sich bewegten Klang der Flötengruppe, dessen Beginn jeweils durch einen Impuls der Harfe oder Celesta gekennzeichnet wird; an die schmale Flötenbewegung schließt sich als Fortsetzung ein statischer Klang an, dessen Farbe in der Kombination von einem oder mehreren Holzbläsern und einem Streichinstrument von Zeitstrecke zu Zeitstrecke leicht verändert wird, insgesamt nimmt Element a 17¹/₂ Takte ein: *(Siehe Notenbeispiel auf Seite 314)*

Element b, das nach der Zeitdehnungs-Technik Zimmermanns vom Ende des ersten Teiles her (T. 192) als zweite Schicht über Element a gelegt wird, weist ähnliche Merkmale auf. Den Element-„Kopf" bilden diesmal Bewegungen aus Flageolett-Tönen der hohen Streicher, gekoppelt mit einer großräumigen Flatterzungen-Bewegung einer der Flöten und einem glissando-ähnlichen Klang der Harfe (und zuweilen der Celesta); an diesen Kopf schließt sich ebenfalls ein statischer Klang in höchsten und tiefsten Streichern, meist gekoppelt mit einem oder zwei tiefen Bläsern an, so daß sich Element b über 24 Takte erstreckt. *(Siehe Notenbeispiel auf Seite 315)*

Bemerkenswert ist auch hier — wie bereits in „Intercommunicazione" — das Verhältnis der Länge beider Elemente zueinander: 24 : 17,5 = 1,4, d. h. Zimmermann leitet auch hier das Verhältnis der Zeitstrecken aus dem Tritonus-Intervall ab. Gedanken zur Beziehung zwischen Intervall- und Zeitorganisation haben den Komponisten schon sehr früh beschäftigt und sind in dem Aufsatz „Moderne Aspekte des musikalischen Zeitbegriffs" in einer grundsätzlichen Formulierung niedergelegt.[8] Der erste Abschnitt von „Photoptosis" wird demnach aus zwei sich überlagernden Schichten gestaltet (Element a und b), von denen a in Takt 1, b von Takt 192 aus rückwärts beginnt. Für den Hörer stellt sich dieser wie auch die folgenden, nach dem gleichen Prinzip gestalteten Abschnitte als scheinbar endlos gedehnte farbige Fläche dar, die in unregelmäßigen und daher für den Hörer nicht vorhersehbaren Abständen durch kurze, klanglich variierende Bewegungen aufgebrochen wird. In den 192 Takten dieses ersten Abschnitts erscheint Element a (17,5 Takte) 11mal (— ¹/₂ Takt), Element b (24 Takte) 7mal; eine Überlagerung beider Element-Köpfe findet daher in den Takten 70—73 und 141—144 statt:

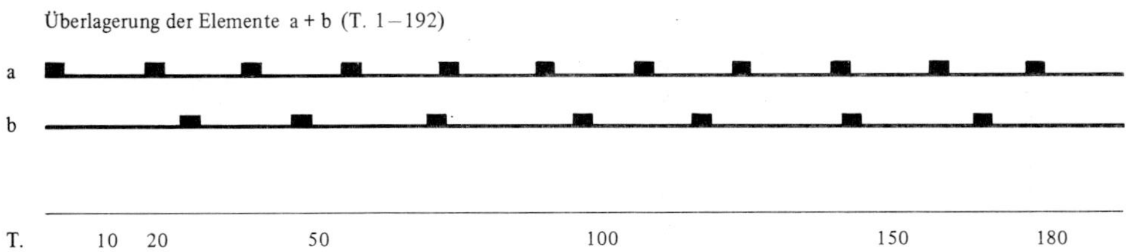

[8] Vgl. Material 3.1. Die Behandlung dieser Thematik ist in der Theorie der 50er Jahre häufig anzutreffen, so in bedeutsamen Beiträgen von K. Stockhausen.

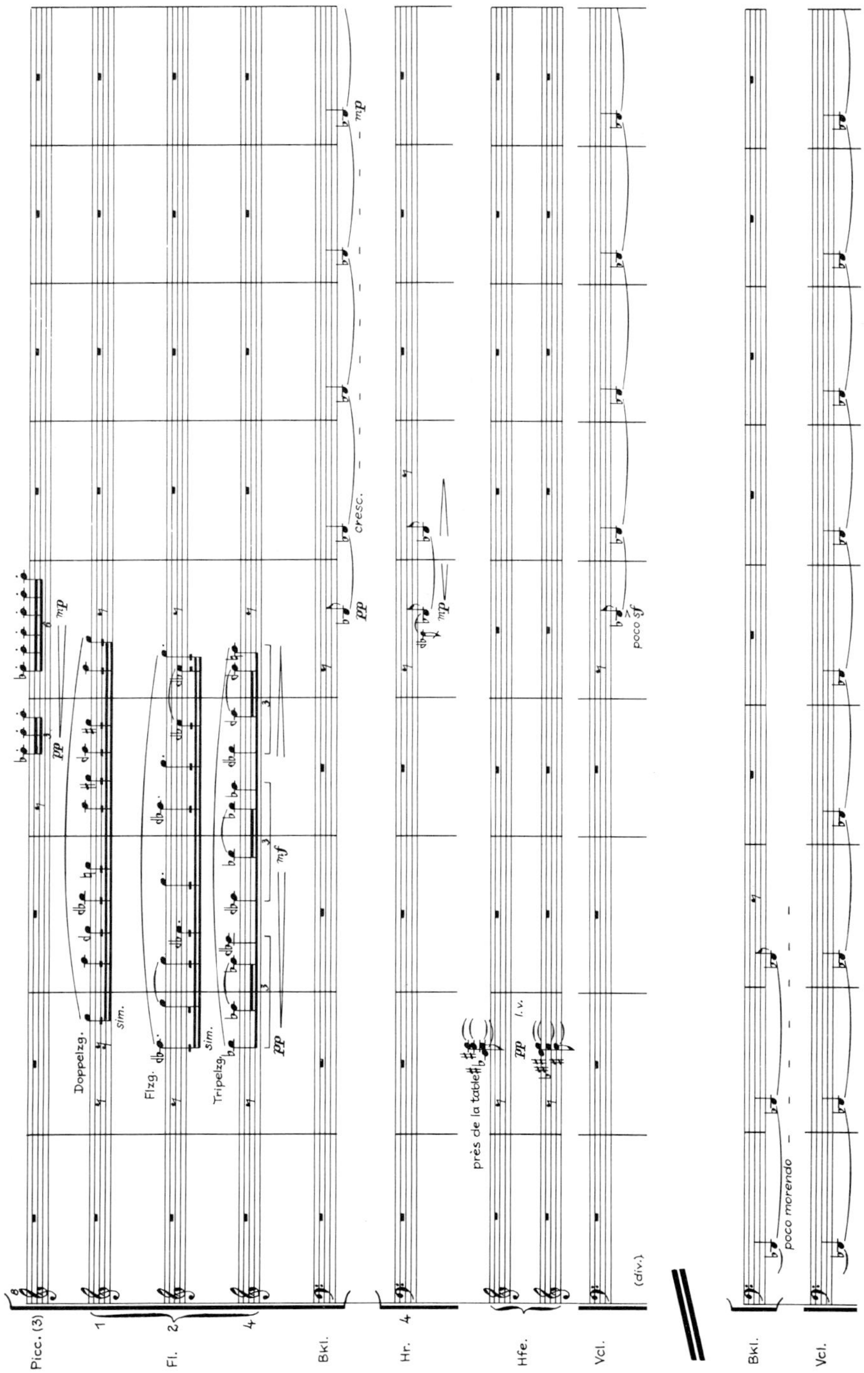
Picc. (3)
Fl.
Bkl.
Hr.
Hfe.
Vcl.
Doppelzg.
Flzg.
Tripelzg.
sim.
près de la table
l. v.
cresc.
poco sf
(div.)
poco morendo

Picc. (3) (4)
Fl. 1
Flzg.
pp
cresc.
mf
Bassetth. (2)
(poco mor.)
Fag. 2
Kfg.
Pos. 1 4
gr. Tamtam
Gr. Tr.
mp
l.v.
pp non cresc.
ord.
quasi gliss.
Hfe.
pp
mp
flüchtig
Viol. 1 2
(div.)
(cresc.)
mf
uniti
Vle.
sul pont.
Vcl.
Kb.

Der Abschnitt B (T. 193—264) stellt gegenüber A, der Abschnitt C (T. 265—360) gegenüber B eine Steigerung dar, die im wesentlichen durch drei Komponenten hervorgerufen wird:

1. Verbreiterung und Verdichtung des Klangbereichs der den Teil B bildenden Elemente c und d (Elementköpfe):

Elem. c) T. 203—205

Elem. d) T. 205—207

2. Stärkere interne Bewegung (Oszillation) der Elementköpfe e und g:

Elem. e) T. 265—267

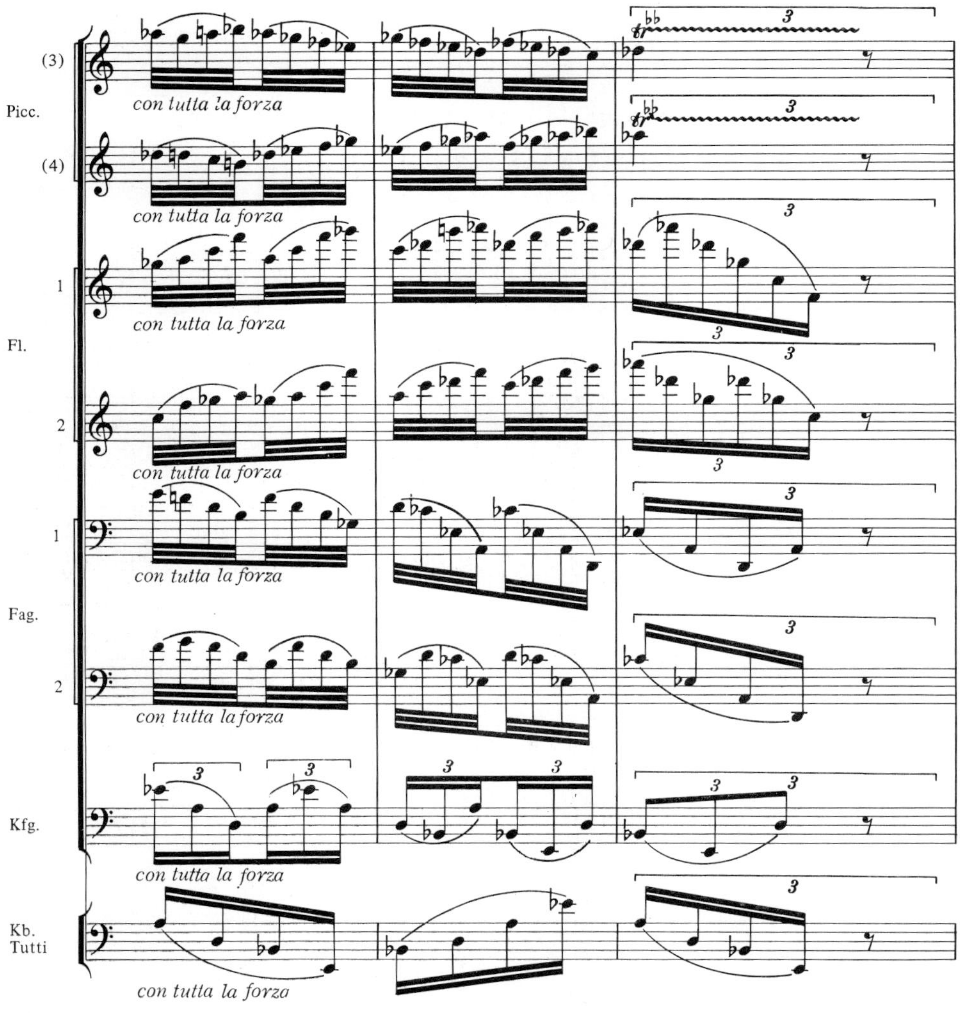

Elem. g) T. 272—274

3. Überlagerung dreier Elemente in Teil C anstelle zweier in den vorhergehenden Abschnitten.

Mit diesen Komponenten ist eine Zunahme der Lautstärke gekoppelt, die zuweilen ein deutliches Hervortreten der Blechbläser aus dem Klanggefüge hervorruft: Hörner 1—4 (T. 267—271), Trompeten 1—4 (T. 274—276) oder Hörner 1—3, Trompeten 1—4 und Posaunen 1/2 (T. 291—296) mit der Spielanweisung „con tutta la forza"! Wie in den vorhergehenden Abschnitten ist auch hier die Überlagerung der Elemente nach dem Zeitdehnungsprinzip geregelt.

Das auf diese Weise bis T. 360 entwickelte klangliche und dynamische Crescendo führt zur kompositorischen Mitte des ganzen Werkes, einer Zitat-Collage, deren Bestandteile in der Reihenfolge ihres Erscheinens folgenden Werken entnommen sind:

1. Beethoven: 9. Symphonie
2. Hymnus „Veni creator spiritus"
3. Skrjabin: „Le poème de l'extase"
4. Wagner: Parsifal
5. Bach: Brandenburgisches Konzert Nr. 1
6. Tschaikowsky: „Tanz der Zuckerfee"

In diese Collage werden ab T. 379 zunächst vereinzelt, später in immer dichterer Folge Zitate aus „Intercommunicazione" eingeflochten; sie bilden gleichsam die Verknüpfung der historischen Perspektive (oben aufgeführte Zitate) mit dem eigenen Werk, der Gegenwart.

Von den historischen Zitaten gewinnt vor allem das „Veni creator spiritus" an Bedeutung.[9] Der Beginn des Pfingsthymnus — von Zimmermann in vereinfachter, nicht ganz choralgerechter Version verwendet — gibt dem Komponisten durch Summierung der melodischen Einzeltöne im Verlaufe der Takte 365—434 und Übernahme der Melodietöne von der Orgel in die Violinen und Violoncelli die Möglichkeit, einen clusterartigen Klang aufzubauen, der den Klanghintergrund der Takte 434—504 bildet:

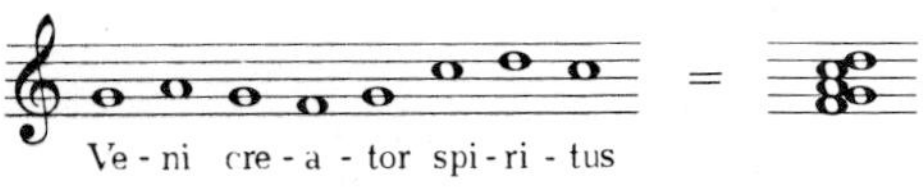

Auf diesen Hintergrund werden die übrigen historischen Zitate projiziert, einschließlich einiger Transpositionen der Hymnus-Melodie, wie in den Takten 411—422

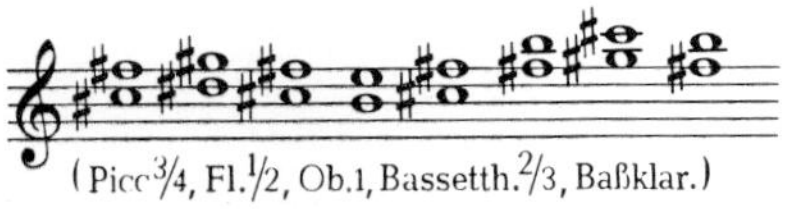

oder 403—489 (von Pausen unterbrochen, in wechselnder Instrumentation der Holz- und Blechbläser)

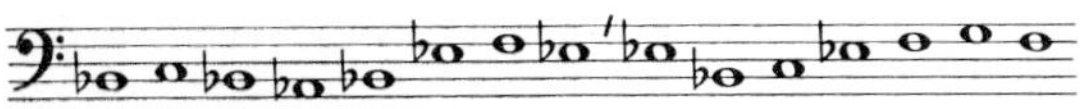

Auch die bereits erwähnten Zitate aus „Intercommunicazione" treten in diesem Collage-Teil zuweilen in den Vordergrund, entweder vom Klavier, der Verbindung Flöten—Harfe oder einer Kombination von beidem vorgetragen. Die Zitate beziehen sich nur auf jene Stellen aus „Intercommunicazione", die dort in den Takten 190 ff. vom Klavier gespielt werden. Zwei Beispiele sollen die Übertragung bzw. die Instrumentation zeigen:

[9] Der Hymnus „Veni creator spiritus" wird von Zimmermann bereits in „Dialoge" f. 2 Klaviere und Orchester (1960, 2. Fassung 1965) als Zitat im Collage-Teil genutzt.

I. a) Intercommunicazione T. 202 ff.

b) Photoptosis, T. 403 ff.

II. a) Intercommunicazione, T. 226 ff.

b) Photoptosis, T. 451 ff.

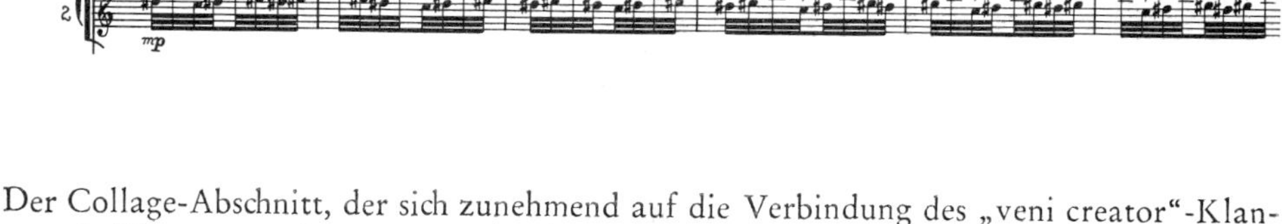

Der Collage-Abschnitt, der sich zunehmend auf die Verbindung des „veni creator"-Klanges mit Zitaten aus „Intercommunicazione" konzentriert, führt zum Schlußteil von „Photoptosis" (ab Takt 505).

Die Schlußphase stellt eine über die gesamte klangliche Palette des Orchesters ausgebreitete Fläche dar, deren Fundament die Streicher bilden, unterstützt durch verschieden

Photoptosis, T. 505 ff.

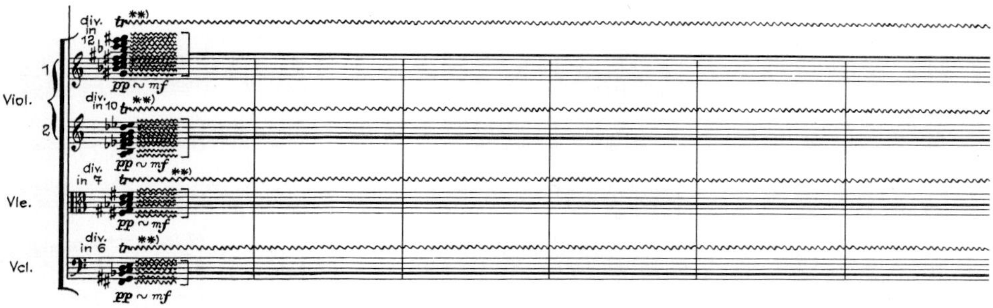

*) *Holzbläser: beliebige cresc. und dim.*

**) *Streicher: Triller in beliebiger Schnelligkeit und Dynamik: zwischen pp und mf*

rhythmisierte stereotype Tonbewegungen der Holzbläser:

Photoptosis, T. 505 ff

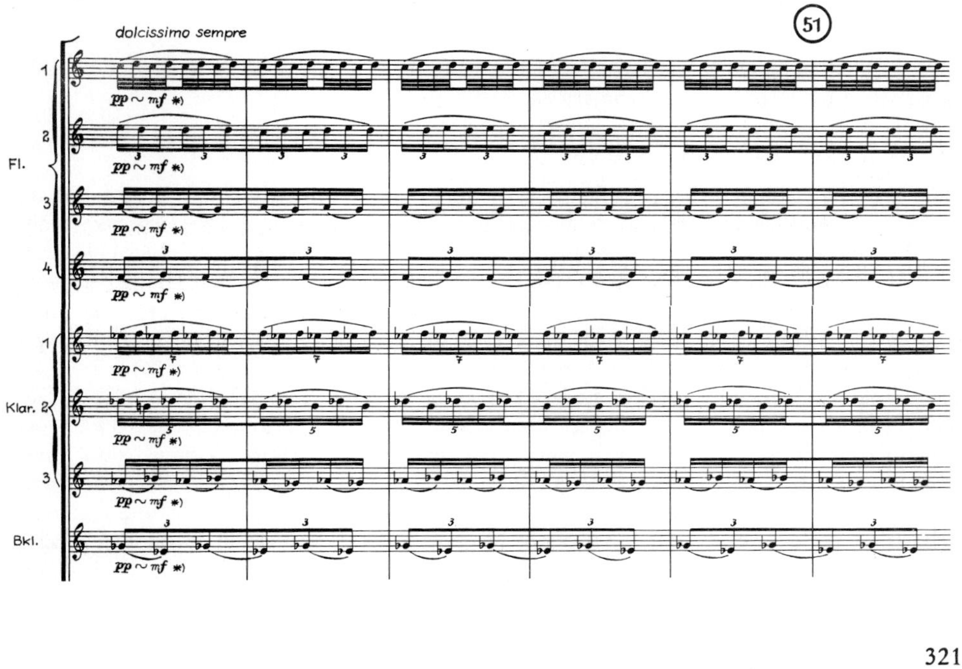

Die Streicher-Flächen und Bläser-Bewegungen sind aus Ganzton-Abständen gebildet (bei den Bläsern auch aus großen, nicht aber aus kleinen Sekunden), ein Kriterium, das bis zum Ende des Werkes strukturbestimmend bleibt; ab T. 625 wird allerdings der starre Streicherklang in Bewegung aufgelöst:

Photoptosis, T. 625 ff.

Im Verlaufe der Schlußphase verdichtet sich dadurch das rhythmische Netz bei gleichzeitiger Summierung aller Instrumente und Zunahme der Dynamik: Höhepunkt und Abschluß des Werkes.

3. MATERIAL

Das zentrale Problem in Zimmermanns musikalischem Denken ist das der Zeitorganisation. Definitionen und Ansatzpunkte für seine Arbeiten fand er in den theoretischen Erörterungen des Zeitbegriffs und Zeitbewußtseins bei Augustinus, Husserl und Bergson, deren Lektüre er auch seinen Schülern empfahl.

3.1 Zeit und Zeitbewußtsein

Diese beiden Zeiten, Vergangenheit und Zukunft, wie sollten sie seiend sein, da das Vergangene doch nicht mehr ‚ist', das Zukünftige noch nicht ‚ist'? Die Gegenwart hinwieder, wenn sie stetsfort Gegenwart wäre und nicht in Vergangenheit überginge, wäre nicht mehr Zeit, sondern Ewigkeit. Wenn also die Gegenwart nur dadurch zu Zeit wird, daß sie in Vergangenheit übergeht, wie können wir dann auch nur von der Gegenwart sagen, daß sie ist, da doch ihr Seinsgrund eben der ist, daß sie nicht sein wird? Rechtens also nennen wir sie Zeit nur deshalb, weil sie dem Nichtsein zuflieht. (Kap. 14)
Soviel ist nun aber klar und deutlich: Weder die Zukunft noch die Vergangenheit ‚ist', und nicht eigentlich läßt sich sagen: Zeiten ‚sind' drei: Vergangenheit, Gegenwart und Zukunft: vielmehr sollte man, genau genommen, etwa sagen: Zeiten ‚sind' drei: eine Gegenwart von Vergangenem, eine Gegenwart von Gegenwärtigem, eine Gegenwart von Künftigem. Denn es sind diese Zeiten als eine Art Dreiheit in der Seele, und anderswo sehe ich sie nicht: und zwar ist da Gegenwart von Vergangenem, nämlich Erinnerung; Gegenwart von Gegenwärtigem, nämlich Augenschein; Gegenwart von Künftigem, nämlich Erwartung. (Kap. 20)

In dir, mein Geist messe ich die Zeiten . . . Der Eindruck, der von den Erscheinungen bei ihrem Vorüberziehen in dir erzeugt wird und dir zurückbleibt, wenn die Erscheinungen vorüber sind, der ist es, den ich messe als etwas Gegenwärtiges, nicht das, was da, den Eindruck erzeugend, vorüberging; nur ihn, den Eindruck, messe ich, wenn ich Zeiten messe. Also sind entweder die Eindrücke die Zeiten, oder ich messe die Zeiten überhaupt nicht. (Kap. 27)
(Augustinus, Confessiones.)

Es erscheint überhaupt als Selbstverständlichkeit, daß ein jedes Bewußtsein, das auf irgendein Ganzes, auf irgendeine Vielheit unterscheidbarer Momente geht (also jedes Relations- und Komplexionsbewußtseins) in einem unteilbaren Zeitpunkt seinen Gegenstand umspannt; wo immer ein Bewußtsein auf ein Ganzes gerichtet ist, dessen Teile sukzessiv sind, kann es ein anschauliches Bewußtsein dieses Ganzen nur sein, wenn die Teile in Form von Repräsentanten zur Einheit der Momentanschauung zusammentreten.
(Husserls Wiedergabe eines zentralen Gedankens in der Lehre von Franz Brentano [1838—1917], S. 383 [17])[10]

Nehmen wir das Beispiel einer Melodie oder eines zusammenhängenden Stückes einer Melodie. Die Sache scheint zunächst sehr einfach: wir hören die Melodie, d. h. wir nehmen sie wahr, denn Hören ist ja Wahrnehmen. Indessen der erste Ton erklingt, kommt der zweite, dann der dritte usw. Müssen wir nicht sagen: wenn der zweite Ton erklingt, so höre ich ihn, aber ich höre den ersten nicht mehr usw.? Ich höre also in Wahrheit nicht die Melodie, sondern nur den einzelnen gegenwärtigen Ton. Daß das abgelaufene Stück der Melodie für mich gegenständlich ist, verdanke ich — so wird man geneigt sein zu sagen — der Erinnerung; und daß ich, bei dem jeweiligen Ton angekommen, nicht voraussetze, daß das alles sei, verdanke ich der vorblickenden Erwartung. [vgl. hier Augustinus, Kap. 20] (S. 385) [19].

Indem immer ein neues Jetzt auftritt, wandelt sich das Jetzt in ein Vergangen, und dabei rückt die ganze Ablaufskontinuität der Vergangenheiten des vorangegangenen Punktes ‚herunter', gleichmäßig in die Tiefe der Vergangenheit. (S. 389) [23].

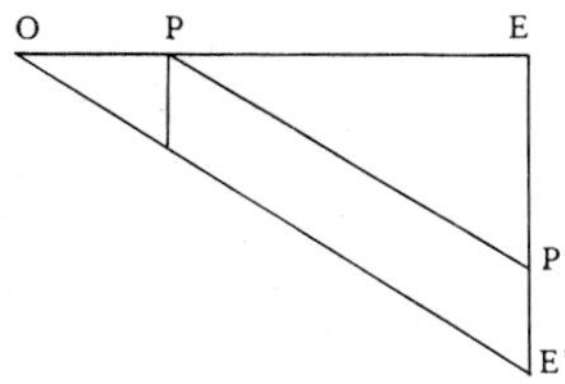

O—E Reihe der Jetztpunkte
O—E′ Herabsinken
E—E′ Phasenkontinuum (Jetztpunkt mit Vergangenheitshorizont)

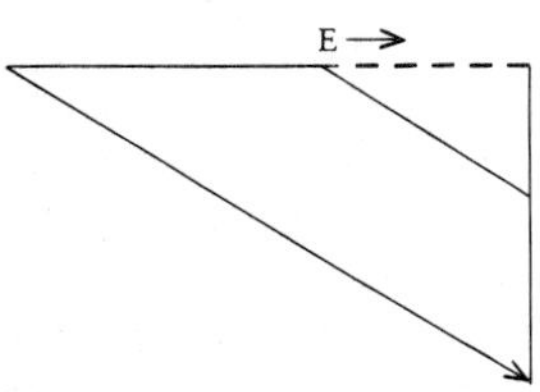

E→ Reihe der evtl. mit anderen Objekten erfüllten Jetzt
(nach Husserl)

[10] Die Zahlen in eckigen Klammern geben die Seitenzahlen im Sonderdruck an (vgl. Bibliographie).

Der ‚Quellpunkt', mit dem die ‚Erzeugung' des dauernden Objektes einsetzt, ist eine Urimpression. Dies Bewußtsein ist in beständiger Wandlung begriffen: stetig wandelt sich das leibhaftige Tonjetzt in ein Gewesen, stetig löst ein immer neues Tonjetzt das in die Modifikation übergegangene ab. Wenn aber das Tonjetzt, die Urimpression, in Retention übergeht, so ist diese Retention selbst wieder ein Jetzt, ein aktuell Daseiendes.
Jedes aktuelle Jetzt des Bewußtseins unterliegt aber dem Gesetz der Modifikation. Es wandelt sich in Retention von Retention und das stetig. Es ergibt sich demnach ein stetiges Kontinuum der Retention derart, daß jeder spätere Punkt Retention ist für jeden früheren.
Das führt auf keinen einfachen unendlichen Regreß, weil jede Retention in sich selbst kontinuierliche Modifikation ist, die sozusagen in Form einer Abschattungsreihe das Erbe der Vergangenheit in sich trägt. (S. 390) [24].
Jede dieser temporalen Modifikationen ist unselbständige Grenze in einem Kontinuum. Und dieses Kontinuum hat den Charakter einer einseitig begrenzten orthoiden Mannigfaltigkeit. Sie hat einen Anfang in der Urimpression und geht als Modifikation in einer Richtung fort.
Im Wesen jedes linearen Kontinuums liegt es, daß wir, von einem beliebigen Punkt ausgehend, jeden anderen Punkt aus ihm stetig erzeugt denken können, und jede stetige Erzeugung ist eine Erzeugung durch stetige Iterierung. (S. 450 f.) [84 f.].
Die Retention ist keine Modifikation, in der die impressionalen Daten reell erhalten blieben, nur eben in der abgewandelten Form: sondern sie ist eine Intentionalität, und zwar eine Intentionalität eigener Art. Indem ein Urdatum, eine neue Phase auftaucht, geht die vorangehende nicht verloren, sondern wird ‚im Begriff behalten' (d. i. eben ‚retiniert'), und dank dieser Retention ist ein Zurückblicken auf das Abgelaufene möglich; die Retention selbst ist kein Zurückblicken, das die abgelaufene Phase zum Objekt macht: indem ich die abgelaufene Phase im Griff habe, durchlebe ich die gegenwärtige, nehme sie — dank der Retention — ‚hinzu' und bin gerichtet auf das Kommende (in einer Protention). (S. 471 f.) [105 f.]
(E. Husserl.)

Es sind nämlich . . . zwei Auffassungen von der Dauer möglich, deren eine von jeder Beimischung frei ist, während in die andere unversehens die Raumvorstellung eingeht. Die ganz reine Dauer ist die Form, die die Sukzession unsrer Bewußtseinsvorgänge annimmt, wenn unser Ich sich dem Leben überläßt, wenn es sich dessen enthält, zwischen dem gegenwärtigen und dem vorhergehenden Zuständen eine Scheidung zu vollziehen. Dazu hat es keineswegs nötig, sich an die vorübergehende Empfindung oder Vorstellung ganz und gar zu verlieren; denn dann würde es ja im Gegenteil zu dauern aufhören. Ebenso wenig braucht es die vorangegangenen Zustände zu vergessen: es genügt, wenn es diese Zustände, indem es sich ihrer erinnert, nicht neben den aktuellen Zustand wie einen Punkt neben einen andern Punkt stellt, sondern daß es sie mit ihm organisiert, wie es geschieht, wenn wir uns die Töne einer Melodie, die sozusagen miteinander verschmelzen, ins Gedächtnis rufen. Könnte man nicht sagen, daß, wenn diese Töne auch aufeinander folgen, wir sie dennoch ineinander apperzipieren, und daß sie als Ganzes mit einem Lebewesen vergleichbar sind, dessen Teile, wenn sie auch unterschieden sind, sich trotzdem gerade durch ihre Solidarität gegenseitig durchdringen? Der Beweis dafür ist, daß, wenn wir den Takt unterbrechen, indem wir einen Ton der Melodie über Gebühr aushalten, nicht die übertriebene Länge als solche, sondern die qualitative Veränderung, die damit dem Ganzen des musikalischen Satzes widerfährt, uns unser Versehen bemerkbar macht. Die Sukzession läßt sich also ohne die Wohlunterschiedenheit und wie eine gegenseitige Durchdringung, eine Solidarität, eine intime Organisation von Elementen begreifen, deren jedes das Ganze vertritt und von diesem nur durch ein abstraktionsfähiges Denken zu unterscheiden und zu isolieren ist. (S. 85 f.)

. . . wir stellen unsere Bewußtseinsvorgänge so nebeneinander, daß wir sie simultan apperzipieren und zwar nicht ineinander, sondern nebeneinander; kurz, wir projizieren die Zeit in den Raum, wir drücken die Dauer durch Ausgedehntes aus, und die Sukzession nimmt für uns die Form einer stetigen Linie oder einer Kette an, deren Teile sich berühren, ohne sich zu durchdringen. Beachten wir hierbei, daß dies letzte Bild nicht mehr die sukzessive, sondern die simultane Perzeption des *vor* und *nach* einschließt, und daß es einen Widerspruch bedeutet eine Sukzession anzunehmen, die nur Sukzession wäre, und trotzdem in einem und demselben Augenblick ganz vorhanden sein könnte. (S. 86)

Es fällt uns aber unglaublich schwer, uns die Dauer in ihrer ursprünglichen Reinheit vorzustellen; und das kommt zweifellos daher, daß nicht allein wir dauern: die äußern Dinge, so scheint es, dauern gleich uns, und die Zeit, von diesem Gesichtspunkt aus gesehen, gewinnt ganz das Aussehen eines homogenen Mediums. Nicht nur erscheinen die Momente dieser Dauer als einander äußerlich, wie Körper im Raum, sondern die von unsern Sinnen perzipierte Bewegung ist gewissermaßen das greifbare Zeichen für eine homogene und meßbare Dauer. (S. 91) Verfolge ich auf dem Zifferblatt einer Uhr mit den Augen die Bewegung des Zeigers, die den Schwingungen des Pendels entspricht, so messe ich keine Dauer, wie man zu glauben scheint; ich beschränke mich vielmehr darauf, Simultaneitäten zu zählen, was etwas ganz anderes ist. Außerhalb meiner, im Raume, gibt es immer nur *eine* einzige Lage des Zeigers und des Pendels; von den vergangenen Lagen bleibt ja nichts erhalten. In meinem Innern vollzieht sich dagegen ein Organisations- oder gegenseitiger Durchdringungsprozeß der Bewußtseinsvorgänge, der die wahre Dauer ausmacht. Weil ich auf diese Weise dauere, deshalb stelle ich mir, was ich die vergangenen Schwingungen der Uhr nenne, vor, während ich gleichzeitig die aktuelle Schwingung perzipiere. (S. 91)
(H. Bergson.)

Eines der bemerkenswertesten Phänomene des Hörens besteht darin, daß wir in der Lage sind, den Abstand zwischen verschiedenen Tönen zu erleben: das *Intervall* . . . Dieses selbst kennen wir in zwei zeitlich voneinander verschiedenen Erscheinungsformen: im *Nacheinander* einer Tonfolge oder im *Gleichzeitigen* eines Zusammenklanges mehrerer Töne, wobei . . . der Ton im . . . akustischen Sinne hinwiederum ein Zusammenklang ist (Obertöne, Kombinationstöne und andere) . . . Das Intervall ist also sowohl vertikal wie horizontal erlebbar. Dies ist nur möglich innerhalb der Zeit . . .

In der Möglichkeit der Projizierung des Intervalls, sowohl ins Vertikale als auch ins Horizontale, erscheint — vermöge der elementaren Beziehung von Intervall und Zeit — die Zeit auch in beide Richtungen projizierbar. So erleben wir Klang als ‚Nacheinander' der Töne im Zeitabschnitt Null, Tonfolge als ‚Gleichzeitiges', in der Zeit verschoben: Vertauschbarkeit der musikalischen Dimensionen, Identität des scheinbar Verschiedenen. Von dieser Seite gesehen, erhält der Gedanke der Einheit der Zeit als Einheit von Gegenwart, Vergangenheit und Zukunft — so wie sie Augustinus im Wesen der menschlichen Seele begründet hat, die in einem geistigen Sichausdehnen den flüchtigen Augenblick übergreift und Vergangenheit und Zukunft in eine ständige Gegenwart hineinbezieht —, dieser so moderne und zugleich uralte Gedanke, eine neue Perspektive in der Musik als ‚Zeitkunst', als Kunst der zeitlichen Ordnung innerhalb der ständigen Gegenwart der

allumfassenden musikalischen Grundstruktur, die wir als Ordnungsprinzip aller Verhältnisse innerhalb einer Komposition ansetzen müssen . . .
Entgegen dem mechanistisch-rationalistischen Zeitbegriff finden wir gegenüber der äußerlich meßbaren Sukzession seit Bergson die Vorstellung von der *innerlichen* und *eigentlichen* Zeit, als Zeit der reinen Bewegung, des Fließens und der Dauer, eine Vorstellung, wie sie seit Heraklit das abendländische Denken immer wieder aufs neue fasziniert hat. (S. 70)
(B. A. Zimmermann, Moderne Aspekte.)

3.2 Pluralismus — Collage

Eins möchte er aber betonen: er wolle dieses Adjektiv ‚pluralistisch' keinesfalls soziologisch verstanden wissen, er gehe vielmehr von der philosophischen Sicht aus. Pluralismus versinnbildliche in gewisser Weise die Einheit der Zeit. Auch Augustinus spräche in seinen ‚Confessiones' über die Einheit der Zeit: Vergangenheit, Gegenwart und Zukunft wirkten zusammen. Er, Zimmermann, spreche gern von der ‚Kugelgestalt der Zeit': Die Gegenwart stelle die Schwelle zwischen Vergangenheit und Zukunft dar. Es gebe keine Vergangenheit ohne Zukunft, wie es auch keine Zukunft gebe ohne Vergangenheit. (S. 447)
Für ihn, Zimmermann, bedeute die Idee von der Einheit der Zeit einen wesentlichen Faktor seiner Komposition. . . . Doch wie wirke es auf andere, auf die Hörer? Verstünden sie, was er meine, was er ausdrücken wolle, aus welchen Gründen er diese Übereinanderschichtung und Zusammenschiebung der verschiedenen musikalischen Linien versuche? Er glaube, daß mit Hilfe der Collagen seine Ideen von einer pluralistischen Komposition sinnfällig klar und bewußt zu machen seien. Deshalb komponiere er so oft mit Collagen. (S. 447/448)
Zitatartig eingeschobene Collagen nehme er ebenso gern in seine Partituren hinein. Je unerwarteter, ja überraschender das Zitat erscheine, desto größer sei die Wirkung. In einer modernen Partitur ein Zitat von Bach, Richard Strauss oder Prokofieff müsse die pluralistische Kompositionsart wirklich erkennbar machen! Und doch würden diese zitatartigen Collagen beim Publikum zu den größten Mißverständnissen führen können . . .
Ein gefährliches Mißverständnis müsse er aber richtigstellen, . . . das sei die Meinung: Zimmermann mache ausschließlich Collagen. Das treffe absolut nicht zu. Auch bei ihm hänge die Technik, die er für ein bestimmtes Stück wähle, von dem kompositorischen Ziel ab und das sei bei jeder Komposition ein anderes. (S. 448)
(Ursula Stürzbecher, Werkstattgespräch, Melos 1970.)

3.3 Bericht

‚Photoptosis' (Lichteinfall) ist angeregt durch die monochromen Wände von Yves Klein im Foyer des Gelsenkirchener ‚Musiktheater im Revier'; . . . Kleins Wände, aus lebenden Schwämmen reliefartig strukturiert, von intensiv reinem Blau überkrustet, sind dem Lichteinfall der breiten Glasfronten wie riesige Häute entgegengespannt; das Licht verleiht ihnen eine magisch vibrierende, ja mystische Intensität.
Wie diese reliefartigen Blauen Schwammwände das Licht aufsaugen, es reflektieren, dynamisieren, es mystifizieren in dieser einen übersinnlichen Farbe Blau — so läßt Zimmermann in ein quasi monochromes Klangfarbenband von Streicherschlieren, das sich fluktuierend verengt und weitet, wechselnde Farbeinfälle anderer Instrumentengruppen dringen. Der breit rauschende, nicht im einzelnen strukturierte Klang der Streicher erscheint durch die strukturierten Einsätze einzelner Instrumentengruppen wie in Prismengläsern gebro-

chen. Kaleidoskopartig schießen aus der unstrukturierten Klangfläche erkennbare Klangfiguren auf, unter ihnen sehr zart und transparent Figuren aus der musikalischen Vergangenheit, Zitatfetzen von Bach und Beethoven, Wagner und Ravel[11]: aus der Monochromie erwachsen Gestalten, Andeutungen von Pop-art — Andeutungen, wie sie ja auch Kleins malerisches Werk vorausahnend enthielt. Dieses Erwachsen von Gestalten aus strukturloser Klangfläche unterscheidet Zimmermanns Partitur wohl auch von verwandten Partituren der beginnenden sechziger Jahre, von Pendereckis ‚Anaklasis' (Lichtbrechung) und Ligetis ‚Atmosphères'. Zimmermanns Inspiration durch die gegenwärtige Malerei sei so gedeutet: Herausfinden aus dem Geflecht des Informel (Zimmermanns Streicherschlieren erinnern an Bilder von Mark Tobey); Herauswachsen von Gestalt, von Figur aus der monochromen Fläche. (S. 121)
In der Mitte, im Collagenteil, erscheinen die Flächen aufgebrochen, wird Struktur sichtbar. Hier liest sich die Partitur wie eine Rauschenberg-Collage, in der ja auch aus flächigen Verwischungen bekannte Realität aufbricht. So erscheinen Strömungen der Gegenwartsmalerei, die von der Monochromie ihren Ausgang nahmen, in Zimmermanns Klangfarbenbild auf originäre und kongeniale Weise ins Musikalische übertragen. (S. 122)
(Heinz-Albert Heindrichs, Gestalten aus der Monochromie, Melos 1969)

4. ÜBERLEGUNGEN ZUR DIDAKTIK UND LERNZIELE

4.1 Thematische Zusammenhänge

— Klangfarben- und Flächenkomposition
— Zeit als kompositorischer Primärfaktor
— Hörbarkeit musikalischer Strukturen
(Struktur im Sinne von Dahlhaus als „der dem Komponisten zugewandte Aspekt des Werkes")
— Zitat und Collage; Stellenwert und Wirkungsweise in Musik, Sprache und bildender Kunst.

4.2 Lernziele

4.2.1 Analytischer Aspekt

Der Lernende sollte in der Lage sein,
— die Gliederung des musikalischen Verlaufs durch Aneinanderreihung von Schicht-Phasen (einschließlich der Collage) als additives Verfahren zu identifizieren,
— den Collage-Abschnitt als „Aufbrechung" der flächigen Struktur zu erkennen,
— die für das Crescendieren verantwortlichen Parameter zu benennen (Dynamik, Dichte, Instrumentation etc.) und sie in ihrem funktionalen Zusammenhang zu sehen.

4.2.2 Kognitiver Aspekt

Der Lernende sollte mit folgenden Fakten vertraut sein und sie in einen entsprechenden Kontext einordnen können:
— Zahlen- und Intervallverhältnisse der Obertonreihe
— Strukturzeit — Erlebniszeit (auch in der Sicht Stockhausens)
— Serielle Technik und Zeitgestaltung bei Zimmermann

[11] Hier liegt ein Irrtum vor.

— Gestalterische Absichten und Möglichkeiten der Monochromie
— Begriff und Funktion von Collage.

4.2.3 Kritischer Aspekt

Der Lernende sollte in der Lage sein, zu folgenden Problemen kritisch Stellung zu nehmen:

— Ist die hier gewählte Struktur, d. h. Elementschichtung in zwei Richtungen (das gleiche gilt für „Intercommunicazione" und „Tratto II") vom Hörer als Zeitdehnung erlebbar?
— Auditive Identifizierungsmöglichkeiten kompositorischer Absichten
— Welchen Stellenwert kann haben oder hat Zitierung von Vergangenem (von Historischem)?
— Gibt es Unterschiede des Erlebnisbewußtseins zwischen Musik (als „Zeitkunst") und anderen künstlerischen Disziplinen?

5. BIBLIOGRAPHIE

Augustinus
Confessiones (lat. u. deutsch), eingeleitet, übersetzt und erläutert v. Joseph Bernhart, München 1955, 2/1960
Baruch, Gerd Wolfgang
Zeitgenössische Komponisten. Bernd Alois Zimmermann, in: Melos 1953, S. 319
Bergson, Henri
Zeit und Freiheit, Meisenheim/Glan 1949
Häusler, Josef
Musik im 20. Jahrhundert, Bremen 1969, S. 434
Heindrichs, Heinz-Albert
Gestalten aus der Monochromie. Zimmermanns „Photoptosis" in Gelsenkirchen, in: Melos 1969, S. 121
Heindrichs, Heinz-Albert
Die Musik der Gegenwart als neues Studienfeld, in: Musik und Bildung 1970, S. 422
Husserl, Edmund
Vorlesungen zur Phänomenologie des inneren Bewußtseins, hg. von Martin Heidegger (Sonderdruck aus: Jahrbuch für Philosophie und phänomenologische Forschung, Bd. IX, hg. von E. Husserl, Freiburg i. Br.), Halle 1928
Kirchberg, Klaus
„Omnia tempus habent". Ein Rückblick auf das Werk Bernd Alois Zimmermanns, Manuskript der Sendungen des HR vom 18. 6. und 2. 7. 1971
Kühn, Clemens
Bernd Alois Zimmermann: „Photoptosis". Ein Blick auf das Zitat in der Kunst der Gegenwart, in: Musik und Bildung 1974, S. 109—115
Schubert, Reinhold
Bericht über die „Perspektiven", in: Die Reihe, Bd. IV, Wien 1958, S. 103
Stürzbecher, Ursula
Werkstattgespräch mit B. A. Zimmermann, in: Melos 1970, S. 446
Zimmermann, Bernd Alois
Material und Geist, in: Melos 1951, S. 5
Zimmermann, Bernd Alois
Unzeitgemäße Betrachtungen zur Musik der jungen Generation, in: Melos 1952, S. 305

Zimmermann, Bernd Alois
Moderne Aspekte des musikalischen Zeitbegriffs, in: Neue Zeitschrift für Musik 1958, S. 70
Zimmermann, Bernd Alois
Komponisten bestimmen die Grenzen der Musik, in: Melos 1959, S. 89
Zimmermann, Bernd Alois
„Zeitgenössische" oder „neue" Musik, in: Vierteljahrsschrift für die Freunde der Stadt, Köln 1960, H. 2
Zimmermann, Bernd Alois
Canto, Sonate, Konzert, in: Melos 1971, S. 521

Stichwortverzeichnis